Alan Savage

Die Königin von Neapel

Historische

Ins Deutsche
von Joachim Honnef

BASTEI LÜBBE

BASTEI LÜBBE TASCHENBUCH
Band 13 909

Erste Auflage: Februar 1998

Deutsche Lizenzausgabe 1998 by
Bastei-Verlag Gustav H. Lübbe GmbH & Co.,
Bergisch Gladbach
Originaltitel: Queen of Night
Lektorat: Marco Schneiders
Titelbild: Archiv für Kunst und Geschichte, Berlin
Umschlaggestaltung: Karl Kochlowski, Köln
Satz: KCS GmbH, Buchholz / Hamburg
Druck und Verarbeitung:
Elsnerdruck, Berlin
Printed in Germany

ISBN 3-404-13909-7

Der Preis dieses Bandes versteht sich einschließlich der gesetzlichen Mehrwertsteuer

EUROPA IM 14. JAHRHUNDERT

JOHANNAS STAMMBAUM

Ludwig VIII., König von Frankreich (1187–1226)
⚭ (1200)
Blanche v. Kastilien (1187–1252)

Ludwig IX., König v. Frankreich
(1214–70)
⚭ (1234)
Margarete v. Provence
(1221–95)

Robert, Graf v. Artois
⚭
Maude v. Brabant

Alfons, Graf v. Poitou
⚭
Johanna v. Toulouse

Karl, Graf v. Anjou
(1226–85)
⚭
Beatrice v. Provence

Philipp III., König v. Frankreich
(1245–85)
⚭
Isabella v. Aragon

Robert, Graf v. Artois
(† 1302)

Karl, Graf v. Artois
(† 1345)

Bertrand († 1345)
(Johannas Liebhaber)

Blanche
⚭ (1) Heinrich v. Navarra
⚭ (2) Edmund v. Lancaster

Philipp IV.,
König v. Frankreich (1268–1314)
⚭
Johanna v. Navarra

Karl v. Valois
(1270–1325)
⚭
Margarete v. Anjou

Ludwig X.,
König v. Frankreich
(1289–1316)

Philipp V.,
König v. Frankreich
(1294–1322)

Karl IV.,
König v. Frankreich
(1294–1328)

Isabella
(1292–1358)
⚭
Eduard II. v. England

Eduard III.
(1312–77)
⚭
Philippa v. Hainault

Eduard der Schwarze Prinz (1330–76)

Philipp VI.,
(1293–1350)
⚭
Johanna v. Burgund

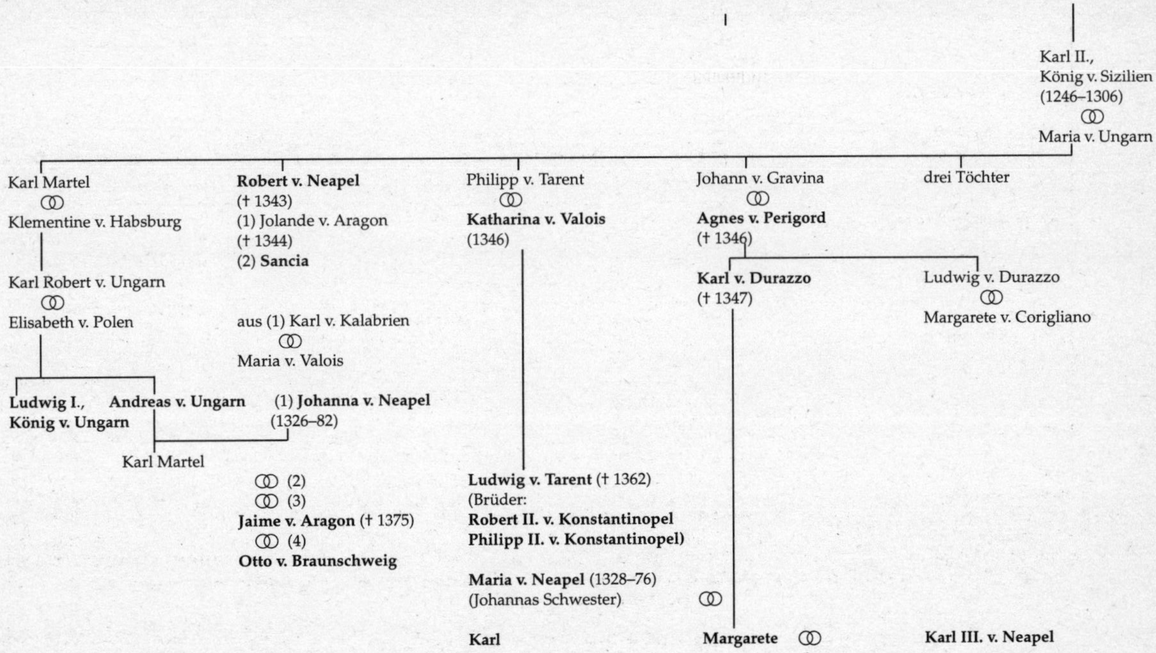
Karl II.,
König v. Sizilien
(1246–1306)
⚭
Maria v. Ungarn
Karl Martel
⚭
Klementine v. Habsburg
Karl Robert v. Ungarn
⚭
Elisabeth v. Polen
Ludwig I.,
König v. Ungarn
Andreas v. Ungarn
Karl Martel
Robert v. Neapel
(† 1343)
(1) Jolande v. Aragon
(† 1344)
(2) Sancia
aus (1) Karl v. Kalabrien
⚭
Maria v. Valois
(1) Johanna v. Neapel
(1326–82)
⚭ (2)
⚭ (3)
Jaime v. Aragon († 1375)
⚭ (4)
Otto v. Braunschweig
Philipp v. Tarent
⚭
Katharina v. Valois
(1346)
Ludwig v. Tarent († 1362)
(Brüder:
Robert II. v. Konstantinopel
Philipp II. v. Konstantinopel)
Maria v. Neapel (1328–76)
(Johannas Schwester)
⚭
Karl
Johann v. Gravina
⚭
Agnes v. Perigord
(† 1346)
Karl v. Durazzo
(† 1347)
Margarete
⚭
drei Töchter
Ludwig v. Durazzo
⚭
Margarete v. Corigliano
Karl III. v. Neapel

PROLOG

Die Inquisitoren starrten mich finster an. Ich konnte nur ihre Augen sehen, denn jeder trug eine schwarze Kapuze, die Gesicht und Hals verdeckte. Sie trugen die gleichen Gewänder, und das einzige Licht stammte von zwei Fackeln, die in Haltern an den Wänden steckten. Meine Bewacher standen hinten bei der verschlossenen Tür, und ich war allein auf dem Steinboden, barfüßig und mit einem Unterhemd bekleidet wie eine Büßerin. Mir war klar, daß diese Männer die Macht hatten, mich auf die Folterbank zu bringen oder schlimmeres mit mir anzustellen.

Aber ich befand mich nicht zum ersten Mal in einer solch mißlichen Lage. Dennoch hatten die Katastrophen meines Lebens meine Schönheit nicht beeinträchtigt. Ich war von Trauer und dem Gefühl erfüllt, ungerecht behandelt zu werden. Ich würde diesen Männern bis ins Grab trotzen.

»Eure Herrin ist tot«, sagte einer der Priester. »Sie hat die Strafe für ihr verbrecherisches Leben bezahlt. Aber es bleibt zu entscheiden, was mit ihrem Werkzeug geschehen soll. Was sagt Ihr, Frau, seid Ihr schuldig oder nicht als Komplizin bei diesen schrecklichen Taten?«

Ich schaute auf, um ihm in die Augen zu sehen, und warf den Kopf zurück, so daß mein goldenes Haar über die Ohren auf meinen Nacken fiel. »Wenn Ihre Hoheit schuldig war, dann bin ich das zweifellos auch. Aber mein Verbrechen war einzig und allein, die treue Dienerin einer Frau gewesen zu sein, die ich bewunderte und um die ich jetzt trauere.«

Die Priester tauschten fragende Blicke. Dann sagte ihr Sprecher: »Erzählt uns von der Königin und von Euch, damit wir richten können.«

Es war mir ein Vergnügen, diese Forderung zu erfüllen.

1. KAPITEL

Meine Jugend ist nur von Interesse, um zu erklären, wie ich, eine Engländerin, überhaupt nach Italien kam. Ich wurde im Jahre des Herrn 1325 in der Stadt Lincoln im Osten Englands geboren. Mein Name ist Richilde Benoit. Richilde leitet sich von dem männlichen Vornamen Richard her – so hieß mein Vater. Und Benoit ist natürlich ein französischer Name. Das kommt daher, daß mein Ahnherr mit Wilhelm I. von der Normandie herüberkam. Er heiratete eine sächsische Dame, und diese Vorliebe sollte sich auch in den nächsten acht Generationen halten, so daß ich bis zum zehnten Lebensjahr kein Wort Französisch konnte.

Mein Vater war ein wohlhabender Mann, wie seine Vorfahren. Im Gegensatz zu diesen war er jedoch auch ein frommer Mann, der täglich Gott für sein bemerkenswertes Glück dankte, weil er reich und zudem einer der Gläubiger des Königs war, sich bester Gesundheit erfreute und Vater von vier prächtigen Kindern, zwei Mädchen und zwei Jungen war. Es kam ihm anscheinend nie in den Sinn, daß der Herr auch wegnehmen kann, was er schenkt, und dies auch allzuoft tut.

Als mein lieber Papa vierzig und ich zehn war, wollte er sich einen Wunsch erfüllen, den er seit Jahren gehegt hatte. Er wollte zum Mittelpunkt der Römischen Kirche pilgern und sich dort vor den Heiligen Vater hinknien.

Im Jahre 1335 war es jedoch Zeitverschwendung, nach Rom zu reisen; der Heilige Vater, den wir anerkannten, hatte sich nach Avignon in Südfrankreich begeben, wo er – ein Franzose, umgeben von französischen Kardinälen – sich beträchtlich sicherer fühlte als an den Ufern des Tiber. Doch mein Vater sagte sich, daß eine Reise durch Frankreich, damals am Rande offenen Krieges mit England und selbst im Bürgerkrieg, gefährlicher wäre als eine Seereise um Spanien herum und durch die Straße von Gibraltar. Auch darin war er zu sorglos und optimistisch. Ich kann nur sagen, dies war nicht nur der größte Fehler seines Lebens, sondern auch sein letzter.

Wir gingen also an Bord des Schiffes, mein Vater, meine Mutter, meine ältere Schwester Constance, mein älterer Bruder Richard, mein jüngerer Bruder Henry und ich. Henry war ein Jahr jünger als ich, Constance war sechzehn und Richard vierzehn. Wenn ich das sagen darf, wir waren eine bemerkenswert schöne Familie, alle mit goldfarbenem Haar, gutgeschnittenen Gesichtern und wohlgeformter Figur. Vor allem Constance sah sehr attraktiv aus. Ich war noch zu jung. Das war mein Glück. Vater hielt die freien Handelsgesellschaften Frankreichs für gefährlicher als die Freibeuter von Algier – ein folgenschwerer Irrtum. Unser Schiff wurde geentert.

Vater wurde bei dem Kampf von den Piraten getötet. Richard, mein Bruder, fand keinen so schnellen Tod. Er wurde gefesselt, entkleidet und von den Piraten schändlich als Lustknabe benutzt. Während Richard von hinten genommen wurde, wurde Mutter von vorne vergewaltigt. Letzten Endes machte es keinen großen Unterschied, denn als die Schiffsbesatzung ihrer überdrüssig wurde, warf man die beiden über die Reling.

Constance wäre es beinahe besser ergangen, aber ein mißlicher Umstand verhinderte das. Sie wurde, wie wir alle, ergriffen und verschleppt. Mit ihren lauten Entsetzensschreien erregte sie die Aufmerksamkeit des Piraten-Kapitäns: Er war tief beeindruckt von ihrer Schönheit und wollte mehr von ihr sehen. So wurde meine Schwester an ein Faß gefesselt, ihr Rock wurde über ihren Kopf gestreift, man spreizte ihre langen, weißen Beine, und der Kapitän und einige seiner ranghohen Landsleute erkundeten ihren Körper mit Augen und Fingern. Sie waren enttäuscht von dem, was sie fanden, und ein paar Minuten später lag Constance nackt unter einem der Männer, während die anderen sich auf das stürzten, was sie von ihrem Körper erreichen konnten.

Seit diesem unglückseligen Tag, an dem ich Erfahrung in diesen Dingen gewinnen mußte, wurde mir klar, daß Constance keine Jungfrau mehr gewesen war, so unglaublich das auch für ein sechzehnjähriges, wohlbehütetes Mädchen sein mag. Wie sie mit sechzehn ihre Unschuld verloren hatte, vermag ich nicht zu sagen – aber ich bin überzeugt, daß meine Eltern nichts davon wußten. Auf jeden Fall hatte sie jeden Grund, den Verlust ihrer Unschuld zu bedauern, denn sie wurde, wie Mutter und Richard, ins Meer geworfen.

Zum Glück war mein Hymen unversehrt. Nun, was würden Sie von einem zehnjährigen Kind erwarten? Nicht, daß ich es genoß, als sie mich mit gespreizten Beinen an dasselbe Faß banden und auf eine Weise erkundeten, die ich nie für möglich gehalten hatte. Aber zu meiner Erleichterung wurde ich nicht mißhandelt wie der Rest meiner Familie. Statt dessen wurde ich unter Deck gebracht und in eine Kabine gesperrt. Henry wurde in die Kabine nebenan eingesperrt, und wir konnten miteinander reden. Aber ich sollte ihn nie wiedersehen. Kurze Zeit darauf wurden wir getrennt, und meine späteren Erfahrungen führen zu der Vermutung, daß er nach Algier gebracht, dort kastriert und Eunuch im Harem eines Prinzen wurde. Zweifellos gibt es schlimmere Schicksale. Ermordet zu werden ist eines davon.

Sie mögen das Gefühl haben, daß ich über die Vernichtung meiner Familie mit einiger Gefühllosigkeit berichtet habe. Es geschah vor langer Zeit, und ich habe seither zu viele Morde und Mißhandlungen gesehen. Aber zu jener Zeit war ich außer mir vor Trauer, und in meiner Einsamkeit und Verzweiflung hatte ich keine Ahnung, was aus mir werden würde. Ich war auch in einem Alter, in dem ich mich mehr mit körperlichem Unbehagen herumplagte als mit seelischem Schmerz – aber in dieser Hinsicht wurde ich bald beruhigt, denn ich erhielt drei Mahlzeiten pro Tag und wurde in keinerlei Weise belästigt. Ganz im Gegenteil.

Man ließ mich nicht lange über mein Schicksal im unklaren. Nur zwei Tage nach meiner Gefangennahme durch die Piraten landete ich in Trapani, einem Seehafen im Westen von

Sizilien. Ich wurde mitten in der Nacht an Land gebracht und in ein weißes Leinengewand eingehüllt. Die Algerier waren anscheinend in dieser Stadt bekannt und hatten schon länger Geschäfte mit den Bewohnern gemacht. Als der Kapitän mich gesehen und festgestellt hatte, daß ich jungfräulich war, erkannte er in mir sofort die Möglichkeit eines Geschäftes, bei dem ich nicht öffentlich angeboten wurde; das bedeutete, daß er schneller für mich kassieren konnte und meinen Preis nicht mit irgendeinem Sklavenhändler zu teilen brauchte.

Seine Habgier erwies sich für mich als durchaus vorteilhaft. Dadurch geriet ich auf den Weg, den ich für den Rest meines Lebens gehen sollte, doch das wußte ich noch nicht.

Damals waren meine Gefühle auf die unmittelbare Erfahrung begrenzt, die erschreckend genug war. Ich befand mich auf einmal in einem Privathaus, zusammen mit einem Mann und drei Frauen, die dunkelhäutig, jedoch keine Mauren waren, und dem Piratenkapitän. Sie redeten und stritten über meine Vorzüge. Die Sizilianer waren beeindruckt von meinem langen, goldfarbenen Haar, meinen feinen Gesichtszügen und vor allem von meinen großen, blauen Augen.

Es war unvermeidlich, daß ihnen auch andere Merkmale an mir auffielen, und so wurde ich wieder entkleidet und untersucht, diesmal von den Frauen, die sich vergewisserten, daß ich meine Unschuld bewahrt und keine Schönheitsfehler hatte. Die guten Damen fanden keinen Makel und stellten das mit erfreutem Händeklatschen fest. Gold wechselte den Besitzer, und ich wurde Eigentum eines sizilianischen Händlers.

Aber ich war noch keine Sklavin. Signor Albani war tatsächlich ein Händler, in meinem Fall jedoch ein Mittelsmann. Hätte der Piratenkapitän sofort gewußt, wo er einen Käufer für mich hätte finden können, dann wäre Signor Albani gleich klar gewesen, wie er Profit aus der Transaktion schlagen konnte. Aber zuerst mußte ich gepflegt und aufgebaut werden. Das bedeutete, daß ich Italienisch und bessere Manieren lernen mußte. Ich hatte meine Manieren immer für perfekt gehalten – aber jetzt hatte ich plötzlich meine Zweifel.

Ich lernte, mit einem Buch auf dem Kopf zu gehen und zu

sitzen, damit mein Hals, Rücken und Schultern immer aufrecht waren; man brachte mir bei, die Beine unter dem Rock so zu bewegen, daß es stets schicklich aussah; ich lernte meinen Fächer so zu benutzen, daß seine Handhabung eine Sprache für sich wurde; ich lernte Laute spielen und singen – ich hatte glücklicherweise eine hohe, klare Stimme. Man gab mir italienische Bücher zu lesen – dabei hatte ich nie gelernt, Englisch zu lesen.

Die Künste, die ich lernen mußte, waren alle die des Boudoirs und Salons. Mutter hatte mir daheim in Lincoln in der Küche versucht beizubringen, daß das wahre Glück einer Frau darin lag, gut für ihren Mann zu kochen. In Trapani durfte ich nie in die Küche. Die war für das Gesinde reserviert.

Ich besuchte statt dessen jeden Tag die Kirche, um an der Morgenmesse teilzunehmen und um zu beichten. Der Priester, der mich unterrichtete, betrachtete die englische Version des Christentums mit einigem Mißtrauen, doch er beruhigte sich, weil ich bereitwillig seine Sicht der Dinge annahm.

Ich lernte auch die Wonnen des Badens kennen. In England hatten wir jeden Samstagabend im Sommer gebadet und während der Wintermonate überhaupt nicht. Im wärmeren Mittelmeerklima wurde jeden Tag gebadet. Das erschreckte mich zunächst, denn ich hielt es für ungesund. Aber schon bald genoß ich es.

Und all die Zeit lernte ich Italienisch.

Ich erhielt auch Lektionen in Französisch durch einen Nachbarn, der die Sprache fließend beherrschte: erst fand ich die Sprache komisch, doch bald machte sie mir Spaß.

Meine Zufriedenheit wuchs, als ich schließlich eingekleidet wurde. In England kleidete sich nur der Adel wirklich gut. Wenn sich dennoch ein gewöhnlicher Händler oder seine Frau aufwendige Kleider leistete, wurde das stirnrunzelnd betrachtet. Die meiste Zeit des Jahres war unsere Hauptsorge, es warm zu haben, und den Rest der Zeit, trocken zu bleiben. Auf Sizilien, wo es selten regnete und die Temperatur selbst mitten im Winter kaum unter angenehme Kühle sank, war die

Hauptsorge, elegant zu sein. Meine Kleider waren aus Seide, mit Pelz besetzt, und es war kein Gürtel erforderlich. Doch beim Spazieren im Freien ruhte mein Gürtel auf den Hüften, und mein Kleid war verhüllt von einem blauen Samtmantel, der bis zu den Knöcheln reichte. Ich hielt mich für eine perfekte Dame, obwohl ich noch ein Kind war.

Ich muß daran erinnern, daß ich erst zehn war, doch mit elf hielt man meine Ausbildung bereits für abgeschlossen. Zugegeben, ich war ein außergewöhnlich intelligentes Mädchen, aber ich hatte gerade ein großes Unglück und einen schmerzlichen Verlust erlitten, und so neigte ich zu Unaufmerksamkeit und manchmal sogar Ungezogenheit. Das wurde sehr streng bestraft, so als wollte man mich daran erinnern, daß ich trotz allem immer noch ein minderwertiges Wesen war. Das Instrument, das zur Bestrafung benutzt wurde, war ein dicker Lederriemen, der auf den nackten Pobacken ein schmerzhaftes Brennen erzeugte, jedoch keinen Schaden an der Haut hinterließ. Die Züchtigungen wurden von Signora Albani, ihrer Schwester und deren Geliebtem durchgeführt, die mich an den Armen festhielten, während ich über dem Bett kniete und mir vergebens die Lunge aus dem Leib schrie.

Mein körperliches Wohlergehen, die Reinlichkeit und meine Ausbildung übertrafen zwar alles, was ich in meinem Elternhaus in Lincoln erlebt hatte, aber ich war gezwungen, ein völlig liebloses Dasein ohne Freundschaft zu fristen. Ich besaß keine Spielzeuge und hatte keine Spielgefährten in meinem Alter. Oftmals schaute ich aus meinem Turmfenster zu den glücklichen italienischen Kindern, die miteinander tollten, und ich weinte, weil ich nie zu ihnen gehen durfte.

Zu dieser Zeit war ich mir nur meines Elends bewußt. Mittlerweile ist mir klar, daß die Kälte meines Herzens, die mir von verschiedenen Herren vorgeworfen wurde, ein natürliches Resultat dieses unnatürlichen Aufwachens und der Ereignisse war, die in meiner frühen Jugend auf mich einstürmten.

Nach einem halben Jahr entschied Signor Albani, daß es nun Zeit sei für eine neuerliche Veränderung in meinem Leben, und ich wurde über die Insel zum großen Seehafen Palermo gebracht, von wo aus wir mit dem Schiff zu dem noch größeren Hafen Neapel reisten.

Ich war natürlich besorgt, wieder barbarischen Piraten in die Hände zu fallen, aber Signor Albani versicherte mir, daß ich auf dem Meer zwischen Sizilien und dem Festland nicht in Gefahr sei, weil sich Piraten nicht dorthin wagten. Er erzählte mir auch, daß Neapel vom Haus Anjou regiert wurde und daß er mich dorthin brachte, damit ich ein Leben des Dienstes für dieses berühmte Haus beginnen konnte.

Ich glaubte ihm nicht.

Die Reise durch ruhige See hätte angenehm sein können, wenn wir nicht mit einer Galeere gereist wären. Dies war die einzige Schiffsart, mit der man zuverlässig diese windstille See durchqueren konnte. Die Galeere war sehr komfortabel für diejenigen, die, wie ich, achtern untergebracht waren. Weniger bequem war sie für die hundertfünfzig Ruderer, allesamt verurteilte Verbrecher, wie mir Signor Albani versicherte, die nackt und angekettet auf ihren Bänken hockten und dort bleiben würden, bis sie keine Kraft mehr zum Rudern hatten. Dann würden sie über Bord geworfen werden, und andere Unglückliche mußten ihren Platz einnehmen. Signor Albani stellte anscheinend keine Parallele zu dem unmenschlichen Verhalten der christlichen Sizilianer und dem Schicksal her, das meine Familie durch die Mauren erlitten hatte. Er stand gerne an der Reling des Achterdecks und schaute auf die Männer hinab, und er ermunterte mich, ihm dabei Gesellschaft zu leisten.

Das betrachtete er zweifellos als einen Teil meiner Ausbildung, weil ich noch nie einen nackten Mann gesehen hatte. Das Spektakel interessierte mich in der Tat. Es war jedoch nicht erfreulich in Anbetracht des Leidens der armen Teufel und wegen des Gestanks, der von den Bänken aufstieg und das ganze Schiff einhüllte – denn diese Männer verließen ihre Plätze nie und verrichteten selbst ihre Notdurft beim Rudern.

Ich mußte daran denken, daß ich eine Sklavin war, wie sie, und bis jetzt noch keine Ahnung von meinem endgültigen Schicksal hatte.

Das lag in Neapel. Neapel sehen und sterben, wie es heißt. Die Poeten halten dies für eine treffende Beschreibung der Schönheit dieser Stätte, doch ich weiß jetzt, daß es sich in Wirklichkeit auf das schreckliche Fieber bezieht, das im Süden Italiens weit verbreitet war, und ebenfalls auf die schwermütige und verzweifelte Natur der Leute, die in diesem wundersamen Winkel der Erde lebten.

Doch die Poeten haben nicht ganz unrecht. Der Golf von Neapel sucht in der ganzen Welt an Schönheit seinesgleichen, besonders wenn man sich von der See her nähert. Im Norden wird er bewacht von den Inseln Ischia und Procida, gegenüber der Landspitze Cap Misena. Diese Landzunge ist flach, im Gegensatz zu Ischia.

Im Süden befindet sich die legendäre Insel Capri, und dahinter ist die Landspitze von Sorrento, die hoch und prächtig ist. Bessere Chronisten als ich haben über Capri geschrieben, und sinnlichere Naturen genossen ihren offenkundigen Charme. Hier verbrachte der römische Kaiser Tiberius eine geraume Zeit, um sich mit einer Vielzahl von Jungen und Mädchen der Lust hinzugeben.

Meine eigenen Erfahrungen haben mich überzeugt, daß an dieser Geschichte etwas Wahres sein muß.

Capri ist der erste Teil der Bucht, den der Reisende von Sizilien aus zu Gesicht bekommt. Die Insel bestimmt die Szenerie für das Folgende, denn lange bevor die Insel über dem Horizont auftaucht, schaut man auf einen riesigen, fernen Gipfel, der mit Wolken umgeben ist und in Liedern und Geschichten beschrieben wird. Der Vesuv beherrscht nicht nur die neapolitanische Landschaft. Mit seiner Schönheit, die erfolgreich die gewaltigen und bedrohlichen Leidenschaften verbirgt, verkörpert er die Neapolitaner selbst.

Die Stadt liegt an der Nordseite der Bucht und besteht aus einer Ansammlung von Häusern, in deren Mitte verschiedene Paläste und Kirchen aufragen. Sie wird auf einer Seite von der

Mole beherrscht, dem Arm des Hafens, den die Neapolitaner gern für ihre Promenaden benutzen, und auf der anderen Seite vom Castel Nuovo, dem Neuen Schloß, das Karl I. von Anjou erbauen ließ; der Mann, der sich fast siebzig Jahre vor meiner Ankunft die Königreiche Sizilien und Neapel aneignete. Sizilien verlor er nach einem Volksaufstand, der als die Sizilianische Vesper bekannt ist, doch das Haus Anjou herrschte weiterhin im südlichen Italien – ihr Königreich erstreckte sich im Norden fast bis Rom und schloß den ganzen Süden der Halbinsel ein. Die Angehörigen des Hauses Anjou, genannt Angevins, besaßen ebenso andere Lehen, nicht zuletzt die Stadt Avignon, in der gegenwärtig der Papst residierte.

Neapel ist eine farbenfrohe und heitere Stadt. Deshalb ragt das Castel Nuovo um so grimmiger auf. Es ist groß und finster. Die Wände sind dick und hoch und mit Türmchen versehen, die Zugbrücke unangreifbar. Man muß sich in Erinnerung rufen, daß sich die Menschen kaum entsinnen konnten, wann das Königreich Neapel zuletzt von einer einheimischen Prinzessin regiert worden war: Seit Jahrhunderten war die Stadt die Beute von Römern, Normannen und Germanen gewesen, bevor die Herrschaft des Hauses Anjou begann, das in der Tat die Talente und Laster all ihrer Vorgänger in sich zu vereinigen schien. Karl I. hatte zweifellos das Gefühl gehabt, eine Bastion zu benötigen, die wütenden Menschenmengen widerstehen konnte.

Seine Nachfolger brauchten sie mit Sicherheit.

Die Zugbrücke wurde herabgelassen, als Signor Albani sich zu erkennen gab, und wir wurden in den gefängnisartigen Palast geführt, der mein Heim werden sollte. Mein Herr war offenbar gut bekannt in der Burg, denn wir wurden ohne Fragen über den großen Hof geleitet, vorbei an den Gesindequartieren, Stallungen und Küchen. Während wir knurrende Hunde und aufgescheuchte Hühner passierten, wurden wir von vielen Männern und Frauen beobachtet. Man führte uns in den Bergfried und bald danach zu den Gemächern der königlichen Residenz.

Ich war versunken in die Bewunderung der Vorhänge und Teppiche, staunte über den allgegenwärtigen Goldbrokat und die prächtig uniformierten Wächter und Hausmeier. So bemerkte ich nicht gleich, daß wir am Ende unseres Weges waren und in einer kleinen Kammer einer Frau gegenüberstanden. Der Anblick der Frau überraschte mich: sie paßte nicht zu ihrer Umgebung. Sie war groß und von kräftiger Statur, in mittlerem Alter, teuer gekleidet und nicht häßlich, aber ihre Gesichtszüge wirkten mehr verschlagen als majestätisch, und ihrem Verhalten mangelte es völlig an der vornehmen Art, die ich in einer solchen Umgebung erwartet hatte.

An ihrer Macht gab es jedoch keinen Zweifel. Signor Albani, der sich so tief verbeugt hatte, daß seine Feder den Boden berührte, erklärte, wie er in meinen Besitz gelangt war. Die Dame blickte mich streng an und winkte mich dann näher zu sich. »In der Tat, Albani«, bemerkte sie. »Das habt Ihr gut gemacht. Meine kostbare Schutzbefohlene wird dieses Spielzeug lieben und mir hold sein. Ihr sagt, die Kreatur spricht Italienisch?«

»Wie eine Einheimische, Donna Filippa.«

»Und Französisch?«

»Genauso, Donna Filippa.«

»Wie heißt du, Kind?« fragte Donna Filippa auf französisch, in der Sprache also, die normalerweise bei Hofe benutzt wurde; die Angevins waren natürlich selbst Franzosen.

»Mein Name ist Richilde Benoit, möge er Euch gefallen, meine Dame«, antwortete ich, wie man es mich gelehrt hatte.

»Sie hat sogar einen französischen Namen, das ist großartig«, sagte Donna Filippa und klatschte in die Hände. »Roberto, mein Liebling, was hältst du von ihr?«

Ich hatte den Jungen noch gar nicht bemerkt, der bei dem schmalen Fenster stand, das auf den Hafen hinausblickte. Er war etwas älter als ich, vielleicht im gleichen Alter, in dem mein Bruder Richard gewesen wäre, und er war wie seine Mutter groß und kräftig gebaut. Seine Gesichtsfarbe war bemerkenswert, denn sie war dunkel, und seine Züge, die zwar etwas von denen Donna Filippas hatten, waren dennoch anders als alle, die ich zuvor gesehen hatte: seine Lippen waren dicker als normale, und seine Wangenknochen waren stark ausgeprägt, während sein Haar ungewöhnlich gekräuselt war. Aber er sah zweifellos gut aus, wenn auch – das spürte ich schon damals – nicht vertrauenswürdig.

Er näherte sich. »Sie ist ein hübsches Ding, Mama«, stimmte er zu, nahm eine Strähne meines Haars und ließ sie durch die Hand gleiten. »Welch ein Jammer, daß dies kein echtes Gold ist.« Und er zog an der Haarsträhne.

Wenn mir nicht mein schweres Kleid und das Wissen, daß er hier der Herr war und ich die Dienerin, hinderlich gewesen wären, so hätte ich ihm einen Tritt versetzt.

»Geht zu meinem Diener, Albani, und laßt Euch bezahlen«, sagte Donna Filippa. »Und du, Richilde, kommst mit mir.«

Ich blickte zu Signor Albani, der mich ein wenig traurig anlächelte. »Ich werde dich nicht wiedersehen, Richilde«, sagte er. »Ich werde für dein Wohlergehen beten.«

Ich hatte den Eindruck, daß es mir bereits wohl erging, als ich meiner neuen Herrin über einen weiteren prächtigen Flur und in eine großartige Kammer folgte, aus der uns Mädchengelächter entgegenklang.

»Knie dich vor der Herzogin von Kalabrien hin, der Erbin des Throns von Neapel«, befahl Donna Filippa.

Es waren vier Mädchen in der Kammer. Zwei davon waren älter als ich, und ich sagte mir, älter als ihr Bruder Roberto, denn daß sie seine Schwestern waren, sah ich mit einem Blick: Sie waren gewiß attraktiv, doch ihre Gesichtszüge waren gleich schwermütig und dunkel wie seine. Das dritte Mädchen war kaum mehr als ein Kind, und obwohl deutlich zu sehen war, daß eine große Schönheit aus ihr werden würde, wirkte sie ziemlich verängstigt bei meinem Eintreten.

Das vierte Mädchen war ein Jahr jünger als ich, wie ich bald erfuhr. Aber ich wäre auch vor ihr auf die Knie gesunken, wenn ich in ihr nicht die besagte Thronerbin erkannt hätte. Dies war meine erste Begegnung mit Johanna von Neapel, und für fast fünfzig Jahre sollte ich ihre Freundin, Vertraute, Dienerin und leider auch Komplizin werden. Hätte ich in diesem Moment geahnt, welch schreckliche Abenteuer vor mir lagen, dann wäre ich vielleicht zum offenen Fenster gelaufen und hätte mich in den Burggraben gestürzt. Dennoch hätte ich gewiß bedauert, auf die intime Freundschaft der bemerkenswertesten wie unglücklichsten Frau zu verzichten, die jemals gelebt hat.

Ich brauche Johannas Schönheit nicht zu beschreiben, die lang und breit in Europa gerühmt wurde und die sie schon als Zehnjährige besaß. Es war der stärkste Kontrast zu meiner eigenen Schönheit. Während mein Haar lang und goldfarben war, war ihres länger und rabenschwarz. Traten meine Gesichtszüge vielleicht zu grob und scharf hervor, waren ihre klein und zierlich. Mein Mund war breit und lächelte gern, der ihrige zwar ebenso breit, aber fester und mit weniger vollen Lippen.

Mein Kinn war gerundet, ihres war spitz. Meine Augen waren groß und blau, Johannas Augen waren größer und schwarz wie die Nacht und dennoch leuchtend und seelenvoll; ihr Blick konnte wärmen wie ein Feuer, aber er konnte auch kalt sein wie Eis. Die Augen waren nur die Vorhänge, die ein glühendheißes Herz verbargen.

Von unseren Körpern will ich jetzt nicht sprechen, denn wir waren Kinder, doch wir waren beide wohlgeformt, und es war schon zu ahnen, daß sich später die Männer die Köpfe nach uns verdrehen würden.

»Steh auf«, sagte die Herzogin, und ihre Stimme enthielt zwar eine Spur von Herzlichkeit, jedoch auch das Majestätische, das Donna Filippa fehlte.

»Ihr Name ist Richilde«, erklärte Donna Filippa, »und sie stammt aus England. Sie wurde mir von Signor Albani gebracht, und ich wußte sofort, daß sie eine ausgezeichnete Gefährtin für Euch sein wird.«

Ich fand, daß es diesen Worten ein wenig an Respekt mangelte, den man gegenüber einer Herzogin erwarten konnte. Aber Johanna bemerkte es anscheinend nicht. Sie schaute mich weiterhin an. »Brauche ich denn eine ausgezeichnete Gefährtin, Signorina?« fragte sie jetzt in einem Ton, als sei sie schon zwanzig und nicht erst zehn Jahre alt.

»Und ob. Eine in Eurem Alter«, sagte Donna Filippa. »Maria ist zu jung, und Aurora und Benita werden bald zu alt sein.«

Die beiden Mulattinnen, denn das waren sie, kicherten. Später fand ich heraus, daß Maria, damals acht, die jüngere Schwester der Prinzessin war.

Johanna zuckte die Achseln. »Also gut, sie wird meine Spielkameradin sein.«

So war es abgemacht.

Meine Anwesenheit war ihr längst nicht so gleichgültig, wie die Thronerbin vorgab, denn sie war verzweifelt einsam wie ich, trotz all des Pomps und der ständigen Gesellschaft, von der sie umgeben war. Teils war das auf ihre Frühreife zurückzuführen, denn sie war fast von Geburt an auf ihre zukünftige Rolle als Königin von Neapel vorbereitet worden. Ihr Vater war gestorben, als sie ein Säugling gewesen war, und von diesem Moment an wichen in ihrem Leben die unschuldigen kindlichen Freuden dem Ernst der Ausbildung zur Herrscherin. Da ihre häusliche Rolle als zukünftige Königin bereits in diesem frühen Alter festgelegt werden mußte, war meine neue Herrin und Spielkameradin zu dem Zeitpunkt, da ich sie kennenlernte, bereits verheiratet.

Die Ehe war natürlich noch nicht vollzogen worden, doch ihr Mann, Prinz Andreas von Ungarn, der jüngere Bruder des ungarischen Thronprätendenten und zugleich Cousin der Prinzessin, war ungefähr zwei Jahre vor meiner Ankunft aus Buda gebracht worden, um seine Hochzeit zu feiern und seinen Wohnsitz in Neapel zu nehmen. Man hoffte, daß er sich aus einem ungehobelten Ungarn in einen kultivierten Franzosen verwandelte.

Dieses Ziel war noch nicht erreicht worden, als ich den Prinzen kennenlernte. Es wurde auch niemals erreicht. Andreas war gutgebaut und sah unbestreitbar gut aus, und er war nur ein Jahr älter als seine Frau. Doch seine Manieren waren ungehobelt, und sein Charakter unbeständig.

Auf der Reise von Buda nach Neapel hatte ihn ein Gefolge ungarischer Adliger begleitet, die zwar älter als er waren, aber noch keine richtigen Männer. Sie hatten Manieren, die vom Hof des Hauses Anjou verabscheut wurden. Das schlimmste war, daß man Andreas nie ohne seinen Beichtvater antraf, einen Dominikanermönch namens Robert. Dieser Mann war in jeder Hinsicht häßlich. Rothaarig, rotbärtig, mißgestaltete Gesichtszüge und von plumper Figur – eine Beleidigung für die Schönheit und für den Glanz des Hauses Anjou. Überdies war auch noch sein Geist krankhaft zerrüttet.

Um dem Schuft gegenüber fair zu sein: Da der Hof von Neapel wohl der verdorbenste von ganz Europa war, spiegelte Roberts Erscheinung nur seine Umgebung wider. Und der Beichtvater fand in Donna Filippa di Cabane, die Johannas Amme, Gouvernante und Pflegemutter war, eine Gegenspielerin vor, die es mit ihm in puncto Verdorbenheit mühelos aufnehmen konnte. In ihrem gegenseitigen Haß, der für mich schon bei ihrer ersten Begegnung in meiner Anwesenheit offenkundig wurde, und der daraus resultierenden Rivalität, lag die Saat für das Grauenvolle, das bald über uns alle hereinbrechen sollte.

Der Haß der Amme auf den Beichtvater und der Neapolitanerin auf den Ungarn entging Johanna nicht. Mit zehn Jahren wußte sie natürlich nichts von den Anforderungen des Ehebetts; ich wußte ebensowenig darüber. Aber ihr wurde rasch klar, daß sie nicht auf Rosen gebettet leben würde. Vielleicht erkannte sie schon damals, daß Filippa und ihre Kinder mehr an der eigenen Zukunft interessiert waren als an ihrer, und obwohl sie ihre jüngere Schwester liebte, hielt Johanna sie noch für zu kindlich, um sie ins Vertrauen zu ziehen. Das gleiche galt für die andere Seite: Obwohl König Robert und Donna Sancia ihre Enkelin mochten und sie als ihre Erbin schätzten, konnte von wahrer Liebe zu ihr keine Rede sein.

Deshalb ihre Einsamkeit, die ich ihr erleichtern wollte.

Es dauerte einige Zeit, bis wir geistig miteinander vertraut wurden. Johanna war in jedem Zoll eine Prinzessin und daran gewöhnt, Geringere mit kühler Verachtung zu behandeln. Als wir die ersten Male miteinander Ball spielten, unsere Puppen anzogen oder unsere kindischen Malereien verglichen, zeigte ihr Verhalten geringschätzige Überlegenheit. Es ist jedoch unmöglich, sein ganzes Leben miteinander zu teilen, ohne schnell zu erkennen, ob man sich haßt oder liebt.

Die Heiterkeit und die Unbeschwertheit, die mir von Natur aus gegeben sind, gepaart mit meiner Schönheit, die von Tag zu Tag zunahm, machten es ihr zum Glück schwer, mich zu hassen. Außerdem war ich die Sklavin und sie die Herrin. Folglich bemühte ich mich, ihr zu gefallen, und so ließ ihr Mißtrauen unbewußt nach.

Vom ersten Tag an waren wir zu völliger körperlicher Vertrautheit gezwungen. »Du wirst keinen Augenblick von der Seite der Herzogin weichen, Richilde«, befahl Donna Filippa. Heute weiß ich, daß dies alles ein Teil ihres Plans war, die offenkundige Sinnlichkeit der Prinzessin zu Donna Filippas eigenem Vorteil zu wecken. Doch damals war es nur ein aufregendes Abenteuer für uns beide. Wir badeten gemeinsam, teilten Johannas Bett und hielten uns beim Einschlafen in den Armen. Wir waren dabei beide nackt.

Ich half Johanna bei der Morgentoilette, bürstete ihr glänzendes Haar, und sie fuhr mit den Fingern durch meines. Sie fragte mich nach meiner Vergangenheit und wollte die Geschichte von den Piraten und dem Tod meiner Familie hören, und obwohl ich nie gewagt hätte, sie über ihre Familie zu befragen, erzählte sie mir nach und nach etwas über ihre Vergangenheit. Ebenso weihte sie mich in ihre Ängste vor der Zukunft ein, jedoch ohne jede Besorgnis, daß sie nicht mit den Schwierigkeiten fertig werden würde, die sie als jugendliche Königin des unruhigsten Volks der Erde erwarten würden.

Wir reisten zusammen ins Ausland, ritten auf Damenreitpferden, um die Jagd zu beobachten, bei der sich Johannas Ehemann schon als Junge auszeichnete und die er leidenschaftlich liebte. Wir betranken uns gemeinsam, wenn die Jäger zurückkehrten. Die Ungarn wurden betrunkener als sonst jemand. Und Bruder Robert blickte uns finster an, und ich bezweifelte nicht, daß er mich im Geiste mit Filippa in Zusammenhang brachte und mich als ihr Werkzeug betrachtete.

Wenn mir dieser Gedanke angst machte, dann konnte ich mich wenigstens mit der Vorstellung trösten, daß ich einer zukünftigen Königin diente, während sein Herr nur ein zukünftiger Gemahl sein würde.

Aber mein Dasein als Dienerin hatte natürlich auch weniger angenehme Momente. Ich mußte das Essen der Prinzessin vorkosten, was mir aber nicht so viel Unbehagen bereitete, denn ich befürchtete nicht, daß das Essen vergiftet sein könnte. Aber ich mußte eine andere Pflicht erfüllen, die des Mädchens, das sich für die Prinzessin auspeitschen ließ. Johanna mochte sich als zukünftige Königin fühlen, aber sie war noch immer ein kleines Mädchen, das seine Launen hatte und sogar Wutanfälle bekam, bei denen es Geschirr auf das nächstbeste Ziel warf. Bei diesen Anlässen mußte ich mich auf einen Sessel knien, die Arme um die Knie geschlungen, den Rock hochgestreift und in meinen Gürtel gesteckt, und erdulden, daß Donna Filippa mit einem Stock auf meine Pobacken schlug. Dies war schmerzvoll und demütigend, um so mehr, wenn der Beichtvater Robert zufällig anwesend war, was sehr oft der Fall war. Und es dauerte, bis Johanna, nicht ich, genug gelitten hatte und in Tränen ausbrach – ich hätte mir längst die Lunge aus dem Hals geschrien – und ihre Amme um Verzeihung bat und die Bestrafung aufhörte. Wenn Johanna in einer ihrer trotzigen Stimmungen war und sich nicht entschuldigen wollte, litt ich entsprechend länger.

Dennoch liebte ich sie. Ich liebe sie immer noch. Und ich

mußte zusehen, wie sich ihr Leben vor meinen Augen zu verwirren begann.

An dieser Stelle meiner Erzählung fühle ich mich verpflichtet, auf einen wichtigen Punkt hinzuweisen: Ich habe keinen Platz in der Geschichte. Man wird meinen Namen in keinem gelehrten Buch finden. Dies ist das Schicksal der Dienerin. Aber die Ereignisse, über die ich berichte, jedes einzelne, werden von Zeugen bestätigt und können nicht bestritten werden. Dies sollte man sich merken, denn wenn ich an damals zurückdenke, gab es Zeiten, an denen ich mich fragte, ob all dies nicht ein schrecklicher Alptraum war. Leider wird jede Prüfung der entsprechenden Seiten der Chroniken zeigen, daß all dies stimmt.

Beginnen wir mit der Betrachtung des Hauses Anjou. Es sollte nicht mit jenem früheren Haus verwechselt werden, dessen berühmtester Sproß König Heinrich II. war und das England in die Hände der Dynastie Plantagenet auslieferte, die immer noch über diese königliche Insel herrscht.

Der Titel Comte und dann Herzog von Anjou, eine französische Apanage, erlosch, nachdem Heinrich und seine feuerschluckenden Söhne so gründlich englisch geworden waren, und er wurde erst Anfang des vergangenen Jahrhunderts wieder eingeführt, für den vierten überlebenden Sohn von Ludwig VIII. Capet, König von Frankreich.

Ludwigs ältester Sohn, Ludwig IX., als der Heilige in Erinnerung – er unternahm den sechsten und siebenten Kreuzzug, wenn auch wenig erfolgreich – heiratete Margarete von Provence, und aus diesem Paar stammen die gegenwärtigen Herrscher von Frankreich ab; seine Urenkelin, Isabella, war mit dem Vater meines eigenen verstorbenen königlichen Herrn Eduard III. von England verheiratet und schmachtete den letzten Teil ihres Lebens wegen der Missetaten ihres Geliebten Mortimer im Gefängnis.

Man kann in der Geschichte dieser Familie den Fluch des Himmels sehen.

Der zweite Sohn von Ludwig VIII. war Robert, Graf von Artois. Er heiratete Maude von Brabant, und ihre Tochter Blanche heiratete als zweiten Mann den englischen Prinzen Edmund von Lancaster und wurde dadurch – wie ihr zweiter Cousin – in englische Affären verwickelt. Roberts Sohn, ebenfalls mit dem Namen Robert, setzte die Linie d'Artois fort und folgte dem Schicksal seines Onkels Karl auf Kosten dessen Nachkommen, wie wir sehen werden.

Ludwigs dritter Sohn, Graf von Poitou, ist nicht weiter erwähnenswert – Poitou selbst blieb die meiste Zeit meines Lebens in englischen Händen –, aber sein vierter Sohn, Karl, war ein berühmter Mann. Geboren 1226, wurde er an seinem zwanzigsten Geburtstag Graf von Anjou und Provence, und kurz nachdem er seinen Bruder beim siebten Kreuzzug begleitet hatte, passierte eine Katastrophe, die darin gipfelte, daß die französische Armee geschlagen und zwei königliche Geschwister gefangengenommen wurden.

Sie wurden gegen Lösegeld freigelassen wie unser König Richard eine Generation zuvor. Das Ereignis hatte eine äußerst unterschiedliche Wirkung auf die beteiligten Charaktere. König Ludwig kehrte nach Frankreich zurück und versuchte, die Lebensumstände seines Volkes zu verbessern, während sich sein Bruder, der das Chaos von einem Ende des Mittelmeers bis zum anderen sorgfältig begutachtet hatte, entschloß, ein eigenes Reich zu schaffen.

Die Möglichkeiten waren da. Kaiser Friedrich II. von Hohenstaufen war kurz zuvor gestorben. Mit seinen vielen Talenten war er zweifellos einer der größten Männer seiner Zeit gewesen, aber er war auch ein zutiefst unabhängiger Geist, besonders in Dingen, die seine Vorrechte betrafen. So lag er sich zeit seines Lebens mit dem Papsttum in den Haaren. Er wurde dreimal exkommuniziert, einmal als er nicht auf einen Kreuzzug ging, obwohl er es dem Papst versprochen hatte, und ein anderes Mal, weil er einen Kreuzzug ohne die Erlaubnis des Papstes unternommen hatte!

Die Situation wurde für den Papst noch unangenehmer, weil Friedrichs Kreuzzug der bis dahin erfolgreichste war –

und kein einziges Leben im Kampf kostete. Friedrich landete mit einer riesigen Armee in Palästina, ließ den Sultan zu einem Treffen kommen, bei dem sich die beiden mächtigsten Männer der Welt zu Freunden erklärten, und ein Teil des Preises einer solchen Freundschaft war der freie und ungestörte Zugang für christliche Pilger nach Jerusalem und zu den Heiligen Stätten.

Für Rom war das wie ein Pakt mit dem Teufel!

Der Papst konnte diese Entwicklung zwar öffentlich anprangern und Friedrich II. exkommunizieren, sooft er wollte, aber einen solchen Mann mit Gewalt zu bekämpfen, wäre aussichtslos gewesen. Erst als Friedrich II. 1250 im Alter von sechsundfünfzig Jahren starb, sah Innozenz IV. die Gelegenheit zur Rache. Er führte einen Kreuzzug, der in Wirklichkeit gegen die Söhne des Königs, Konrad und Manfred, gerichtet war. Manfred war unehelich, aber diese beiden jungen Prinzen waren ihres Vaters würdig, und so wurde ein päpstlicher Sieger gebraucht.

Er wurde schließlich in Karl von Anjou gefunden.

Karl war kurz zuvor aus sarazenischer Gefangenschaft freigelassen worden, und seine Ambitionen erschienen der Kurie unverdächtig. Er hatte sich bereits durch einen Vertrag mit Balduin II. die Herrschaft über den Thron von Konstantinopel gesichert: Er hatte seine Tochter Beatrice mit Balduins Sohn Philipp verheiratet, der geisteskrank war. Nun, auf den Wunsch des Papstes hin, sollte er Sizilien unterwerfen, lange das Bollwerk der Hohenstaufen. Friedrich hatte Palermo zur schönsten Stadt in Europa gemacht, und Karl sah darin zweifellos die Metropole eines Mittelmeerreiches, das sich bis zum Bosporus erstrecken würde. Die Ambitionen des Papstes und des Hauses Anjou führten zu großem Blutvergießen, aber diesem Zeitvertreib schienen Päpste und Prinzen immer wieder zu verfallen.

Karl war seiner Aufgabe gewachsen. Konrad starb, bevor er eine Armee aufstellen konnte, und Manfred besiegte die päpstlichen Kräfte und ließ sich als König von Neapel und Sizilien krönen. Das ermutigte natürlich Innozenz' Nachfolger, Alexander IV., Karl nur noch stärker zu unterstützen. 1266 starb Manfred in der Schlacht gegen seinen Rivalen, und Karl wurde an seiner Stelle König.

Es blieb nur Konrads Sohn, ein Sechzehnjähriger namens Konradin, würdig, das Banner der Hohenstaufen in die Schlacht zu tragen. Leider war er Karl nicht ebenbürtig, und nach seiner Niederlage bei Tagliacozzo wurde er öffentlich enthauptet. Europa war schockiert über diesen Königsmord, aber es gab keine Verurteilung von Rom, und Karl wurde als König von Sizilien und Neapel bestätigt.

Karl hatte jedoch schon die Saat für sein eigenes Scheitern gesät. Seine Härte hatte der ganzen Welt gezeigt, daß er zu gefährlich war, um ihn ungehindert seinen Kurs verfolgen zu lassen, und selbst das Papsttum wandte sich schnell gegen ihn. Noch schlimmer, er war jetzt Europas bedeutendster Feldherr, und es war unwahrscheinlich, daß er von irgendeinem neuen päpstlichen Streiter besiegt wurde. Seine Tyrannei brachte seine Untertanen gegen ihn auf, und sie sehnten seinen Sturz herbei. Sie hatten eine einheimische Prinzessin zu bieten, Constance, Manfreds Tochter, die mit Pedro III. von Aragon verheiratet war.

Die Spanier waren erfreut über die Gelegenheit, Sizilien ihrem Herrschaftsgebiet, das bereits die Balearen einschloß, einzuverleiben. Aber sie waren nicht erpicht darauf, Karl in der Schlacht entgegenzutreten. Deshalb wurde ein Komplott geschmiedet. Es wurde am Ostermontag, dem 30. März 1282, in die Tat umgesetzt, zu den Stunden der Vesper. Die Sizilianer revoltierten und metzelten jeden Franzosen, Männer, Frauen und Kinder, nieder. Über zweitausend kamen allein in Palermo um. Der daraus resultierende Krieg zog sich über zwanzig Jahre hin, aber die Angevins wurden schließlich von der Insel vertrieben und behielten nur das Königreich Neapel.

Hier sicherten sie sich ab, und schließlich liebten sie sich sogar. Dies war die Leistung von Karls Enkel, Robert von Neapel, der 1309 nach dem Tod seines Vaters, Karl II., Thronfolger wurde und als der vollkommenste Ritter der Christenheit galt. Dies lag zum Teil daran, daß er den Papst in allem treu unterstützte – oder täuschte dieser Eindruck vielleicht? Das große Schisma, das die Kirche immer noch spaltet, begann im Jahre 1305; der Papst suchte Zuflucht in Roberts Apanage in Avignon, und die beiden Männer blieben enge Vertraute. Aber Robert war auch ein berühmter Krieger und ein Mäzen der Künste: es heißt, daß Petrarca, der große Dichter unsterblicher Liebesverse, sich weigerte, die Ehrenkrone für Dichtkunst von einem anderen als dem König von Neapel entgegenzunehmen.

Robert I. war noch auf dem Thron, als ich in seinem Palast eintraf.

Die Frage sei erlaubt: Ist ein tadelloser Ritter der Aufgabe gewachsen, ein erfolgreicher König zu sein? Man hätte annehmen können, daß ein Mann wie Robert die Zukunft seiner Dynastie sicherte, ganz gleich, wieviel Mißgeschicke sie mit sich bringen würde. Doch das war nicht der Fall. Die Angevins trugen immer den Willen zur Selbstzerstörung in sich.

Roberts Vater, Karl II., hatte eine ungarische Prinzessin geheiratet, Maria, die Tochter Stefans V. und die Schwägerin des unglücklichen byzantinischen Kaisers Andronikus II., der vom Pöbel in Stücke gerissen wurde.

Dies waren wilde Zeiten.

Der älteste Sohn von Karl und Maria ging nach Ungarn, um sein Glück in der Familie seiner Mutter zu suchen. Er starb jung, aber sein Sohn, Karl Robert, als Carobert bekannt, wurde 1308 Herrscher von Ungarn. Er wurde nach einer herrscherlosen Zeit nach dem Tod des letzten männlichen Arpaden für den Thron gewählt. Dieser Carobert heiratete Elisabeth von Polen, Tochter des großen Wladislaw IV., und schuf für sich ein weites Reich inmitten Europas. Er regierte noch, als ich in Neapel eintraf.

Carobert und Elisabeth hatten zwei Söhne, worin die Tragödien wurzelten, die über uns alle hereinbrachen. Der ältere Junge, Ludwig, würde offenbar der Nachfolger seines Vaters als König von Ungarn werden. Der jüngere, Prinz Andreas, war der Gemahl meiner Herrin.

Das Problem war, daß Carobert Neapel als seinen rechtmäßigen Besitz betrachtete – eine Einstellung, die er an seine Kinder weitergab. Genaugenommen hatte er natürlich völlig recht; er war der Enkel Karls II.

Man hätte annehmen können, daß die Herrschaft über Ungarn und faktisch auch über Polen – obwohl er den Königstitel seinem Sohn überließ – anstrengend genug war. Leider war unser guter König Robert, der tadellose Ritter, von Gewissensbissen geplagt. Obwohl er keinen Widerstand zu überwinden hatte, als er in Abwesenheit seines älteren Bruders den Thron von Neapel bestiegen hatte, fühlte er sich als Thronräuber. Dieses Gefühl wuchs, als sein Sohn und Erbe, Karl, Herzog von Kalabrien – diesen Titel trug immer der neapolitanische Erbe – jung starb. Danach gelangte Robert zu dem Schluß, daß alles Unrecht wiedergutgemacht werden konnte, indem er seine Enkelin – jetzt Erbin für den Thron – mit seinem Großneffen verheiratete. Wie ich schon sagte, hierin lag die Wurzel der Katastrophe.

Aber Robert beging Fehler über Fehler, indem er die Gefühle der restlichen, äußerst großen Familie mißachtete. Eine seiner drei Schwestern, Blanche, war mit Jaime II. von Aragon verheiratet, und seine Schwester Leonore mit Friedrich III. von Sizilien – einem anderen spanischen Prinzen –, ein Versuch, die Feindschaft zwischen Spanien und Neapel zu beenden. Margarete hatte Karl von Valois geheiratet und war bei dem Versuch, eine Nebenlinie französischer Könige zu gründen, verschieden. Diese Damen konnten das Schicksal ihrer Heimat nur aus der Ferne beobachten und darüber weinen.

Aber Robert hatte auch zwei jüngere Brüder. Der ältere der beiden war bekannt als Philipp von Tarent und hatte Katharina von Valois geheiratet. Jetzt war Katharina die Tochter von Karl von Valois durch Katharina von Courtenay, und Katharina von Courtenay war die Tochter des byzantinischen Kaisers, mit dem Karl I. von Anjou seine Tochter Beatrice verheiratet hatte.

Daß Philipp und seine Frau Vetter und Base zweiten Grades waren, ist unwichtig – meine Leser werden allein dieser Abschweifung in die Affären einer einzigen Familie entnommen haben, daß fast jeder Prinz und jede Prinzessin in Europa ein Vetter oder eine Base zweiten Grades voneinander waren, was zweifellos das hohe Maß an Lasterhaftigkeit und Schwachsinn bei diesen gehobenen Persönlichkeiten erklärt. Wichtiger ist nur, daß Katharina durch ihre gleichnamige Mutter die Krone von Konstantinopel beanspruchen konnte. Die Byzantiner waren so tief gesunken, daß diese Krone genaugenommen nichts wert war, doch Philipp nannte sich Kaiser, und nach seinem Tod – einige Jahre vor meiner Ankunft in Neapel – benutzte seine Frau weiterhin den Titel Kaiserin.

Und ich möchte hinzufügen, daß sie eifrig bemüht war, das arrogante Verhalten einer Kaiserin zu kultivieren.

Sie hatte vier Kinder. Ihre Tochter Margarete heiratete Edward Balliol und verschwand im schottischen Hochland. Aber jeder ihrer drei Söhne, Ludwig von Tarent, Robert und Philipp, die beide als »von Konstantinopel« bekannt waren, waren der Ansicht, daß sie eher berechtigt seien, die neapolitanische Erbin zu heiraten und die Krone als ihr Gemahl zu tragen, als irgendein barbarischer Ungar.

Noch ernsthafter waren die Ansprüche von Karl von Durazzo, Sohn von König Roberts jüngstem Bruder, Johann von Gravina, der als Erbe des jüngsten Zweigs der Familie zufällig älter war als seine Vettern und sich für weitaus fähiger als sie hielt.

Diese jungen Männer, die alle das Aussehen und die Talente des Hauses Anjou hatten, lernte ich während meiner ersten Wochen im Palast kennen, auch wenn sie in mir kaum mehr sahen als ein neues Spielzeug, mit dem sie spielen konnten. Keiner von ihnen hatte die zwanzig erreicht, und sie besaßen alle die Arroganz gesunder Jugend und betrachteten sich als Prinzen von Geblüt.

Ebenfalls anwesend bei den meisten dieser Halbwüchsigen-Treffen war Robert von Artois, nur ein Jahr jünger als ich und der Nachkomme des Grafen von Artois, dem älteren Bruder von Karl I. Er hatte genauso ein Anrecht auf den Thron wie jeder seiner Vettern, aber er machte es am wenigsten geltend.

Keiner dieser jungen Männer ließ einen Zweifel daran, was er für Johanna empfand: jeder betete sie an.

Mein Favorit war Prinz Ludwig von Tarent. Er war sechzehn und bereits ein berühmter Ritter, und sein gutaussehendes, lachendes Gesicht bildete einen starken Kontrast zu den finsteren Mienen seiner Cousins von Durazzo.

Allzuoft wurde Prinz Andreas die Zielscheibe des Spotts der Prinzen. Es war leicht absehbar, daß daraus in Zukunft Unstimmigkeiten erwachsen würden, sofern Andreas eines Tages wirklich Königsgemahl von Neapel werden sollte. Allerdings wachsen die wildesten Jungen oftmals zu den nüchternsten und sensibelsten Männern heran. Daß die Versammlungen der Prinzen immer öfter dem Toben tollwütiger Hunde glich, war nur auf einen Umstand zurückzuführen: auf die Leidenschaften der schönen Johanna – der zukünftigen Königin. Und diese Leidenschaften wurden auf schockierende Weise von der Frau geweckt, die für Johanna und Maria Amme, Gouvernante, Lehrerin und sogar Mutter war – Filippa di Cabane.

Der Aufstieg und Fall dieser Frau wäre ein guter Stoff für eine Tragödie. Sie wurde in demselben kleinen sizilianischen Hafen von Trapani geboren, in dem ich an Land gegangen war, und folglich war Signor Albani ein alter Bekannter. Sie war nur eine Wäscherin gewesen, verheiratet mit einem Fischer, aber sie hatte ihn verlassen und war an den Hof von Neapel gelangt, wo sie durch ihre Beharrlichkeit und Fähigkeit Wäscherin der königlichen Familie wurde.

Als Belohnung für ihre Dienste gab man sie nach dem Tod ihres Mannes einem gewissen Raimondo di Cabane zur Frau, einer ebenso bemerkenswerten Persönlichkeit, denn er war ein Negersklave und von seinem Herrn – dessen Name er annahm – zu einem hohen Rang erzogen. Nach dem Tod seines Herrn übertraf der frühere Diener ihn im Ausmaß und Erfolg seiner Handelsgeschäfte. Er beeindruckte König Robert dermaßen, daß er di Cabane in den Rang des königlichen Seneschall erhob.

Man könnte annehmen, daß sich eine Wäscherin damit zufriedengab, schwindelerregende Höhen erklommen zu haben, in denen sie selbst die wildesten Ambitionen befriedigen konnte. Bei Donna Filippa war das anders. Als ihr zweiter Mann starb, brachte sie es fertig, im Palast zu bleiben, jetzt als Kindermädchen der beiden Prinzessinnen, der Töchter Karls von Kalabrien aus seiner zweiten Ehe mit Maria von Valois.

Der Herzog war bereits gestorben, und Johanna war jetzt Herzogin von Kalabrien, Erbin des Throns. Ihre Mutter starb ebenfalls, sehr zum Kummer von König Robert und dessen zweiter Frau, Donna Sancia. Es kam ihnen anscheinend nicht in den Sinn, daß Leute in der Umgebung von Donna Filippa sehr leicht starben, sobald sie für ihre weitere Karriere überflüssig geworden waren. Sie konnten sich keine bessere Lösung für das Problem des Großziehens ihrer Enkelinnen vorstellen, als die kleinen Mädchen ganz in die Obhut der treuen Wäscherin zu geben.

Und das hatte Donna Filippa zweifellos von Anfang an geplant.

So wurde die teuflischste Verschwörung in der Geschichte geboren. Denn Filippa, die das Alter des Königs und die Unschuld ihrer Schutzbefohlenen kannte, sah eine Chance, das Königreich an sich zu reißen.

Ihre Pläne hatten noch keine Früchte getragen, als ich erschien. Sie waren jedoch bis ins Detail entwickelt. Johanna und Maria standen bereits ganz unter dem Einfluß von Filippa und ihren beiden Töchtern Aurora und Benita. Ihr finsterer Sohn Roberto di Cabane, der Junge, der an meinem ersten Tag im Palast an meinen Haaren gezerrt hatte, verharrte zu dieser Zeit noch im Hintergrund.

Die Frau aus Catania hatte bis dahin nur die geistige Macht über die beiden Mädchen erlangt. Die Mädchen waren noch nicht in der Pubertät, und König Robert erfreute sich ausgezeichneter Gesundheit. Erst seine Entscheidung, die beiden Zweige seiner Familie zusammenzuführen, brachte Filippa unter Druck. Sie hatte es plötzlich eilig, ihre Pläne in die Tat umzusetzen.

Die Ehe hatte zur Folge, daß man ihr die wichtigste Schutzbefohlene fortnehmen würde. Das wäre ein ernster, aber kein irreparabler Schlag für die Herrschaft der Amme gewesen. Was ihre Niederlage schließlich fast sicher machte, waren die Anwesenheit und die Feindschaft von Bruder Robert.

Als ich in Neapel eintraf, elfjährig wie die Herzogin und an der Schwelle zur Frau, wartete Filippa bereits begierig auf den Tag, an dem sie ihr übles Spiel weitertreiben und Johanna für immer zu ihrer Sklavin machen konnte.

Zu dieser Zeit ahnte ich nichts von den Absichten meiner neuen Herrin – ich betrachtete natürlich Donna Filippa, die mich ja gekauft hatte, als meine Herrin, nicht Johanna. Johanna war meine Freundin, und ich ihre. Um sicherzugehen, holte ich ihr Essen, nicht sie meines, und ich entblößte mein Hinterteil, wenn eine Züchtigung nötig war, für uns beide. Dafür ist ein Mädchen in der Rolle des Prügelknaben schließlich da. Ich bemühte mich, ihre Freuden ebenso wie ihre Sorgen zu teilen, denn für Johanna, für die es keine liebevollere Person als Donna Filippa gab, war die Welt voller Dämonen, mit denen sie eines Tages fertig werden mußte.

Trotz allem bin ich überzeugt, daß ihr angenehmes Naturell, gepaart mit ihrer Intelligenz, die meiner entsprach, alle Hindernisse gemeistert und sie zu einem der verehrtesten Namen in den Chroniken gemacht hätte. Wenn da nicht die Frau aus Catania gewesen wäre.

Die Verschwörung, die von dieser furchtbaren Frau ausgeheckt wurde, war einfach. Es war ihr nur zu klar, daß unter Johannas ruhigem, schönem Äußeren alle Leidenschaften ihrer Rasse und ihres Erbes schlummerten – wovon die Prinzessin in ihrer Jugend und Unschuld jedoch noch nichts ahnte. Filippa wollte diesen kostbaren Schatz in eine Brandstätte verwandeln. Sie war überzeugt, wenn eine Persönlichkeit wie Johanna erst einmal die Wonnen der Fleischeslust entdeckt hatte, würde sie niemals mehr darauf verzichten können. Und Filippa hatte leider recht. Johannas Geschichte ist die eines ständigen Kampfes zwischen der guten und bösen Seite ihres Wesens.

Mildernd muß ich daran erinnern, daß ihr das Gute angeboren war und sie zu dem Bösen verführt wurde. Aber wie jedes Gift, für das es kein Gegengift gibt, überwältigt es bald den gesunden Körper.

Warum war ich nicht das Gegengift? Wie sehr ich mir wünsche, ich hätte es sein können. Aber ich war erst vierzehn, als der Plan in die Tat umgesetzt wurde. Und außerdem war ich eines der Werkzeuge, die von der Frau aus Catania benutzt wurden.

Wie ich schon erwähnt habe, wartete Donna Filippa einfach auf den richtigen Moment, den Beginn der Pubertät. Seit zwei Jahren genossen Johanna und ich unsere Gesellschaft und die unserer Freunde und Bewunderer und ahnten nichts von dem Damoklesschwert, das über uns hing.

Auch mir mangelte es nicht an Bewunderern. Die Prinzen nahmen sich bei mir Freiheiten heraus, die sie sich bei Johanna nicht erlauben konnten, und ich wurde oftmals gekniffen und betatscht, bis ich blaue Flecken hatte, und sie lachten Tränen, wenn sie mir weh taten.

Ihre Diener betrachteten mich ebenfalls mit interessierten Blicken, aber wie die Prinzessin war ich noch zu jung, um zu verstehen, was dieses Interesse zur Folge haben konnte. Wenn jemand mit erkundenden Fingern in mir Gefühle weckte, die ich so störend wie aufregend fand, waren das keine anderen Gefühle als diejenigen, die Johanna und ich gelegentlich beieinander weckten.

So ist die Unschuld der Jugend.

Der entscheidende Augenblick war im Sommer 1339 erreicht, als Johanna und ich in derselben Woche die Blutung bekamen; ich muß daran erinnern, daß sie ein Jahr jünger war als ich.

Dies war natürlich ein Moment, der vom ganzen Hof begierig erwartet worden war, weil er einen Vollzug der Ehe der Prinzessin erlauben würde.

Es war jedoch auch ein Ereignis, das zuerst nur Donna Filippa, ihre Töchter, Johanna und ich wissen durften, und die Frau aus Catania war entschlossen, es so lange geheimzuhalten wie möglich – Johanna war erst dreizehn, und keiner würde besorgt sein, wenn sie erst in einem Jahr ihre Periode bekommen würde.

»So ist es am besten«, erklärte Filippa. »Denn es verschafft mir Zeit, Eure Erziehung zu vollenden. Es ist eine schreckliche Zeit für einen Ehemann, der nicht weiß, was ihm bevorsteht, was er erwarten und was er ablehnen kann. Es ist meine Pflicht, Eure Hoheit, um die ich mich in den vergangenen zwölf Jahren Tag und Nacht gekümmert habe, mit dem letzten und wichtigsten Aspekt der Menschheit vertraut zu machen: der Liebe zwischen Mann und Frau. Glücklicherweise habe ich einen Freiwilligen. Aurora, mein Liebling, laß deinen Bruder herein.«

Zu meinem Erstaunen hatte Roberto di Cabane in der angrenzenden Kammer gewartet, und jetzt wurde er hereingebracht. Er sah ziemlich erhitzt aus.

»Roberto, mein lieber Junge«, sagte Filippa, »ich möchte dich um eine Gefälligkeit bitten.«

»Selbstverständlich, teuerste Mama«, stimmte er zu.

»Wärst du so gut, der Prinzessin den Liebesakt zu demonstrieren, mein Sohn?«

Der arme Teufel war offensichtlich auf seine Antwort vorbereitet worden. »Es wäre mir ein großes Vergnügen, Mama.« Er verneigte sich und richtete sich dann auf. »Aber mit wem?«

Seine Schwestern klatschten in die Hände. Es sollte erwähnt werden, daß die beiden Mulattinnen vorteilhaft verheiratet worden waren, Aurora mit dem Grafen von Terlizzi und Benita mit dem Grafen von Morcone, Männer, die beträchtlich älter waren als sie.

»Natürlich mit Richilde«, sagte Filippa. »Ist sie nicht zu diesem Zweck hier?«

Johanna klatschte ebenso in die Hände. »Das wäre großartig«, rief sie.

Sie war, wie ich, natürlich ziemlich unwissend und nahm wohl an, es ginge um irgendein schönes neues Spiel. Nun, vielleicht hatte sie recht, auch wenn ich mit jedem Moment mehr begriff.

Es begann recht gut. »Ein Mann nähert sich seiner Geliebten«, erklärte Filippa. »So. Und küßt ihre Hand.«

Roberto küßte meine Hand und veranlaßte mich zu einem verlegenen Kichern; er war zu einem äußerst gutaussehenden Jungen herangewachsen.

»Die Zeit vergeht«, sagte Filippa, »und der Geliebte verlangt mehr. Angenommen, er hat die Gunst der Auserwählten, gewährt sie ihm vielleicht mehr.«

Roberto hielt meine Hand, strich mit den Fingern meinen Ärmel hinauf und streichelte das Oberteil des Kleides. Ich war natürlich dort schon berührt worden, angeblich durch Zufall bei meinen Rangeleien mit den Prinzen, und ich habe das Gefühl immer genossen. Aber jetzt wurde mir zum ersten Mal bewußt, daß sich das Gefühl ebenfalls auf die Person übertrug, die mich berührte; die männliche Bekleidung dieser Zeit bestand aus Kniehose und Wams, aber das Wams reichte nicht bis unter die Hüften, und ein schneller Blick zeigte mir, daß etwas in Robertos Hose geschah. Ich hatte dies schon zuvor beim Getändel mit den Prinzen bemerkt, aber ich war von Arm zu Arm geworfen worden und hatte Ursache und Wirkung nie darauf zurückgeführt.

Jetzt begann ich mich zu ängstigen.

»Siehst du die Farbe auf diesen blassen Wangen?« fragte Donna Filippa. »Jetzt hat sie ihr Herz verloren und ist mit dem Äußersten einverstanden. Wir werden uns in die Schlafkammer zurückziehen.«

So gingen wir los, Roberto und ich, Hand in Hand, gefolgt von Johanna und Filippa, und Aurora und Benita schlossen sich mit Marie an, die jetzt elf war und soviel Frühreife zu zeigen begann wie ihre Schwester.

Ich hatte immer noch keine genaue Vorstellung von dem, was mit mir geschehen würde.

»Helfen wir, die Geliebten zu Bett zu bringen«, kommandierte Filippa. Ihre Töchter packten mich sofort und hatten mich im Nu entkleidet. Das erstaunte mich, denn bisher hatte nie jemand Hand angelegt, um mir beim Entkleiden zu helfen, und außerdem war es heller Vormittag. Es war mir peinlich, daß ich nackt dem Blick von Roberto ausgesetzt war, besonders nachdem er sich Freiheiten bei mir herausgenommen hatte. Aber ich sollte vielleicht sagen, daß ich bereits mit vierzehn eine fast erwachsene Frau war und mein Körper keinen Vergleich zu scheuen brauchte.

Meine Verlegenheit wuchs, als Roberto gleichermaßen von seinen eifrigen Schwestern entkleidet wurde. Meine spätere Kenntnis über diese teuflische Familie führt mich zu der Annahme, daß sie sich so nicht zum ersten Mal vergnügten und daß ihnen das Wort ›Inzest‹ nicht unbekannt war.

Wie ich hatten Johanna und Maria jedoch noch nie einen nackten Mann aus nächster Nähe gesehen, und Roberto sah gut aus und war erregt. Die Prinzessinnen drückten ihr Wohlgefallen aus und wünschten sein wunderbares – und riesiges – Glied genau anzusehen. Das erlaubte Filippa ihnen, und sie berührten und liebkosten es, wobei es anscheinend noch größer wurde, während Roberto selbst vor Stolz und Erwartung zu schwellen schien.

Obwohl ich gewiß selbst interessiert war, wartete ich geduldig, immer noch ohne zu wissen, welche Rolle ich spielen würde.

Man ließ mich nicht sehr lange im unklaren. Die beiden Prinzessinnen legten mich auf das Bett, küßten meinen Mund, streichelten meine Brüste und tasteten zwischen meine Beine. »So bist du besser vorbereitet«, sagten sie.

Gewiß kehrten die aufregend fremden Gefühle, die ich früher erfahren hatte, in stärkerem Maße zurück, aber alle Lust verschwand, als sich Roberto zwischen meine Schenkel kniete und mir klar wurde, daß er mich mit seiner enormen Waffe aufspießen würde.

Ich schrie und wollte mich aufsetzen, doch die Prinzessinnen packten mich an den Schultern und drückten mich flach auf das Bett, und Filippa hielt eines meiner Beine fest. Mit dem anderen konnte ich immer noch austreten, aber Johanna und Maria entschlossen sich jetzt, an dem Spiel teilzunehmen. Sie lachten übermütig, als sie mein auskeilendes Bein packten und festhielten, und so wurde ich entjungfert.

Der Schmerz war stark. Ich empfand heftigen Haß auf Roberto, der mein Gesicht und meinen Mund küßte, während er sich in mir auf und ab bewegte. Als er fertig war, war ich schweißnaß und fühlte mich besudelt und entehrt. Aber die anderen Damen waren entzückt und gratulierten ihrem Helden. Nur Johanna war leicht beunruhigt wegen des Bluts an den Innenseiten meiner Oberschenkel und den Flecken auf dem Laken, aber Filippa beteuerte ihr, daß dies völlig normal sei.

»Es gibt natürlich verschiedene andere Möglichkeiten, den Liebesakt zu vollziehen«, belehrte sie uns. »Ich kenne wenigstens dreißig.«

Ich war anscheinend die einzige, die das Gefühl hatte, daß es kein Akt der Liebe gewesen war.

Nach vollendeter Tat durfte ich mich waschen und anziehen. Johanna und Maria wünschten es noch einmal zu sehen, aber Filippa erklärte, daß Roberto für den Moment alles gegeben habe und wir morgen eine weitere Lektion erhalten würden.

Gewiß, und zu meiner großen Erleichterung, war seine Lanze gebrochen, oder vielleicht wäre ›zusammengeschrumpft‹ eine bessere Beschreibung. Aber er war ungeheuer zufrieden mit sich. Ich nehme an, nicht so sehr, weil er mich vergewaltigt hatte, sondern mehr, weil er sich vor den Prinzessinnen zur Schau hatte stellen können.

Seine Mutter hatte einen absoluten Triumph errungen, und das wußte sie nur zu gut. Es war ihr gleichgültig, daß ich zu einem zitternden, weinenden Bündel geworden war und daß mein Respekt vor ihr zu Abscheu geworden war. Ich war unwichtig. Was zählte, war, daß Johanna fasziniert zugeschaut hatte, und weil sie erregt, aber nicht befriedigt worden war oder vielleicht auch nur angewidert wie ich, konnte sie an nichts anderes mehr denken.

In dieser Nacht, als wir beisammenlagen, fragte sie mich immer wieder, wie ich mich gefühlt hatte, und sie versuchte sogar, einige der Gefühle mit Hilfe ihrer Finger zu erreichen. Dies tröstete mich, aber es jagte mir auch Angst ein. Ich ahnte bereits, welche Folgen es haben mußte – die Filippa zweifellos kannte.

Als wir uns am nächsten Morgen zu einer zweiten Lektion versammelten, erklärte Johanna, daß sie nur etwas lernen wollte, das an ihr selbst praktiziert wurde.

Nun muß ich wieder daran erinnern, daß weder Johanna noch mir und schon gar nicht Maria etwas über die körperliche Liebe beigebracht worden war. Wir hatten keine Vorstellung von einer Schwangerschaft. Unsere Monatsblutung war von Filippa als ein Fluch abgetan worden, den Frauen zu tragen hatten. Wir wußten nicht, wie wichtig die Jungfräulichkeit war – mir war immer noch rätselhaft, was meiner Schwester widerfahren war. Wir wußten nur, daß wir ein phantastisches neues Spielzeug und ein aufregendes neues Spiel entdeckt hatten.

Es erstaunt mich immer noch, welches Risiko Donna Filippa mit solch berechnender Zuversicht einging. Wäre dem König und der Königin zu Ohren gekommen, was in den königlichen Kinderzimmern geschah, wäre die Amme schneller auf dem Schafott gelandet, als es schließlich der Fall war. Aber es kam natürlich kein Wort heraus. Filippa hatte ihre Schutzbefohlenen zu eng an sich gebunden und wußte, daß junge Mädchen ihre Großmütter für gewöhnlich nicht ins Vertrauen ziehen, besonders nicht, wenn die Großmutter eine Stiefgroßmutter ist. Und Johanna, die liebe, süße, schöne Johanna, setzte ihren nackten, weißen Körper der Lust von Roberto di Cabane aus, fand Blut auf ihren Oberschenkeln und wurde mit dreizehn Jahren eine Frau.

Nachdem dieser gewaltige Schritt getan war, verfestigte Donna Filippa die Bande. Als eine Frau, die viel über die Dinge des Körpers wußte, fuhr sie vorsichtig, doch entschlossen fort. Nachdem ich entjungfert war, wurde ich beiseite geschoben, abgesehen von verschiedenen Demonstrationen. Ich würde lügen, wenn ich nicht zugäbe, daß ich Robertos Dienste köstlich fand, nachdem der Schmerz beim ersten Mal vergessen war, und daß ich bedauerte, nicht sein einziges Lustobjekt gewesen zu sein. Aber sein Interesse, geschürt von seiner Mutter, galt allein der Prinzessin.

Im Laufe der nächsten Monate, an Tagen, die sorgfältig von Filippa berechnet worden waren, wurde Johanna auf immer neue Weise von ihrem Geliebten in Verzückung gesetzt. Vierzehn Tage lang wurden sie in ihrer Schlafkammer eingeschlossen, und dort gab sie sich den verschiedensten Variationen von Zärtlichkeiten hin, von denen die meisten von der Heiligen Kirche verboten waren. Ich weiß das, denn sie erzählte mir, was ihr angetan wurde und was sie auf Geheiß ihres Herrn und Gebieters tat. Sie war begierig darauf, mir ihre neu entdeckte Kunst vorzuführen oder mich versuchen zu lassen, die Wonnen bei ihr zu wiederholen, die Roberto ihr verschafft hatte. Unsere Beziehung wurde immer intimer. Aber ihre Liebe zu Roberto wuchs schneller.

Die Frau aus Catania mußte natürlich gewisse Schritte

unternehmen, abgesehen davon, daß sie Johanna vor einer möglichen Schwangerschaft zu bewahren hatte. Geheimhaltung war wesentlich für ihren Plan. Und das Geheimnis mußte gewahrt werden, ohne daß die Prinzessin die Verworfenheit erkannte, in die sie geführt worden war. Nachdem wir Robertos besondere Vorzüge kennengelernt hatten, bestand das Risiko, daß wir ähnliche Freuden woanders suchten, in den Hosen der Prinzen, die immer noch in unsere Gemächer kamen, um ihre Späße zu treiben. Aber Filippa beendete diese Besuche, erklärte, daß Johanna jetzt in einem Alter sei, in der kindische Spiele hinter ihr lagen. Das beeindruckte König Robert und Donna Sancia sehr; sie sahen darin einen Beweis, wie ernst die Erzieherin ihre Verantwortung nahm. Und den Prinzessinnen und mir schärfte sie ein, daß die Spezialität eines Mannes nie ohne Aufforderung erwähnt oder liebkost werden durfte.

Wir waren bestürzt, aber gehorsam. Jedenfalls erhielten wir von Roberto Aufforderungen genug.

Es war jetzt an der Zeit für das nächste Stadium des Plans der Frau aus Catania. »Wir müssen Seine Majestät in Kenntnis setzen, Eure Hoheit, daß Ihr bereit seit, Eure Ehe mit Prinz Andreas zu vollziehen und mit ihm als Mann und Frau zu leben.«

»Ihr meint, es wird ihm erlaubt werden, mich zu lieben?« fragte Johanna.

»Das wird sein Recht sein«, sagte Filippa. »Natürlich bezweifle ich, daß er so perfekt und liebevoll wie Roberto sein wird ...« Sie streichelte den Kopf ihres Sohns, der jetzt fast ebenso häufig wie ich in der königlichen Schlafkammer anzutreffen war: Johanna war unersättlich.

»Dann werde ich Großvater mitteilen, daß ich den Vollzug der Ehe nicht wünsche«, erklärte Johanna.

Filippa wirkte entgeistert. »Mein liebes Mädchen, das geht nicht. Eure Ehe wurde in der Kathedrale besiegelt.«

»Aber sie wurde noch nicht vollzogen«, beharrte Johanna

triumphierend. Sie hatte in den vergangenen Monaten viel gelernt. »Folglich ist sie ungültig. Sie kann jetzt nie vollzogen werden. Ich gehöre einem anderen. Ich gehöre Roberto.«

»Ihr gehört zu Eurem Ehemann«, erwiderte Filippa streng. »Er mag kein Mann sein, den Ihr oder ich für Euch ausgewählt hätte, aber er ist Euer Ehemann. Und Ihr seid eine Prinzessin und die zukünftige Königin von Neapel. Ihr habt eine Verantwortung, der Ihr Euch nicht entziehen könnt und die Ihr bereits ernsthaft gefährdet habt. Ist Euch nicht klar, daß Ihr ein großes Verbrechen begangen habt?«

»Ich?« Johannas Tonfall war herrisch.

»Ihr habt Eure Jungfräulichkeit einem Mann geschenkt, außerhalb der Ehe. Ihr habt Ehebruch begangen. Ihr habt Euch rettungslos gefährdet, sollte dies jemals außerhalb dieser vier Wände bekannt werden.«

Johanna starrte sie erstaunt an – aber auch bestürzt.

Ich erschauerte.

»Wenn Euer Großvater jemals davon erfährt«, fuhr Donna Filippa fort und spielte ihren Trumpf aus, »würdet Ihr für den Rest Eurer Tage in ein Kloster kommen, während Eure treuen Freunde, ich, Roberto und meine beiden Töchter ... sogar Richilde, alle auf den Scheiterhaufen kämen.«

Meine Knie gaben nach, und ich setzte mich hin, zum ersten Mal in Anwesenheit der Prinzessin unaufgefordert.

Johanna war selbst auf einen Stuhl gesunken. »Dann sind wir verloren. Ich bin verloren, und es ist Euer Werk, Signora. Ihr habt mich verraten.«

»Ich Euch verraten, mein liebes Mädchen? Ich liebe Euch mehr als mich selbst. Aber ich bin eine schwache Frau. Als Ihr mir sagtet, Ihr begehrt meinen Sohn, konnte ich Euch nicht widerstehen.«

Heute ist es mir auch ein Rätsel, wie wir übersehen konnten, daß Filippa die ganze Sache eingefädelt hatte.

Aber damals waren wir noch Kinder.

»Natürlich habt Ihr recht, liebste Mama.« Johanna brach in Tränen aus und warf sich in die Arme ihrer Amme. »Aber was sollen wir tun?«

»Meint Ihr, ich habe nicht gründlich darüber nachgedacht?« fragte Filippa. »Ich habe Nacht um Nacht wach gelegen und nach einer Lösung gegrübelt. Aber es gibt keine, nur Geheimhaltung. Ihr müßt zu Andreas gehen und seine Frau sein.«

»Aber ich liebe Roberto!« Johanna schluchzte, löste sich aus Filippas Armen und warf sich in die ihres Geliebten. Er streichelte ihr Haar und flüsterte ihr aufmunternde Worte ins Ohr.

»Ich weiß das«, sagte Filippa. »Und Ihr werdet ihn weiterhin lieben. Andreas wird nicht immer hier sein, doch wenn Ihr es wünscht, werden Roberto und ich stets bei Euch sein wie jetzt. Und wenn der Prinz abwesend ist ...«

»Oh«, sagte Johanna. Trotz ihrer heißblütigen Natur schreckte sie vor dem Gedanken zurück, ihr Bett mit zwei Männern in schneller Folge zu teilen.

»Es ist Eure einzige Hoffnung auf Glück«, sagte Filippa.

Johanna dachte darüber nach. »Aber«, sagte sie schließlich, »Ich werde nicht bluten. Er wird wissen, daß ich keine Jungfrau mehr bin.«

»Ich werde mich darum kümmern«, sagte Filippa. »In der Nacht, in der Ihr zu ihm geht, wird Eure Dienerin, Richilde, versteckt in ihrem Gürtel ein winziges Säckchen mit frischem Blut haben. Während der Nacht, nachdem er in Euch eingedrungen ist, werdet Ihr das Säckchen brechen, damit das Blut Eure Schenkel und das Laken befleckt. So wird Euer Ruf bewahrt werden.«

Johanna löste sich aus Robertos Umarmung und schritt zum Fenster, um ein paar Minuten lang auf den Hafen und die See hinauszublicken. Roberto wartete schweigend. Filippa war zweifellos klar, daß dies ein kritischer Augenblick für ihre Ränke war.

Ich war entsetzt.

Johanna wandte sich am Fenster um und lächelte traurig. »Wie Ihr sagt, ich bin anscheinend eine Ehebrecherin geworden, noch bevor ich Braut werde. Können wir wirklich solch eine List aufrechterhalten, gute Mama?«

»Wenn wir alle schwören, uns zu vertrauen und aneinander zu glauben und uns nie gegenseitig zu verraten. Und wenn wir schwören, daß wir immer zusammenbleiben werden.«

»Ja«, sagte Johanna. »Wir werden es schwören.«

Und das taten wir, und die Prinzessinnen und Maria schlossen sich der Zeremonie an.

So gewann Donna Filippa di Cabane scheinbar die Kontrolle über die Krone von Neapel. Ich sage ›scheinbar‹, denn selbst der raffinierteste und verwerflichste Plan kann scheitern. Donna Filippa sollte noch verraten werden … und von einer völlig unerwarteten Seite.

Zu Beginn lief alles, wie sie es prophezeit hatte. Die Neuigkeit, daß Johanna jetzt eine Frau war, wurde König Robert mitgeteilt, der hocherfreut war. Er ließ die Glocken läuten und besuchte unsere Gemächer, um seiner Enkelin zu gratulieren. Ich bezweifle, daß ich von allen Anwesenden die meiste Angst hatte, aber Johanna wirkte wie der personifizierte würdevolle Eifer, ihr Erwachsenenleben zu beginnen.

Boten wurden nach Buda geschickt, um König Ludwig und der Königinmutter die Neuigkeit zu übermitteln; König Karl war vor kurzem gestorben. Es gab ein großes Festmahl und prunkvolle Feiern. Sogar Bruder Robert, Andreas' Beichtvater, ließ ein Lächeln über seine Züge gleiten. Er glaubte wohl, der Augenblick seines Triumphs sei gekommen.

Und bevor die Feste vorüber waren, wurde das junge Paar in Johannas Schlafkammer eingeschlossen.

Hier leistete ich meiner Herrin Gesellschaft und versteckte das kostbare Fläschchen unter ihrem Kopfkissen, während ihr Bräutigam abgelenkt war. Und das war er natürlich in hohem Maße, allein mit zwei schönen Frauen. Ich schwöre, daß der betrunkene Kerl unschlüssig war, wen von uns beiden er zuerst besteigen sollte, und so zog ich mich hastig zurück und überließ es Johanna, so gut wie möglich mit ihm fertig zu werden.

Johanna spielte ihre Rolle perfekt, ließ ihn in sich eindringen und brach das Tütchen mit dem Blut auf, als er einschlief. Am nächsten Morgen wurde das Bett sorgfältig von Donna Sancia, Donna Filippa und Bruder Robert untersucht, und die Ehe wurde als vollzogen erklärt. Wieder wurden Glocken geläutet, und weitere Boten wurden nach Buda geschickt, um die freudigen Nachrichten zu übermitteln.

Als sich Andreas von seiner Hochzeitsnacht erholt hatte, ließ er prompt seine Höflinge kommen und ging auf die Jagd. Johanna blieb in ihren privaten Gemächern, wo wir ihr in ihrer gespannten Erwartung Gesellschaft leisteten.

»Er ist ein Scheusal«, erklärte sie. »Vulgär und unangenehm. Und er stinkt«, fügte sie hinzu. »Er küßte nur meine Wange, bevor er mich nahm. Und dann schlief er ein. Ich bin noch nie so gedemütigt worden. Oh, mein Liebling Roberto!« Sie nahm ihn in die Arme, und wir anderen zogen uns taktvoll zurück.

Draußen ließ die Frau aus Catania zum ersten Mal vor mir ihre Maske fallen. »Jetzt gehört die Prinzessin ganz euch«, sagte sie zu ihren Töchtern. »Unsere Zukunft ist gesichert.« Dann starrte sie mich an. »Deine Zukunft ist mit unserer verbunden, Richilde. Merk dir das. Ein falsches Wort von dir an den König oder an Prinzessin Johanna, und ich werde dafür sorgen, daß du gerädert wirst.«

Ich erkannte jetzt, daß die Prinzessin in eine Falle gelockt worden war. Aber mir war nicht klar, welche Katastrophe daraus entstehen würde, denn ich war zu jung. Meine Position war unsicher. Ich wußte, daß ich Johanna liebte, aber ich war mir ihrer Liebe nicht sicher – jedenfalls im Gegensatz zu ihrer kriminellen Leidenschaft für Roberto di Cabane. Mir war klar, wenn ich Johannas Magd war, dann war ich Donna Filippas Sklavin, und sie war fähig, ihre Drohung in die Tat umzusetzen. Niemand im ganzen Königreich würde eine Hand rühren, sie daran zu hindern.

Ich hatte das Gefühl, daß wir alle auf einem Vulkan saßen,

der kurz vor dem Ausbruch war, aber ich konnte nur warten und beten. Wenigstens konnte ich beobachten, wie glücklich meine Prinzessin war, wenn sie zu ihrem Roberto ging, und die Tränen der Enttäuschung wegwischte, wenn sie von Prinz Andreas' Bett kam oder wieder zu ihm gehen mußte.

So ging das über zwei Jahre, und dann war es mit Donna Filippas Triumph vorbei. Der Verräter, der die ehemalige Wäscherin ins Unglück stürzte, war ihr eigener Sohn.

2. KAPITEL

Drei Jahre lang kam Filippa di Cabane gut zurecht und freute sich auf ihren zukünftigen Reichtum. Oberflächlich stimmte alles im Königreich Neapel. Der Herzog und die Herzogin von Kalabrien erweckten in der Öffentlichkeit den Eindruck, daß sie eine glückliche Ehe führten. König Robert und Donna Sancia waren die glücklichsten Großeltern. Freundliche Botschaften wurden zwischen Neapel und Buda ausgetauscht, und es herrschte Frieden.

Nur der Kern der Verschwörer wußte, welch gefährlicher und betrügerischer Weg eingeschlagen worden war. Prinz Andreas aber war ahnungslos. Wenn Johanna in seinem Bett zurückhaltend oder gar abweisend war, nahm er das als die Launen einer Frau hin. Er selbst war nicht sehr daran interessiert, den Ehemann zu spielen – außer in der Öffentlichkeit, um ganz klarzumachen, daß er der zukünftige König von Neapel war –, und er erfüllte seine ehelichen Pflichten vielleicht zweimal pro Woche und widmete den Rest seiner Zeit der Jagd. Was Johanna nur zu gut paßte.

Es paßte jedoch nicht Bruder Robert, dem Mönch, der sehr verwirrt war. Der Beichtvater und Vertraute kannte sehr gut das Naturell seines Herrn. Ebensogut konnte er sich denken, daß es nicht Johannas Art war, ewig lustlos unter Andreas zu liegen und ihn dankend anzulächeln, wenn er sich von ihr erhob. Das paßte nicht zu ihrem Charakter.

Er ahnte natürlich nichts von der Wahrheit. Aber er befürchtete Schlimmes für die Zukunft und wurde darin bestärkt, als sich Johanna trotz seiner Vorhaltungen weigerte, ihre Amme und deren Familie zu entlassen. Johanna bestand darauf, daß sie ihre Gemächer behielten. Der Dominikaner grübelte nach einer Lösung des Rätsels, das ihn verwirrte, ohne eine Antwort zu finden.

Ebenso verwirrt waren die früheren Gespielinnen meiner Herrin und die Prinzen. Niemand hatte auch nur einen Augenblick daran gezweifelt, daß der Vollzug der Ehe zwischen ihrer geliebten Prinzessin und dem ungehobelten Ungarn das Ende der Ehe bedeuten würde, die nur dem Namen nach bestehen würde. Dann würden die beraubten und enttäuschten Erben nach einem Mann suchen, der wirklich fähig war, eine Frau ihrer Art zu befriedigen. Ludwig von Tarent, Robert von Konstantinopel, Philipp von Konstantinopel und vielleicht sogar Karl von Durazzo – alle träumten davon, ihr Verlangen zu befriedigen, trotz der damit verbundenen Gefahren. Bertrand von Artois sah die Herzogin von Kalabrien nie, doch er seufzte schwer, wenn er an sie dachte. Aber soweit er das erkennen konnte, war sie eine glücklich verheiratete Frau geworden, die keinem anderen Mann mehr als ein freundliches Lächeln schenkte.

Im Lager Catania, wie man es vielleicht nennen konnte, herrschte Zufriedenheit. Die Damen versammelten sich jeden Morgen zum Nähen und Tratschen, und sobald feststand, daß der Herzog und seine Ungarn für die Jagd abgereist waren, zog sich Johanna in ihre Schlafkammer zurück, wo Roberto sie besuchte und eine Stunde später lächelnd und befriedigt verließ.

Johanna hatte in dieser Zeit wenig sonst zu tun, denn ihr Großvater hielt sie für die Befassung mit Staatsangelegenheiten noch für zu jung.

Die einzige aus unserer Gruppe, die nach Johannas vollzogener Ehe litt, war ich. Von einem Tag auf den anderen war ich unwichtig geworden. Johannas Verlangen nach kindlichen Zärtlichkeiten war von ihrer Gier nach Roberto abgelöst worden, ich hatte meinen Zweck für Donna Filippa erfüllt und – noch schlimmer – die Frau aus Catania argwöhnte, daß ich ihren teuflischen Einfluß auf meine Herrin bemerkte.

Das Erstaunliche ist, daß sie mich nicht sofort verkaufte. Vielleicht nahm sie an, daß Johanna mich trotz ihrer offenkundigen Gleichgültigkeit immer noch schätzte. Und es lag in Filippas Natur, ihre Ziele auf verschlungenen Wegen zu erreichen. Statt eine Auseinandersetzung mit der Herzogin zu riskieren, versuchte sie jede verbliebene Zuneigung zwischen uns zu untergraben, indem sie einfach eine neue Vertraute in das königliche Schlafgemach einführte.

»Es ist äußerst unziemlich, daß Ihr Eure Toilette und die privaten Momente mit einer Sklavin teilt, die darüber hinaus Ausländerin ist«, erklärte sie der Prinzessin. »Ihr solltet eine Gefährtin von besserer Herkunft haben, und eine Neapolitanerin. Ich kenne die richtige Person.«

Kurz darauf wurde uns Donna Cancia vorgestellt, und diese Frau brachte uns allen Verhängnis und Zerstörung.

Donna Cancia war ein Jahr älter als ich, also zwei Jahre älter als Johanna. Sie war blond, was sehr selten bei einer Neapolitanerin war. Donna Filippa hatte zweifellos meine Haarfarbe im Sinn, als sie die Auswahl traf. Abgesehen von der Haarfarbe und dem Teint hatten wir jedoch nichts Gemeinsames. Selbst das Haar war unterschiedlich; ihres war lockig, während meines glatt war. Ihr Gesicht war rundlich wie das eines schelmischen Mönchs, während meines länglich und ruhig war. Unsere Körper waren gleichermaßen üppig und sinnlich, doch wir setzten sie auf unterschiedliche Weise ein.

Der Hauptunterschied lag jedoch in unseren Charaktereigenschaften.

Mein Charakter war ernst und nachdenklich; Cancia sprudelte förmlich wie heißer Wein. Sobald sie auf einen Gedanken kam, mußte sie ihn auch schon ausführen, ungeachtet der Konsequenzen. Mit ihrer ungezwungenen Heiterkeit war sie zweifellos eine lustige Gefährtin, um so mehr, weil sie so sinnenfroh wie Johanna war. Sie war erst einen Monat bei uns, als sie schon den Grafen von Terlizzi verführte. Der Gräfin, Donna Aurora, machte das nichts aus; sie teilte bereits das Bett mit einem anderen Adligen. So waren anno 1340 die Sitten am Hof von Neapel.

Donna Cancias Ankunft schien Filippas Triumph zu vervollständigen. Donna Cancia war ein willfähriges Werkzeug ihrer Gönnerin. Ich wurde folglich noch weiter aus der Nähe der Hoheit verbannt und mußte die niedrigsten Aufgaben erledigen, zum Beispiel die Böden fegen und Johannas Kammertopf leeren, und ich erhielt selten ein Lächeln oder ein Wort des Dankes für meine Bemühungen. Wenn ich etwas Trost in der Gesellschaft der Diener und Lakaien fand, die von uns zeitweilig vorgelassen wurden, so kann man mir dies gewiß nicht verdenken.

Im Sommer 1342 wurde mir klar, daß sich Johanna verändert hatte. Die Ursache war Roberto di Cabane.

Diesem jungen Rüpel fehlte der Charakter für den hohen Posten des königlichen Geliebten, zu dem er von seiner Mutter befördert worden war. Schließlich war er der Sohn eines Sklaven, der noch niedriger als mein Vater gewesen war, und durch ein Leben in zufälligem, aber ununterbrochenem Reichtum war er unglaublich arrogant geworden, eigentlich untauglich, um weiterhin von einer Frau wie Johanna tief bewundert zu werden. Dennoch war sie ihm verfallen, weil er in der Liebeskunst ein Meister war. Johanna konnte ihn nur mit ihrem Ehemann vergleichen – und diesen Vergleich gewann Roberto mühelos.

Sie war jedoch eine Prinzessin und zukünftige Königin, und sie ärgerte sich über die schroffen Worte und die lieblose Art, mit der Roberto sie oftmals demütigte. Ich sah sie häufig aus Zorn und Scham weinen. Dennoch wagte ich nicht, mich in ihre Herzensangelegenheiten einzumischen. Dies war ein Tiefpunkt meines Lebens. Ich sollte noch weit gefährlichere Zeiten erleben, in denen ich auch schlimmere Schmerzen körperlicher Art erlitt, doch der Verlust von Johannas enger Freundschaft, wenn er auch nur vorübergehend währte, war das schwerste Kreuz, das ich je zu tragen hatte.

Johanna wurde von ihrem Geliebten schlecht behandelt und hatte keine Zuflucht. Aber Donna Cancia bot ihr eine. Diese wirrköpfige Hure entwickelte plötzlich Ehrgeiz. Sie sah wie ich, daß sich Johanna elend fühlte, und im Gegensatz zu mir konnte sie diesem Mißstand abhelfen. Sie hatte mich als Johannas Vertraute ersetzt und konnte mit ihr als Freundin sprechen, wie ich es einst getan hatte, als wir Kinder gewesen waren.

Sie brauchte auch keine mögliche Rache von Donna Filippa zu fürchten. Im Gegensatz zu mir war sie keine Sklavin. Zu der Möglichkeit, daß sie Filippa dankbar war, weil die Frau aus Catania sie überhaupt in das Zentrum der Macht eingeführt hatte, kann ich nur sagen, daß Dankbarkeit kein Gefühl war, das jemals einen hohen Stellenwert bei Donna Cancia hatte.

»Geliebt zu werden«, sagte sie eines Tages, »ist der glücklichste Zustand, in dem sich eine Frau befinden kann. Habe ich nicht recht, Eure Hoheit?«

Wir drei waren allein und mit unserer Handarbeit beschäftigt. Roberto hatte seine Gelüste befriedigt und war wie die Komtessen und ihre Mutter fortgegangen, überzeugt, daß Johanna in der Obhut von Cancia gelassen werden konnte – völlig ahnungslos, daß gerade Cancia sie alle hintergehen würde.

»Geliebt zu werden«, sagte Johanna seufzend.

»Werdet Ihr nicht geliebt, Eure Hoheit?«

»Werde ich das, Cancia?«

»Das kann ich Euch versichern, Eure Hoheit. Von jedem Mann in Neapel. Und noch von viel mehr Männern. Aber wie kann ich es wagen, von Liebe zu sprechen, wenn Eure Hoheit wünscht, nur von Roberto di Cabane zu reden?«

»Wünsche ich das, Cancia?«

»Wünscht Ihr nicht, von Eurem Geliebten zu sprechen?«

»Von meinem Geliebten?« Johanna legte die Nadel ab. »Meint Ihr das? Oh, er liebt meinen Körper. Aber das andere …«

»Er ist ein Schuft!« sagte Cancia wie auf das Stichwort hin, das sie selbst vorbereitet hatte. »Oh, dieses üble Monster, meine Herrin so zu quälen.«

»Leider, liebe Cancia, ist er auch, wie du sagst, mein Geliebter und mein Herr. Mein Leben ist seins.«

»Muß das so sein?«

Johanna starrte sie an.

»Ihr sucht Liebe, Eure Hoheit. Es ist klar, daß Ihr sie nicht in den Armen Eures Mannes finden könnt. Aber könnt Ihr sie noch länger in den Armen eines Scheusals wie Roberto finden?«

Meine Herrin seufzte von neuem. »Habe ich eine Wahl?«

»Ihr habt viele, Eure Hoheit. Besonders eine, die nur Euch zusteht. Ich kenne einen Mann, der Euch mehr liebt als sein Leben. Der Euch immer verehren würde, wie er es jetzt tut. Der zehn Jahre seines Lebens dafür geben würde, in Euer Schlafgemach gelassen zu werden, und der Euch dort dienen würde, wie es noch kein Mann, nicht einmal Roberto, jemals getan hat.«

»Ihr sprecht von einem Gott?«

»Ich spreche von einem Cousin, Eure Hoheit. Von Eurem Cousin.«

Johanna blickte sie stirnrunzelnd an. »Ich habe viele Cousins.«

Cancia warf einen Blick zu mir. Ich saß mit gesenktem Kopf bescheiden in einer Ecke. Aber für Cancia war ich wie für jeden sonst bedeutungslos. Außerdem war ihr klar, daß sie eine Komplizin brauchte, um ihren Plan durchzuführen. »Ich spreche von Bertrand von Artois.«

Johannas Kopf ruckte hoch.

»Ist er nicht doppelt so schön wie der Neger?« fragte Cancia. »Ist er nicht viermal so galant? Ist er nicht achtmal so liebenswürdig und zwölfmal so verliebt in Euch? Und ist er nicht von hundertmal besserem Geblüt?«

»Bertrand«, sagte Johanna leise. »Wenn ich das glauben könnte …«

»Glaubt es, Eure Hoheit. Glaubt es! Gebt ihm die Gelegenheit, es zu beweisen.«

»Bertrand«, murmelte Johanna wieder. »Wenn es arrangiert werden könnte …«

»Ich werde dafür sorgen«, versicherte ihr Donna Cancia. »Richilde wird mich dabei unterstützen.«

Meine Herrin und ich hatten einen weiteren Schritt auf dem Weg zur Hölle getan.

Es war nicht schwierig, Bertrand von Artois ins Bett der Prinzessin zu bringen. Das Castel Nuovo verfügte über ein Labyrinth von geheimen Türen und Gängen, die Cancia und mir inzwischen vertraut waren – denn sie hatte mich ermahnt, daß ich meine Rolle spielen mußte.

Ich war tatsächlich die einzige Person, der Cancia zu trauen wagte. Es war gefährlich, Roberto gegen Bertrand auszutauschen, ohne sofort einen Sturm heraufzubeschwören, der uns alle in ein unvorstellbares Unheil stürzen konnte. Daß den meisten von uns tatsächlich ein Verhängnis drohte, kam uns nie in den Sinn. Die Zuversicht der Jugend!

Die Lage wurde kompliziert, weil es Johanna widerstrebte, sich von ihrem gegenwärtigen Geliebten zu trennen, der zwar unwillkommen geworden war, jedoch ihr Verlangen befriedigte, was der andere noch nicht bewiesen hatte. So diente Donna Cancia als Vermittlerin, und Bertrand schrieb Liebesbriefe an die Herzogin, die wir drei mit großem Vergnügen lasen. Dennoch verging einige Zeit, bis Johanna sich bereit erklärte, das Experiment durchzuführen.

An diesem Tag ließ sie Robertos Zärtlichkeiten über sich ergehen, während Bertrand und ich in einem geheimen Gang nahe dem königlichen Schlafgemach warteten. Der junge Prinz war sehr erregt und konnte kaum die Hände von mir lassen. Ich wies ihn nicht ab.

Er war ein Prinz und ein gutaussehender Junge, und ich wußte, daß er heiß sein mußte, wenn er sich vor meiner Herrin entblößte. Aber er wurde vom Streicheln meiner Brüste so erregt, daß ich befürchtete, er könnte sich verausgaben, bevor er jemals bei der Prinzessin war, und ich war sehr erleichtert, als Cancia über den Gang zu uns stieß und Bertrand winkte, ihr zu folgen.

Ich ging ebenfalls in Johannas Schlafgemach. Roberto war natürlich fort, und die Herzogin war allein und nackt, obwohl sie zum Teil von den Laken bedeckt war. Und diesmal war sie sichtlich unbefriedigt.

Bertrand verneigte sich und war sofort in höchstem Grade erregt, als er sah, welche Schönheit ihn erwartete. Ohnehin war er nach der Tändelei mit mir auf dem Gang schon in Fahrt gekommen. Cancia und ich knicksten.

»Ich hörte, daß Ihr mit mir über eine private Sache sprechen wollt, Cousin«, sagte Johanna leise.

Der arme Bertrand war sprachlos und konnte nur zu uns blicken.

»Laßt uns allein«, befahl Johanna. »Und sorgt dafür, daß ich nicht gestört werde, bis ich läute.«

Wir knicksten von neuem und zogen uns zurück. Jetzt kam der gefährlichste Teil. Aber unsere häuslichen Angelegenheiten waren zu einer gleichbleibenden Prozedur geworden, und wir befürchteten nicht die Rückkehr von Filippa oder ihrem Sohn vor dem Abendessen. Sie betrachteten Johanna als ihr Eigentum – und sie wußten ja, wie sie sich amüsierte, nachdem sie das Bett ihres Ehemanns verließ –, so daß ihnen nie die Frage in den Sinn kam, wie sie sich amüsieren mochte, nachdem Roberto *ihr* Bett verlassen hatte. So warteten wir, nähten stumm, blickten uns dabei nur gelegentlich an und lächelten, denn in diesem Moment waren wir völlig vereint, bis die Glocke läutete.

Wir kehrten in das Schlafgemach zurück. Johanna glühte von Kopf bis Fuß vor Liebe und befriedigter Lust. Bertrand wirkte irgendwie benommen, aber äußerst glücklich. Es war meine Aufgabe, ihn zurück über den geheimen Gang zu begleiten, und unterwegs murmelte er im Selbstgespräch oder vielleicht auch für meine Ohren bestimmt immer wieder vor sich hin: »Ich liebe sie.«

Jetzt mußte nur noch der zweite Teil der Verschwörung vollendet werden. Am nächsten Morgen erlaubte es sich Johanna endlich, Roberto einmal eine seiner Frechheiten übelzunehmen. Obwohl Cancia und ich wußten, was geschehen würde, waren wir bestürzt über den starken Zorn der Herzogin, als ihre Stimme hinter der Tür des Schlafgemachs ertönte.

Roberto reagierte natürlich entsprechend wütend – er war nun mal ein Dummkopf –, und der Streit wurde lauter. Donna

Filippa eilte herbei, zusammen mit ihren Töchtern. Cancia und ich waren Zuschauer und Zeuginnen, als unsere Herrin, nur mit einem Laken verhüllt, im Bett saß und gebieterisch zur Tür wies.

»Eure Hoheit«, protestierte Filippa. »Was ist denn los?«

»Euer Sohn hat mich einmal zu oft beleidigt, Signora«, erklärte Johanna. »Ich will ihn nicht mehr sehen.«

Filippa war wie vom Donner gerührt und starrte Roberto an.

»Ich habe nur ...«

»Halt den Mund, Schuft«, fiel ihm Johanna ins Wort. »Ich überlege, ob ich dich an den Galgen schicke.«

Roberto, so dunkelhäutig er auch war, wurde blaß, und seine Schwestern klammerten sich entsetzt aneinander.

Seine Mutter blieb gelassener. »Versucht das, Eure Hoheit«, warnte sie, »und wir alle sind zum Tode verdammt.«

Meine Herrin blickte sie hochmütig an. »Ich bin die Herzogin von Kalabrien«, erklärte sie. »Nur Seine Heiligkeit kann mich jemals zum Tode verurteilen.«

Das stimmte, aber bei ihren Worten wetteiferten Cancia und ich mit den beiden Komtessen und umklammerten uns – denn es war kein Papst nötig, um *uns* zum Tode zu verurteilen.

»Signora«, sagte Johanna eisig, »ich bin jedoch zu großzügig, um zu vergessen, daß Ihr die Lehrerin meiner Kindheit wart und ich Euch einst Mama nannte. Das werde ich weiterhin tun. Aber ich werde Eurem Sohn nicht mehr erlauben, mein Schlafgemach zu betreten.«

Filippa neigte den Kopf. »Entlaßt ihr ebenfalls meine Töchter und mich, Eure Hoheit?« fragte sie leise.

»Wir haben einen Eid geschworen, zusammenzuhalten«, erinnerte Johanna. »Es ist nicht meine Gewohnheit, Eide zu brechen, Signora. Meine Verbannung gilt nur Eurem Sohn hinsichtlich meines Schlafgemachs.«

»Wie es Eurer Hoheit beliebt«, sagt Donna Filippa und führte den niedergeschlagenen Roberto fort.

Wir waren nicht so dumm, anzunehmen, daß wir einen Sieg errungen hatten. Wenn die Frau aus Catania bestürzt über diese plötzliche Zerschlagung ihres Plans war, so hatte ihr Johannas Verhalten verraten, daß diese sehr wohl die Gefahren ihrer eigenen Lage erkannte. Das nahm Filippa jede Furcht um sich und ihre Kinder, und sie gewann ihre Fassung zurück. Mit ihrer Menschenkenntnis und vor allem dem Wissen über Johannas Art, stieß sie sehr schnell auf den Grund für Johannas Sinneswandel.

So brauchte sie auch nicht lange, um zu ergründen, wer Roberto in Johannas Gunst abgelöst hatte. Das hatten wir befürchtet, und wir rechneten mit Beschuldigungen und sogar Drohungen. Zu unserer Überraschung blieben diese aus. Anscheinend nahm die Frau aus Catania ihren Sturz von der Höhe der Macht mit Gleichmut hin und gab sich damit zufrieden, ihre Position als Johannas Gouvernante zu behalten.

Ich war die einzige, die das verdächtig fand. Johanna hatte sich Hals über Kopf in Bertrand verliebt, und Donna Cancia, die nicht im geringsten argwöhnte, daß Filippa etwas von ihrer Rolle ahnen konnte, setzte ihren wilden Lebenswandel fort. Aber ich spürte die Unterströmungen, und mir war klar, daß Donna Filippa und ihre Brut nur auf eine Gelegenheit warteten, wieder die Herrschaft über meine Herrin zu gewinnen.

Mein Gefühl sagte mir auch, daß die ungarische Seite wenigstens zum Teil wußte, was los war. Prinz Andreas hatte gewiß keine Ahnung. Er hatte sogar noch weniger Verstand als Roberto. Aber sein Diener, ein Neapolitaner namens Tomasso Pace, und Bruder Robert sahen, daß Johanna sehr wenig Freude an ihrem Ehemann hatte und trotzdem oft frohgelaunt war. Ich sagte mir, daß sogar ein Diener und ein Dominikanermönch die Wahrheit herausfinden mußten.

An das, was dann geschehen würde, wagte ich nicht zu denken.

Aber bevor es Anzeichen dafür gab, daß sie dahintergekommen waren, wurden wir durch ein Ereignis abgelenkt, auf das wir alle seit einiger Zeit gewartet hatten: König Robert von Neapel erkrankte, und im Königreich sprach sich herum, daß er nicht mehr genesen würde.

Die letzte Krankheit des Königs nahm einen sehr schnellen Verlauf. Er lag kaum im Bett, als die beiden Prinzessinnen schon ständig bei ihm wachten, alle Gedanken an amouröse Abenteuer vergessen waren, und wir anderen mit langen Gesichtern und zweifellos in Gedanken versunken unsere Pflichten erfüllten. Ich jedenfalls war besorgt. Aber es war offenkundig, daß die verschiedenen Prinzen weniger an dem Schicksal des sterbenden Königs interessiert waren als an dem, was nach seinem Ableben geschehen würde.

Ich nehme an, der König bekam mit, daß sich seine Familie intensiv mit Gedanken an die Zukunft beschäftigte, denn an seinem dritten Tag im Bett bestellte er die gesamte Brut in sein Schlafgemach. Es war dort solch ein Gedränge, daß eine oder zwei zusätzliche Personen gar nicht auffielen, und Cancia und ich stahlen uns hinter den anderen hinein und hörten alles mit. Ich brauche nicht zu sagen, daß Donna Filippa und Roberto di Cabane ebenfalls anwesend waren, hinter den anderen versteckt, wie wir.

Ich bezweifle, daß es jemals zuvor eine so große Versammlung im Königshaus von Anjou oder beim neapolitanischen Adel in einem Raum gegeben hatte. Am Bett des Königs standen seine Frau, Donna Sancia, und seine beiden Enkelinnen, die Herzogin von Kalabrien und die Prinzessin Maria. Prinz Andreas von Ungarn stand neben seiner Frau und hielt ihre Hand; im Halbdunkel hinter ihnen war das bleiche Gesicht von Bruder Robert zu sehen.

Karl von Artois vom Hof Aire, der leibliche Vetter des Königs, stand bei seinem Sohn Bertrand; der junge Mann heftete den Blick auf Johanna und ihren Ehemann, und seine Augen spiegelten abwechselnd schuldbewußte Liebe und ebenso schuldbewußten Haß wider.

Karl von Durazzo stand bei seiner Mutter, der Grafenwitwe Agnes, und seinen beiden jüngeren Brüdern Ludovico, Graf von Gravina, und Robert, Prinz von Morea.

Katharina von Konstantinopel wurde von ihren drei Söhnen begleitet, von Ludwig von Tarent, Robert von Konstantinopel und Philipp von Konstantinopel.

Americ, Kardinal von St. Martin des Monts, der päpstliche Legat, stand am Fuß des Bettes. Hinter ihm waren die drei höchsten Adligen des Königreichs: Don Philipp von Cabassole, Bischof von Cavaillon, Vizekanzler des Königreichs; Philipp von Sanguineto, Seneschall der Provence, eine der Apanagen des Königs; und Godfrey di Marsan, Graf von Squillace, der Großadmiral.

Und viele andere.

Als alle versammelt waren und das Räuspern, Füßescharren und Rascheln von Kleidern etwas nachgelassen hatte, gab der König seinen ebenfalls anwesenden Ärzten einen Wink, und sie setzten ihn im Bett auf und schoben Kissen hinter seinen Rücken.

Er brauchte einen Augenblick, um zu Atem zu kommen, und während dieser Zeit nahm er die Szenerie in sich auf, die wirklich eindrucksvoll war. Es war später Abend, und der Schein der brennenden Fackeln und Kerzen geisterte durch den Raum, erhellte und schuf Schatten. Der große Baldachin mit der Goldbrokatdecke und den Vorhängen stand mitten im Schlafgemach, und der flackernde Lichtschein zuckte über die bleichen, eingefallenen Gesichtszüge des berühmten Monarchen, der mit dem Tode rang. Die Gesichter rings um das Bett waren ernst und spiegelten eine Mischung aus Besorgnis, Ärger und Verachtung wider, während in diesem Moment jeder Mann und auch jede Frau über seine oder ihre größere Veränderung im Leben nachdachten.

Schließlich fand der König Kraft zum Sprechen. »Ich habe euch rufen lassen, damit ihr alle, meine Familie und meine Freunde, meine letzten Worte hört und sie erfüllt, bei Strafe meines ewigen Fluchs im Falle der Nichtbefolgung. Ich sterbe vor meiner Zeit, denn meine geliebte Enkelin …« Er lächelte Johanna an, »ist noch nicht bereit, die Krone dieses gesegneten Landes zu tragen. Deshalb verlange ich von euch allen, es zu eurer Pflicht zu machen, dafür zu sorgen, daß Königin Johanna eure unbedingte Unterstützung erhält ... und daß diese Unterstützung auch ihrem Mann, Prinz Andreas, gewährt wird.«

Es war zweifellos unglücklich, daß die Bemerkung hinsichtlich Prinz Andreas wie im nachhinein fiel und daß er von ihm als ›Prinz‹ statt als ›König‹ sprach, während er Johanna als ›Königin‹ bezeichnet hatte. Sofort wurden Füße gescharrt und Blicke getauscht.

»Zu meiner großen Freude«, fuhr der König fort, »hat sich meine liebe Frau, Donna Sancia, bereit erklärt, nach meinem Tod für ein Jahr als Königinwitwe zu bleiben, obwohl sie den Wunsch hat, den Schleier zu nehmen und sich in ihr Kloster zurückzuziehen. Sie wird deshalb während dieses Jahres die Königin in der Erfüllung ihrer Pflichten beraten und ihr helfen, die schwere Last der Verantwortung zu tragen.« Er lächelte seine Frau an, die den Arm um ihre Stiefenkelin gelegt hatte.

»Nun zu meinem Letzten Willen«, sprach der König weiter und gab dem Vizekanzler ein Zeichen, der daraufhin ein langes Stück Pergament entrollte und mit sonorer Stimme verlas:

»Ich, Robert, von Gottes Gnaden König von Sizilien« – die Angevins hatte ihren verlorenen Titel niemals aufgegeben – »und Jerusalem, Graf von Provence, Forcalquier und Piemont, Vizekönig der Heiligen Römischen Kirche, benenne und erkläre hiermit als meine einzige Erbin des Königreichs Sizilien und der Grafschaften Provence, Forcalquier und Piemont – Johanna, Herzogin von Kalabrien, ältere Tochter des verstorbenen Ehrenwerten Karl, Herzog von Kalabrien, seligen Angedenkens.«

Der Vizekanzler räusperte sich. »Und ich ernenne und erkläre die wohlgeborene Jungfer Maria, jüngere Tochter des besagten verstorbenen Herzog von Kalabrien zu meiner Erbin der Grafschaft Alba und dem Tal von Grati und dem Gut von Giordana mit all den Schlössern und Dependancen, die dazugehören; und ich verfüge, daß besagte Maria die zuvor genannten Gebiete von der besagten Herzogin und ihren Erben erhalten soll, aber nur unter dieser Bedingung: wenn die besagte Herzogin sich entscheiden sollte, diese Gebiete und Besitztümer an ihre erhabene Schwester abzutreten, ist die Summe von zehntausend Unzen Gold als Entschädigung zu zahlen.

Und ich verfüge und wünsche weiterhin, aus ausreichenden Gründen, die nur mir bekannt sind, daß die besagte Maria den erhabenen Prinzen Ludwig, König von Ungarn, ehelicht. Aber wenn sich irgendwelche Hindernisse für diese Ehe ergeben sollten, verfüge ich hiermit auf Grund des Ehevertrages, abgeschlossen und unterzeichnet vom König von Ungarn und König von Böhmen für seine Tochter, daß besagte Maria den ältesten Sohn des erhabenen Jean, Herzog der Normandie, ältester Sohn des regierenden Königs von Frankreich, ehelicht.

Des weiteren wünsche und verfüge ich, daß die Grafschaften Forcalquier und Provence mit meinem Königreich vereinigt werden, unauflösbar und für alle Zeiten, unter der Herrschaft einer einzigen Person und als untrennbares Reich, auch wenn es mehrere Söhne und Töchter geben mag oder unter anderen denkbaren Umständen wie einer Vereinigung, die unbedingt für die gegenseitige Sicherheit und das Wohlergehen des Königreichs und der besagten Herzogtümer nötig sind.«

Es ist anzumerken, daß der arme Kerl unter den Selbsttäuschungen litt, die mit dem nahenden Tod einhergehen sollen, indem er sich einbildete, er könne so die Zukunft ›für alle Zeiten‹ festlegen.

»Weiter verfüge und wünsche ich«, fuhr der Vizekanzler fort, »daß Donna Sancia mit dem hochwürdigen Don Philipp von Cabassole, Bischof von Cavaillon, Vizekanzler des Königreichs Sizilien, und dem ehrwürdigen Philipp von Sanguineto, Seneschall der Provence, Godfrey di Marsan, Graf von Squillace, Admiral des Königreichs, und Karl von Artois, Graf von Aire, als ihre Assistenten, Gouverneure, Regenten und

Vormunde des besagten Andreas und der besagten Johanna und Maria sein sollen, bis sie voneinander unabhängig das Alter von fünfundzwanzig Jahren erreicht haben.«

Als die Verlesung des Testaments beendet war, herrschte einen Augenblick lang Schweigen. Dann öffnete der König, der mit geschlossenen Augen dagelegen und zugehört hatte, die Augen und sagte: »Wer die Erfüllung meiner Wünsche verweigert, möge für ewig verbrennen. Ich mache dich, Ludwig von Tarent, dafür verantwortlich …« Er streckte seinen Arm mit überraschender Kraft aus, und der gutaussehende junge Mann wich erschrocken zurück. » … und dich, Robert von Konstantinopel.« Er wies auf die nächsten. »Und dich, Philipp von Konstantinopel. Und dich, Karl von Durazzo.« Die Hand sank herab auf das Bett, und der König schloß die Augen.

Einen Moment lang dachte jeder, daß diese Anstrengung zuviel für ihn gewesen und er gestorben war, doch dann öffnete er wieder die Augen und blickte in die Runde. Dann sagte er: »Und nun schwört eurer Königin Treue.«

Sofort kniete sich der Hochadel hin, senkte den Kopf und schwor. Es folgten die Prinzen von königlichem Geblüt. Den Anfang machte Karl von Durazzo. Er kniete sich vor Johanna nieder und huldigte ihr, zugleich aber warf er einen verächtlichen Blick auf Andreas.

Nachdem die Eide geleistet worden waren, sagte der König: »Laßt mich jetzt allein.« Wir gingen hinaus, und jeder hing seinen Gedanken über das Gehörte nach. In dieser Nacht besuchte Andreas die Herzogin nicht einmal. Er saß mit Bruder Robert beisammen und schmiedete Pläne.

Johanna war ebenfalls durcheinander und schlief kaum. Vor Anbruch des Tages verkündete die Glocke den Tod des Königs, und der Regierungsrat klopfte an die Tür unserer Kammer, um die Herzogin zu informieren, daß sie jetzt die Königin von Neapel war, während auf den Straßen immer wieder Rufe »Lang lebe Königin Johanna!« ertönten, mit denen die schwachen Rufe der Ungarn »Lang lebe König Andreas!« nicht ernsthaft konkurrieren konnten.

In der nächsten Woche herrschte geschäftiges Treiben, während die Beisetzung des Königs vorbereitet wurde. Im warmen südlichen Klima können auch die größten Monarchen – trotz der Einbalsamierung – nicht lange feierlich aufgebahrt liegen, und König Robert wurde am siebten Tag nach seinem Tode beerdigt. Die Beisetzung fand in der Kirche Santa Clara statt, die er selbst errichtet hatte und in der zwei Säulen standen, die aus Salomons Tempel in Jerusalem stammen und vom König nach Neapel gebracht worden sein sollen. Dort wurde er neben dem Altar und neben dem Grab seines Sohnes, Karl von Kalabrien, beigesetzt, während der Chor das Tedeum sang und die versammelten Neapolitaner weinten, weil ein großer und weiser König von ihnen gegangen war.

Wir kehrten bedrückt nach Castel Nuovo zurück. Die Beisetzung war eine schreckliche Mahnung an die Sinnlosigkeit menschlicher Größe gewesen. Aber für die Anhänger der Königin war sie auch eine beängstigende Vorausschau auf das Kommende. Sofort wurde die erste Versammlung des Regierungsrats abgehalten, und sie führte sogleich zu Zwietracht. Die drei Adligen, Donna Sancia und Königin Johanna hatten kaum ihre Plätze eingenommen, da erschien Prinz Andreas, begleitet von Bruder Robert und einigen seiner ungarischen Freunde, einschließlich eines erschreckend lauten Kerls namens Konrad. Sie verlangten einen Platz am Tisch für den Prinzen. Der Bischof von Cavaillon wies vergebens darauf hin, daß dies nicht im Testament des verstorbenen Königs vorgesehen war und daß Andreas' Platz von der Entscheidung seiner Gattin abhing, nachdem sie gekrönt sein würde.

Die Ungarn weigerten sich, diese Auffassung zu teilen, und die Versammlung wurde ohne Ergebnis aufgelöst, abgesehen von einer Erklärung des Bischofs, daß die Krönung so schnell wie möglich stattfinden sollte.

Johanna kehrte erschöpft und weinend und zugleich rebellisch in ihr Schlafgemach zurück. »Ich will ihn heute nicht hierhaben«, erklärte sie. »Ich will ihn nicht sehen.«

»Nun, natürlich, Eure Hoheit, wenn Ihr in Trauer seid«, stimmte Donna Cancia zu.

»Aber ich muß Trost haben. Holt mir Bertrand.«

Selbst die verrückte, wilde Cancia war entgeistert. »*Jetzt*, Eure Hoheit? Es wird bald Abendbrotzeit sein.«

»Jetzt«, bekräftigte Johanna. »Ich kann keine Sekunde ohne den Trost seiner Arme überstehen.«

»Und wenn der Prinz kommen sollte?«

»Schickt ihn fort.«

Cancia und ich tauschten Blicke. Aber Johanna war die Königin, und wir mußten gehorchen. Ich wurde auf die Suche nach Bertrand geschickt, der so überrascht war wie wir, weil er so früh nach König Roberts Tod gerufen wurde, der jedoch durchaus nicht abgeneigt war, den königlichen Befehl zu befolgen. Er war nicht mehr mit Johanna allein gewesen, seit vor zehn Tagen die Krankheit ihres Großvaters begonnen hatte. Ich führte ihn über die geheimen Gänge und in die Arme meiner wartenden Herrin. Dann zogen Cancia und ich mich zurück ins Vorzimmer und nahmen unser Nähzeug. Wir hatten jedoch noch keine fünf Minuten mit Nähen begonnen, als wir nahende Schritte hörten. Dann wurde die Tür geöffnet, und Prinz Andreas und Bruder Robert standen auf der Türschwelle.

»Ich habe meine Pflichten vernachlässigt«, sagte der Prinz. »Ich habe mich mit meiner teuersten Frau gestritten, als sie wie ich in tiefster Trauer um ihren Großvater war.« Er blickte uns finster an. »Wo ist Ihre Hoheit?«

Wir hatten uns bei ihrem Eintreten erhoben, und jetzt knicksten wir. »Königin Johanna hat sich zurückgezogen, Monsignore«, sagte Cancia mit erstaunlicher Ruhe; mir klopfte das Herz bis zum Hals.

Prinz Andreas lächelte. »Dann sollte ich zu ihr gehen und Verzeihung in ihren Armen finden.«

Er trat auf die Tür zu, und ich betete stumm ein schnelles

Ave Maria, überzeugt, daß unser letztes Stündlein geschlagen hatte.

Aber man mag über Donna Cancia sagen, was man will, es mangelte ihr nicht an Mut. Sie sprang vor und verstellte ihm den Weg. »Monsignore, Ihre Hoheit hat ein Beruhigungspulver genommen und wünscht zu ruhen. Sie hat strikte Anweisung gegeben, nicht gestört zu werden. Ich bitte Euch, sie nicht zu verärgern und zurückzukehren, wenn Sie erwacht und ausgeruht ist. Dann wird Sie Euch bestimmt mit einem Lächeln empfangen.«

Prinz Andreas zögerte, unentschlossen wie immer.

»Was, Frau, erdreistest du dich, dich zwischen einen Mann und seine Ehefrau zu stellen?« grollte Bruder Robert.

»Königin Johanna ist meine Herrin«, sagte Cancia ernst. »Ich werde ihr bis ins Grab gehorchen, Vater. Und da sie schnell eingeschlafen ist, stelle ich mich nicht zwischen Prinz Andreas und sie. Sobald sie erwacht, werde ich ihr ausrichten, daß Monsignore sie zu besuchen wünscht.«

»Du nimmst dir zuviel heraus, Frau«, beharrte Robert.

»Ich möchte nicht noch einen Streit riskieren, guter Vater«, sagte Andreas. »Wir werden uns zurückziehen, Signorina. Aber ich erwarte nach dem Abendessen eine Nachricht von meiner Frau.«

Cancia machte wieder einen Knicks, und ich knickste ebenfalls. Die Tür wurde geschlossen, und wir schauten uns an. Dann verriet Cancia, daß sie nicht so ruhig gewesen war, wie sie sich gegeben hatte. Sie fiel mir in die Arme und drückte mich zärtlich.

»Sollen wir Johanna warnen?« fragte ich.

»Dafür bleibt Zeit genug. Sie ist mitten im Liebesakt. Solch ein Vergnügen zu unterbrechen wäre eine Sünde. Und es würde sie zweifellos erzürnen. Wir haben Zeit genug.«

Gutgläubige Hure! Sie nahm ihr Nähzeug auf, ich folgte ihrem Beispiel, und prompt wurden wir wieder gestört. Diesmal starrten wir entgeistert Donna Filippa und Roberto di Cabane an.

Mir wurde sofort klar, daß wir verloren waren. Zweifellos

hatte die Frau aus Catania in ihrer verschlagenen und unbarmherzigen Art seit ihrem Sturz nur auf einen solchen Moment gelauert. Vermutlich hatte sie die königlichen Gemächer genau überwachen lassen, bis sie ihre Chance witterte.

Ich bemerkte, daß sie zwei Pergamentrollen bei sich hatte, als wolle sie ein Gesuch überreichen. Oder würde es ein Ultimatum sein?

»Signora«, sagte Cancia, wieder bereit zum Kämpfen. »Wie schön, daß Ihr vorbeischaut. Leider hat sich Ihre Hoheit zur Ruhe begeben.«

»Ich muß die Königin sprechen, auf der Stelle«, sagte Donna Filippa, ohne den Gruß zu erwidern.

»Signora, Ihre Hoheit hat ein Beruhigungspulver genommen und schläft tief und fest. Die Ereignisse dieses Tages waren zu erschöpfend für sie.«

»Erzählt mir nichts von diesem Blödsinn, Cancia«, sagte Filippa. »Ich will die Königin sehen.« Und sie ging entschlossen auf die Tür des Schlafgemachs zu.

»Signora!« Cancia sprang vor die Eindringlinge und wurde sofort von Roberto gepackt, der sie aus dem Weg hob. Ich versuchte, den Schuft von hinten festzuhalten und erhielt einen Stoß mit dem Ellenbogen in die Magengrube, der mir die Luft nahm und mich zu Boden schleuderte. Bevor wir noch etwas unternehmen konnten, öffnete Filippa die innere Tür und betrat das Schlafgemach.

Ich rappelte mich verzweifelt auf und spähte an Filippa und Roberto vorbei, der sich hinter seiner Mutter aufgebaut hatte, und starrte auf Johanna. Sie saß im Bett, hatte das Laken bis zum Hals hochgezogen, ihre Wangen waren gerötet und ihr wunderschönes Haar zerzaust – aber sie war ganz allein.

Filippa verharrte verblüfft, was bewies, daß sie von Bertrands Anwesenheit wußte. Und sofort erkannte ich, wo er war. Der arme Kerl hatte sich allzu deutlich hinter dem Vorhang am Kopfende des Betts versteckt. Der Vorhang bewegte sich verräterisch hin und her, vermutlich unter seinen Atemzügen.

Filippa bemerkte das natürlich ebenfalls. Es konnte nicht

durch eine Brise erklärt werden, die in das Schlafgemach drang – die Fenster waren geschlossen.

Johanna konnte nicht sehen, was hinter ihrem Bett geschah, und ihre Augen schleuderten Blitze. »Wie könnt Ihr es wagen, Signora?« fragte sie zornig. »Wie könnt Ihr es wagen, ungebeten mein Schlafgemach zu betreten?«

Filippa knickste tief, und Roberto, der ebenfalls bemerkt hatte, daß sich der Vorhang bewegte, verneigte sich. Wenn ich die beiden auch schon lange gehaßt hatte, in diesem Moment hätte ich sie erschlagen können. Sie hatten meine Herrin in der Hand und wollten diese Macht ausspielen.

»Ich bitte Euch ergeben um Verzeihung, Eure Hoheit«, sagte Filippa. »Aber mein Sohn und ich wollten uns vergewissern, daß Euch die Ereignisse des Tages nicht übermannt haben.«

Johannas Blick wurde weicher. »Sollte das anders sein, nach allem, was geschehen ist?« fragte sie. Ihre Miene nahm wieder einen härteren Zug an, als sie zu Roberto blickte, der sie anstarrte. »Ich wünsche nur, in Frieden gelassen zu werden.«

Filippa knickste wieder. »Natürlich müßt Ihr ruhen, Eure Hoheit. Aber bevor wir gehen, möchte ich Euch um einen kleinen Beweis Eurer Großzügigkeit bitten.«

»Sprecht«, befahl Johanna, ohne zu ahnen, daß sie in einer Falle war, aus der es kein Entkommen gab.

»Mein lieber Sohn«, sagte Filippa, »der so lange die Gunst von Eurer Hoheit genoß, ist jetzt von der Wärme ausgeschlossen, die von Eurer Person ausgeht, und es ist ihm mit Trauer bewußt, daß er, da es ihm an Rang und Vermögen mangelt, Zielscheibe des Spottes am Hof geworden ist. Kann Eure Hoheit wirklich so hartherzig sein, ihn zu einem Leben in Unterwürfigkeit zu verdammen, nachdem er Euch bereits so gute Dienste geleistet hat?«

»Er kann eine Pension haben«, sagte Johanna.

»Mein Sohn hat wenig Bedarf an Geld, Eure Hoheit. Er strebt einen Titel an, damit er in Gesellschaft anderer Männer den Kopf hocherhoben tragen kann.«

»Ein Titel? Was für einen Titel?« Johannas Stimme klang eisig.

»Wir dachten an Graf von Eboli.«

»Graf von Eboli!« stieß Johanna hervor. Der Titel war einer der höchsten im Land, im Augenblick jedoch vakant. »Seid Ihr verrückt?«

»Es wäre nur eine kleine Belohnung für die Stunden der Wonnen, die mein Sohn Euch bereitet hat, Eure Hoheit«, wandte Filippa ein. »Ich bin überzeugt, niemand würde ihm die Ehre mißgönnen, die Ihr ihm auf diese Weise verleiht. Ich habe keinen Zweifel, daß Prinz Andreas – er ist übrigens im Schloß – zustimmen würde, wenn ich ihn herrufe und ihm sage, daß Ihr nur Gerechtigkeit übt.«

Johanna starrte sie an und erkannte, daß Bertrands Anwesenheit bekannt war. Ihr Blick war so gebieterisch, daß Cancia und ich uns an den Händen hielten und befürchteten, sie würde uns alle zum Tode verurteilen. Denn wenn Andreas hierherkam und Bertrand entdeckte … würde er alle Rechte eines empörten Ehemanns haben …

Filippa begegnete dem Zorn der Königin mit Gelassenheit. Sie wußte, wie stark ihre Position war. Und Johanna wußte es auch. Langsam verschwand das zornige Blitzen aus ihren schönen, schwarzen Augen. »Nun gut, Donna Filippa. Nachdem Ihr Euer Gesuch so deutlich vorgetragen habt, werde ich es erwägen. Ich verspreche, es bei der nächsten Versammlung des Regierungsrats vorzutragen.«

Filippa tappte nicht in diese Falle. »Ich habe die Ernennungsurkunde gleich hier, Eure Hoheit«, sagte sie und entrollte eine der Pergamentrollen. »Ihr braucht nur noch zu unterzeichnen.«

In Johannas Augen blitzte wieder Zorn, doch sie sagte ruhig: »Ich habe nicht die Macht, ohne die Zustimmung meiner Adligen irgend jemand zum Grafen zu ernennen.«

»Dummes Zeug, Eure Hoheit«, sagte Filippa und nahm wieder die Rolle der Amme und Gouvernante an. »Ihr seid die Königin von Neapel. Ihr habt die Macht, alles zu tun, was Ihr wollt. Immer vorausgesetzt«, fügte sie hastig hinzu, »Ihr haltet euch an die Gesetze des Landes und die des Ehebetts. Ich habe nicht den geringsten Zweifel, daß Prinz Andreas, wenn ich ihn jetzt hierhin rufen würde, zustimmen würde, daß es um so besser für das Königreich ist, je eher Ihr anfangt, Eure Rechte als Königin geltend zu machen.«

Johannas Blick war vernichtend. Wortlos streckte sie die Hand aus, und Donna Filippa reichte ihr das Pergament. Sie schaute darauf, und ich gab ihr eine hastig in Tinte getunkte Feder und ein Buch – ihre Bibel – als Unterlage für das Pergament, auf das sie ihre Unterschrift setzte. Ich litt mit Johanna in diesem Moment, und ich schwor der Frau aus Catania Rache. Aber meine Erregung war unnötig; die elende Frau schichtete mit ihren Intrigen stetig den eigenen Scheiterhaufen auf.

Im Augenblick war sie jedoch die Herrin der Lage. »Ich danke Eurer Hoheit«, sagte sie, nahm den unterzeichneten Erlaß entgegen und schwenkte das Pergament, bis die Tinte getrocknet war. »Mein Sohn und ich werden immer in Eurer Schuld stehen.«

»Geht jetzt«, sagte Johanna, immer noch mit leiser Stimme. »Und kommt niemals ungebeten wieder.«

»Wie Eure Hoheit wünschen«, sagte Filippa. »Da ist nur noch eine kleine Sache …«

Johannas Kopf ruckte hoch. »Ihr geht zu weit, Signora.«

Filippa verneigte sich. »Es ist eine politische Sache, Eure Hoheit. Der Graf von Eboli ist der Ansicht, daß er Eurem Königreich und Euch viel zu bieten hat. Er ist nicht ein Mann, der sich auf seinen Lorbeeren ausruht und den Narren spielt, wie es so viele junge Männer tun.« Sie blickte verächtlich zu dem Vorhang, der sich leicht bewegte. »Er sucht eine Ernennung, bei der er Eurer Hoheit mit der ihm eigenen Loyalität dienen kann.«

»Er kann eine Ernennung in meiner Armee haben«, sagte Johanna. »Und ich werde einen Krieg für ihn finden, in dem er kämpfen kann. Und vielleicht sogar für mich sterben kann. Wäre das nicht äußerst befriedigend … für seine Ehre?«

Filippa erwiderte nichts auf den makabren Scherz. »Der

Graf sucht eine zweckmäßigere Gelegenheit, wie er Eurer Hoheit dienen kann. Das Amt des königlichen Großseneschalls ist seit Jahren vakant ...«

»Jetzt weiß ich, daß Ihr den Verstand verloren habt!« Johanna lachte auf. »Dieser ...«, sie blickte Roberto vernichtend an, »Großseneschall!«

»Ihr wollt anscheinend meinen Sohn beleidigen, Eure Hoheit. War nicht schon sein Vater Großseneschall? Es ist ein Zeichen der Achtung des verstorbenen Königs für meinen Ehemann – möge Gott ihrer beider Seelen gnädig sein – daß das Amt seit dem Tode meines Mannes nicht besetzt wurde. Aber es sollte besetzt werden. Und wer wäre dafür besser geeignet als der Sohn des vorherigen Amtsinhabers?«

»Dann wäre er immer in meinen Ratsversammlungen. Und zweifellos Ihr selbst, Signora. So etwas kann ich nicht akzeptieren.«

Filippa neigte wieder den Kopf. »Ich kann Eure Entscheidung nur bedauern, Hoheit. Und da es eine so wichtige ist, so werdet ihr gewiß noch einmal darüber nachdenken. Vielleicht wollt Ihr sie mit Eurem Mann diskutieren. Roberto, hol Prinz Andreas und sag ihm, daß die Königin nicht nur bereit ist, ihn zu empfangen, sondern auch eine Sache von größter Wichtigkeit mit ihm zu besprechen wünscht.«

Roberto ging zur Tür, aber die Königin rief ihn zurück. »Wartet!« befahl sie, und ich sah, daß der Vorhang hinter ihr regelrecht zitterte.

Roberto wartete mit der Hand auf dem Türknauf.

»Ich habe nicht die Macht, um irgend jemand zum Großseneschall zu ernennen«, sagte Johanna. »Ich werde die Ernennung meinem Rat empfehlen.«

»Ihr habt die Macht, Eure Hoheit«, beharrte Filippa und streckte ihr das zweite Pergament entgegen. »Ihr braucht nur ein zweites Mal zu unterschreiben.«

Johanna schaute sie an, und wenn ich die Frau aus Catania gewesen wäre, hätte mich das Entsetzen gepackt. Doch die ehemalige Wäscherin blieb völlig gelassen, und die Hand mit dem Pergament war ganz ruhig.

»Ist dies Eure letzte Forderung?« fragte Johanna, und es war nur ein Flüstern.

»Die letzte, Eure Hoheit«, versicherte Filippa.

Johanna blickte zu mir, und ich tunkte wieder die Feder in die Tinte. Die Königin unterschrieb ein zweites Mal und gab Filippa das Pergament zurück. Die Frau aus Catania lächelte und machte einen Knicks. »Ich wünsche Eurer Hoheit gute Nachtruhe«, sagte sie und verließ mit ihrem Sohn das Gemach.

Die Tür war kaum geschlossen, als Bertrand hinter dem Vorhang hervorsprang. »Das sind Teufel!« keuchte er. »Ich sollte ihnen folgen und Cabane zum Kampf herausfordern. Ich werde ihn erschlagen und auf seiner Leiche herumtrampeln!«

»Nein.« Johanna hielt ihn am Arm fest. »Dann würde unser Geheimnis preisgegeben. Das Geheimnis unserer Schuld, Bertrand. Wir müssen Geduld haben und auf einen günstigeren Augenblick für unsere Rache warten.«

Er zögerte und war auf einmal wie in Trance, wie immer, wenn er seine Geliebte ansah. Cancia und ich seufzten erleichtert auf; die Krise war im Moment vorüber. Aber es gab keinen Zweifel daran, daß unsere Herrin tiefer denn je in den Schlingen des Satans verstrickt war, die sie durch ihr eigenes Naturell geschaffen hatte.

Und weitere Krisen erwarteten uns. Johanna mußte wie die Königin handeln, und obwohl ihr ein Monat der Abgeschiedenheit und Trauer um ihren Großvater von der Öffentlichkeit zugebilligt wurde, mußte sie sich am fünften Sonntag nach seinem Tod dem Volk zeigen und einem Gottesdienst in der Kathedrale ihres Schutzheiligen San Giovanni beiwohnen: der Name Johanna ist im Italienischen von Giovanna abgeleitet.

Der Anlaß wurde für eine politische Kundgebung genutzt. Als Donna Cancia und ich in unseren neuen schwarzen Gewändern die Königin vorbereitet hatten – natürlich trug sie ebenfalls Schwarz, ihr Überrock war mit Samt besetzt, und die Düsterkeit ihrer Kleidung wurde nur aufgehellt durch das goldene Stirnband und den Halskragen aus weißer Seide –, gab es großen Aufruhr, als wir in den Hof hinabstiegen, wo Prinz Andreas und Bruder Robert warteten.

Die Zugbrücke war bereits für unseren Ausgang herabgelassen worden. Jetzt ritten Prinz Ludwig von Tarent und seine Brüder, Karl von Durazzo mit seinen Brüdern und andere neapolitanische Adlige hinüber, von denen die prominentesten die Grafen von Terlizzi und Morcone waren. Diese Männer waren bewaffnet und gepanzert, als ritten sie in den Krieg, und sie umgaben die Königin mit lauten Rufen und dem Klirren von Waffen.

»Was hat das zu bedeuten, Monsignores?« fragte Johanna und schaute Karl von Durazzo an, den ältesten der Prinzen und damit der natürliche Führer der aufgebrachten Menge. »Werden wir überfallen?«

»Wir sind gekommen, um Eurer Hoheit unsere Ehrerbietung zu zeigen und Euch zu eskortieren«, antwortete Karl, hob sein Visier und verneigte sich tief im Sattel.

»Wie reizend von Euch, Monsignores«, sagte Johanna und schenkte jedem der Männer ein bezauberndes Lächeln, das jedes Herz eroberte, das nicht aus Stein war. »Bin ich in Gefahr?«

»Wir sind gekommen, um unsere Königin zu ehren«, erklärte Karl mit tiefer Stimme und lenkte sein Pferd an Johannas rechte Seite, als sie aufsaß, natürlich mit gespreizten Beinen, denn der Damensattel wurde erst in ein paar Jahren im westlichen Europa eingeführt. Ludwig nahm den Platz zu ihrer Linken ein.

»Platz da, macht Platz für Prinz Andreas!« bellte Bruder Robert, doch er wurde zur Seite gedrängt, als Ludwigs Brüder ihre Plätze gleich hinter der Königin einnahmen.

»Vorwärts!« befahl Karl, und die Kavalkade setzte sich in Bewegung, die Königin voran, flankiert von ihren Vettern.

»Ich finde, es sollte ein Platz für meinen Mann gefunden werden, Karl«, wandte die Königin ein.

»Ihr seid die Königin von Neapel«, erinnerte Karl. »Das

Volk will seine Königin sehen. Nicht irgendeinen ungarischen Rüpel«, fügte er hinzu.

Johanna fügte sich. Ich wußte aus meinen eigenen Erfahrungen mit der Königin, daß sie nicht charakterschwach war. Wenn sie sich einmal für etwas entschieden hatte, ließ sie sich nicht davon abbringen. Aber sie wirkte oftmals schwach mit ihrer Bereitschaft, Anweisungen hinzunehmen, die sie nicht selbst getroffen hatte. Allerdings kann es keinen Zweifel daran geben, daß Prinz Karl in diesem Fall eine sehr empfängliche Saite bei ihr anschlug.

So ritten wir aus Castel Nuovo hinaus auf die Straßen Neapels, wo sich eine große Menschenmenge versammelt hatte und die Hochrufe für die Königin die Möwen von der Mole aufscheuchten. Unsere Gesellschaft war nicht groß. Sie bestand nur aus Ungarn und Neapolitanern, aber die Ungarn drängten sich hinten in der Gruppe, wo ihr Prinz war. Als Sklavin mußte ich mich ebenfalls hinter all den Adligen halten, und obwohl ich nicht die barbarische Sprache von Andreas' Gefährten verstehen konnte, war ihr Zorn unmißverständlich.

Ihre Wut steigerte sich während des Gottesdienstes. Als die Königin und ihre Bewunderer aus der Kathedrale kamen, kochten die Ungarn vor Zorn, und ein zufälliges Wort führte zu der folgenden Schlägerei. Fäuste wurden erhoben, Peitschen knallten und sogar einige Säbel wurden gezogen. Karl von Durazzo übernahm sofort den Schutz der Königin und bahnte sich mit einer Eskorte seiner Gefolgsleute einen Weg durch die aufgebrachte Menge. Cancia und ich waren froh darüber, daß wir die Unterstützung von Karls bewaffneten Gefolgsleuten nutzen konnten, um unbeschadet zu entkommen. Wir brachten uns in Castel Nuovo in Sicherheit. Karl befahl sofort, daß die Zugbrücke hinter uns hochgezogen wurde.

Johanna war ziemlich mitgenommen von dem Aufruhr. Sie war blaß und schnappte nach Luft, als wir sie zu ihren Gemächern brachten, wo sich ein wenig später Karl zu uns gesellte. »Die Ungarn sind unerträglich«, sagte er.

»Sie waren pikiert, wie ich es vorhergesehen habe«, korrigierte Johanna ihn. »Aber ich bin Euch äußerst dankbar, Cousin, weil Ihr mich sicher hierhin gebracht habt. Jetzt wäre ich Euch noch dankbarer, wenn Ihr Euch zurückzieht, damit ich ruhen kann. Außerdem werden meine anderen Vettern gewiß Eure Unterstützung brauchen.«

»Die können sich um sich selbst kümmern, Eure Hoheit«, versicherte er ihr. »Und ich würde Euch gern zum Ruhen allein lassen. Aber es gibt Dinge von lebenswichtiger Bedeutung, die diskutiert werden müssen, und zwar sofort.«

»Welche Dinge?«

Karl blickte zu Cancia und mir. »Dinge, die nur Ihr und ich wissen dürfen, Eure Hoheit.«

Johanna schaute zu uns und zuckte die Achseln. »Laßt uns allein.«

Wir knicksten. Aber wir wußten Johannas Blick zu deuten, denn sie war eine Meisterin in der Kunst, ihre wahren Gedanken mit Blicken mitzuteilen, anstatt mit Worten. Wir verließen sie also, doch wir eilten sofort zu dem geheimen Gang, der Zugang zu dem Schlafgemach hatte, knieten uns an die Tür und hörten jedes Wort mit.

»Er ist zweifellos der meistgehaßte Mann in Neapel«, sagte Karl, als wir uns an der Tür niedergelassen hatten.

Wir begriffen natürlich, wen er damit meinte, und das wurde von der Antwort der Königin bestätigt.

»Er ist jedoch mein Mann«, sagte Johanna. »Und er muß als solcher behandelt werden.«

»Dein Volk wird ihn nie als gekrönten König sehen, Johanna.« Unter vier Augen war Karl anscheinend der Meinung, daß er keinen Respekt zu zeigen brauchte außer dem eines Verwandten gegenüber einer Verwandten.

»Das verstehe ich. Ich schlage nicht vor, ihn zu krönen«, sagte Johanna.

»Aber er wird stets an deiner Seite sein und mit deinen Entscheidungen in Verbindung gebracht werden. Ich bezweifle, daß das Volk das hinnehmen wird.«

»Mein Volk wird hinnehmen, was ich ihm befehle«, erklärte

Johanna und widersprach damit ein wenig ihrer früheren Bemerkung. »Erst recht, wenn du das gleiche sagst, Vetter.«

»Und wenn ich nicht das gleiche sage?«

Es folgte kurze Stille, und wir malten uns aus, daß Johanna ihn gebieterisch ansah. Aber ihre Stimme klang gefaßt. »Dann wärst du nicht länger mein vertrauenswürdigster Freund, Karl.«

»Ich würde mehr als das sein, Kusine.«

Wieder kurzes Schweigen.

»Du mußt deine Worte erklären, Vetter«, sagte Johanna dann. »Und ich bitte dich, sei vorsichtig, was du sagst, damit ich nicht denken muß, du hast von Verrat gesprochen.«

»Würdest du das Wort Rächer akzeptieren?«

»Hat man mir denn ein Unrecht getan?« Johannas Stimme klang vollkommen ruhig, aber wir, die wir innerlich zitterten, konnten uns ausmalen, welche Gefühle in unserer Herrin toben mußten.

»Man fügt dir jedesmal Unrecht zu, wenn dieser ungarische Rüpel deine Gemächer betritt«, sagte Karl heftig.

»Und du würdest gegen ihn im Kampf antreten?«

»Er würde sich weigern«, sagte Karl. »Es gibt einen Weg, der sicherer ist.« Wir hörten das Schaben von Stahl und umklammerten uns. Hatte der Verrückte es gewagt, in Gegenwart der Königin seinen Dolch zu ziehen?

Offenbar hatte er das. Und unsere Herrin teilte unsere Gefühle.

»Du bist verrückt«, rief Johanna. »Steck den Dolch weg.«

»Du brauchst nur ein Wort zu sagen«, sagte Karl, und wir hörten das Schaben, als er den Dolch in die Scheide schob. »Und ich mache dich zu einer freien Frau.«

»Mein Gott, daß mir mein eigener Vetter einen Mord vorschlägt!« sagte Johanna. »Eine freie Frau. Um dich zu heiraten, meinst du?«

Das Scharren eines Schuhs ließ darauf schließen, daß sich Karl verneigte.

»So sehr ich von einer solchen Vereinigung geehrt werden würde, liebe Kusine, befürchte ich, daß es viele gibt, einschließlich vielleicht Gott, denen das nicht gefallen würde, besonders nicht nach einer solchen Tat, wie wir erwägen. Außerdem bezweifle ich, daß unsere Charaktere, so ähnlich sie auch sind, jemals in häuslichem Segen zusammenleben könnten. Ich würde nur um die Hand deiner Schwester bitten. Ich würde mich nie bei deinen Vorrechten als Königin von Neapel einmischen. Mein einziger Wunsch ist, als dein Erbe ernannt zu werden.«

Diesmal währte das Schweigen länger. Wir konnten uns die Miene der Königin nur vorstellen. Als sie schließlich sprach, war ihre Stimme voller Emotion. »*Wir* erwägen? Du widerlicher Schuft! Dieser Plan ist in deinem eigenen teuflischen Hirn entstanden. Ich soll meine Schwester mit dir verheiraten? Ich würde sie eher ins Kloster schicken. Daß es Gott mißfallen würde? Er würde uns mit einem Blitzschlag strafen? Mein Erbe werden! Du? Niemals. Ich werde meinen eigenen Erben gebären.«

Stille.

»Du solltest mich nicht zu deinem Feind machen, liebe Kusine«, sagte Karl schließlich leise.

»Sei froh, daß ich nicht meine Wachen rufe und dich wegen Verrats in den Kerker werfen lasse«, sagte Johanna. »Du würdest Schande über uns alle bringen. Das wäre verheerend für unser Königreich. Ist dir nicht klar, daß König Ludwig sofort darauf erpicht sein würde, seinen Bruder zu rächen? Mit all den Heerscharen aus Ungarn?«

»Haben wir nicht auch eine Armee? Ich werde deine Armee für dich befehligen, Johanna.«

»Du wirst niemals meine Armee befehligen, Karl. Du bist der verkommenste Schurke, den diese Erde jemals gesehen hat. Ich befehle dir, dich zu entfernen, und ich verbiete dir, jemals wieder hier einzutreten ohne meine ausdrückliche Einladung.«

Stille.

Dann sagte der Prinz: »Wie Ihr wollt, Eure Hoheit; wenn ich nicht Euer vertrauenswürdiger Freund sein kann, dann werde ich Euer unerbittlicher Feind sein.«

Wir hörten, daß die äußere Tür geschlossen wurde, und öffneten sofort die Tür, vor der wir gelauscht hatten. Johanna war fast nicht wiederzuerkennen. Ihre Wangen waren gerötet, sie atmete schwer, und ihr ganzer Körper wirkte wie von Schmerzen gepeinigt. Ich muß daran erinnern, daß sie erst sechzehn war.

»Ihr habt es gehört?« fragte sie.

»Jedes Wort, Eure Hoheit«, sagte Cancia.

»Und wir wären bereit, als Zeuginnen gegen den Prinzen auszusagen, Eure Hoheit, wenn Ihr es wünscht«, fügte ich hinzu. Für uns beide, obwohl Cancia nicht sehr glücklich darüber wirkte.

Johanna schüttelte den Kopf. »Es wäre sinnlos und gefährlich. Karl hat zu viele Freunde und Spione in der Stadt. Wenn Anklage gegen ihn erhoben würde, würde er euch ermorden lassen.«

Eine Prophezeiung, die meinen Eifer, an seinem Untergang mitzuwirken, gewaltig dämpfte.

»Nein«, fuhr die Königin fort, »wenn er mein Feind sein will, dann soll er mein Feind sein. Wenigstens wissen wir, wo er steht.«

Sie tat das unerfreuliche Gespräch mit ihrem Vetter mit einem Schulterzucken ab, aber ich war besorgt, als Karl von Durazzo offen seine Aufwartung bei Prinz Andreas und seinen Ungarn machte. Ich fand, daß die Heuchelei eines Mannes, der in einem Atemzug Mord vorschlug und im nächsten Moment seinem beabsichtigten Opfer schmeichelte, allen offenkundig sein mußte. Im ungarischen Lager war das anscheinend aber nicht der Fall; sie hießen den Grafen von Durazzo als großen Verbündeten willkommen.

Es hatte jedoch den Anschein, als stärke Karl einen Verlierer. Der Regierungsrat, der sich, wie ich erwähnt habe, aus den höchsten Adligen des Landes zusammensetzte, diskutierte lange, stellte fest, daß Johanna seiner Meinung war, und gelangte zu dem Schluß, daß es dem Wohlergehen und Gedeihen des Königreichs schaden würde, wenn Prinz Andreas als Königsgemahl gekrönt wurde. Deshalb veranlaßte er die Vorbereitungen für die Krönung von Königin Johanna, wobei Andreas nur als Ehemann der Königin seinen Platz einnehmen würde, und unterdessen wurden alle Erlasse und Dokumente, die von Castel Nuovo ausgingen, im Namen der Königin alleine erteilt und unterzeichnet. Dieser drastische Schritt widerstrebte Johanna, doch sie wurde dazu überredet, nicht vom Regierungsrat, sondern von dem berühmten Anwalt Andreas von Isernia, einem engen Freund des verstorbenen Königs und ein Mann, dem sie völlig vertraute.

Diese Entscheidungen erzürnten natürlich die Ungarn, besonders Bruder Robert, der vor dem Rat tobte und wetterte – natürlich erfolglos –, und ermunterten Andreas, seinen eigenen Namen geltend zu machen, mit dem Ergebnis, daß der Prinz einem gewissen Johann Pipino, Graf von Altamura und einer der unbeliebtesten Männer im Königreich, Ehre und Reichtum schenkte.

Unterdessen schrieb Bruder Robert Briefe nach Ungarn, beklagte die schlechte Behandlung seines königlichen Herrn und flehte König Ludwig an, seinem Bruder zu Hilfe zu kommen.

Das konnte Ludwig natürlich nicht tun, es sei denn, er wurde dazu eingeladen oder als kriegerischer Akt, und ein Krieg gegen einen anderen christlichen Staat konnte ohne die Billigung des Papstes nicht in Betracht gezogen werden. Die ungarische Sache war deshalb ziemlich aussichtslos. Aber wir wurden in Kenntnis gesetzt, daß Andreas' Mutter, Elisabeth von Polen, unterwegs war, um Neapel zu besuchen und die Lage mit ihrem Sohn und ihrer Schwiegertochter zu diskutieren.

Diese Aussicht rief Bestürzung hervor, da diese Prinzessin – die als Königin von Polen bekannt war, jedoch tatsächlich nie ihr Heimatland regiert hatte – einen beachtlichen Ruf hatte. Sie war die Tochter des großen Ladislaus, der nach vielen Kriegen Polen die Würde eines Königreichs wiedergegeben hatte, die nach den mongolischen Invasionen im vergangenen Jahrhundert verlorengegangen war. Ladislaus war zweifellos ein großer Krieger, aber bei den gierigen deutschen, ungarischen, litauischen und russischen Blicken auf sein heimgesuchtes Land, hätte er seine Ziele nicht ohne die Unterstützung des Papsttums erreicht. Es war dieser Gedanke, der uns belastete.

Elisabeths Besuch verlief jedoch sehr gut. Sie war natürlich überglücklich, ihren Sohn zu sehen, von dem sie lange Zeit getrennt gewesen war, und Johanna zeigte sich von ihrer besten Seite und erlaubte Andreas während des Aufenthalts seiner Mutter in Neapel sogar die Rückkehr ins königliche Bett – er war nach dem Aufruhr am Sonntagmorgen von solcher Intimität ausgeschlossen gewesen.

Es gab Feiern und Unterhaltungen, Bootsfahrten nach Capri zum Besuch der Grotte, und Turniere. Die Ankunft der Königinwitwe, die zufällig mit dem Ende der sechsmonatigen Trauerzeit um König Robert zusammenfiel, erwies sich als ideale Gelegenheit für die Neapolitaner, ihren Gefühlen mit der Begeisterung freien Lauf zu lassen, zu der nur die Heißblütigen fähig sind.

Zu der Freude über den Aufenthalt der Königinwitwe kam hinzu, daß sie und Donna Sancia sich als die besten Freundinnen erwiesen. Während der sechs Wochen, die Elisabeth in Italien verbrachte, schienen sich die Wolken drohender Gewalt, die seit dem Tod des Königs über Neapel hingen, aufzulösen, und es wurde wieder eine lachende, fröhliche Stadt.

Aber schließlich mußte Elisabeth abreisen. Und mit ihr verschwand unsere Freude. Es war jedoch klar, daß Elisabeth sich nicht so ganz hatte täuschen lassen, wie es manchmal den Anschein gehabt hatte. Sie verbrachte viele Stunden allein mit Bruder Robert und hörte zweifellos die andere Seite der Geschichte. Johanna, Donna Sancia und der Regierungsrat versicherten ihr, es wäre angesichts der gegenwärtigen Stimmung in der Bevölkerung zwar zweifellos gefährlich, Andreas zum König zu krönen, und außerdem habe man nichts von einer solchen Absicht in König Roberts Testament finden können – was nicht ganz stimmte –, doch dem Prinzen würden alle Rechte und Privilegien eines Monarchen gewährt, er würde immer an der Seite der Königin stehen und in allem mit ihr verbunden sein.

Elisabeth drückte ihr Verständnis und ihre Dankbarkeit aus ... doch am Tag ihrer Abreise schenkte sie ihrem Sohn in Anwesenheit der Königin einen sonderbar gearbeiteten Ring.

»Dieser Talisman ist seit vielen Jahren in unserer Familie gewesen, lieber Andreas«, sagte sie und umarmte ihn. »Ich schenke ihn dir jetzt, um dich und dein Leben zu schützen. Trage ihn stets, und du wirst nie durch Gift oder Stahl sterben.«

Mit dieser merkwürdigen Erklärung umarmte sie ebenfalls die verblüffte Johanna, und dann reiste sie ab.

Wir konnten die Vorahnungen der Königin von Polen nicht verstehen. Es war unvorstellbar, daß Karl von Durazzo, der jetzt als der beste Freund von Andreas auftrat, etwas über seine frühere Absicht, den Prinzen zu ermorden, verraten hatte. Ebensowenig war Andreas, stets umgeben von seinen treuen Ungarn – außer im Schlafgemach der Königin – der Gefahr eines gedungenen Mörders ausgesetzt. Und er hatte gewiß genug Verstand, um nicht zum Kampf mit irgendeinem der königlichen Prinzen anzutreten

Ich hatte nach Johannas Gespräch mit ihrem Vetter erkannt, daß sie seine Lösung ihres Problems nicht deshalb abgelehnt hatte, weil Mord eine Todsünde ist, sondern das Unternehmen gefährlich war und sie sich Karl nicht ausliefern und ihn nicht zu ihrem Erben machen wollte. Diese Gedanken hatten mich einige schlaflose Nächte gekostet. Doch jetzt plagten mich Alpträume, und ich konnte sie nicht mit Donna Cancia teilen. Cancia betrachtete Mord nicht als Todsünde. Sie gehörte zu diesen glücklichen Leuten, die alles für erlaubt halten – wenn ein Papst gefunden werden kann, der Absolution erteilt.

Hatte die Königin von Polen den Abscheu gespürt, den Johanna für ihren Mann empfand? Aber selbst dann hätte sie nicht das Gefühl haben können, daß dem Prinzen Gefahr von seiner Frau drohte. Ich schloß diese Möglichkeit mit Sicherheit aus. Es hätte ihm auch keine Gefahr gedroht, wenn Andreas nicht durch seine eigene Torheit Johannas tiefe, noble, aber leidenschaftliche Natur so sehr verletzt hätte, als er das bedrohte, was ihr wertvoller war als sie selbst und ihre Privilegien – das Leben des Mannes, der jeweils ihr für den Moment gewählter Gefährte war.

Nach der Abreise der Königin von Polen blieb Neapel für einige Zeit eine ruhige und glückliche Stadt. Leider währte dies nur kurz, bevor das wahre Grauen über uns hereinbrach. Denn in diesem letzten gesegneten Lebensabend ihrer Familie zog sich Donna Sancia nach dem Jahr, daß sie ihrem sterbenden Mann versprochen hatte, aus unserer Gesellschaft zurück und ging ins Kloster Santa Clara, das sie selbst vor einigen Jahren gegründet hatte und wo sie, wie sie zweifellos hoffte, die erfolgreiche Herrschaft und das wachsende Glück ihrer Enkelin beobachten konnte. Das, was sie beobachten mußte, trieb sie ein Jahr später ins Grab.

Es war, als hätte ihr Abtreten von der Bühne die letzten Hemmungen beseitigt, welche die brodelnden Leidenschaften ihrer Familie unter Kontrolle gehalten hatten. Nur einen Monat nachdem sich die Tore des Klosters hinter der Königinwitwe geschlossen hatten, wurde Castel Nuovo eines Morgens aufgewühlt, als man entdeckte, daß Prinzessin Maria verschwunden war.

Ich muß meine Leser wieder daran erinnern, daß ich Tatsachen erzähle. Denn es mag unglaublich klingen, daß solch ein Verbrechen mitten in einem königlichen Schloß geschehen konnte, das zugleich eine uneinnehmbare Festung war. Doch die Prinzessin war verschwunden, und mit ihr zwei der Dienerinnen, die als vertrauenswürdig galten.

Weil der Palast und das Schloß natürlich nie vor dem Kommen und Gehen der königlichen Prinzen abgesperrt waren, wußte jeder sofort, wo der Entführer zu suchen war und welchen Zweck er verfolgte. Johanna ballte die Hände zu Fäusten, während sie aus dem Fenster über die Bucht schaute. »Der Schuft«, sagte sie. »Der gemeine Schuft!«

Es mag sogar noch unglaublicher klingen, daß die Königin nichts unternahm. Sie wußte, wo ihre Schwester war und wer sie gefangenhielt und dem Mädchen wahrscheinlich bereits die Unschuld geraubt hatte – die im Gegensatz zu der Johannas streng behütet worden war – doch sie ließ ihre Armee nicht zum Palast Karls von Durazzo marschieren – es war mehr eine Burg als ein Palast, aber nur ein paar Straßen entfernt –, um ihn mitsamt dem Prinzen niederzumachen.

Die nüchterne Tatsache war: sie wagte es nicht. Karl hatte sich bei den Neapolitanern so populär gemacht, indem er mit Geldern seines enormen Reichtums um sich geworfen hatte, daß Johanna keine Ahnung hatte, welche der Hauptleute in seinem Sold standen und welche in ihrem.

Ich hatte angenommen, sie könne sich an Ludwig von Tarent wenden, der ebenfalls eine beträchtliche Zahl von Anhängern in der Stadt besaß, aber er hatte sich von ihr durch ihre Hinhaltetaktik gegenüber den Ungarn ebenfalls entfremdet. Wenn Ludwig auch eine zu edle Seele war, um Mord zu erwägen, so hatte er doch den Geist eines Kriegers und hätte, falls die Königin ihren Mann verbannen ließ, eine Annullierung der Ehe durch den Papst angestrebt und sie auf ihre Vettern vertrauen lassen – von denen sie einen, zweifellos ihn, heiraten mußte –, wenn sie nicht dem Zorn Ludwigs von Ungarn ausgeliefert sein wollte.

Die Königin war deshalb hilflos und mußte sich damit zufriedengeben, eine Belohnung von dreitausend Dukaten für Hinweise auszusetzen, die zur Befreiung ihrer Schwester führten, und sie wußte nur zu gut, daß niemand wagen würde, Anspruch auf die Summe zu erheben.

Aber es gab noch einen anderen Grund für ihre Untätigkeit. Sie und Maria hatten nie ein enges Verhältnis gehabt. Als Kinder waren sie durch die Machenschaften von Donna Filippa absichtlich auseinander gehalten worden, aber es gab auch beträchtliche Charakterunterschiede zwischen ihnen. Maria war stets heiter und lächelnd gewesen und hatte nicht an die Zukunft gedacht, wenn sie die Gegenwart genießen konnte. Johanna argwöhnte, daß ihre Schwester diese Gewohnheit in Gefangenschaft behalten könnte.

Karl von Durazzo war zweifellos ein gutaussehender junger Mann, der charmant sein konnte, wenn er in entsprechender Stimmung war oder die Konvention es erforderte – und ebenso unstrittig würde er die Phantasie des Mädchens beflügeln; sie war erst fünfzehn und berauschte sich an dem Gedanken, daß sie eines Tages Königin sein konnte, falls ihre Schwester unfruchtbar war ... und mit ihm als Gemahl. Es gab sogar die Überlegung, daß Marias Entführung überhaupt keine war, sondern eine Flucht. Daß das Paar Vetter und Base war, wurde nicht als Hindernis betrachtet; sie waren königlich, kein gemeines Volk, und es verstand sich von selbst, daß das Königtum sich nicht an die Gesetze hielt, die das gemeine Volk befolgen mußte. Es war nur ein Dispens vom Papst erforderlich, und das war alles, worauf Karl wartete.

Während Cancia und ich wehklagten und unsere Kleider zerrissen, wie es von uns erwartet wurde, und Bertrand Drohungen äußerte und mit seinem Schwert herumfuchtelte, wie es von ihm erwartet wurde, blieb die Königin gefaßt. Noch beunruhigender: dieses Ereignis führte zu einer teilweisen Versöhnung zwischen Johanna und der Frau aus Catania. Filippa war ständig anwesend. Als Großseneschall des Königreichs war Roberto ebenfalls dabei. Keiner konnte mitfühlender sein als die ehemalige Wäscherin und ihr Sohn. Roberto erklärte, auf ein Wort Johannas hin werde er persönlich den Palast Durazzo niederreißen.

Johanna nahm ihr Mitgefühl und ihre Hilfsangebote an, als hätte es nie Streit zwischen ihnen gegeben. Sie sammelte zweifellos ihre Truppen hinter sich ... aber gegen was? Oder gegen wen? Denn sie unternahm immer noch nichts gegen Karl von Durazzo, regierte immer noch auf ihre Weise. Sie wuchs jetzt mehr in die Rolle der Königin hinein und versprach eine gute, sogar bedeutende Herrscherin ihres Volkes zu sein, wenn sie sich unter die Leute mischte, ihre Hochrufe genoß, Mitgefühl bei ihren Problemen zeigte und Abordnungen im Castel Nuovo empfing. Ihre offensichtliche, selbstsichere Geduld, während sie zu einem achtzehnjährigen Mädchen heranwuchs, erstaunte alle. Aber es war möglich, daß sie bereits das Gefühl hatte, eine Waffe zu besitzen, die all die Machenschaften ihres Vetters zunichte machen würde.

Karl feierte unterdessen seinen Triumph. Einen Monat nach Marias Verschwinden – während dieser Zeit blieben die Portale des Palazzo Durazzo fest verschlossen –, wurden die Tore zu Fanfarenklängen geöffnet, und Karl und seine Braut, die den Dispens erhalten hatten, ritten zur Kathedrale San Giovanni, um sich trauen zu lassen. Karls Verhandlungen mit Avignon waren so geheim durchgeführt worden, daß die Stadt und selbst die Königin überrascht wurden, und die Ehe war vollzogen, bevor jemand richtig erkannte, was geschehen war.

So wurde das glückliche Paar nicht gestört, als es in den Palazzo Durazzo heimkehrte, der für die Bevölkerung zum Speisen und Trinken geöffnet wurde. Johanna war neugierig zu erfahren, wie sich ihre Schwester fühlte, und so wurde ich losgeschickt, um mich unter die Menge zu mischen, Zugang zum Palast zu erlangen und zu beobachten, was ich konnte. Ich gebe zu, daß ich äußerst nervös war. Karl hatte sich bei seinen Besuchen in Castel Nuovo nie herabgelassen, von mir Notiz zu nehmen, aber ich war überzeugt, daß ihm mein Gesicht bekannt war; und daß er mich nicht mochte, weil ich ein Werkzeug der Königin war.

Diese Annahme wurde in nicht allzu ferner Zukunft auf schreckliche Weise bestätigt.

Aber meine Befürchtungen stellten sich zunächst als unbegründet heraus, denn ich wurde nicht erkannt oder gar festgenommen. Ich gewann leicht Zugang zum Palast, aß und trank mit dem gemeinen Volk und konnte ein paar Blicke auf die Braut werfen. Ich muß sagen, sie sah so gesund, zufrieden und glücklich aus wie jede andere Braut. Vielleicht stand sie unter Rauschmitteln. Vielleicht hatte sie in ihrer Aufregung zuviel Wein getrunken. Aber ich mußte der Königin berichten, daß ihre Schwester nicht aussah, als wäre sie in irgendeiner Weise zu etwas gezwungen worden.

»Treuloses Ding«, sagte Johanna. »Nun, soll sie ihre Ehe genießen, solange sie mag.«

»Und wenn sie ein Kind bekommt, Eure Hoheit?« fragte Cancia.

Johanna lachte auf einmal gut gelaunt. »Soll sie sich ebenso über ihr Kind freuen«, sagte sie.

Eine Woche später wurde der Grund für die Zufriedenheit der Königin offenkundig. Sie war schwanger.

Wir drei Busenfreundinnen entdeckten unsere Schwangerschaften alle im selben Monat. Aber anscheinend hatte nur Johanna bewußt damit gerechnet. Cancia und ich waren von den Affären unserer Herrin zu sehr in Anspruch genommen, um uns selbst Gedanken über Kleinigkeiten wie eine ausgebliebene Periode zu machen.

Zwei ausgebliebene Perioden waren natürlich etwas anderes.

Jedes Kind braucht einen Vater, und der ist manchmal schwer zu beschaffen. Donna Cancia hatte kein Problem. Sie erklärte, der Vater müsse der Graf von Terlizzi sein, und der Graf war erfreut, die Verantwortung für seine Tat zu übernehmen: er hatte erfolglos versucht, Aurora di Cabane zu schwängern. Aurora selbst war erfreut und ebenso ihre Mutter. Sie waren alle eine glückliche Familie, ungeachtet der unredlichen Rolle, die Cancia bei Robertos Abweisung gespielt hatte.

Johannas Lage war ein wenig komplizierter. Natürlich konnte es nur einen möglichen Vater für einen königlichen Prinzen geben, und außerdem, wie Johanna vorausgesehen hatte, würde ihr zukünftiger Sohn – oder ihre Tochter – Karls Traum beenden, durch seine Frau Thronfolger zu werden. Andreas war entzückt, sogar Bruder Robert lächelte und Gesandte wurden nach Buda geschickt, um die frohe Botschaft zu verkünden. Wir konnten nur beten, daß der zukünftige König, beziehungsweise die zukünftige Königin von Neapel, nicht mit Bertrands langer Nase oder seinen bernsteinfarbenen Augen geboren wurde; etwas, das weder die Königin noch ihr Mann hatten.

Meine Lage war die komplizierteste von allen. Ich möchte nicht meine persönlichen Angelegenheiten in diese Geschichte einfließen lassen, aber natürlich verbrachte ich weder all meine Zeit in Gegenwart meiner Herrin noch wurde jetzt von mir verlangt, mit ihr das Bett zu teilen. Diese Position wurde nun von Donna Cancia eingenommen, wenn sie nicht von Bertrand oder Andreas erfüllt wurde. So hatte ich beträchtlich viel Zeit für mich, besonders des Nachts, während ich stets von der sinnlichen Atmosphäre umgeben war, die den Hof von Neapel beherrschte.

Folglich gab es drei Anwärter auf die Vaterschaft meines Kindes. Einer war der Kutscher der Königin, Caesare, ein großer und kräftiger Kerl und alt genug, um mein eigener Vater zu sein.

Der zweite war Prinz Andreas' Diener, Tomasso Pace. Ich mochte den Flegel nicht, aber ich war gezwungen, viele Mußestunden in seiner Gesellschaft zu verbringen, während sein Herr und meine Herrin sich liebten, und Diener folgen dem Beispiel ihrer Herrschaften.

Der dritte war einer der persönlichen Leibwächter der Königin, Alberto Cogni. Er war groß und jung, und er sah gut aus. Er ging wie ein Prinz, der er nicht war, und liebte, dessen bin ich mir sicher, wie kein Prinz es konnte.

Als ich Johanna sagte, daß Alberto der Vater meines Kindes sei, war sie hocherfreut. Sie ließ den jungen Mann zu sich kommen und teilte ihm die glückliche Nachricht mit. Er war ziemlich entgeistert, jedoch zu überwältigt von der offensichtlichen Freude der Königin, um einen Einwand zu erheben.

»Ich kann natürlich nicht erlauben, daß eines meiner Dienstmädchen heiratet«, erklärte ihm Johanna. »Ebensowenig bin ich bereit, Richilde von ihren Pflichten zu befreien – sie ist viel zu wertvoll für mich.«

Ganz abgesehen von meinem Wissen über die Geheimnisse des königlichen Betts.

»Aber Ihr sollt wissen, Hauptmann Cogni«, fuhr Johanna fort, »daß Ihr belohnt und befördert werdet und Zugang zu Mutter und Kind auf vernünftiger Basis haben werdet.«

Alberto verneigte sich und zog sich zurück. Ich erhielt die Erlaubnis, hinter ihm her zu eilen, und ich zog ihn in einen Alkoven im Gang außerhalb der königlichen Gemächer.

»Wollt Ihr Eure Frau nicht küssen?« fragte ich.

»Man hat mir soeben gesagt, daß Ihr nicht meine Frau sein könnt«, erklärte er.

Ich küßte ihn trotzdem.

»Unser Kind wird keinen Namen haben«, sagte er traurig.

»Unsinn. Wir werden es Alberto nennen. Er wird wie Ihr aussehen. Und eines Tages dürfen wir heiraten. Daran habe ich keinen Zweifel.«

»Und wenn Alberto ein Mädchen wird?« fragte er immer noch traurig.

Mir fiel nicht zum ersten Mal auf, daß ein Liebhaber viel weniger stattlich und tapfer wirkt, wenn er erfährt, daß er auch Vater wird.

Eine beginnende Mutterschaft ist vermutlich die glücklichste Verfassung, in der eine Frau sein kann, jedenfalls im frühesten Stadium. Drei Monate nach der Entdeckung der Schwangerschaft gibt es kein äußeres Anzeichen darauf, daß die Frau bereits ein zweites Leben trägt und die schönste der natürlichen Funktionen erfüllt.

Dieses gesegnete Stadium dauert nicht an. Nur wenige segensreiche Phasen währen lange. Im Falle der Schwangerschaft ist es die Veränderung der Figur, es folgen zahllose Schmerzen und nach einer weiteren kurzen Phase des Glücks, während die Frau das Baby ernährt – angenommen es ist lebend geboren – gerät sie in einen Aufruhr der Gefühle durch die Sorgen um den Säugling, sei es nun um seine Gesundheit oder den Charakter.

Da wir drei erst zwei Monate schwanger waren, hätten wir noch zwölf Wochen lang mit Zufriedenheit gesegnet sein sollen. Aber so sollte es nicht sein. Das Unwetter, das sich schon seit zehn Jahren zusammenbraute, war im Begriff, mit schrecklicher Gewalt über unseren Köpfen auszubrechen.

Es tobt immer noch.

Kaum war die Nachricht von der Schwangerschaft der Königin verkündet worden, da ließ die Freude bereits etwas nach. Johanna mußte sich von dem päpstlichen Legat, Americ, Kardinal von St. Martin des Monts, für ihre Krone huldigen lassen, denn Neapel wurde als päpstliches Lehen betrachtet. Der Papst hatte es nach seinem Streit und der Exkommunikation der Hohenstaufen an Karl I. verliehen.

Die Huldigungszeremonie fand in der Kirche St. Clara statt, wo der Vater und Großvater der Königin begraben lagen. Johanna, bekleidet mit der königlichen Chlamys und mit der Krone auf ihrem Haupt, kniete vor dem Hochaltar und nahm den Treueid des Legaten entgegen, während alle Prinzen von königlichem Geblüt, einschließlich ihr Ehemann, hinter ihr versammelt waren.

Es war eine große und glitzernde Versammlung, die vom Gefolge der Delegation von Avignon beherrscht wurde. Sie bestand aus den Erzbischöfen von Pisa, Bari, Capua und Brundisium, zusammen mit Pater Hugolin, Bischof von Castella, und Philipp, Bischof von Cavaillon, dem Kanzler der Königin. Die Zeremonie war zweifellos einer der bewegendsten Momente in Johannas bisherigem Leben.

Doch dieser große Augenblick wurde von ärgerlichen Blicken und Streitigkeiten zwischen Ungarn und Neapolitanern begleitet. Dennoch schien Johannas Position durch die Zeremonie gesichert zu sein.

Leider war kaum mehr als eine Woche vergangen, als Bertrand von Artois am Abend durch den Geheimgang in Johannas Schlafgemach wankte und dort auf einem Stuhl zusammenbrach.

Er war so schwach und zitterte, daß die Königin befahl, einen Kelch mit Wein für ihn zu füllen, während sie neben ihm kniete und seine Hand hielt; Cancia war abwesend.

»Was ist geschehen, mein Liebster?« fragte Johanna.

»Habt Ihr nicht die Nachricht gehört?«

»Welche Nachricht?«

»Prinz Andreas wird sie Euch zweifellos selbst überbringen, wenn er sie genügend ausgekostet hat.«

»Dann sagt sie mir jetzt«, schlug die Königin mit bewundernswerter Geduld vor. »Damit sie nicht alt und gegenstandslos ist, wenn ich sie von ihm erfahre.«

»Diese Nachrichten können nie alt und gegenstandslos sein«, sagte Bertrand bitter. »Ein Brief aus Avignon ist eingetroffen. Von Seiner Heiligkeit persönlich.«

»Was steht darin?« fragte Johanna und runzelte die Stirn.

»Er besteht darauf, daß Prinz Andreas von Ungarn als König von Neapel neben Euch gekrönt wird.«

Johanna starrte bestürzt auf ihre Füße. »Wir haben Seine Heiligkeit nicht um eine Meinung gebeten.«

»Nein«, sagte Bertrand, jetzt noch bitterer. »Ihr habt Seine Heiligkeit noch nie konsultiert. Vielleicht hättet Ihr das tun sollen. Euer Vetter war nicht so nachlässig.«

»Mein Vetter?« Johanna hielt eine Hand an ihre Kehle. »Karl von Durazzo?«

»Wer sonst?«

»Er hat dem Papst geschrieben?«

»Er hat das Nächstbeste getan. Er hat an seinen Onkel geschrieben, der ebenfalls Eurer und meiner ist – an Kardinal Charles de Perignon. Der Papst schenkt dem Kardinal Gehör, wie Ihr wissen müßt. Und Karl von Durazzo war immer sein Lieblingsneffe, wie Euch ebenfalls bekannt sein müßte. Dies ist das Ergebnis. Ihr wart Euch Eurer Position zu sicher, liebste Johanna, und jetzt sind wir erledigt. Jedenfalls ich.«

Johanna nahm selbst ein Glas Wein. »Der Schuft!« sagte sie. »Eines Tages werde ich mich an ihm rächen. Aber was hat er wirklich erreicht, außer mich zu ärgern? Ihr macht zuviel aus der Sache, Bertrand. Ich gebe zu, daß ich zu nachlässig war, indem ich kein Gesuch an Seine Heiligkeit gerichtet habe, zu meinen Gunsten zu entscheiden, bevor einer ein Gesuch gegen mich einreichen konnte. Aber welchen Unterschied macht es schon? Andreas wird König von Neapel sein. Und mein Ehemann. Das ist er ja bereits. Ein träger, gleichgültiger Ehemann. Ich erwarte, daß er auch ein träger, gleichgültiger König sein wird. Ich werde immer noch herrschen.«

»Als König, mein liebstes, unschuldiges Mädchen, wird er die Macht über Leben und Tod seiner Untertanen haben.«

Johanna runzelte erneut die Stirn. »Wie meint Ihr das?«

»Ich meine, daß Andreas ein Mann mit langem Gedächtnis und viel mehr Wissen ist, als Ihr annehmt. Und er mag träge sein, aber er kann handeln, wenn er das will. Er hat es bereits getan.«

»Sagt es mir.« Die Königin war jetzt zweifellos aufgeregt.

»Gestern nacht, eine Stunde nach dem Eintreffen des päpstlichen Briefs in Neapel, wurde Andreas von Isernia ermordet.«

»Andreas von Isernia? Er war einer unserer bedeutendsten Anwälte. Wie konnte das geschehen?«

»Er wurde nach einem provozierten Streit auf der Straße von Konrad von Goltes, einem gedungenen Mörder im Dienst Eures Gatten, niedergestochen.«

»Mein Gott!« stieß Johanna hervor.

»Aber das war erst der Beginn«, sagte Bertrand. »Es ist bekannt, daß Andreas von Isernia Eurer Hoheit von Prinz Andreas' Krönung abgeraten hat. Er ist nur der erste auf der Liste derjenigen, die Euer Mann als Feinde betrachtet. Der Prinz hat eine Liste aller Personen verfaßt, die ihm in irgendeiner Weise geschadet oder ihn beleidigt haben. Das gemeine Volk wird sofort erledigt. Die Adligen oder solche königlichen Geblüts werden bis zu seiner Krönung leben. Aber sie werden trotzdem sterben.«

»Königlichen Geblüts?« wisperte die Königin.

»In der Tat. Es steht mindestens ein Prinz von königlichem Geblüt auf seiner Liste.« Bertrand starrte sie an. »Ich.«

Die Königin wich einen Schritt zurück, und weil ich

annahm, sie werde in Ohnmacht fallen, eilte ich hinzu, um sie aufzufangen. Aber sie fiel nicht. Statt dessen stand sie sekundenlang wie erstarrt da und schaute auf ihren Geliebten. Ihr Gesicht nahm einen Ausdruck an, den ich nie zuvor gesehen hatte und den ich nicht zu sehen wünschte.

In diesem Moment wußte ich, daß Andreas' Tod besiegelt war.

3. KAPITEL

Ich war natürlich die letzte Person im Gefolge der Königin, die erfuhr, was vorging. Das lag daran, daß meine Herrin nicht daran dachte, mich als Sklavin in so einen schrecklichen Plan wie die Ermordung – oder Exekution, wie sie es lieber genannt hätte – ihres Ehemanns einzuweihen.

Ich grämte mich sehr, weil ich von den geheimen Treffen völlig ausgeschlossen war, die tief in den verschwiegenen Winkeln des Palastes stattfanden, um so mehr, als ich herausfand, daß Donna Filippa und ihr Sohn, ihre beiden Töchter und deren Männer daran beteiligt waren; Johanna griff zurück auf die Vertrauten ihrer Kindheit, um die furchtbare Tat vorzubereiten, die sie begehen wollte, um ihren Geliebten zu retten – Bertrand nahm natürlich an diesen geheimen Treffen teil –, aber ich wußte, daß Filippa und ihre gesamte Brut so zuverlässig waren wie ein löchriger Eimer.

Ebenso in den Plan verstrickt war keine Geringere als Katharina von Valois, Kaiserin von Konstantinopel, die Tante der Königin. Wie jeder sonst hatte sie ihre eigenen Pläne, bei denen der wichtigste Aspekt für eine Mutter mit drei heiratsfähigen Söhnen war, daß Johanna ihren Mann loswurde und als begehrenswerte Witwe zurückblieb. Außerdem war mindestens ein Mitglied des Regierungsrats in den geheimen Plan verwickelt.

Ich grämte mich noch mehr, als mir klar wurde, daß Donna Cancia ebenfalls zum magischen Kreis zählte, aus dem ich ausgeschlossen war. Cancia erinnerte mich genüßlich daran, daß sie die geheimsten Gedanken der Königin kannte, während ich im dunkeln tappte.

Jetzt weiß ich jedoch, daß mein Ausschluß aus der Verschwörung das glücklichste Ereignis meines Lebens war. Wäre es anders gewesen, hätte auch ich zum Kreis der Verschwörer gehört, könnte ich jetzt nicht diese Worte schreiben – meine Gebeine wären längst an der neapolitanischen Meeresküste verstreut, nach der Folter verbrannt.

Denn nach dem ersten Treffen wurden die Verschwörer beinahe von meinem früheren Geliebten Tomasso Pace verraten.

Es mag wie eine Dummheit erscheinen, daß bei den Geheimgesprächen meiner Herrin mit ihren Freunden stets der Diener desjenigen Mannes zugegen war, den sie töten wollten. Aber es stellte sich heraus, daß Tomasso von Donna Filippa bezahlt worden war und die Ungarn haßte, besonders Bruder Robert – der ihn mit einem Stock zu schlagen pflegte. Dieser Haß war echt, und Tomasso verriet Johanna nicht an ihren Mann. Sein Zugang zu den Gemächern des Prinzen, sein Wissen um die Aktivitäten des Prinzen und das Vertrauen, das Andreas in ihn setzte, waren ein sehr wichtiger Teil der Verschwörung.

Dennoch war es katastrophal, daß er mit einbezogen wurde. Denn er hatte einen Freund, dem er einen Gefallen schuldete, und dieser Freund, ein Advokat namens Nicolas di Melazzo, argwöhnte bald, daß Tomasso ein Geheimnis hatte – er hatte damit zweifellos so sehr geprahlt wie Cancia bei mir – und entlockte es ihm sehr schnell.

Keiner aus der Partei der Königin wußte davon. Ebensowenig ahnten sie und der arme Tomasso, daß Nicolas di Melazzo in Diensten Karls von Durazzo stand. Der glücklose Advokat verdankte Karl sein Leben, da dieser ihn trotz eines begangenen Verbrechens entkommen ließ. Deshalb und um die Zukunft seiner Familie zu sichern, unternahm Melazzo alles Erdenkliche, um seinem Gönner zu dienen. Wie später bekannt wurde, hatte Karl Melazzo beauftragt, an Tomasso heranzutreten und alles in Erfahrung zu bringen, was in den königlichen Gemächern von Castel Nuovo geschah. Zweifellos war Karl überzeugt, etwas zu erfahren, das er zu seinem Vorteil nutzen konnte, abgesehen von der Erkenntnis, daß Johanna Roberto di Cabane gegen Bertrand von Artois als Geliebten getauscht hatte. Auch war er auf die Nachricht erpicht, wie denn die Königin auf die Neuigkeit reagiert habe, daß es ihm gelungen war, ein päpstliches Dekret für die Krönung des Prinzen Andreas zu erhalten.

Was er schließlich erfuhr, war etwas, das er sich nicht einmal in den dunkelsten mitternächtlichen Stunden ausgemalt hätte. Die Königin, die sein Angebot, den Prinzen zu beseitigen, abgelehnt hatte, weil sie ihm, Karl, dann ausgeliefert wäre, plante jetzt tatsächlich, den Mord selbst auszuführen, und zwar mit einer Horde von Handlangern, die viel unfähiger waren als er. Obwohl zu den Handlangern so berühmte Männer wie Bertrand und dessen Vater, der Graf von Aire, zählten; auch Godfrey di Marsan, Graf von Squillace, der Großadmiral – beides Mitglieder des Regierungsrats, außerdem die Grafen von Terlizzi und Morcone und Catanzaro, eingeschworene Feinde des Hauses Durazzo; und, noch wichtiger, die Kaiserin von Konstantinopel, die ihn gleichfalls mit Abneigung betrachtete; zusätzlich natürlich Donna Filippa und ihre Brut. Ich kann gut verstehen, daß Karl sein Glück kaum fassen konnte; die Königin und ihre engsten Vertrauten spielten ihm direkt in die Hände.

Denn er hatte nicht vor, etwas zu tun, das Sie oder ich vielleicht getan hätten – den Prinzen vor der Gefahr zu warnen. Andreas' Leben bedeutete diesem finsteren Mann nichts. Er wollte die Königin ihr Verbrechen ausführen lassen, denn dann hatte er sie und ihre Verbündeten völlig in der Hand. Durch ihre Schuld und Entthronung – vielleicht wurde sie sogar hingerichtet, aber gewiß entehrt –, würde Johannas Krone an ihr Kind übergehen, unter der Herrschaft ihrer Schwester – und des Mannes ihrer Schwester. Es war klar, daß er das Kleinkind nicht lange leben lassen würde.

Deshalb unternahm Karl nichts, sondern hörte sich nur die Berichte an, die Melazzo ihm gab. Und bei diesen Berichten zählte für Karl nur eines: die Namen der Leute, die an den geheimen Treffen teilnahmen. Die Tatsache, daß mein Name nicht auf der Liste des durchtriebenen Advokaten stand, rettete mir zweifellos das Leben.

Unterdessen führte Johanna, die nichts von dem Damoklesschwert über ihrem Haupte ahnte, ihren Plan weiter. Sie werden sich vielleicht fragen, was für eine Frau dieses achtzehnjährige Mädchen war, die so ruhig und zugleich so entschlossen den Tod ihres Mannes plante. Und wie konnte ich den Rest meines Lebens als treue Dienerin verbringen, nachdem meine Herrin eine so schreckliche Tat begangen hatte?

Ich kann nur antworten, daß sie eine Königin war, von Geburt an in dem Glauben erzogen, daß ihrem gebieterischen Willen niemand Einhalt gebieten konnte; daß sie eine Angevin war, die Ururenkelin von Karl I., der weder Gott noch die Menschen noch den Teufel gefürchtet hatte, wenn seine Leidenschaften geweckt waren; daß ihre Leidenschaften ständig seit ihrem vierzehnten Lebensjahr an geweckt worden waren; und daß sie verliebt war, und wenn Johanna liebte, dann mit jeder Faser ihres Wesens. Und ich liebte sie.

Hätte sie sich an mich gewandt, wäre ich völlig offen und unkompliziert an das Problem herangegangen und vieles von dem folgenden Leid wäre vielleicht vermieden worden. Aber sie wandte sich nicht an mich, und die lächerliche Bande von Verschwörern, mit der sie sich umgab, war unfähig und zu beschäftigt mit Phantastereien, um nüchtern zu handeln.

Sie waren von Anbeginn durch den Talisman belastet. Weil Andreas ihn immer trug, konnte er laut seiner Mutter weder vergiftet noch erstochen werden. Ich hätte, falls ich an der Verschwörung beteiligt gewesen wäre, sicherlich dafür gestimmt, erst die Wirksamkeit des Talismans zu testen, bevor man andere Möglichkeiten überlegte; aber diese einfache Lösung wurde offenbar nicht in Erwägung gezogen.

Ein Mann, der weder erstochen noch vergiftet werden kann, konnte deshalb nur auf andere Weise vorzeitig ableben: durch Ersticken. Diese Methode wurde gewählt, ungeachtet der Gefahren bei dem Versuch, einen großen, starken und boshaften Mann zu erdrosseln, der sich mit Wächtern zu umgeben pflegte.

Weil ich an der Verschwörung nicht beteiligt war, hatte ich

keine Ahnung, was entschieden worden war. Ich bemerkte nur, daß meine Herrin gefaßter wirkte, als sie es seit der schrecklichen Nachricht von Bertrands geplanter Hinrichtung gewesen war. Mir fiel auch auf, daß sie sich freundlicher gegenüber ihrem Ehemann verhielt und ihn weitaus öfter als in der Vergangenheit in ihrem Gemach empfing. Das war anscheinend nur natürlich, denn von Ungarn war die Kunde eingetroffen, daß sein Vater, Karl Robert, sehr krank war und man mit seinem Tode rechnete. Es wäre viel Leid vermieden worden, wenn Andreas es für richtig gehalten hätte, zum Krankenbett seines Vaters zu eilen. Aber er hatte im Moment nicht vor, Neapel zu verlassen, und so träumte er weiter von seiner zukünftigen Macht, und ahnte nichts von dem Verhängnis, das ihm drohte.

Es liegt jedoch in der Natur von Verschwörern, daß sie Schwierigkeiten haben, ihr Wissen dem Opfer zu verschweigen, und Johanna ließ Andreas eines Tages daran teilhaben.

Der Prinz rekelte sich wie üblich am Fenster im königlichen Boudoir und schaute abwechselnd auf die Leute, die auf der Mole spazierten, und zu den Schiffen im Hafen, und dann blickte er zu seiner Frau, die an einer schönen Seidenschnur arbeitete, während Cancia und ich in der fernen Ecke mit unseren Näharbeiten beschäftigt waren. Schließlich sagte Andreas: »Ihr seid so emsig, meine liebe Frau. Es ist ein Vergnügen für das Auge. Aber ich denke, Ihr solltet Eure Talente auf etwas verwenden, das unser Kind gebrauchen kann. Ich kann nicht verstehen, was ihr mit solchem Eifer arbeitet.«

Johanna hielt den Strick aus Seide hoch, der ungefähr einen Meter lang geflochten war. »Dies ist ein Strick, Monsignore.«

»Das sehe ich, Johanna. Aber mir leuchtet nicht ein, wozu er dient.«

Johanna schenkte ihm ein verzerrtes Lächeln. »Aber, Monsignore, daran sollt Ihr natürlich aufgehängt werden.«

Der Prinz hielt das für einen Scherz und lachte herzhaft. Ich aber mußte in Johannas Gesicht und dann zu Cancia blicken und wußte sofort, daß sie ihm die Wahrheit gesagt hatte.

So kam ich mit meinem eigenen Verstand hinter das Geheimnis. Wenn ich entsetzt war, dann mehr bei den Gedanken an die Schwere des Verbrechens und die damit verbundenen Risiken als aus Furcht vor Gottes Strafe. Das gebe ich ehrlich zu. Ich hatte keinen Grund, Andreas oder einen seiner Anhänger zu lieben, die sich oft genug bei mir Freiheiten herausgenommen hatten, wenn es ihnen danach gewesen war. Aber ich erkannte die Gefahren, in die sich meine Königin begab – und in die sie all ihre Gefolgsleute mitriß.

Da ich nicht in die Verschwörung eingeweiht war, wußte ich nicht, wie die Tat durchgeführt werden sollte. Aber wiederum konnte ich mir zusammenreimen, was geplant war, als Johanna in der folgenden Woche – der Seidenstrick war jetzt fertig, ungefähr zwei Meter lang und sehr stark – ankündigte, daß sie ihren Mann auf die Jagd begleiten wollte, die diesmal zwischen Capua und Aversa stattfinden sollte. Es war normalerweise schon ungewöhnlich, daß sie ihn begleitete, jetzt aber sogar absurd, weil sie schwanger war. Es war auch absurd für Cancia und mich, aber uns blieb nichts anderes übrig, als unsere Herrin zu begleiten.

Die Königin hatte natürlich nicht vor, sich selbst an der Jagd zu beteiligen. Sie wollte ihren Mann zum Kloster San Pietro begleiten, außerhalb von Aversa, wo er sich nach den Anstrengungen des Tages ausruhen würde. Aber selbst das erforderte einen kilometerlangen Ritt, von dem die meisten Ärzte bei Schwangeren abraten, wenn er nicht unbedingt nötig ist. Deshalb erkannte ich, daß Johanna einen weiteren Teil der Verschwörung ausführte, und es wurde mir noch klarer, als wir beim Kloster eintrafen und feststellten, daß nicht nur Bertrand von Artois dort übernachten wollte, sondern auch Roberto di Cabane und die Grafen von Morcone und Terlizzi und daß die Wachen ausschließlich Neapolitaner aus dem Gefolge de Königin waren – auch mein Alberto war darunter.

Es war alles von Roberto in seiner Eigenschaft als Großseneschall arrangiert worden, und er hatte alle Vorbereitungen bis ins letzte Detail getroffen. Es fiel diesem simplen

Hanswurst nicht auf, daß Karl von Durazzo zum erstenmal seit Monaten seinen Busenfreund Andreas nicht bei der Jagd begleitete. Er hatte abgesagt, weil Prinzessin Maria krank sei, und dem Prinzen die Benutzung seines besten Falken an seiner Statt angeboten. Niemand fand das im geringsten verdächtig.

Als Andreas eintraf, wurde er natürlich von seinen Ungarn begleitet, und er und Bruder Robert waren etwas bestürzt darüber, daß alle Vorbereitungen bereits abgeschlossen waren. Aber Johanna war an diesem Abend so munter und so liebevoll und zärtlich zu ihrem Mann, daß jeder Verdacht schnell zerstreut wurde. Sie hatte die Vorbereitung eines großen Festes für die ungarischen Adligen befohlen, und diese Typen, die Essen und Trinken noch mehr genossen als Mädchen und vermutlich sogar mehr als die Jagd, gerieten in Hochstimmung. Unnötig zu sagen, daß im Wein ein Betäubungsmittel war und die ganze Schar um Mitternacht schnell einschlief. Selbst Bruder Robert, der beim Trinken mühelos mithielt, ging in die Falle und schnarchte so laut wie die anderen.

Das Kloster versank in Dunkelheit. Die guten Mönche belegten einen Flügel in einiger Entfernung von den königlichen Gemächern, die von Neapolitanern bewacht wurden. Sie waren zwar nicht in die Verschwörung eingeweiht, hatten aber gewisse Anweisungen erhalten. So ließen sie um zwei Uhr morgens sechs Männer in das Vorzimmer zum Schlafgemach der Königin: Bertrand von Artois, Roberto di Cabane, den Grafen von Morcone, den Grafen von Terlizzi, Tomasso Pace und jemand, den ich nicht kannte, eine spätere Ergänzung zur Zahl der Verschwörer. Später erfuhr ich, daß es Nicolas di Melazzo war, denn Karl von Durazzo hatte darauf bestanden, daß er tatsächlich bei der Ermordung teilnahm, damit er später seine Komplizen um so besser verraten konnte. Melazzos eigener Tod am Galgen war damit unausweichlich, aber diesen Umstand nahm er in Kauf, denn sein Gönner hatte ihm versprochen, sich um seine Frau und die Kinder zu kümmern. Hätte sich Melazzo aber geweigert, so drohte seiner Familie wegen des bisher von Karl gedeckten Verbrechens ein grausames Schicksal.

Die Naivität der Königin und ihrer Mitverschwörer, in diesem späten Stadium noch ein neues Gesicht in ihre Reihen aufzunehmen, nur weil es sich um einen Freund von Tomasso handelte, war unbegreiflich.

Soweit jeder wußte, war die Königin schnell in ihrem Bett neben ihrem Mann eingeschlafen. So schliefen Cancia und ich in diesem Vorzimmer, und als ich erwachte und sechs zum Äußersten entschlossene Männer sah, war meine erste Reaktion, zu schreien. Cancia verhinderte das, indem sie mir eine Hand auf den Mund preßte, mich zu sich auf ihr Lager zog und festhielt. »Kein Laut«, flüsterte sie mir ins Ohr.

Ich zitterte vor Angst, aber ich brauchte nicht lange zu warten. Tomasso Pace, der Mann, der mich – wie Cancia in diesem Moment – einst nackt in den Armen gehalten hatte und der ein treuer Diener des ungarischen Prinzen war, was bis jetzt keiner der Verschwörer wußte, klopfte an die innere Tür und rief: »Herr, Herr, es ist Zeit für die Jagd.«

Einen Augenblick später wurde die Tür des Schlafgemachs geöffnet, und Andreas tauchte auf, so nackt wie am Tag seiner Geburt und mit einem Dolch in der Hand. »Tomasso?« fragte er und blinzelte in der Dunkelheit. »Du mußt dich irren. Cancia? Richilde? Wo seid ihr …?«

Er hatte noch nicht ausgesprochen, als Bertrand, der hinter der Tür gestanden hatte, sie mit dem Fuß zuknallte und zugleich die todbringende Schlinge um seinen Hals streifte. Vor Schreck ließ Andreas seinen Dolch fallen, was günstig für die Mörder war, denn es folgte ein schreckliches Handgemenge. Andreas hatte fünf Gegner – di Melazzo trug wenig zum Kampf bei –, doch er war ein großer und starker Mann und zudem entschlossen und tapfer.

Und er hatte eine laute Stimme, die er einsetzte. »Zu mir!« brüllte er. »Helft mir, meine Ungarn, ich werde angegriffen! Konrad von Goltes, zu mir!«

Seine Schreie hallten durch das Kloster. Sie drangen mit Sicherheit bis zu den Mönchen, die es vorzogen, sicher in ihren Zellen zu bleiben. Sie hallten auch bis zu den Ungarn, doch keiner wurde wach. Und sie drangen natürlich zu den Wachen, doch die hatten den Befehl, sich in dieser Nacht unter keinen Umständen den Gemächern der Königin zu nähern.

Und die Schreie gellten natürlich durch den Raum, in dem sich der Kampf abspielte, während die sieben Männer hin und her schwankten und jeder der Angreifer versuchte, Andreas in den Griff zu bekommen, um ihn festzuhalten, damit Bertrand die Schlinge festziehen konnte, während Andreas mit der Wut eines Mannes kämpfte, der wußte, daß er verraten worden war. In dem Kampfgetümmel prallten sie gegen das Lager, auf dem Cancia und ich kauerten, und wir flogen in einem Durcheinander von Armen und Beinen davon und hatten Mühe, unsere Glieder zu entwirren, bevor wir in Deckung krochen.

Der Prinz versuchte wieder in die vermeintliche Sicherheit seines Schlafgemachs zu gelangen, wo nicht nur die Königin, sondern auch sein Schwert waren, aber Nicolas di Melazzo schleuderte seinen Dolch und nagelte den Riegel fest, während die anderen ihren Angriff fortsetzten. Das Handgemenge und der Lärm dauerten ein paar Minuten, und dann verlagerte sich der Kampf der keuchenden Männer zur äußeren Tür der Kammer, die sich zu einem hohen Balkon öffnete. Diese Tür gab unter dem Ansturm von soviel Gewicht nach, und die Gegner taumelten ins Freie, wo Andreas' Schreie noch lauter wurden. Aber seine Kraft ließ jetzt nach, und schließlich gelang es Bertrand, die Schlinge zuzuziehen. Cancia und ich lauschten entsetzt, als die Schreie in gurgelnde und dann keuchende Laute übergingen, die schließlich ganz verklangen. Endlich war nur noch das schwere Atmen der Mörder zu hören, das mir Entsetzen einflößte. Cancia dagegen lauschte mit wachsender Aufregung und auf eine Art, die mich anwiderte und in mir das Gefühl hervorrief, in den Armen eines Mannes gelegen zu haben und nicht in denen einer Frau.

»Befestige hier den Strick«, keuchte Bertrand.

Es gab ein schabendes Geräusch.

»Jetzt«, sagte Roberto, und ein dumpfer Laut folgte.

Wir konnten unsere Neugier nicht länger zügeln und krochen zur Tür, um hinauszuschauen. Das Ende des Stricks war um einen Balkonpfosten geschlungen und Andreas war über das Geländer geworfen worden. Unsere Herrin hatte gute Arbeit geleistet, denn der aus Seide geflochtene Strick war nicht unter der plötzlichen Last gerissen. Andreas' Leiche hing daran und schwang unterhalb des Balkons hin und her.

Man hätte erwarten können, daß die Mörder oder wenigstens Bertrand jetzt den Erfolg ihrer schrecklichen Tat der Königin meldeten, doch sie schenkten nicht einmal uns beiden nackten Mädchen einen Blick, rannten vom Balkon fort und flüchteten zu Pferde aus dem Kloster.

Cancia und ich schauten uns an, und dann blickten wir zu dem toten Prinzen. Wir kehrten in unsere Kammer zurück und schlossen die Tür ab.

»Sie werden sagen, er hat Selbstmord begangen«, wisperte Cancia.

Ich zog es vor zu schweigen. ›Sie‹ mußten schwachsinnig sein, wenn sie nicht sahen, daß Andreas mit Gewalt über das Geländer befördert worden war. »Sollen wir zur Königin gehen?« flüsterte ich.

»Sie schläft und sollte nicht gestört werden«, sagte Cancia. Offensichtlich war dies ihre Nacht der Hirngespinste. Ich konnte nicht verstehen, daß jemand Unbetäubtem im Umkreis von einem Kilometer der Lärm entgangen sein konnte. Ich folgte jedoch ihrem Beispiel, brachte das Lager in Ordnung und legte mich wieder hin. Mein Herz klopfte bis zum Hals, meine Gedanken rasten, jede Chance auf Schlaf war dahin – und als ich den Kopf aufs Kissen legte, hörte ich einen Hahn krähen.

Aber erst eine halbe Stunde später meldete sich Johanna.

»Richilde«, rief sie. »Cancia. Kommt zu mir!«

Es war ein kleiner Trost, daß sie in diesem gräßlichen

Moment zuerst an mich gedacht hatte. Wir öffneten die Tür und traten ein. Die Königin saß im Bett, und als Cancia eine Kerze angezündet hatte, sahen wir ihre blutleeren Wangen, ihren starren Blick und ihre schweren Atemzüge.

»Ist es getan?« fragte Johanna leise.

»Es ist getan, Eure Hoheit«, sagte Cancia.

»O Gott«, murmelte sie und barg das Gesicht in den Händen. »Der Lärm ...«

»Niemand ist wach geworden, Eure Hoheit«, versicherte Cancia ihr in ihrem unvergleichlichen Optimismus.

»Bertrand ...?«

»Ist fort, zusammen mit den anderen.«

Die Königin atmete tief ein, so lang, daß ich befürchtete, ihre Lunge würde platzen, und dann stieß sie das traurigste Seufzen aus, das ich je gehört hatte.

»Soll ich Alarm schlagen, Eure Hoheit?« fragte ich, begierig darauf, ihr zu helfen.

»Gott behüte!« keuchte sie. »Nein. Verriegele die Tür. Verriegele die Tür und komm zu mir.«

Ich hielt das für einen Fehler, aber sie war meine Herrin. Deshalb gehorchte ich, und wir drei kuschelten uns unter die Decken, die noch warm vom Körper des jetzt toten Prinzen waren.

Nach einer Weile ertönten von unten Rufe aus dem Garten, und bald verlangten Stimmen nach der Königin. Es wurde jetzt hell, und wir schauten unsere Herrin fragend an und warteten auf Anweisungen. Aber sie drückte uns nur an sich, die Augen geschlossen. Weitere Minuten vergingen, und dann klopfte es an die Tür. »Euer Gnaden«, sagte ein Mann. »Hier spricht der Prior. Madame, es hat eine große Tragödie gegeben. Madame, Ihr Mann ist tot.«

Johanna erschauderte, doch sie gab keinen Laut von sich. Ihre Finger gruben sich in meinen Rücken.

»Madame«, sagte der Prior drängender. »Was sollen wir mit dem Leichnam Ihres Mannes tun?«

Johanna antwortete immer noch nicht, und sie gingen anscheinend weg. Aber dann ertönten andere Stimmen, stellten die gleichen Fragen und beteten vor der Tür. Und das Stimmengewirr nahm zu, als sich mehr und mehr Leute versammelten und auf die baumelnde Leiche des Mannes starrten, der König von Neapel hatte werden sollen.

»Johanna«, sagte ich. Zum ersten Mal sprach ich sie mit dem Vornamen an, aber in dieser gräßlichen Situation waren wir alle gleich. »Wir müssen etwas tun, oder sie brechen die Tür auf und wir werden dem Pöbel ausgesetzt sein.«

»Sie werden uns in Stücke reißen«, stöhnte Cancia.

Johanna nahm sich anscheinend mit gewaltiger Anstrengung zusammen. »Du mußt meine Wachen rufen, Richilde«, sagte sie.

»Ich, Euer Gnaden?« In meiner Bestürzung fiel mir mein Rang wieder ein.

»Natürlich. Ist nicht dein Mann einer davon? Ruf sie, sag ihnen, sie sollen eine Bahre vorbereiten und herbringen.«

»Ich habe keine Kleidung, Eure Hoheit. Meine Kleider sind in dem anderen Raum bei den Mönchen.«

»Dann trag meine«, befahl die Königin. »Und flüchte und hol meine Wachen.«

Und so zog ich das Gewand der Königin an und verließ das Gemach durch eine Seitentür, die auf einen privaten Flur führte. Von dort konnte ich zum Treppenhaus gelangen. Ich hatte große Angst. Leute sahen mich und riefen nach mir. Sie waren sich nicht sicher, ob ich tatsächlich die Königin war, denn ich hielt den Kopf gesenkt, aber bevor sie mich einholen konnten, war ich im Quartier der Wachen und in Albertos Armen.

Er war in düsterer Stimmung. »Es wird viel Wirbel um diese Nacht geben.«

Er neigte zu Untertreibungen.

»Wir sind die Diener der Königin, und wir müssen ihre Wünsche ausführen, und zwar schnell.«

Er stimmte zu und schickte vier Männer los, um eine Bahre und die Pferde zu holen. Als alles vorbereitet war, ging ich kühn über die Haupttreppe zurück, begleitet von sechs gepanzerten Wächtern. Die Mönche und Zuschauer teilten sich vor uns – die Ungarn waren zum Glück noch zu benebelt, um zu verstehen, was vorging –, und wir trafen an der Tür des Schlafgemachs der Königin ein, wo ich mich zu erkennen gab.

Johanna und Cancia waren jetzt angekleidet und verschleiert wie ich. Wir drei eilten hinunter zu der Bahre. Keiner der Zuschauer war sich ganz sicher, wer tatsächlich die Königin war, wenn sie überhaupt dabei war, und wir ritten durch den Pöbel, der maulte, jedoch noch nicht gewalttätig wurde. Ein paar Stunden später waren wir sicher im Castel Nuovo, und die Zugbrücke wurde hochgezogen.

Wir waren sicher, sofern wir Sicherheit überhaupt irgendwo auf der Welt finden konnten. Die Sache war völlig verpfuscht worden, und keiner konnte irgendwelche Zweifel haben, wer die Schuldigen waren. Wir hatten unsere Gemächer nur für einige Stunden verlassen, und ich erzählte einer entsetzten Donna Filippa und ihren Töchtern, was geschehen war. Dann traf Bertrand ein. Er kam über den Geheimgang zum Gemach der Königin, und ich war dabei, als sich die beiden Geliebten anstarrten.

Ich hätte erwartet, daß sie sich in die Arme fielen, um sich gegenseitig beizustehen, und Johanna war einem solchen Trost gewiß nicht abgeneigt. Aber Bertrand starrte sie an, als sei sie ein Monster, und es war seinem Gesicht anzusehen, das in dieser Nacht um zwanzig Jahre gealtert wirkte, daß ihm die Schrecklichkeit der Tat klar war, die er aus Liebe zu dieser Frau begangen hatte … und daß diese Liebe ihn nicht vor den Konsequenzen seiner Tat retten würde.

»Welche Neuigkeiten gibt es, mein Liebster?« fragte Johanna.

»Neuigkeiten!« Er warf sich in einen Sessel und schlug die Hände vors Gesicht. »Die Leiche ist gefallen und liegt auf dem Boden.«

»Ist sie nicht weggebracht worden?«

»Keiner hat sie angerührt«, rief er. »Sie ist nicht zugedeckt worden. Und sie wird dort liegen und verfaulen.«

»Aber … die Ungarn …«

»Sind zur Grenze geflüchtet, aus Angst um ihr Leben.«

»Was haben wir dann zu befürchten, lieber Bertrand?« fragte die Königin, und eine Spur von Unmut war in ihrer Stimme.

»Den Zorn Gottes«, stöhnte der unglückliche Junge, erhob sich und ging sofort zur Tür.

»Wohin geht Ihr?« fragte Johanna.

»Zum Gut meines Vaters in St. Agatha. Er ist bereits dort. Er wünscht mich an seiner Seite.«

»Aber ich wünsche Euch *hier*!« Johanna stampfte mit dem Fuß auf.

»Wir sind verdammt«, sagte er. »Verdammt! Ich bin nicht mehr von Nutzen für Euch, Eure Hoheit!« Er knallte die Tür hinter sich zu.

Johanna starrte uns in ärgerlicher Verblüffung an. Cancia lachte schallend. »Verdammt!« rief sie glücklich. »Ja, wir sind alle verdammt!« Sie ging zum Tisch, schenkte Rotwein in einen Kelch und trank so hastig, daß sie den Wein auf das Oberteil ihres Kleides verschüttete.

»Ich halte das überhaupt nicht für schicklich, Cancia«, sagte Johanna streng.

Wieder ließ Cancia ihr schallendes Lachen vernehmen. »Was wollt Ihr tun, arme verdammte Königin? Wollt Ihr Eure Wachen rufen und mich auspeitschen lassen? Wie könnt Ihr sicher sein, daß ich nicht alles beichte und Eure Rolle bei dieser abscheulichen Affäre aufdecke?«

»Meinst du nicht, die kennt man bereits?« fragte Johanna ruhig, jedoch mit eisiger Stimme.

»Sie mögen einen Verdacht haben, liebe Dame. Aber nein, sie wagen ihn nicht auszusprechen. Das wäre Verrat. Ihr könnt nur von jemand beschuldigt werden, der keine Angst vor dem Tod hat. Wie ich.« Sie goß abermals Wein in den Kelch.

Johanna starrte sie sekundenlang an und heftete dann den Blick auf mich. »Du wirst mich begleiten, Richilde«, sagte sie.

Es war schmerzlich zu sehen, in welch schreckliche Falle sie sich selbst begeben hatte. Denn ihre Demütigung hatte kaum begonnen. Wir waren noch nicht bis zum Schlafgemach gelangt, als die Türen zu den Gemächern geöffnet wurden, und Donna Filippa und Roberto eintraten, die sich offensichtlich beruhigt hatten.

»Seid gegrüßt, große Königin«, sagte die Frau aus Catania.

Johanna bedachte sie mit einem Blick, der sie zur Salzsäule erstarren lassen sollte, doch die ehemalige Wäscherin war nicht in der Stimmung, um sich von einem Blick töten zu lassen. »Es gibt Dinge zu erledigen, Eure Hoheit.«

»Ja«, sagte Johanna. »Ich muß Trauer anlegen.«

»Schwarz ist Eure beste Farbe. Aber zuerst muß eine Beerdigung stattfinden.«

»Wenn jemand die Leiche meines Mannes zurückbringt.«

»Haha. Dafür wird sich vielleicht irgendein Lump finden lassen. Das Begräbnis wird ein großer Anlaß sein. Ihr werdet mir erlauben, an Eurer Seite zu reiten, denke ich?«

»Ihr, Signora?« fragte Johanna.

»Bin ich nicht Eure liebste Freundin? Eure treue Ratgeberin? Sozusagen Eure Mutter? Nun etwas anderes: Wir werden Kleidung brauchen, um bei der gaffenden Menge bestens auszusehen.«

»Habt Ihr keine Kleidung, Signora, die für solch einen Anlaß paßt?«

»Ich sprach von neuen Kleidern, Eure Hoheit. Ihr wollt doch nicht, daß meine Töchter und ich oder der Großseneschall Eure Prozession entehren? Nein, nein. Zweihundert Dukaten werden genügen.«

»Zweihundert Dukaten?«

»Ich habe den Befehl hier«, kündigte Filippa an und entrollte eine ihrer gefürchteten Pergamentrollen.

Johanna starrte sie an, riß ihr dann das Pergament aus der Hand, ging zu ihrem Sekretär und unterzeichnete es schwungvoll. »Jetzt geht«, sagte sie mit ruhiger, aber gefühlsbetonter Stimme.

Filippa verneigte sich, und Roberto folgte ihrem Beispiel. »Zweifellos wird mir noch etwas einfallen, was wir brauchen, Eure Hoheit. Wenn das der Fall ist, dann weiß ich, daß Eure

Hoheit es sofort genehmigen wird, weil sie großherzig ist, jedenfalls gegenüber denjenigen, die ihre Geheimnisse kennen. Guten Tag für Euch, Eure Hoheit.«

Sie blickte zu Cancia und mir und ging.

Johanna schaute ebenfalls zu uns, dann setzte sie sich und legte die Hände in den Schoß; ich glaube, sie erkannte zum ersten Mal, daß sie dem Untergang geweiht war.

Ich hätte sie getröstet, wenn es nicht von neuem an die Tür geklopft hätte. Johanna wurde ganz blaß, aber bevor sie irgendwelche Anweisungen geben konnte, öffnete Cancia, und die Kaiserin von Konstantinopel trat ein. Sie wirkte so gebieterisch und übellaunig wie immer. »Was ist, Eure Hoheit?« fragte sie. »Schlechte Laune?«

Johanna stand auf. »Ich trauere um meinen Mann, Madame«, sagte sie kühl und benutzte die französische Anredeform für die französische Kaiserin von Konstantinopel.

»Ein Mann, um den man trauert, ist bald vergessen«, erklärte Katharina. »Gott weiß, daß ich Erfahrung in diesen Dingen habe. Es ist an der Zeit, in die Zukunft zu schauen. Zu Eurem nächsten Mann.«

»Madame, ich bitte Euch. Prinz Andreas' Leichnam ist noch nicht erkaltet.«

»Der ist kalt genug. Und Ihr seid ein hilfloses Mädchen, das einen starken Mann an seiner Seite braucht.«

»Zweifellos habt Ihr einen solchen Mann bereits gefunden«, fuhr Johanna sie an.

»Das habe ich. Meinen Sohn Robert. Er ist in Eurem Alter und von Eurem Geblüt.«

»Robert!« rief Johanna. »Er ist mein leiblicher Vetter. Es wäre ungesetzlich.«

»Das ist belanglos. Seine Heiligkeit wird den notwendigen Dispens erteilen. Und Robert betet Euch an. Ich habe bereits mit ihm gesprochen.«

»Ihr habt …« Für einen Moment war Johanna sprachlos. Dann sagte sie. »Madame, Prinz Robert ist nicht Euer ältester Sohn.«

Mein Herz hüpfte, denn Ludwig von Tarent wäre eine hervorragende Partie für die Königin gewesen.

Katharina verstand, was Johanna meinte. »Mit Ludwig habe ich ebenfalls gesprochen«, sagte sie. »Der Junge ist ein romantischer Narr. Er sagte mir, es wäre unschicklich, Eure Hoheit zu einem solchen Zeitpunkt mit einer solchen Sache zu behelligen. Robert hat diesbezüglich keine Skrupel.«

»Und Ihr nehmt an, ich habe ebenfalls keine Skrupel?« fragte Johanna. »Es ehrt Prinz Ludwig, daß er zurückhaltend ist. Ich kann nicht an eine Wiederheirat denken, bis ich ein halbes Jahr um meinen Ehemann getrauert habe.«

»Johanna«, sagte die Kaiserin und gab alle Vortäuschung von Ehrerbietung auf, »Ihr werdet meinen Sohn heiraten. Er weiß noch nichts von der Information, die ich besitze. Keiner von ihnen weiß etwas. Und in den kommenden Tagen werdet Ihr ihre Unterstützung brauchen und die Hilfe jedes starken Arms, den Ihr finden könnt. Müßte ich meinen Söhnen die Wahrheit über Prinz Andreas' Tod erzählen, würden sie sich gegen Euch stellen, und ich bezweifle, daß Ihr soviel Widerstand verkraften könnt. Folglich würdet Ihr in einem halben Jahr nicht mehr Königin sein. So reicht mir Eure Hand als zukünftige Schwiegertochter. Ich will im Augenblick nur eine Verlobung. Mir ist klar, daß eine Heirat erst stattfinden kann, wenn Ihr sechs Monate lang Witwe seid, und wir müssen den Dispens von Seiner Heiligkeit einholen. Wir brauchen von Euch nur die Erlaubnis, daß Robert in dieses Schloß einzieht, so daß alle Welt begreift, daß Ihr verlobt seid und daß er jeden Tag einmal zu Euch gelassen wird. Also reicht mir Eure Hand.«

Wie sehr wünschte ich, Johanna hätte die alte Vettel abgewiesen. Ich kannte diesen Robert. Er hatte den Verstand eines kleinen Jungen und würde soviel Schutz für meine Herrin bieten wie ein Schild aus Stroh. Ich erkannte ebenfalls, daß die Kaiserin einen ungeheuren Bluff versuchte, denn wie konnte sie ihren Söhnen die ›Wahrheit über Prinz Andreas' Tod‹ erzählen, ohne dabei ihre eigene Rolle preiszugeben?

Aber ich konnte keine dieser Wahrheiten an Johanna weitergeben, und traurig erkannte ich, daß sie zu aufgewühlt war, um sie selbst zu sehen.

Die Königin zögerte, seufzte und reichte der Kaiserin die Hand.

»Was konnte ich tun?« stöhnte sie, als wir schließlich allein waren. »Eine Heirat mit Robert … mit irgend jemand, ist in diesem Augenblick ein abstoßender Gedanke für mich. Wenn ich nicht Königin wäre, würde ich ins Kloster gehen. Ich bin die ärmste Kreatur auf Erden. Diejenigen, die ich für vertrauenswürdig hielt …« Sie blickte verächtlich zu Cancia, die immer noch trank, »sind bereit, mich zu verraten. Ich bin völlig allein auf der Welt.«

»Ich bin bei Euch, Eure Hoheit«, erinnerte ich sie.

»Oh, Richilde, meine liebste Richilde«, sagte Johanna. »Ohne dich würde ich verrückt werden.«

In dieser Nacht wurde ich zum ersten Mal seit mehreren Jahren wieder zum königlichen Bett gelassen, aber es war eine schlimme Nacht für mich, denn Johanna wurde von den schrecklichsten Alpträumen geplagt, wälzte sich herum und trat mich schließlich auf den Boden. Ich ertrug alles mit Geduld, denn ich konnte die Gefühle meiner Herrin verstehen – ich teilte einige davon. Und wir beide wußten, daß unser Martyrium noch nicht richtig begonnen hatte. Denn am nächsten Tag wurde Prinz Andreas' Leiche nach Neapel gebracht.

Dies war das Werk Karls von Durazzo, der jetzt bereit war, seinen sorgfältig ausgearbeiteten Plan in die Tat umzusetzen, um die Königin und alle ihre Vertrauten zu Fall zu bringen.

Er gab vor, von den Ereignissen im Kloster durch Zufall erfahren zu haben. Er sei sofort hingeritten und sei »entsetzt« gewesen, daß Andreas' Leichnam nackt unter dem Balkon liegengelassen worden war, weil die Königin keine Anweisungen gegeben hatte. Karl ließ die Leiche sofort aufsammeln und mit großem Pomp nach Neapel überführen. Sie wurde zur Kathedrale gebracht, wo sich eine große Menschenmenge versammelte, um den Mann zu sehen, den der Papst ihnen zum König bestimmt hatte.

Hier versammelten sich auch diejenigen Ungarn, die nicht geflüchtet waren, und zu ihnen schaute Karl, als er neben dem Katafalk stand, und rief: »Adlige und Gemeine, hier liegt die Leiche unseres Königs, der grausam ermordet und dann liegengelassen wurde. Ich sage euch allen, ich werde nie ruhen, bis ich die Mörder gefunden habe, die diese schändliche Tat begangen haben. Ich werde sie ohne Mitleid und Erbarmen, jedoch mit unerbittlichem Zorn bestrafen, ungeachtet ihres Rangs oder ihrer Position. Ich fordere euch auf, euch alle bei dieser heiligen Aufgabe zu beteiligen.«

Sie werden bemerkt haben, daß sich der gewiefte Schurke zu diesem Zeitpunkt hütete, Anschuldigungen zu machen. Er wußte nur zu gut, daß sein Handlanger Melazzo alle nötigen Beweise liefern konnte, und dann konnte er entsprechend entsetzt und empört darauf reagieren, daß seine Königin ihren eigenen Mann hatte umbringen lassen.

Der Pöbel antwortete mit einem gewaltigen Aufschrei, bei dem die Stimmen der Ungarn die lautesten waren. »Rache!« brüllten sie.

Der Lärm drang bis zu uns ins Castel Nuovo, wo wir auch die Ursache erfuhren, und Johanna war so erschüttert, daß ich mich sorgte, sie könnte den Verstand verlieren. Mit zitternder Stimme befahl sie Verteidigungsbereitschaft für das Schloß, weil sie jeden Augenblick mit einem Bürgerkrieg rechnete.

Mein tapferer Alberto ließ seine Wächter antreten und bereitete sich auf den Kampf vor, während wir armen Frauen aus den Fenstern zu der nahenden Menge spähten. Die Leute wurden von Karl persönlich angeführt, und er forderte nun Zugang zu Castel Nuovo.

»Laß den Schuft herein«, sagte Kaiserin Katharina, die an die Seite ihrer zukünftigen Schwiegertochter geeilt war. »Laßt uns hören, was er zu sagen hat.«

»Ihn allein«, warnte Johanna.

Die Zugbrücke blieb hochgezogen, doch eine Seitentür wurde geöffnet und durch sie wurde Karl hereingelassen, nachdem er den Burggraben in einem Boot überquert hatte. Die Königin, ihre Tante und ihre Zofen empfingen ihn, wie sie vielleicht einen Eroberer empfangen hätten.

»Eure Hoheit«, sagte Karl und verneigte sich so tief, daß seine Feder den Boden berührte. »Eine traurige Sache. Ich verstehe gut, daß Eure Trauer Euch davon abgehalten hat, in der Öffentlichkeit zu erscheinen oder Euch um den Leichnam Eures Mannes zu kümmern. Ich habe gern an Eurer Stelle als Euer Schwager und Erbe gehandelt.«

»Mein Erbe?« fragte Johanna.

»Bin ich das nicht? Ich bin der Ehemann Eurer lieben Schwester. Wird sie nicht die Thronfolge antreten, wenn Ihr, eine unglückliche Witwe, ohne direkte Nachkommen sterbt?«

»Ich werde einen direkten Nachkommen haben«, erklärte Johanna. »Er ist jetzt in mir.«

Karl lächelte. »Es wird viele Jahre dauern, bis Euer Kind, vorausgesetzt, es ist nicht totgeboren, über Neapel herrschen kann. Das Volk verlangt die Versicherung, daß sein Leben und Besitz von einem Herrscher beschützt werden, der den Namen verdient.«

»Ihr beschäftigt Euch zuviel mit Staatsangelegenheiten, Neffe«, erwiderte Katharina. »Johanna wird Neapel zur Zufriedenheit aller regieren, vortrefflich unterstützt von ihrem neuen Ehemann.«

»Ihr neuer Ehemann?«

»Genau. Mein Sohn.«

»Euer Sohn?« Karl verlor kurz seine Fassung, und wie sehr wünschte ich, daß Katharina den Namen Ludwigs von Tarent genannt hätte, denn das war ein Krieger, vor dem sogar Karl von Durazzo gezittert hätte. »Ihr habt drei Söhne, Tante.«

»Mein Sohn Robert.«

Karl starrte sie an. Dann warf er den Kopf zurück und lachte schallend. »Dieses Jüngelchen?«

»Er ist ein Prinz von königlichem Geblüt und hat einen höheren Rang als Ihr«, sagte die Kaiserin giftig.

»Trotzdem ist er ein lächerliches Jüngelchen. Und verweichlicht, wenn ich meine Meinung äußern darf, meine Damen. Jedenfalls betrachtet das Volk mich als einzigen wahren Thronerben und als einzigen wahren Beschützer unserer unglücklichen Königin. Es hat sich jetzt draußen vor dem Schloß versammelt, wie Ihr zweifellos bemerkt haben werdet. Es ist der Wunsch des Volkes, daß ich auf der Stelle zum Herzog von Kalabrien, zum Thronerben, ernannt werde. Man hat mich bereits mit diesem erhabenen Titel angesprochen. Das Volk wird sich nicht abweisen lassen.«

»Ihr verlangt zuviel«, brauste Katharina auf.

»Ich verlange, was mein Recht ist«, beharrte Karl und schaute von ihr zu der Königin. »Ich bin es, den das Volk bestimmt hat, die Mörder von Prinz Andreas zu finden und zu bestrafen – ungeachtet ihres Ranges und ihrer Position. Meint Ihr, ich habe nicht bereits mit meinen Ermittlungen begonnen und gewisse Schlüsse gezogen?«

Johanna erbleichte, und sogar der Kaiserin, so stolz sie als eine Valois war, verschlug es bei einer solchen Drohung die Sprache. Sie war jedoch eine Meisterin darin, sich nichts anmerken zu lassen. »Vielleicht, mein Kind«, schlug sie der Königin vor, »wäre es das beste in Anbetracht der unruhigen Zustände in Eurem Königreich, Ihr würdet Karl zu Eurem Erben wählen – bis Euer Kind stark genug ist, um das Zepter selbst zu halten.«

»Ja«, keuchte Johanna. »Bis dahin.«

Karl lächelte und verneigte sich. Er begleitete die Königin zu der Brustwehr, um die Hochrufe des Volkes als neuer Herzog von Kalabrien entgegenzunehmen.

Er hatte scheinbar sein Ziel erreicht. Bald sollte er das Gegenteil feststellen.

Katharina von Valois war keine Frau, die mit sich spaßen ließ. »Elender Schuft!« zürnte sie, als sich der neue Herzog von Kalabrien zurückgezogen hatte. »Er will sich über uns hinwegsetzen, wie? Über mich und meinen Sohn! Der Kerl wird noch sein blaues Wunder erleben, keine Sorge, mein Kind.«

»Er ist so stark«, stöhnte Johanna. »Er befehligt so viele Verbündete unter meinen Untertanen. Ich sage Euch, Tante, ich wünsche zunehmend, ihm zu geben, was er haben will – das Königreich. Und ich werde dann in ein Kloster gehen.«

Katharina sah sich bereits als Königinmutter, die die wahre Macht hinter dem Thron verkörperte. »Ihr habt die heilige Pflicht, Königin von Neapel zu sein«, sagte sie. »Ihr könnt nicht eine solche Verantwortung wegen der Drohungen eines Emporkömmlings aufgeben. Überlaßt Karl von Durazzo mir. Ich werde …«, sie überlegte. »Ich werde Ludwig dazu bringen, daß er ihn zum Kampf herausfordert.«

»Nein!« rief Johanna entsetzt und verriet damit, wo ihre Sympathien wirklich lagen.

Katharina blickte sie finster an. »Meint Ihr nicht, mein Sohn würde Karl wegfegen wie den gemeinsten Bauern?«

»Ich weiß, daß er das Geschick und die Kraft hat, liebste Tante. Aber, wenn sie zum Kampf antreten … wer kann sagen, was beim kleinsten Mißgeschick passieren kann?«

Katharina nagte an der Unterlippe. »Ja«, murmelte sie nachdenklich. »Ja. Es ist ein Jammer. Ich hätte es genossen, diesen Schuft nackt und blutend zu meinen Füßen liegen zu sehen.« Sie seufzte. »Nun denn, ich kenne ein Mittel …«

»Nein«, sagte Johanna wieder, diesmal ruhiger. »Ich will nicht, daß er vergiftet wird. Ich habe genug Verbrechen in meinem Leben begangen.«

Und sie war noch nicht zwanzig.

»Eure Hoheit«, sagte Katharina streng. »Wie soll ich mit diesem Schuft fertig werden, wenn ich ihn nicht vernichten darf?«

In diesem Moment lachte Cancia auf, die wieder einmal getrunken hatte. »Nun, Madame«, erklärte sie heiter, »es gibt mehr als eine Möglichkeit, einen Kerl fertigzumachen.«

»Dieses Weib sollte ausgepeitscht werden«, schlug Katharina vor. »Sie ist betrunken.«

»Hört mich an, Madame«, protestierte Cancia. »Und wenn

Euch mein Vorschlag mißfällt, entblöße ich meinen Hintern, ohne zu zögern. Ihr wollt Karl von Durazzo vernichten? Aber, Madame, der Tod ist oftmals eine Erlösung. Ist es nicht besser, ihn in Qualen leben zu lassen?«

Katharinas Antwort auf diese rätselhaften Worte bestand darin, daß sie in eine Ecke des Gemachs ging und einen dicken Stock aus den Stöcken auswählte, die dort zur Verfügung standen.

Cancia störte sich nicht daran. Aber es hätte ihr auch nichts ausgemacht, wenn sie wirklich den Stock zu spüren bekommen hätte.

»Sagt mir, Madame, wer ist die Person, die Karl auf der ganzen Welt am meisten liebt?« fragte sie. »Genauer gesagt, wer ist die einzige Person auf der Welt, die Karl liebt? Höchstwahrscheinlich nicht seine Frau.«

»Seine Mutter«, fauchte Katharina.

»Ich will nicht, daß meiner Tante Agnes etwas passiert«, wandte Johanna ein.

»Ihr wird kein Haar gekrümmt, Eure Hoheit«, sagte Cancia. »Aber wenn wir Zwietracht zwischen Karl und der Herzogin säen würden, könnten wir ihn dadurch nicht zum erbärmlichsten Mann im Königreich machen? Hört mich an, große Damen. Die Herzoginwitwe leidet seit ein paar Wochen an einem Anfall von Depression. Ich habe es von ihren Zofen gehört.«

»Das überrascht mich nicht im geringsten«, bemerkte Katharina. »Sie muß um die Ambitionen ihres Sohns wissen. Ebenso muß sie wissen, daß diejenigen, die sich wie Ikarus der Sonne nähern, ihre Schwingen verbrennen.«

»Tatsache bleibt, Madame, daß sie depressiv ist, wie es eine Frau mit Verstand sein würde. Nun, ehrwürdige Damen, denkt mal über folgendes nach: angenommen, der Grund für ihre Depressionen ist die Entdeckung, daß sie schwanger ist?«

Johanna und Katharina starrten sie verdutzt an, und auch ich konnte Cancias Gedankengang nicht folgen.

Johanna kleidete meine Gedanken in Worte. »Agnes von

Durazzo?« rief sie. »Sie ist die keuscheste Witwe im Königreich.«

Darin irrte sich Johanna. Agnes von Durazzo war die *einzige* keusche Witwe im Königreich, gewiß in der neapolitanischen Gesellschaft.

»Das mag sein, Eure Hoheit«, sagte Cancia. »Aber erwägt dies: wie stellt ein Arzt für gewöhnlich eine Schwangerschaft fest? Geschieht dies nicht durch eine Untersuchung des Wassers der Frau? Haben wir drei ...«, sie schenkte sogar mir einen Blick, »nicht genügend geschwängertes Wasser, um den größten Skeptiker zu überzeugen, daß die Dame, von der es stammt, ein Kind bekommt?«

Johanna starrte sie offenen Mundes an.

»Ich würde meines zur Verfügung stellen«, fuhr Cancia fort.

Johanna schaute Katharina an, immer noch mit geöffnetem Mund, als wolle sie Fliegen fangen.

Aber die Kaiserin blickte nicht mehr finster drein. Statt dessen klatschte sie erfreut in die Hände. »Wie wunderbar!« rief sie. »Karl wird den Verstand verlieren, wenn er erfährt, seine Mutter sei schwanger. Oh, der Schurke, er wird nie wieder schlafen können. Aber ...« Sie schaute wieder finster drein. »Wie wird das Wasser vertauscht? Wenn eine Menschenseele außerhalb dieser vier Wände jemals davon erfährt, sind wir geliefert.« Sie schaute mich an, als frage sie sich, ob es eine gute Idee wäre, unsere Zahl sofort zu reduzieren.

»Niemand außerhalb dieser vier Wände wird davon erfahren, Madame«, versprach Cancia. »Ich bin mit Alice von Salerno befreundet, die eine der Zofen der Herzogin ist. Ich werde öfter mit ihr zusammensein, und weil Karl der Thronerbe ist, wird das ganz natürlich wirken. Ich werde den Palast von Durazzo besuchen und lachen und spielen und Wein trinken. Folglich werde ich bald einem natürlichen Drang folgen. Wenn ich, ehrwürdige Damen, meinen Kammertopf nicht mit dem unter dem Bett der Herzogin vertauschen kann, dann darf ich mich als miserable Versagerin betrachten. Wenn das erledigt ist, wird die kleinste Andeutung bei Karl über den

Grund der Depression seiner Mutter dazu führen, daß er seinen Arzt ruft.«

»Du bist wirklich eine sehr einfallsreiche Frau, Cancia«, sagte Katharina. »Wenn du meine Tochter wärst, wäre ich stolz auf dich.«

Und so wurde es vereinbart.

Ich muß gleich hinzufügen, daß Johanna von der ganzen Idee sowenig angetan war wie ich. Denn weder Katharina noch Cancia hatten an den Kummer gedacht, den sie Agnes von Durazzo bereiten würden, einer untadeligen Frau. Am Ende übertraf ihr Plan, Karl zu dem erbärmlichsten Mann zu machen, ihre wildesten Erwartungen und meine und Johannas traurigsten Befürchtungen. Cancia vertauschte ihren Urin mit dem der Herzogin und sorgte dafür, daß ein anonymer Brief in die Hände des Herzogs von Kalabrien gelangte.

Danach konnten wir nur mutmaßen, was in dem Palast los war, denn es war ein streng gehütetes Geheimnis. Cancia erfuhr jedoch von ihrer Freundin Alice, daß Karl, mit dem der Arzt seiner Mutter gesprochen hatte, sich verpflichtet sah, diese schreckliche Situation der Herzoginwitwe zu offenbaren. Zuerst weigerte er sich, dem Arzt zu glauben, doch dann ließ er sich überzeugen, daß dieser die Wahrheit sagte, und flüchtete sich in maßlosen Zorn.

Eine Woche lang drang nichts aus dem Palast, und keiner wurde herein oder heraus gelassen. Als die Woche vergangen war, wurde verkündet, daß die Herzoginwitwe erkrankt und trotz der Pflege des Arztes gestorben sei.

Neapel trauerte um das Ableben einer verehrten Dame. Johanna wurde in Verzweiflung gestürzt, denn es konnte keinen Zweifel geben, daß Karl seine Mutter ermordet hatte, entweder, indem er ihr den Bauch geöffnet hatte, um die Wahrheit zu sehen, oder durch Gift – wir fanden später heraus, daß es Gift gewesen war, das man auch dem Arzt verabreicht hatte, um zu verhindern, daß die Wahrheit jemals herauskam.

Was natürlich niemals geschehen durfte. Katharinas und Cancias Rache war ein sehr dürftiger Sieg.

Katharina bereute anscheinend, was sie getan hatte, und begann jetzt, den unglücklichen Herzog und seine nicht minder mitgenommene Herzogin zu bemitleiden, denn Maria war jetzt, umgeben von Machenschaften, von denen sie nichts verstand, wie wir anderen schwanger. Katharinas Kriecherei, die ihren Sohn Robert einschloß, wäre unter anderen Umständen lachhaft gewesen – sie erinnerte mich daran, wie Karl Prinz Andreas geschmeichelt hatte, nachdem er von der Königin abgewiesen worden war. Ebenso war offenkundig, daß Karl nicht im geringsten von dem Spiel beeindruckt war.

Doch Katharinas Scheinheiligkeit diente einem sehr nützlichen Zweck und gab den Anstoß zu einer außergewöhnlichen Wende der Ereignisse. Weil die Kaiserin und Robert sich jeden Tag viele Stunden von Castel Nuovo fernhielten und hof im Palazzo Durazzo hielten, waren Johanna und ihre Zofen oft sich selbst überlassen, und wir konnten unsere Bäuche betrachten, die noch flach waren, sich jedoch bald wölben würden. Unter diesen Umständen, als die Aufregung nach der Ermordung von Prinz Andreas scheinbar nachließ – wir waren naiv genug, um zu glauben, daß sich der Sturm gelegt hatte und wir in Sicherheit waren –, geschah etwas Bemerkenswertes.

Eines Morgens beschäftigten wir uns in Johannas Boudoir mit Näharbeiten und in unserer Phantasie mit unseren jeweiligen Kindern, wie es zukünftige Mütter tun. Katharina und Robert hatten sich wie üblich zu Karl begeben, als wir plötzlich das Rasseln der Zugbrücke hörten, die heruntergelassen wurde.

Ich wurde losgeschickt, um festzustellen, von wem Alberto Befehle entgegennahm, denn es war nicht die Königin, und so sah ich, daß in aller Pracht eines in den Krieg ziehenden Ritters kein geringerer als Ludwig von Tarent über die Zugbrücke ritt. Er wurde von Knappen begleitet, die ebenfalls bewaffnet waren.

Es wird meinen Lesern vermutlich nicht entgangen sein,

daß Prinz Ludwig der Idealvorstellung entsprach, die ich mir von Männern machte. Ich war sofort ganz aufgeregt, um so mehr, als er den Befehl gab, die Brücke hinter ihm hochzuziehen. Alberto blickte mir zu und nickte. Er kannte die Absichten des Prinzen nicht. Ich konnte nur hoffen. Und vielleicht sogar beten.

Seine Knappen halfen ihm vom Pferd, assistierten ihm, als er sich seiner Rüstung entledigte, und richteten seine Kleidung. Er behielt sein Panzerhemd und seinen reich verzierten Wappenrock an, ebenfalls die Eisenkappe, die er unter seinem Helm trug. Dann schaute er mich an. »Bring mich zu deiner Herrin!« befahl er.

Ich bemerkte sogleich, daß er von starken Gefühlen beherrscht wurde, aber ich knickste und führte ihn zu den königlichen Gemächern. Mein Herz klopfte bis zum Hals, als mir seine Stiefelschritte folgten. An der Tür von Johannas Boudoir machte ich wieder einen Knicks. »Erlaubt, daß ich Ihrer Hoheit Eure Anwesenheit ankündige, Monsignore«, sagte ich.

»Ich werde mich selbst ankündigen«, sagte Ludwig und öffnete die Tür.

Ein Chor von spitzen Schreien ertönte von drinnen. Ich folgte dem Prinzen und sah Johanna und Cancia, die aufgesprungen waren, ihre Nähnadeln wie Schwerter hielten und den gutaussehenden Ritter anstarrten, der so grob eingedrungen war. Und wenn ich draußen gespürt hatte, daß er erregt war, dann war jetzt offenkundig, daß er sich kaum beherrschen konnte.

Er besaß jedoch genügend Selbstkontrolle, um sich zu verneigen. »Eure Hoheit«, sagte er.

»Monsignore?« Johannas Stimme klang ruhig, aber es gab keinen Zweifel daran, daß sie ebenfalls stark von dieser angenehmen Überraschung beeindruckt war. »Was bedeutet diese abrupte Störung meiner Privatsphäre? Ist Euch nicht bekannt, daß ich mit Eurem Bruder verlobt bin?«

Ludwigs Haltung straffte sich. »Ich wäre eher gekommen, Eure Hoheit. Ich habe viele schlaflose Nächte verbracht und mit meiner Seele, meinem Gewissen und meinem Herzen gerungen. Jetzt weiß ich, daß ich Euch niemals einen anderen heiraten lasse. Ich kann ohne Euch nicht leben, meine liebste Johanna.« Und er fiel auf die Knie, ergriff ihre Hand und küßte sie.

Ich hätte vor Freude in die Hände klatschen können, und Cancia tat es, während Johanna ihren Lieblingsvetter mit einer Mischung aus Verwunderung, Freude und Traurigkeit anstarrte – denn sie war sich der Schwierigkeiten bewußt, die solch eine wünschenswerte Vereinigung unmöglich machen würden.

»Habt Ihr mir nichts zu sagen, mir keine Hoffnung zu geben?« fragte Ludwig und hielt immer noch ihre Hand.

»Leider, lieber, lieber Ludwig«, sagte sie. »Ich kann mir keinen anderen Mann denken, mit dem ich lieber mein Bett teilen würde, aber ich bin bereits verlobt, wie ich Euch erinnern muß. Mit Eurem Bruder.«

»Mit diesem grünen Jüngling?« fragte Ludwig so verächtlich wie Karl von Durazzo.

»Mit Eurem Bruder«, wiederholte Johanna und fügte hinzu: »Mit dem Sohn Eurer Mutter.«

»Sie handelten, während ich abgelenkt war«, erklärte Ludwig. »Ihre Hast war unschicklich. Ich werde das nicht zulassen.«

Johanna schaute ihn mit Liebe in den Augen an, und wenn ihre Augen Liebe widerspiegelten, war sie tatsächlich die schönste Frau in Europa. »Würdet Ihr Euch Eurer Mutter widersetzen?«

»Ich würde mich Gott im Himmel widersetzen, Eure Hoheit, um Euch zu bekommen.«

»Keine Blasphemie, bitte«, protestierte Johanna. »Nun, laßt uns unsere Position der Kaiserin vortragen, wenn sie zurückkehrt.«

»So lange kann ich nicht warten, Eure Hoheit«, sagte Ludwig und erhob sich. »Und es wäre unklug. Meine Mutter ist eine Frau, die es nicht mag, wenn man ihre Pläne durchkreuzt, und sie ist intrigant; sie würde bald einen Weg finden, um uns zu trennen und uns auseinander zu halten. Wir müssen sie vor vollendete Tatsachen stellen.«

»Monsignore«, sagte Johanna. »Wir können wohl kaum zur Kathedrale eilen und den Bischof bitten, uns zu trauen. Ganz abgesehen davon, daß das unschicklich wäre, hat es kein Aufgebot gegeben und es mangelt uns am päpstlichen Dispens, weil wir von gleichem Geblüt sind.«

»Eure Hoheit«, wiederholte Ludwig, »mir ist zwar bewußt, daß eine Ehe dem Himmel geweiht ist und eine Ehe zwischen uns die Billigung Seiner Heiligkeit erfordert. Aber es gibt eine andere Voraussetzung, die, bleibt sie unerfüllt, selbst eine solche päpstliche Sanktion null und nichtig macht. Ist sie aber erfüllt, dann wird die Billigung des Heiligen Stuhles nur zu einer Formalität, die zu jedem beliebigen Zeitpunkt erledigt werden kann.«

Johanna starrte ihn an, während das Blut in ihre bleichen Wangen schoß und sich ihre Brüste unter heftigen Atemzügen hoben und senkten. »Monsignore, was schlagt Ihr vor?« fragte sie, als ob sie das nicht wüßte. Cancia und ich verstanden gleich, was er meinte; wir hielten den Atem an.

Der Prinz sprach es aus. »Ich schlage vor, liebste Johanna, daß wir unsere Ehe sofort vollziehen und uns danach über die Formalitäten den Kopf zerbrechen.« Er runzelte die Stirn. »Ihr habt meinem Bruder solch ein Privileg doch nicht erlaubt?«

»Gott behüte!« stieß Johanna hervor.

»Dann gibt es kein Hindernis mehr.« Er winkte mir. »Entkleide mich, Richilde.«

Ich gehorchte eifrig. Ich war überzeugt, daß die Königin und auch ich eine angenehme halbe Stunde haben würden, welches Unwetter auch immer danach losbrechen würde. Aber Johanna glaubte, immer noch protestieren zu müssen.

»Monsignore«, sagte sie. »Ich bin *schwanger*.«

»Ich werde dem Kind nicht schaden«, versprach er. »Ich werde vielleicht sogar sein Wohlergehen fördern.«

Johanna biß sich auf die Unterlippe und schaute zu Cancia, die das Kleid der Königin zu öffnen begann. Ich arbeitete fleißig an meiner eigenen Aufgabe, und obwohl ich mit solchen

Dingen wie Panzerhemden und Hosenbeuteln nicht vertraut war, stand bald mein Herr so nackt vor uns, wie es eine Frau nur wünschen konnte. Cancia erledigte die gleiche Pflicht bei Johanna, und dann traten wir zurück, atmeten schwer und waren selbst erregt, als wir auf die beiden schönsten Menschen in unserem Königreich starrten. Einen Augenblick später lagen sie sich in den Armen, und dann nahm Ludwig die Königin auf die Arme und trug sie zum Bett. Jetzt erforderte es die Schicklichkeit, daß Cancia und ich uns zurückzogen, so gern wir auch geblieben wären.

Ich wage nicht, mir vorzustellen, wie sich Cancia in der nächsten Stunde amüsierte, aber ich weiß, daß ich mich eilig auf die Suche nach Alberto machte und für ihn die Dienerin spielte, wie ich es für den Prinzen getan hatte. Leider werden wir Gemeinen von Fortuna selten bedacht, wenn sie ihre unberechenbaren Ziele verfolgt, denn wir hatten uns kaum geliebt, als wir vom Unteroffizier der Wache gestört wurden, der uns informierte, daß sich Prinz Robert von Konstantinopel mit seiner Mutter und Gefolge näherte.

»Was jetzt?« fragte Alberto.

»Ihm muß der Eintritt verwehrt werden«, sagte ich, ohne zu zögern.

»Dem Prinzen den Eintritt verwehren? Er ist unser zukünftiger König.«

»Das kann sich ändern«, sagte ich, zog mein Unterhemd an und rannte so spärlich bekleidet zum königlichen Schlafgemach. Ich werde wahrscheinlich den Anblick nie vergessen, der sich mir bot. Meine Königin saß rittlings auf ihrem Geliebten, ihr wundervolles Haar flog hin und her, und ihr ganzer Körper war in der Ekstase eines Orgasmus. Ich wagte nicht, in solch einem köstlichen Moment zu stören, den sie sichtlich gleichzeitig erlebten. Zum Glück sind diese Dinge kurzlebig, und als Johanna in einer Woge aus Schweiß und Sperma zusammenbrach, machte ich mich bemerkbar und äußerte meine Besorgnis.

Johanna sprang vom Bett und schlug die Hände vor ihre Kehle. »O mein Gott!« stieß sie hervor.

Ludwig kleidete sich an. »Ich regele das, meine liebste Frau«, versicherte er ihr und verließ das Gemach. Ich folgte ihm mit flatterndem Unterhemd, und Johanna schloß sich mir kaum schicklicher gekleidet an. Wir beobachteten aus einem Fenster, als Ludwig auf der Brustwehr über der Zugbrücke auftauchte.

Robert war bereits wütend, weil man ihm den Zugang zu Castel Nuovo verwehrt hatte, das er jetzt als sein Heim betrachtete. »Schufte«, schrie er die Wachen an – unter ihnen war auch mein Alberto. »Laßt sofort die Brücke herunter, oder ich lasse euch aufhängen wie Hunde.«

Er bemerkte seinen Bruder erst, als Ludwig erwiderte: »Sie handeln auf meinen Befehl, Robert. Ich wünsche, nicht gestört zu werden.«

»Gestört?« bellte Robert. »Gestört wobei?«

»Ich habe Ihrer Hoheit, der Königin, ewige Treue geschworen«, erklärte Ludwig.

Hätte er eine Höllenmaschine gehabt und von der Brustwehr geworfen, hätte er nicht mehr Bestürzung hervorrufen können. Der Pöbel, der sich für gewöhnlich schnell versammelte, wenn sich eine Auseinandersetzung zwischen den Großen anbahnte, starrte offenen Mundes, während Robert aussah, als würde er verrückt werden.

Die Lage entspannte sich durch Ludwigs nächste Worte nicht im geringsten.

»Ich weiß, daß Ihr mir gratulieren möchtet, Bruder«, fuhr er fort. »Ihre Hoheit hat mein Treuegelöbnis angenommen, und unsere Ehe ist vollzogen worden.«

Katharina ritt an die Seite ihres Sohnes. »Habt Ihr den Verstand verloren?« fragte sie Ludwig.

»Im Gegenteil, Mutter, ich bin zu Verstand gekommen«, erwiderte Ludwig. »Wollt Ihr nicht der Königin und mir Euren Segen erteilen?«

»Gemeiner Schuft!« schrie Robert, zog sein Schwert und schwenkte es. »Verräter unseres Bluts! Kommt von dem Wall herunter und stellt Euch mir von Angesicht zu Angesicht, wenn Ihr es wagt!«

»Sehr gern«, stimmte Ludwig zu und verließ die Brustwehr. Aber Katharina konnte natürlich nicht zulassen, daß sich ihre Söhne duellierten, denn das konnte nur mit Roberts Tod enden. Sie redete auf ihren jüngeren Sohn ein. Johanna und ich hielten uns an den Händen und beobachteten, wie Robert seine Mutter finster anstarrte und so heftig reagierte, daß ihre Pferde zusammenstießen und die Kaiserin fast von ihrem gestürzt wäre. Aber als dann die Zugbrücke heruntergelassen wurde und Ludwig sie betrat, zog Robert sein Pferd herum und galoppierte davon, zweifellos zum Palazzo Durazzo.

Sein Ziel interessierte uns jedoch nicht. Wir umarmten uns vor Freude über sein Davonreiten. Leider mußten wir jetzt der Kaiserin Eintritt gewähren, die wie ein Racheengel zwischen den beiden Liebenden stehenblieb.

»Ich weiß nicht, was ich sagen soll«, sagte sie.

»Ihr braucht uns nur Euren Segen zu geben, liebste Mutter«, sagte Ludwig, »und zugeben, daß Ihr dieses Arrangement von Anfang an jedem anderen vorgezogen habt.«

Katharina von Valois teilte die Schwäche jeder Frau im Königreich: auch sie konnte dem gutaussehenden und selbstbewußten Ludwig von Tarent nicht widerstehen. Und außerdem war sie seine Mutter. Auch wurde ihr jetzt klar, daß sie ihre Ambitionen erreicht hatte und die Macht hinter dem Thron personifizierte.

»Lieber Ludwig«, sagte sie. »Liebe Johanna. Es wäre abscheulich, wenn ich an eurem so offensichtlichen Glück herummäkeln würde. Aber ich fürchte den Zorn Eures Bruders …«

Ludwig machte eine verächtliche Geste.

»Und den Karls von Durazzo«, fuhr Katharina fort. »Dem Robert zweifellos Bericht erstatten wird.«

»Meint Ihr, ich fürchte mich vor Karl, Madame?« fragte Ludwig.

»Natürlich meine ich das nicht. Ebensowenig befürchte ich, daß Ihr ihm mit dem Schwert in der Hand entgegentreten könntet. Aber Karl kämpft mit anderen Waffen. Und leider …«, sie seufzte, »hat er viele andere Waffen, um zu kämpfen.«

Ludwig wußte natürlich nichts von der Verschwörung zur Ermordung von Prinz Andreas, und er verstand nicht, was seine Mutter meinte. Ich verstand es leider nur zu gut, und während Johanna sich über das Vertrauen ihres Mannes freute und Cancia schallend lachte, hatte ich das Gefühl, eine eisige Hand würde nach meinem Herzen greifen.

4. KAPITEL

Eine Zeitlang waren wir glücklich. Als der Haß Karls von Durazzo und der Zorn Roberts von Konstantinopel zu nichts führten, wähnten wir uns in trügerischer Sicherheit. Wir machten uns nicht klar, daß die Mühlen der Gerechtigkeit sehr langsam mahlen, besonders wenn das Königshaus betroffen ist. Es kann keinen Zweifel darüber geben, daß Karl noch vor Johannas Heirat mit Ludwig von Tarent dem Papst die Beweise überbringen ließ, die er gesammelt hatte, und nur auf den offiziellen Befehl aus Avignon wartete, gegen die Mörder vorzugehen.

Aber Seine Heiligkeit hatte vieles zu bedenken, und das wichtigste war natürlich, wie er am meisten von dieser traurigen Affäre profitieren konnte. In dieser Hinsicht mußte er in Betracht ziehen, daß er im Exil von Rom und, wie ich schon erwähnt habe, nicht mehr als ein Lehnsmann der Krone von Neapel war.

Hinsichtlich seiner eigenen Sicherheit war es entscheidend für den Papst, wer den Thron innehatte. Er mußte deshalb zwischen Karl von Durazzo, der ihn anstrebte und unschuldig war – wenigstens was Prinz Andreas' Ermordung anbetraf – und durchaus eine Krone verdiente, aber zugleich ein Mann mit starken Leidenschaften und großer Arroganz war, und Johanna wählen, die zwar schuldig, aber Königin und erst einundzwanzig war, eine unglaublich schöne junge Frau, die sich dankbar gegenüber ihrem Wohltäter zeigen würde, wenn sie von den schrecklichen Konsequenzen ihrer Tat verschont wurde. Diese Überlegungen beschäftigten den Heiligen Vater lange Zeit.

Zeit, die wir gut nutzten. Johanna gebar, wie es sich gehört, einen gutaussehenden Sohn, den sie Karl Martell nannte, nach Prinz Andreas' Großvater, zweifellos in der Hoffnung, König Ludwig von Ungarn zu erfreuen, Andreas' Bruder, der wie ein drohendes Gewitter am nordöstlichen Horizont blieb.

Cancia gebar, wie es sich gehört, einen Sohn namens

Johann oder Giovanni und wurde prompt wieder schwanger, wie üblich vom Grafen von Terlizzi.

Ich schenkte einer Tochter das Leben, die ich Lucia nannte, und Alberto und ich tranken zusammen eine Flasche Wein.

Maria, Herzogin von Kalabrien, gebar ebenfalls eine Tochter, die sie Margarete nannte.

Katharina, Kaiserin von Konstantinopel und Schwiegermutter der Königin, stolzierte durch Castel Nuovo und durch ganz Neapel, als wäre sie die Königin.

Ihr Sohn Robert schmollte.

Ihr anderer Sohn fand sich mit Ludwigs gelungenem Handstreich ab.

Ludwig selbst spielte die Rolle des Königsgemahls perfekt. Er zeigte sich dem Volk, damit es sein markantes, lächelndes Gesicht sehen konnte, verteilte Geschenke, kämpfte im Turnier und machte meine Herrin zur glücklichsten Frau der Welt. Ein überaus potenter Mann, der zu meiner großen Freude sogar Zeit für mich fand, wenn Ihre Hoheit indisponiert war. Aber wie Johanna wurde ich zum Glück nicht wieder schwanger.

Donna Filippa von Catania erblühte in einer Art und Weise, die nur von der Kaiserin übertroffen wurde, und ihr Sohn prahlte mit seinem Dienst wie der reinste Held.

Das Volk jubelte der Königin zu und war glücklich.

Und Karl von Durazzo schloß sich in seinem Palast ein und wartete auf Kunde aus Avignon. Sie traf Mitte Juni 1346 ein.

An dieser Stelle und angesichts der bedeutsamen, ja welterschütternden Ereignisse, die uns im Laufe der nächsten zwei Jahre heimsuchten, mag es von Vorteil sein, wenn ich Ihnen ein Bild von Europa und der Welt des vierzehnten Jahrhunderts zeichne.

Wenn wir mit Recht annehmen, daß sich der Mittelpunkt der Welt in Rom befand, stellen wir fest, daß der Kirchenstaat auf eine sehr kleine Enklave im mittleren Italien geschrumpft war und – wie ich schon erwähnt habe – die Päpste vor dem römischen Pöbel Zuflucht in Avignon gesucht hatten, wo sie – wie ich später berichten werde – gezwungen waren, mit den kaum geringeren Gefahren der Ambitionen der französischen Monarchie fertig zu werden, wo sie jedoch der Unterstützung ihres Lehnsherrn sicher waren, der jetzt eine Lehnsherrin war, die Königin von Neapel.

Neapel selbst nahm das untere Drittel der Halbinsel ein, aber Sizilien war an das Haus Anjou gefallen und Teil des Königreichs Aragon, das zu dieser Zeit von König Pedro IV. regiert wurde, einem Mann, der es daheim mit rebellischen Adligen zu tun hatte, der aber zweifellos eine wichtige Figur im Mittelmeerraum war.

Nördlich von Rom waren verschiedene Herzogtümer oder Republiken entstanden, nennen Sie es, wie Sie wollen. Siena, Florenz und Genua nannten sich schamlos Republiken; Mailand, Mantua, Ferrara und Savoyen schlugen den aristokratischeren Weg ein, und Venedig war Venedig, eine Ansammlung von ehrgeizigen Piraten, die in ihrem Streben nach Reichtum und einem eigenen Imperium entschlossen waren, dem Papst die Stirn zu bieten.

Von diesen Orten ist nur erwähnenswert, daß Florenz dem finanziellen Zusammenbruch nahe war; Mailand wurde von drei schurkischen Brüdern namens Visconti kontrolliert, und der Rest wurde von äußerst vernünftigen Menschen als unerheblich betrachtet ... was nicht ganz stimmte.

Nördlich von Italien gelangen wir zum Heiligen Römischen Reich, das zu dieser Zeit von Kaiser Ludwig IV. aus dem Hause Wittelsbach beansprucht wurde. Sein Anspruch wurde jedoch von einem Prinzen aus dem Hause Habsburg namens Friedrich der Schöne – warum er so genannt wurde, ist mir unbegreiflich – streitig gemacht. Friedrich hatte die Unterstützung des Papsttums, und obwohl der Bürgerkrieg, den er verursacht hatte, längst in einem Blutbad zusammengebrochen war, standen sich Papst und Kaiser immer noch als Todfeinde gegenüber.

Weiter nordwärts wurde Dänemark in vorbildlicher Weise

von Waldemar IV. regiert. Seine Tochter Margarete sollte später ganz Skandinavien einen.

Wenn wir uns nach Westen wenden, treffen wir natürlich auf die Britischen Inseln. Irland befand sich wie üblich im Zustand der Anarchie, Schottland erging es kaum besser, während England seinen ruhmreichen Marsch unter dem jugendlichen Eduard II. begann. Ich muß ehrlich zugeben, daß im Frühjahr 1346 der Ausgang dieses Marsches schwer zu erkennen war. Unser König, der unter – drücken wir es milde aus – düsteren Umständen auf den Thron gelangt war, hatte sich entschieden, Krieg gegen Frankreich zu führen – wegen eines Streitfalls, über den ich später reden möchte –, als ich in Dinge verwickelt wurde, auf die ich keinerlei Einfluß hatte.

Eduard hatte bereits einen großen Sieg zur See vor der Küste von Flandern errungen, bei Sluis, und Nord- und Ostfrankreich mit mäßigem Erfolg geplündert; es folgte sein bedeutender Sieg bei Crécy, aber dieses Ereignis vermochte im Frühjahr 1346 niemand vorauszusehen. Damals hieß es, daß er seine Schulden bei den florentinischen Bankiers nicht begleichen wollte, was sich schnell herumsprach und in nicht geringem Maße zu dem Aufruhr in Italien beitrug.

Frankreich wurde von Philipp VI. regiert, einem Vetter Eduards, der eigentlich überhaupt keinen legitimen Anspruch auf den Thron hatte. Ich werde mich mit dem verwirrenden Durcheinander von legalem und illegalem Anspruch zu gegebener Zeit beschäftigen; im Augenblick genügt zu wissen, daß Philipp ein Valois und deshalb ein enger Verwandter von Johannas Tante Katharina war. Und ebenso skrupel- und gewissenlos.

Die Iberische Halbinsel war weiterhin in verschiedene kleine Königreiche aufgeteilt. Aragon habe ich bereits erwähnt. Kastilien wurde von dem tapferen Alfons XI. regiert, der einige Jahre zuvor am Fluß Salado einen großen Sieg über die Mauren errungen hatte und als Nationalheld verehrt wurde. In der Vertreibung der Mauren aus Spanien sah er natürlich seine vorrangige Aufgabe. Auf der anderen Seite der Halbinsel wurde Portugal von Alfons IV. regiert, bekannt als der Tapfere, der sich diesen Titel vielleicht im Schlafgemach erworben hatte, denn die Zustände an seinem Hof waren skandalös, vor allem die blinde Leidenschaft seines Sohnes und Erben zur schönen Inez de Castro.

Südlich des Tajos herrschten die maurischen Könige.

Soweit Westeuropa. Im Osten war Johann von Luxemburg, König von Böhmen und Sohn Kaiser Heinrichs VII., gestorben, und Karl I. wurde sein Nachfolger. Die Schweizer revoltierten wie üblich gegen ihre österreichischen Herren. Die Polen wurden von Kasimir II., bekannt als der Große, regiert, Litauen von einem Heiden namens Olgerd, Rußland von einer Tataren-Marionette namens Simeon. Am wichtigsten für uns war natürlich das Königreich Ungarn, wo sich Andreas' Bruder Ludwig schnell etablierte und wir deshalb in naher Zukunft Spannungen erwarten mußten.

Die christliche Enklave Europa war von großen, bedrohlichen Mächten umgeben. Nicht nur Südspanien, sondern die ganzen südlichen Strände des Mittelmeers waren in den Händen der Araber, wie meine unglückliche Familie am eigenen Leibe feststellen mußte. Es war zweifellos ein Glück für Europa, daß die Araber, während sie Lippenbekenntnisse gegenüber dem Kalifen in Bagdad ablegten, wie wir Christen dieselben gegenüber dem Papst in Avignon äußerten, ständig untereinander im Streit lagen, auch darin uns Christen ähnlich.

Weitaus unheilvoller und eine Bedrohung des gesamten Kontinents war die wachsende Macht der Osmanen. Diese wilden Reiter aus den Steppen Zentralasiens hatten sich vom Kaiserreich der Seldschuken befreit und dehnten sich in Kleinasien und dem Balkan rasch aus. Erst im vergangenen Jahr waren ottomanische Kräfte eingeladen, den Bosporus zu überqueren und die Armee von Johann Cantacazune zu unterstützen, der sich dem Kaiser im Bürgerkrieg widersetzte.

Wir konnten nur hoffen und beten, daß diese Ereignisse, die sich so nahe an unserer östlichen Grenze abspielten, König Ludwig geistig und militärisch ausreichend beschäftigten.

Aber darin irrten wir uns, nicht nur zu unserem eigenen Nachteil, sondern auch, wie sich zeigen sollte, zum Nachteil Europas.

Die päpstliche Bulle, datiert auf den 2. Juni, war eigentlich an Bertram von Baux gerichtet, Graf von Monte-Scaglioso, oberster Richter des Königreichs. Sie befahl ihm, mit äußerster Härte gegen diejenigen vorzugehen, die der Ermordung von Prinz Andreas für schuldig befunden wurden. Seine Heiligkeit sprach gleichzeitig die Exkommunizierung gegen sie aus.

Diese Nachrichten lösten große Bestürzung aus, wie man sich denken kann, besonders weil Bertram bereits die Namen zweier Verschwörer kannte. Johanna wurde fast ohnmächtig, als sie das hörte, und auch wir anderen waren aufgeregt, um so mehr, weil Prinz Ludwig den Grund unserer Aufregung nicht kannte und daher nichts unternehmen konnte.

Wir hingegen wußten nicht, daß Papst Clemens seiner Bulle eine geheime Note hinzugefügt hatte, die nur für Bertram bestimmt war und ihm befahl, unter keinen Umständen die Königin oder einen der Prinzen von königlichem Geblüt anzuklagen oder auch nur mit dem Verbrechen in Verbindung zu bringen. Seine Heiligkeit würde sie selbst zu gegebener Zeit gebührend bestrafen. Hätten wir das gewußt, wären wir weniger entsetzt gewesen.

So war Johanna nicht in der Verfassung, an der vorbereitenden Anhörung teilzunehmen. Ich ging an ihrer Stelle hin, wodurch ich meine häuslichen Pflichten und die Pflege meines eigenen Lieblings Lucia und des jungen Prinzen aufgeben mußte, deren Kinderschwester ich war – ich hatte den kleinen Jungen gesäugt, wenn seine königliche Mutter anderweitig beschäftigt gewesen war –, um mich unter die Menge im großen Gerichtssaal zu mischen. Dort war eine Plattform errichtet worden, auf der all die hohen Adligen und Würdenträger des Königreichs saßen, darunter Ludwig und Karl, die sehr ernst dreinblickten.

Tomasso Pace und Nicolas di Melazzo wurden in den Saal

geführt. Dies war zu erwarten, denn sie waren am wenigsten fähig, ihre Unschuld überzeugend zu beteuern, aber es war jetzt klar, daß der Richter mit Karl von Durazzo konferiert hatte, bevor er das Verfahren eröffnete – angesichts seiner geheimen Anweisungen aus Avignon. Wie sonst konnte er sicher sein, daß die beiden Angeklagten nicht den Namen der Königin vor den Zuhörern nennen würden?

Nicolas di Melazzo war offenkundig Karls Werkzeug, aber in der Zwischenzeit war Tomasso ebenfalls bestochen worden, und man hatte den beiden Männern einen schnellen und schmerzlosen Tod versprochen, wenn sie aussagten wie befohlen – im Gegensatz zu den schrecklichen Qualen, die sie sonst erleiden müßten und die höchstwahrscheinlich auch ihre Familien erwarten würden.

Damit wurde natürlich selbst Karl hinters Licht geführt. Er wollte die Königin erledigen, und während er bereitwillig zugestimmt hatte, daß es unschicklich wäre, sie von zwei Gemeinen beschuldigen zu lassen – denen man ohnehin kaum Glauben schenken würde –, hatte er keinerlei Zweifel daran, daß die Beteiligung der Königin zwangsläufig aus dem Mund ihrer Adeligen und Vertrauten zur Sprache kommen würde, wenn man ihnen auf Grund der Beschuldigungen seiner Diener Eisen und Strick zeigte. Er rechnete nicht mit dem juristischen Geschick des Bertram von Baux.

Die beiden Beschuldigten beteuerten natürlich zuerst ihre Unschuld, weil sie genau wußten, daß sie auf jeden Fall der einleitenden Tortur ausgesetzt wurden, als Beweis der Wahrheit ihrer Behauptungen. Sie wurden daraufhin zu dem öffentlichen Platz gebracht, aber als sie den Gerichtssaal verließen, bemerkte ich, daß Nicolas Karl bedeutungsvoll anschaute, worauf der Herzog von Kalabrien mit einem kurzen Nicken antwortete. Ich verstand zu diesem Zeitpunkt die Bedeutung des Austauschs noch nicht, aber mir ist nun klar, daß der Anwalt nicht nur eine Bestätigung seiner Anweisungen suchte, sondern auch die Bestätigung, daß sich der Herzog an seinen Handel halten und Frau und Kinder seines Opfers schützen würde.

Dann rannte ich so schnell wie jeder andere zu dem Platz, um Zeugin des Spektakels zu werden, denn es ist eine beklagenswerte Tatsache, daß die menschlichen Sinne mehr aufgewühlt werden bei der Aussicht, einen anderen leiden zu sehen, als durch jeden anderen Anlaß. Ich traf atemlos auf dem Platz ein und teilte ihn anscheinend mit jedem sonst in Neapel, der begierig darauf war, zuzuschauen, wie den beiden Unglücklichen die Glieder gestreckt wurden.

In der Mitte des Platzes war ein Galgen errichtet worden, von dem Stricke hingen, die von vermummten Scharfrichtern aufgehängt worden waren. Sie wollten Tomasso und Nicolas natürlich nicht aufhängen; solch eine Hinrichtungsmethode wurde als zu einfach und schmerzlos für Schurken betrachtet, und außerdem waren sie ja noch nicht zum Tode verurteilt worden. Aber sie wurden als Einleitung zu ihrer zukünftigen Strafe dem Martyrium des *strappado* ausgesetzt, bei dem die Handgelenke des Opfers hinter dem Rücken gefesselt und mit dem Strick verbunden wurden; dieser Strick wurde dann angezogen auf die Höhe, die der Scharfrichter wünschte, und wieder fallen gelassen. Der daraus resultierende Ruck kann aus geringer Höhe äußerstes Unbehagen verursachen; aus größerer Höhe kann er beide Schultern auskugeln; und aus extremer Höhe kann er die Arme eines Menschen aus den Gelenkpfannen reißen. Die Galgen für diesen Tag waren gewiß hoch genug, um letzteres zu bewirken.

Aber es war alles nur Schauspielerei. Tomasso war noch nicht an den Strick gebunden worden, als er schon erklärte, er würde sich schuldig bekennen und alles gestehen. Dies führte zu großem Lärm, hauptsächlich aus Enttäuschung, denn der Pöbel fühlte sich um seine Unterhaltung betrogen. Die Zuschauer drängten vorwärts, als wollten sie die Dinge in ihre eigenen Hände nehmen. Ich drängte mit, teils weil ich von der menschlichen Woge mitgerissen wurde, teils weil ich keine Ahnung hatte, was ich tun sollte, denn ich wußte nicht soviel wie Bertram von Baux und befürchtete, daß Tomasso alles preisgeben würde.

Vielleicht wollte ich ihn anflehen, aus Liebe zu mir zu

schweigen, ganz gleich welches Leiden das für ihn bedeutete; ich war sehr jung und hatte romantische Vorstellungen. Doch die Wachen waren zahlreich genug, um den Aufruhr niederzuschlagen, und die beiden Gefangenen wurden eilig durch verschiedene Straßen fortgeschafft. Ich entschied mich, Tomasso zu folgen, und als die Menge das Interesse verlor und sich auflöste, war ich fast allein. Meine Gefährten waren niemand anders als der Graf von Terlizzi und vier seiner Diener.

»Du bist hinter demselben Wild her wie ich, Richilde«, sagte er. »Aber du solltest es mir überlassen.«

Ich hatte keine Ahnung, was er meinte, und konnte nur warten und beobachten, als wir einen Augenblick später die Soldaten einholten.

»Stehenbleiben!« befahl der Graf.

Natürlich gehorchten sie einem so hohen Adligen.

»Ich möchte mit diesem Mann sprechen«, sagte Terlizzi.

»Ich habe den Befehl, ihn zurück zum Richter zu bringen, Monsignore«, protestierte der Unteroffizier.

»Und das werdet Ihr tun. Aber zuerst will ich mit ihm sprechen. Ich habe Anweisungen vom Großseneschall.« Das war natürlich sein Schwager.

Der Unteroffizier zögerte und beugte sich dann der Autorität. »Wie Ihr wünscht, Monsignore.«

»Es wird nicht lange dauern«, versicherte ihm Terlizzi. »Zufällig gehört mir das Haus, zu dem wir kommen, und es steht in diesem Augenblick leer. Ich werde den Gefangenen für einen Moment hineinbringen.«

Der Schuft hatte den Zeitpunkt seines Eingreifens gut gewählt.

Tomasso gefiel das anscheinend nicht. »Ich bitte Euch«, sagte er zu dem Unteroffizier, »bringt mich zum Gericht.«

»Aber Monsignore wünscht mit Euch zu sprechen«, sagte der gute Unteroffizier, sichtlich verwirrt.

»Hinein mit ihm!« befahl Terlizzi seinen Männern, die sofort den armen Tomasso packten und ins Haus zerrten. Bevor ich Luft holen konnte, hatte mich der Graf am Arm gepackt und ebenfalls ins Haus geführt.

»Monsignore«, wandte ich ein, »ich habe woanders zu tun.«

»Es wird nur einen Moment dauern«, wiederholte Terlizzi.

»Richilde«, bettelte Tomasso. »Leg für mich Fürsprache ein, Richilde!«

Ich war so verwirrt wie der Unteroffizier. Ich konnte nicht glauben, daß es Terlizzi wagen würde, einen Mann zu ermorden, der sozusagen unter dem Schutz des Gerichts stand, besonders weil kein Zweifel daran bestehen konnte, daß er die Tat begangen hatte. Und während ich mich immer noch fragte, was ich tun sollte, handelte der Graf.

Tomasso hatte einen schlimmen Fehler begangen, weil er überhaupt gesprochen hatte, denn jetzt zwangen die Diener des Grafen seinen Mund mit Gewalt auf – seine Hände waren noch hinter dem Rücken gefesselt – und nötigten ihn, die Zunge auszustrecken, die sie dann packten. Er stieß einen schrecklich erstickten Laut aus, der noch entsetzlicher wurde, als Terlizzi ein Rasiermesser aus der Tasche zog und die Zunge abtrennte.

Um das zu tun, mußte er mich loslassen, und ich brauchte nur einen Blick auf Tomassos verzerrte Miene und das Blut zu werfen, das aus seinem Mund schoß, um zu wissen, daß ich entkommen mußte, und zwar schnell. Ich stürmte zur Tür und zur Straße, wo mich die Krieger neugierig anstarrten.

»Haltet das Mädchen auf!« befahl Terlizzi, der auf der Türschwelle auftauchte.

Aber ich war bereits an ihnen vorbei und rannte um mein Leben. An der Ecke warf ich einen Blick zurück. Der Unteroffizier hatte andere Sorgen.

»Wo ist mein Gefangener, Monsignore?« fragte er.

»Meine Diener bringen ihn jetzt. Ich bin mit ihm fertig. Der arme Kerl hat sich anscheinend auf die Zunge gebissen.« Dann rannte er hinter mir her.

Aber ich war vor ihm im Castel Nuovo, und dort wähnte ich mich in Sicherheit.

Ich war keineswegs in Sicherheit. Man schickte mich sofort wieder los, um abermals für die Königin zu spionieren, obwohl ich ihr sagte, daß es für Tomasso nun ganz unmöglich wäre, jemanden zu denunzieren. Und so war es auch. Ich nahm meinen Platz beim gemeinen Volk ein und starrte durch den Gerichtssaal zu Terlizzi hin, der kühl zurückschaute.

»Nun, Pace«, sagte Bertram von Baux und wandte sich dem unglücklichen Diener zu. »Ihr habt versprochen, ein volles und wahres Geständnis über Eure Rolle bei der Ermordung von Prinz Andreas von Ungarn abzulegen und zur Zufriedenheit des Gerichts die Namen Eurer Komplizen bei dieser schändlichen Tat zu nennen. Sprecht.«

Tomasso versuchte es. Er öffnete den Mund, doch es kam nur Blut und ein äußerst kläglicher Laut heraus. Bertram starrte ihn erstaunt an, denn dies war kein Teil des ausgeklügelten Plans zwischen ihm und Karl von Durazzo.

»Na na«, rief der Richter. »Sprecht noch einmal, Angeklagter!«

Aber Tomasso konnte es versuchen, wie er wollte, er konnte keinen verständlichen Laut herausbringen.

»Der arme Kerl hat die Sprache verloren«, rief Terlizzi. »Hahaha.«

Allgemeines Gelächter brach aus, und Bertram runzelte verärgert die Stirn.

Aber eine leise Stimme ertönte. »Darf ich dem Gericht dienen, Monsignore?«

Köpfe ruckten herum, und das Gelächter erstarb, als Nicolas di Melazzo vortrat, flankiert von seinen Bewachern.

»Sprecht, di Melazzo«, sagte Bertram.

»Ich möchte meine Rolle bei der gemeinen Ermordung von Prinz Andreas gestehen, Monsignore.«

Allgemeines Erstaunen.

»Gestehen, sagt Ihr?« Bertram mimte Überraschung. »Gestehen? Ihr wollt die Namen Eurer Komplizen bei dieser schrecklichen Tat nennen?«

»Bereitwillig, Monsignore.«

»Dann tut es.«

»Tomasso Pace.«

Unmutiges Geraune ging durch die Reihen der Zuschauer, weil das offenkundig war.

»Der Graf von Aire.«

Spannung, und mehr Köpfe ruckten herum, doch der Graf war nicht im Gerichtssaal.

»Sein Sohn, Betrand von Artois.«

Das hatte man erwartet, angesichts der Beteiligung seines Vaters.

»Die Grafen von Squillace, Mileto und Catanzaro.«

Das erregte Aufsehen, denn Godfrey di Marsan, Graf von Squillace, war natürlich Admiral des Königreichs und ebenso ein Mitglied des Regierungsrats. Er saß nur ein paar Plätze von Bertram von Baux entfernt und starrte Nicolas an, als könnte er ihn mit seinem Blick töten – aber er regte sich nicht. Die Grafen von Mileto und Catanzaro glänzten wie Karl von Artois und Bertrand durch Abwesenheit im Gerichtssaal.

»Die Grafen von Morcone und Terlizzi«, fuhr Nicolas fort.

Diese beiden Schurken tauschten bestürzte Blicke. Terlizzi wollte aufspringen, aber die Wachen an der Tür hatten bereits die Schwerter gezogen.

»Ihre Frauen, die Gräfinnen von Morcone und Terlizzi.«

»Verlogener Schuft!« rief Morcone.

»Weiter!« befahl Bertram.

»Donna Filippa di Catania.«

Rufe aus der Menge. Donna Filippa war allgemein unbeliebt.

»Ihr Sohn, Roberto di Cabane.«

Noch lautere Rufe, denn Robertos Arroganz hatte dazu geführt, daß er noch unbeliebter als seine Mutter war.

»Und die Frau, Donna Cancia di Reggio.«

Bertram von Baux starrte ihn an. »Keine anderen?«

Nicolas hielt seinem Blick stand. »Nein, Monsignore. Auf meinen Eid als Christ.«

Er würde sterben. Wir können nur in Erinnerung rufen, daß er sich für seine Familie opferte.

»Sehr gut. Ihr könnt Euch zu Eurer Ehrlichkeit beglückwünschen«, sagte Bertram mit ausdrucksloser Miene. Und dann rief er: »Nehmt den Grafen von Squillace und ebenfalls die Grafen von Morcone und von Terlizzi fest.«

Die drei Männer wurden gefesselt, bevor sie fliehen konnten.

»Ich werde Steckbriefe für die Festnahme der anderen genannten Personen erlassen«, kündigte Bertram an.

»Angeklagter di Melazzo, Ihr und Angeklagter Pace verdient die Milde dieses Gerichts, und ich werde deshalb Milde walten lassen. Aber Ihr müßt Euch für das selbst eingestandene Verbrechen des Mordes verantworten. Das Urteil lautet, Ihr werdet sofort zum Stadtplatz gebracht und dort am Halse aufgehängt, bis Ihr tot seid. Gerichtsdiener, führt das Urteil aus!«

Tomasso stieß ein schreckliches Stöhnen aus, aber Nicolas gab keinen Laut von sich. Er wußte, daß er ein gnädiges Ende fand im Vergleich zu dem, was seinen Mitverschwörern widerfahren würde.

Es mag einem unparteiischen Zuschauer wie mir in den Sinn gekommen sein, daß Monsignore von Baux gegen die Grundsätze der Justiz verstieß, indem er den Beschuldiger hängen ließ, ohne den Beschuldigten eine Möglichkeit zur Rechtfertigung zu geben, aber mit der päpstlichen Bulle in der Tasche war er ein Gesetz für sich, und natürlich wollte er nicht zulassen, daß der Fall vor einem öffentlichen Gericht verhandelt wurde.

Ich war jetzt in einem Dilemma. Meine Pflicht gegenüber meiner Herrin erforderte, zum Castel Nuovo zu eilen, um sie und ihre Damen vor dem Damoklesschwert zu warnen, das über ihren Häuptern schwebte. Aber meinen eigenen Gefühlen gegenüber war ich verpflichtet, dem armen Tomasso in der Stunde seines Tods beizustehen; er war schließlich ein ehemaliger Geliebter.

Meine Gefühle obsiegten, als ich bemerkte, daß Ludwig von Tarent im Gericht gewesen war und, offenbar sprachlos nach Nicolas' erstaunlichen Enthüllungen über eine Verschwörung der engen Vertrauten der Königin, sich bald wieder fassen würde, um zu seiner Frau zurückzukehren und sie über das Geschehene zu informieren, wenn auch nicht zu warnen.

So rannte ich mit der Menge, als Tomasso und Nicolas entkleidet und an die Schweife zweier Pferde gebunden wurden, damit sie durch die Straßen geschleift und blutig geschunden wurden, wenn die Steine ihre nackte Haut aufrissen.

Die Menge schrie und johlte wie es ihre Art war, aber ich war still, als ich auf den erbärmlichen Diener blickte, der gedemütigt wurde, und mich an jene gelegentlichen Abende erinnerte, an denen wir uns in den Armen gelegen hatten. Der arme Teufel stöhnte und kreischte weiterhin und konnte sich nicht artikulieren. Nicolas blieb still und hatte die Augen fest geschlossen; glücklicherweise waren seine Frau und Familienangehörigen nicht anwesend.

Aber Karl von Durazzo war da. Er ritt in Begleitung seiner Männer und starrte den Anwalt mit gerunzelter Stirn an. Und dann suchte er die Menge ab. Zu meinem Entsetzen fiel sein Blick auf mich, und er starrte mich sekundenlang an, dachte offenbar über die Tatsache nach, daß ich die einzige Vertraute der Königin war, die von seinem Spion nicht namentlich genannt worden war – und meine Knie wurden weich.

Dann wandte er den Blick von mir, weil die Prozession den Platz erreicht hatte, wo Galgen und Stricke warteten. Die Prozedur wurde jetzt schneller durchgeführt. Den beiden Männern wurden Schlingen über den Hals gestreift, ihre Hände waren noch hinter dem Rücken gefesselt, und sie wurden von der Plattform hochgezogen, während die Menge jubelte. Ihr Gesicht wurde blau, ihr Penis schwoll an und hob sich, wie es bei solchen Hinrichtungen der Fall ist. Ich erzittere bei dem Gedanken, welches Schicksal einer Frau droht. Aber ihr Zucken und die Erektion ließen allmählich nach, und sie starben.

Mir kam in den Sinn, daß sie nur die beiden ersten Opfer der Verschwörung waren.

Als der arme Tomasso tot war, eilte ich so schnell ich konnte zum Castel Nuovo zurück und fand alles in Aufruhr. Ich traf fast gleichzeitig mit den Soldaten ein, die Bertram von Baux geschickt hatte, um Donna Filippa und ihre Brut gefangenzunehmen. Man konnte sich keinem Befehl widersetzen, der auf einer päpstlichen Bulle basierte, und mein Alberto hatte bereits die Zugbrücke heruntergelassen und den Männern des Richters Einlaß gewährt.

Sie marschierten schnurstracks zu Johannas Gemächern, wo sich Filippa, ihre Töchter und ihr Sohn versammelt hatten, um zu hören, was ihnen der völlig verwirrte Prinz Ludwig zu erzählen hatte. Sie äußerte noch ihr Entsetzen über die Festnahme von Morcone und Terlizzi, als die Wache eintraf, der ich folgte.

Jeder starrte den Unteroffizier entgeistert an, als er die Namen der Personen verlas, die verhaftet waren. Dann warf sich Filippa Johanna vor die Füße. »Ihr müßt uns retten, Eure Hoheit«, flehte sie. »Nur Ihr könnt das. Und Ihr habt keine Wahl, Eure Hoheit.«

Sie hob den Kopf, während sie sprach, um keinen Zweifel daran zu lassen, daß ihre Worte eine Drohung enthielten. Aber Johanna war völlig sprachlos, und der Unteroffizier war nicht in der Stimmung, zu warten. Donna Filippa wurde gepackt und gefesselt wie der übelste Verbrecher, ebenso ihre Kinder. Roberto hatte den Fehler begangen, die Königin unbewaffnet aufzusuchen, und war völlig hilflos. Seine Schwestern schrien ihre Empörung heraus, weil sie von den groben Soldaten mißhandelt wurden. Cancia lächelte bloß. Denn sie hatte wieder getrunken, und außerdem war sie schwanger und wußte, daß man sie noch eine Weile am Leben lassen würde.

Filippa, der klar wurde, daß sie von der Königin keine Hilfe bekommen würde, wandte sich an den Prinzen. »Monsignore«, schrie sie. »Wir sind die Diener Eurer Frau. Sie ist für uns verantwortlich, Monsignore, Ihr müßt uns retten.«

Aber Ludwig blickte finster drein. »Wenn Ihr tatsächlich so

eines abscheulichen Verbrechens schuldig seid, dann verdient Ihr die Strafe, Signora«, erwiderte er streng.

»Aber Monsignore, Ihr versteht nicht. Ihr …«

Mein Herz schlug bis zum Hals, denn ich nahm an, sie würde alles preisgeben. Doch der Unteroffizier hatte seine Befehle vom Richter erhalten, und bevor Filippa noch ein Wort sagen konnte, wurde sie geknebelt und brachte nur noch unverständliche Laute hervor. Das gleiche widerfuhr den anderen, bevor man sie in den Kerker führte.

Die Tür war kaum hinter ihnen zugefallen, als Johanna mit einem leisen Seufzer in einen Sessel sank.

»Schnell, Ihre Hoheit ist ohnmächtig geworden«, fuhr mich Ludwig an. »Hol Wein.«

Ich gehorchte und flößte ihr starken Alkohol ein – ich brauchte selbst welchen –, während ihr Mann ihre Hand tätschelte.

»Wir verstehen, meine Liebste, daß Ihr schockiert sein müßt zu erfahren, daß Ihr solche Schlangen so viele Jahre an Eurem Busen genährt habt. Vertraut darauf, daß sie bestraft werden, meine liebe Frau.«

»Ja«, sagte Johanna schwach. »Ja. Es geht mir wirklich nicht gut, Monsignore, und ich möchte mich zurückziehen, wenn Ihr erlaubt.«

»Selbstverständlich. Soll ich eine andere Zofe zu Euch schicken?«

»Meine treue Richilde wird ausreichen, Monsignore. Ich danke Euch.«

Er verließ uns, und wir flüchteten in Johannas Schlafgemach, wo wir uns umarmten und die Königin sich an meinem Busen ausweinte.

»Was soll ich tun, meine liebste Freundin?« fragte sie.

»Ihr könnt nichts tun, Eure Hoheit«, sagte ich, »nur ihre Anschuldigungen leugnen, wenn sie erhoben werden. Niemand wird ihren Worten mehr Glauben schenken als denen der Königin.«

»Aber sie werden bestraft, weil sie meine Wünsche erfüllt

haben«, stöhnte Johanna. »Ich kann sie nicht einfach im Stich lassen.«

»Solche Kälte ist ein nötiger Teil der Herrschaft, Eure Hoheit«, beharrte ich. »Ihr seid größer als sie, denn Ihr seid von höherer Abkunft. Ihr könnt Euch nicht leichtsinnig auf ihre Stufe ziehen lassen. Was wird aus Eurem Königreich? Habt Ihr nicht Prinz Andreas' Tod ersonnen, um Euer Volk besser vor den Exzessen der Ungarn zu schützen?«

Ich bezweifle, daß ihr das zu jenem Zeitpunkt in den Sinn gekommen war, denn da hatte sie sich nur selbst und ihren Geliebten vor den Exzessen eines einzelnen Ungarn schützen wollen, doch meine Ermahnung erleichterte und beruhigte sie anscheinend, und ich setzte nach.

»Und was ist mit Karl von Durazzo? Würdet Ihr ihm das Königreich überlassen?«

»Der Schuft«, sagte sie und verriet mir, daß ich auf der Gewinnerstraße war.

Aber ich konnte noch andere Trümpfe ausspielen. »Was ist mit Eurem Kind, das dieses große Amt erben wird? Wollt Ihr es im Stich lassen? Was ist mit Bertrand von Artois, der sich bei seinem Vater in St. Agatha versteckt?«

Hier beging ich einen Fehler, denn Johanna runzelte die Stirn. »Erwähne nicht diesen Feigling«, sagte sie.

Ich beeilte mich, wieder Boden zu gewinnen. »Nun, was wird dann aus Prinz Ludwig, der Euch mehr liebt als sein Leben?«

»Um ihn mache ich mir die meisten Sorgen. Wenn er erfährt, daß ich angeklagt werde …«

»Dann wird seine Liebe auf die größte Probe gestellt, Eure Hoheit. Ich habe keine Zweifel, daß die Liebe siegen wird.«

»Wenn ich nur wüßte … Richilde, soll ich jetzt zu ihm gehen, ihm alles gestehen und mich seiner Gnade ausliefern?«

»Nein, nein, Eure Hoheit«, rief ich bestürzt. »Ihr müßt leugnen und leugnen und wieder leugnen. Und ich werde Euch dabei unterstützen.«

Sie drückte mich an sich. »Du bist die liebste Freundin, die ich jemals hatte, Richilde. Manchmal denke ich, du bist die einzige Freundin, die ich jemals hatte. Mit dir an der Seite fühle ich mich stark genug, um morgen zu überstehen. Aber, Richilde, was wird der morgige Tag bringen?«

Keine von uns tat in dieser Nacht ein Auge zu.

Natürlich war die Königin dank der Anweisungen, die von Baux aus Avignon erhalten hatte, überhaupt nicht in Gefahr. Es war auch nicht zu befürchten, daß ihr Mann die ganze Sache durchschaute, denn Ludwigs Liebe war so groß, daß er nicht mal Indizienbeweise in Betracht zog, nach denen Johanna zumindest von der Verschwörung gewußt haben mußte. Er fand es auch nicht verdächtig, daß seine Mutter – die außer Johanna als einzige bis jetzt noch nicht beschuldigt und verhaftet worden war – nun Castel Nuovo, das praktisch ihr Heim geworden war, verließ und sich in ihr wahres Heim zurückzog, um dort mit einer vorgetäuschten Krankheit das Bett zu hüten.

Aber wir wußten nichts davon, und so wurde ich am nächsten Morgen wie gewöhnlich von der Herrin beauftragt, den Lauf der Dinge zu beobachten und sie früh genug vor jeder drohenden Katastrophe zu warnen.

Richter von Baux hatte die Befragung sorgfältig vorbereitet. Sie wurde an Bord einer Galeere abgehalten, die kurz vor der Küste ankerte, angeblich damit nicht versucht werden konnte, die Angeklagten zu befreien. In Wirklichkeit jedoch, damit niemand hören konnte, was die Verschwörer vielleicht sagen würden. Zusätzlich war eine starke Palisade am Ufer errichtet worden, um die Leute vom Wasser fernzuhalten, und es gab tatsächlich einen großen Menschenauflauf. Es hatte den Anschein, daß jeder Mann, jede Frau und jedes Kind aus Neapel sich versammelt hatten, um die Folter zu sehen, eine traurige Neigung der meisten von uns.

In der Menge war natürlich auch Karl von Durazzo, prächtig beritten, ausgerüstet und begleitet von einem großen Gefolge von Rittern und schwerbewaffneten Reitern. Heute sollte sein Tag des Triumphes sein, denn er war überzeugt, daß die Königin von einem ihrer Komplizen des Mordes an ihrem Mann beschuldigt werden würde und er als Thronerbe sofort den Befehl erhielt, sie festzunehmen, was er zweifellos mehr wünschte als sonstwas auf der Welt.

Er hatte jedoch nicht mit der List des Bertram von Baux gerechnet. Pünktlich um acht Uhr wurden die Tore des Gefängnisses geöffnet, und die vier Männer und drei der vier Frauen, die dieses abscheulichen Verbrechens beschuldigt wurden – Cancia wurde zu diesem Zeitpunkt nicht der Folter ausgesetzt, weil sie schwanger war –, wurden zum Strand gebracht. Ich erfuhr von einem der Gefängniswärter, daß sie während der Nacht zusammen eingesperrt waren, und ich erschauerte bei der Vorstellung, was der Tenor ihrer Unterhaltung und ihrer Gedanken gewesen sein mußte, während sie sich zu mitternächtlicher Stunde angeschaut und an das schreckliche Schicksal gedacht hatten, das sie erwartete. Gewiß wirkten ihre Gesichter im kalten Licht des Tages bleich und eingefallen und ihre Mienen mitleiderregend.

Nicht daß sie damit irgendwelches Mitleid in den Herzen derjenigen auslösten, die sich versammelt hatten, um ihre Hinrichtung zu erleben. Der Pöbel applaudierte, als Roberto di Cabane, dunkelhäutig und mit ärgerlichem Gesicht, Godfrey di Marsan, alt und zitternd, und die Grafen von Terlizzi und Morcone, nicht minder von schrecklicher Angst erfüllt und zitternd, in ihren Hemden aus dem Tor heraustraten und eilig durch die Menge geführt wurden, um auf dem Strand stehenzubleiben.

Der Lärm wurde noch lauter, als Filippa und ihre beiden Töchter, nur im Unterhemd, ebenfalls vorgeführt wurden. Ich muß gestehen, daß ich so laut aufheulte wie jeder meiner Gefährten. Teils lag das daran, weil man hätte annehmen können, ich sympathisiere mit den Übeltätern, was der Fall war, teils aber auch, weil all diese Leute mich manches Mal schlecht behandelt hatten, und weil ich sie als Gefahr für meine Herrin sah und verurteilt sehen wollte.

Wie Karl von Durazzo war mir jedoch scharf bewußt, daß

der Moment der Entscheidung nahte. Den Gefangenen wurden die Arme auf den Rücken gebunden, aber sie wurden nicht geknebelt, und schließlich wandte sich Filippa der Menge zu und bemühte sich, eine Ansprache zu halten. Ich sage, ›bemühte sich‹, denn es kamen erstaunlicherweise keine zusammenhängenden Worte über ihre Lippen, nur ein schrilles und völlig verzweifeltes Jammern, und während wir noch überlegten, warum sie sich nicht artikulieren konnte, wurden die Gefangenen über die Planke zur Galeere und an Deck gebracht.

Jetzt drängte die Menge bis an die Palisaden und riß mich mit – es fehlte nicht viel, und ich wäre zerquetscht worden –, weil sie begierig darauf war, die schrecklichen Strafen zu hören, die gleich vollstreckt werden würden. Alle beschäftigte die Frage, ob der Stuhl benutzt werden würde, denn es gab kaum etwas Unangenehmeres für zarte Haut.

Dieses Gerät war ein eiserner Lehnsessel, der aus der Ferne fast behaglich wirkte. Der Sitz und die Lehnen waren jedoch mit eisernen Spitzen besetzt, und es gab einen eisernen Kragen und Manschetten, die dem Opfer angelegt wurden, während die Beine ähnlich an die vorderen Beine des Sessels gefesselt wurden. Es ist unmöglich, auf diesen scharfen Eisensitzen stillzuhalten, aber natürlich macht jede Bewegung es nur noch schlimmer und bald wird die Haut aufgespießt oder eine der natürlichen Öffnungen des menschlichen Körpers durchdrungen, was äußerste Qual zur Folge hat.

Dies ist jedoch erst der Beginn der Folter. Die Unterseite des Stuhls ist nichts anderes als ein eiserner Ofen, der mit glühenden Kohlen gefüllt werden kann, damit der Sitz darüber, die Eisenspitzen und alles glühendheiß werden. Dies war das Schicksal, das meine ehemaligen Spielgefährten jetzt erwartete.

Der erste, der leiden mußte, war Roberto. Sein Hemd wurde entfernt, und er wurde nackt in den Sessel gezwängt. Das Feuer war bereits angezündet worden, und seine Zuckungen und Schreie waren schlimm anzusehen und anzuhören. Die Menge brüllte vor Vergnügen bei dem Schauspiel, während Roberto bestimmt ein Dutzend Geständnisse herausschrie. Es war jedoch sonderbar: wie Donna Filippa zuvor war auch er anscheinend nicht in der Lage, zusammenhängende Worte zu äußern.

Er brauchte nicht sehr lange zu leiden, denn nach ungefähr zwei Minuten wurde entschieden, daß er alles gestanden hatte, und er wurde entfernt. Sich windend und zitternd lag er auf dem Deck, während sein Schwager, der Graf von Terlizzi, an seiner Stelle auf den Stuhl gesetzt wurde.

Diese große Persönlichkeit, die so stolz dem armen Tomasso die Zunge herausgeschnitten hatte, zitterte vor Angst, bevor er überhaupt den Stuhl erreichte, und seine Schreie waren lauter als die von Roberto, aber ebenfalls unverständlich.

Ohne Zweifel war es der Anblick von Terlizzi und die Erinnerung an Tomasso, was den schrecklichen Verdacht in mir wachrief, daß Monsignore von Baux sich ein Beispiel an seinem Opfer genommen hatte. Mein Verdacht war wohlbegründet, wie ich später erfuhr. Bertram hatte jedoch seinen Gefangenen nicht die Zunge herausschneiden lassen; das wäre ein zu offenkundiger Beweis gewesen, daß er ihre Geständnisse fürchtete. Er hatte einen Fischerhaken an jeder Zunge befestigen lassen, wodurch jeder schreien, jedoch nichts Verständliches sagen konnte; wenn man später in ihren Mund schaute, würde man keine Spuren von Verstümmelung sehen.

Und so litten sie, einer nach dem anderen, einschließlich Filippa und ihrer beiden Töchter, Mädchen, die nicht viel älter waren als ich. Sie waren gezwungen, sich vor dem Johlen des Pöbels zu entblößen und die Hitze des Feuers zu ertragen, während sich die Eisenspitzen in ihr Fleisch gruben. Als sie ebenfalls aufs Deck geworfen wurden, wo sie sich weiter unter Schmerzen wanden, wurde ich fast ohnmächtig, aber die Menge war sogar noch barbarischer geworden, teils weil selbst diese gefühllose Masse langsam begriff, daß sie auf irgendeine Weise darum betrogen worden war, die Geständnisse zu hören, teils weil jetzt verkündet wurde, daß die

Angeklagten alle ihre Schuld gestanden hatten, kein weiterer Prozeß nötig war und sie alle morgen hingerichtet werden würden.

Die Gefangenen wurden in ihren Kerker zurückgebracht. Sie konnten sich kaum auf den Beinen halten und stöhnten und schrien immer noch in ihrer Pein. Ich wollte so schnell wie möglich zum Castel Nuovo, um der Königin zu berichten, was geschehen war und um ein Glas oder vielleicht eine ganze Flasche Wein zu trinken, damit ich die grauenvollen Szenen vergessen konnte, die ich soeben gesehen hatte.

Aber es war noch jemand in der Menge, der so verblüfft war wie ich, weil die Gefangenen die Königin nicht beschuldigen konnten, und der wie ich langsam begriffen hatte, daß man das verhinderte. Karl von Durazzo war kein Mann, der sich um seine Beute betrügen ließ, und als ich mir einen Weg zwischen den aufgeregten Leuten bahnte, bemerkte ich, daß er mich suchte und sich in den Steigbügeln aufstellte, um die Menge überblicken zu können.

Natürlich verdoppelte ich meine Bemühungen, in Sicherheit zu gelangen, doch dabei geriet ich in eine Seitenstraße, die bis auf drei Männer verlassen war. Die Männer blockierten mir den Weg, und ich erkannte, daß sie meine Feinde waren.

Ich warf mich herum, um in die andere Richtung zu rennen, und lief drei anderen Männern in die Arme, die mich offenbar verfolgt hatten. Sie warfen mir einen schwarzen Umhang über den Kopf, bevor ich Atem holen konnte, und banden ihn um meine Taille fest, wodurch mein Kopf und die Arme völlig eingehüllt waren. Dann wurde ich angehoben, jemand warf mich über seine Schulter und trug mich davon.

Meine Lage war unschicklich – der Mann schlang den Arm um die Hinterseite meiner Oberschenkel, um mich festzuhalten –, unangenehm, weil seine Schulter in meinen Leib stieß, gefährlich, weil ich kaum Luft bekam, und angsteinflößend, denn ich wußte nicht, welch schreckliches Schicksal mir drohte.

Mein unfreiwilliger Ausflug dauerte jedoch nicht lange.

Tore wurden geöffnet und fielen zu, Stimmen wisperten, kaum verständlich unter dem Umhang, und ich fühlte, daß ich abwärts getragen wurde. Weitere Fragen und Kommandos, wieder wurde eine Tür geöffnet und geschlossen, und ich wurde auf den harten Steinboden geworfen.

Dann nahm man mir den Umhang vom Kopf, und ich konnte mich umschauen. Es gefiel mir gar nicht, was ich sah. Ich war in einem Verlies – zweifellos unter dem Palazzo Durazzo –, und drei Männer ragten über mir auf.

Sie trugen schwarze Kapuzen und starrten mich finster an. Noch unheilvoller waren jedoch die verschiedenen Objekte in dem Verlies, das von zwei Fackeln erhellt wurde, die in Haltern an der Wand steckten. Ich konnte nicht alle Objekte erkennen, aber ich bezweifelte nicht, daß sie alle unangenehm waren. Ich starrte auf eine Streckbank, die in diesem Fall aus einer hohen, robusten Leiter an der fernen Wand bestand. An ihrem Fuß befanden sich ein trommelförmiger Behälter und ein Rad, mit dem der Körper eines Opfers über seine natürliche Grenze hinaus gestreckt werden konnte.

Ich schluckte, setzte mich auf und bekreuzigte mich, während mich die Männer von oben bis unten betrachteten. Ihr Blick hatte meine Knie erreicht, als die innere Tür geöffnet wurde und Karl eintrat.

»Du betest?« fragte er.

»Sollte ich das nicht, Monsignore?« fragte ich so kühn wie ich konnte, obwohl ich argwöhnte, daß ich mir in ein paar Minuten die Lunge aus dem Hals schreien würde.

»Ich bezweifle, daß es dir nutzen wird«, bemerkte er und trat näher. »Aber du bleibst bis auf weiteres auf den Knien. Ich habe ein paar Fragen an dich.«

»Fragen beantworte ich gerne, vorausgesetzt ich weiß die Antworten. Es ist nicht nötig, mich zu entführen und zu mißhandeln.«

»Nicht nötig, meinst du? Wirst du mir wahrheitsgemäß antworten, meine hübsche Sklavin?«

»Gott ist mein Zeuge«, versicherte ich ihm. Ich hatte keinen Zweifel, daß Er mir jedes kleine Vergehen vergeben würde.

»Du warst am Strand«, sagte Karl. »Ich habe dich dort gesehen. Was hältst du von diesen Ereignissen?«

»Mein Herz blutet für diese armen Leute, Monsignore.«

»Das sollte es auch, denn du könntest bald ihr Schicksal teilen.«

»Ich, Monsignore? Man beschuldigt mich nicht. Ich bin unschuldig.«

»Ha! Wir werden bald wissen, ob das stimmt. Hast du nicht bemerkt, daß diese Verbrecher nicht sprechen konnten?«

»Ich habe nichts bemerkt, Monsignore, ich habe sie nur leiden sehen.« Wenn man an einen verzeihenden Gott glaubt, muß man Ihm von Zeit zu Zeit etwas zu vergeben geben.

Wieder ein langer, starrer Blick. Dann sagte Karl: »Du bist das Werkzeug der Königin.«

»Ich bin ihre Dienerin, Monsignore«, korrigierte ich.

»Sie vertraut dir alles an.«

»Wäre das nur so, Monsignore.«

»Keine Ausflüchte, Richilde. Du weißt, daß sie schuldig ist.«

»Schuldig, Monsignore?«

»Der Ermordung ihres Mannes. Du warst dabei. Du hast dich nach der Tat ein paar Stunden in ihrer Kammer versteckt. Ich weiß das von den Mönchen.«

»Ja, ich war dort, Monsignore. Und ich war zu Tode erschrocken. Genau wie Ihre Hoheit. Wir glaubten, daß die Mörder auch uns umbringen wollten, und so blieben wir in ihrem Bett, bis wir es für sicher hielten, uns hervorzuwagen.«

»Du wagst es, mich anzulügen?«

»Ich wage nur, die Wahrheit zu sagen, Monsignore.«

Wenn man zu lügen anfängt, muß man es mit völliger Überzeugung tun und wenn nötig mit ständig wachsendem Repertoire.

»Wir werden sehen«, sagte Karl. »Wir werden sehen.« Er wies auf seine Lakaien. »Schafft sie auf die Leiter.«

Ich wollte protestieren, doch ich wurde so grob gepackt, daß ich nicht zu Wort kam. Meine Kleidung wurde mir auf höchst unanständige Weise vom Körper gerissen. Die Schufte nutzten jede Gelegenheit, um mich an den intimsten Stellen zu berühren, und dann wurde ich zu der Streckbank geschleppt. Ich wehrte mich, doch sie waren zu stark für mich, und sie amüsierten sich anscheinend nur über mein schwaches Zappeln.

Einer der Männer kletterte vor mir die Leiter empor, und die beiden anderen hielten mich fest, damit der Strick um meine Handgelenke befestigt werden konnte. Ein Drehen der Seilrolle, und ich hing da wie Schlachtvieh. Ich stemmte die Fußspitzen gegen eine der unteren Sprossen der Leiter, um etwas von dem Druck auf meine Handgelenke und Schultern zu nehmen, aber bevor ich mich über die vorübergehende Erleichterung freuen konnte, wurden meine Füße ebenfalls zusammengebunden. Ich wagte nicht, hinunterzuschauen, doch ich wußte, daß ich jetzt an das Rad gefesselt war und bei der nächsten Umdrehung leiden würde.

Diese Haltung ist die unangenehmste, in der ein Mensch sich befinden kann, aber noch schlimmer ist sie für eine Frau, die nur von Männern umgeben ist. Ich versuchte, mich für das Martyrium zu wappnen und starrte auf Karl, der um die Leiter herumgekommen war, die an der Wand lehnte, um mich durch die Sprossen zu betrachten, an die ich gefesselt war. Und es war mehr als ein Betrachten meines Gesichts, denn der Rest von mir war natürlich deutlich sichtbar bis auf das halbe Dutzend belangloser Sprossen.

Karl hatte mich noch nie nackt gesehen, und ich merkte, daß ihm gefiel, was er sah.

»Es wäre schade, eine solche Schönheit zu ruinieren«, sagte er. »Komm, gestehe mir die Schuld deiner Herrin. Du wirst das Geständnis aufschreiben, und ich werde von deiner Bestrafung absehen. Mein Wort darauf. Mehr noch, ich werde dich zu *meiner* Sklavin machen. Du wirst es viel erfreulicher finden, mir zu dienen als Johanna, das wette ich.«

»Ich kann meine Herrin nie verlassen, Monsignore«, sagte ich. Mir war klar, daß seine Versprechungen keinen Pfifferling wert waren; wenn ich Johanna schriftlich beschuldigt hätte, wäre ich beseitigt worden, damit ich meine Aussage niemals widerrufen konnte.

Wenn ich sowieso sterben mußte, dann hatte es wenig Sinn, auch noch meine Ehre aufs Spiel zu setzen.

»Meinst du, du kannst mir trotzen?« fragte Karl. »Du, ein junges Ding und obendrein eine Sklavin? Kitzelt sie«, befahl er seinen Folterknechten.

Ich wußte nicht, was er vorhatte, und wurde überrascht, als ein Stock auf mein Hinterteil klatschte. Einen Moment brachte ich vor Überraschung keinen Laut heraus, doch dann schien der Schmerz geradewegs durch meinen Unterleib zu stechen, und ich warf den Kopf zurück und schrie aus Leibeskräften. Mein Schreien schien die Schufte anzuspornen, denn ich wurde ungefähr fünf weitere Male geschlagen – nach den ersten beiden Schlägen zählte ich nicht mehr mit. Gefesselt an Händen und Füßen konnte ich den Hieben nicht ausweichen, obwohl ich es versuchte, indem ich meinen Körper von Seite zu Seite drehte, und die ganze Zeit schrie ich wie am Spieß.

Die Verrenkungen schienen Karl zu gefallen, und er schob die Hände durch die Sprossen, um meine Brüste zu halten, während ich mich hin und her wand.

Als die Schläge aufhörten, blieb der Schmerz, und Tränen rannen über mein Gesicht, halb verdeckt von meinem Haar. Karl strich es mir ganz sanft aus dem Gesicht, damit er mich besser sehen konnte.

»Bist du bereit, es dir zu überlegen?« fragte er. »Du brauchst nur das Papier zu unterzeichnen. Ich werde alles Nötige niederschreiben.«

»Meine Herrin hat nichts Böses getan«, schluchzte ich. »Sie ist unschuldig. Wie ich.« Das war wenigstens die halbe Wahrheit.

Seine Finger krallten sich in das Haar, das er gerade noch gestreichelt hatte, und er zog es und meinen Kopf zwischen die Sprossen. »Dummes Mädchen«, sagte er. »Ist dir nicht klar, daß ich dich vernichten kann?«

»Ich werde auf Gott vertrauen, Monsignore«, sagte ich und

schaffte es, meine Tränen auf ein Schniefen zu reduzieren; ich würde sie zweifellos bald wieder brauchen.

»Gott«, schnaubte er. »Er hat kein Mitleid mit Mörderinnen.« Er schnippte mit den Fingern. »Die Birne.«

Einer der Kapuzenmänner eilte mit einem kleinen Objekt herbei, und mir stockte der Atem, denn ich kannte das Ding. Es hatte die Form einer großen Birne, aber es bestand aus zwei Holzstücken, die in Ruhestellung wie jetzt eng zusammenpaßten, aber mit einer Stahlfeder verbunden waren, die mit einem einfachen Schlüssel betätigt wurde, der aus dem Fuß der furchteinflößenden Frucht ragte. Wenn dieser Schlüssel gedreht wurde, wurden die beiden Hälften der Birne allmählich auseinandergezwungen – sie konnte bis auf ungefähr sechs Zoll gespreizt werden.

Hauptsächlich wurde dieses schreckliche Gerät zum Knebeln benutzt, in den Mund eingeführt und dann gedehnt; es hielt die Kiefer weit auseinander, so daß ein Laut außer einem Gurgeln tief aus der Kehle unmöglich war.

Ich wußte, daß die Folterbirne für weitaus zerstörerische Zwecke benutzt wurde, denn der Mund ist nicht die einzige Öffnung des menschlichen Körpers; eingeführt in den After oder die Vagina und dann bis zum äußersten gespreizt, verhindert die Birne, daß das Opfer lange Zeit jede natürliche Funktion ausüben kann, wenn nicht für immer. Es war gewiß nicht Karls Absicht, mich am Sprechen zu hindern, deshalb befürchtete ich das Schlimmste und zitterte, als er mir die Folterbirne vor die Augen hielt.

»Noch einmal«, sagte er, nachdem er meine Reaktion beobachtet hatte. »Willst du durch die Birne leiden? Ich versichere dir, daß ein kurzer Besuch von ihr deine Aussichten auf zukünftige Freuden zunichte machen wird. Würdest du es nicht vorziehen, die Erklärung zu unterschreiben, die ich vorbereitet habe?«

Ich war in einer schrecklichen Lage. Ich wußte, daß die Königin schuldig war, und sie weiterhin zu verteidigen, bedeutete das Risiko, meine weiblichen Attribute zu verlieren, die schließlich alles waren, was ich hatte, um meine Existenz zu sichern. Und doch wußte ich, daß ich mich dieser gemeinen Kreatur widersetzen mußte, daß es besser sein würde, den Rest meiner Tage ohne Freuden zu leben, als vor ihm zu kapitulieren und dazu beizutragen, daß die einzige Person auf der Welt, die jemals freundlich zu mir gewesen war, als Mörderin verdammt wurde.

»Ich kann keine unschuldige Person beschuldigen«, sagte ich. »Das werde ich nicht tun.«

Er starrte mich an, griff dann durch die Sprossen und drückte ärgerlich meine Brüste. Ich schrie immer wieder vor Schmerzen auf. Dann befahl er: »Bereitet sie vor.«

Die Vorbereitungen, die zum Einführen der Birne nötig sind, sind vermutlich unangenehmer – gewiß sind sie demütigender – als das Einführen des gefürchteten Objekts selbst.

Karls Folterknechte beschäftigen sich eifrig mit meinem nackten Körper. Sie banden meine Knöchel von dem Strick los, mit dem sie an die Sprosse gebunden waren, damit meine Knie, jeweils eines, so hoch wie möglich gebeugt werden konnten, ohne daß ich meinen Rücken krümmte. Stricke wurden unter meinen Knien und an die Sprosse oberhalb befestigt, um sie in Position zu halten. Andere Stricke wurden um meine Hüften und meinen Schritt geschlungen, mit dem äußeren Rand der Trommel verbunden und festgezogen. Dann wurden meine Knöchel mit zwei weiteren Stricken gefesselt und ähnlich festgezogen.

Da war ich, hing an Handgelenken und Knien, aber meine Oberschenkel und Knöchel wurden hinabgezogen, während meine Schenkel gleichzeitig gespreizt wurden.

In dieser Position, in der ich mich praktisch nicht bewegen konnte, wurde jede meiner Körperöffnungen so weit gedehnt wie möglich … einschließlich meines Mundes, und da ich annahm, daß ich getötet werden würde, fand ich, daß es nichts schaden konnte, wenn ich wieder aus Leibeskräften schrie.

Karl war um mich herum getreten, um die Vorbereitungen zu beobachten. Jetzt hörte ich zwischen meinen Schreien, daß er seinen Männern befahl, sich zurückzuziehen. Offenbar wollte er das Vergnügen, die Birne einzuführen und zu spreizen, mit keinem teilen. Einen Moment später fiel eine Tür zu, und der Herzog von Kalabrien und ich waren allein. Ich konnte natürlich meinen Kopf drehen, aber ich konnte nicht hinter mich blicken, und ich wollte auch nicht sehen, was er vorhatte. Ich hörte auf zu schreien, denn mir ging die Luft aus, und ich versuchte meine Muskeln anzuspannen, um ein Eindringen der Birne zu verhindern, aber ich hatte keinen Erfolg. So wartete ich in zitterndem Entsetzen auf die Einführung des hölzernen Folterinstruments.

Als ich seine Hand auf meinen Gesäßbacken spürte, schrie ich wieder, ebenfalls einen Augenblick später, als er mit seinen Fingern meine intimen Stellen erkundete. Jetzt wußte ich, welche Körperöffnung er mißhandeln wollte, und ich fand diese Aussichten sogar noch entsetzlicher als die Alternative. Dann spürte ich die Birne. Das Gefühl war jedoch anders, als ich erwartet hatte.

Sie bohrte sich in mich, und ich erwartete in geistiger Qual die langsame Ausdehnung, die mir für immer die Freuden des Fleisches versagen würde – als ich erkannte, daß Karl in diesem Moment eben diese Freuden des Fleisches genoß, daß die Birne aus Fleisch war und Karl von Durazzo in mein Haar stöhnte und keuchte.

Dieser Schuft, so eine hilflose Frau zu mißhandeln, besonders wenn er vorhatte, mich hinterher zu foltern.

Aber im Augenblick war er völlig damit beschäftigt, zu stoßen und zu keuchen, und es dauerte nicht lange, bis er mich mit feuchter Hitze überflutete und dann die Leiter hinabstieg, mich unbefriedigt und voller Sorge um das Folgende verließ.

Ein paar Sekunden lang geschah überhaupt nichts. Dann spürte ich ihn wieder auf der Leiter, und meine Beine wurden losgebunden und fielen hinab. Ich hing an den Handgelenken, aber er packte jetzt meine Füße und stellte sie auf höhere Sprossen, so daß ich das Gewicht von meinen Armen verlagern konnte. Dann befreite er mich von den Armfesseln. Ich klammerte mich an der Leiter fest, um nicht herunterzufallen, während ich die Handgelenke massierte, denn meine Arme waren wie abgestorben, und es stach wie mit Nadeln, als das Blut wieder richtig pulsierte.

»Du bist eine treue Sklavin«, sagte Karl. »Zu treu, um solch einer Kreatur wie deiner Herrin zu dienen. Aber du hast dich für sie entschieden, also kehre zu ihr zurück. Denk nur daran: wenn sie fällt, und das wird sie, wirst du an ihrer Seite fallen. Und jetzt fort mit dir!«

Prophetische Worte, aber keine, die ich in diesem Augenblick zur Kenntnis nahm. Ich konnte noch kaum begreifen, daß all meine Organe heil waren. Ich stieg die Leiter hinab und nahm mit zitternder Hand mein Kleid. Ich wagte Karl nicht anzusehen. Ich wollte ihn auch nicht sehen. Meine Gedanken waren ganz darauf konzentriert, auf die Straße zu gelangen, bevor er es sich anders überlegen konnte oder aufdeckte, daß er mir nur einen Streich spielte. Aber ein paar Sekunden später eilte ich nach Castel Nuovo, so schnell mich meine zitternden Beine tragen konnten.

Natürlich mußte ich Johanna mein Abenteuer berichten, die außer sich vor Sorge um mein Schicksal gewesen war, als ich nicht rechtzeitig zum Abendessen zurückgekehrt war. Ich knabberte einen kalten Hühnerknochen ab und stürzte Weißwein hinunter, während ich erzählte, was mir widerfahren war. Johanna war äußerst interessiert und ließ mich jede Einzelheit wiederholen, und sie war begierig darauf, in Erfahrung zu bringen, ob Karl Geschick als Liebhaber hatte.

Nun, zu diesem Punkt konnte ich ihr nur sagen, daß er gut bestückt und ungeduldig war. Sonst hatte er absolut nichts von einem Liebhaber und statt dessen viel von einem brutalen Lüstling gezeigt.

»Dieser Schuft!« stieß die Königin aus. »Und er ist mein eingesetzter Erbe. Das kann niemals sein!«

Ich hatte den Eindruck, daß sie eifersüchtig war … auf eine Sklavin? Aber noch größere Sorge machte mir die Vorstellung, daß sie abermals einen Mord plante – und Karl von Durazzo war ein ganz anderes Kaliber als Andreas von Ungarn.

»Aber diese armen Leute«, fuhr Johanna fort, »Ludwig hat mir erzählt, wie sie gelitten und geschrien haben, aber keiner hat etwas verraten. Niemand kann das verstehen. Ich ebenfalls nicht, obwohl ich deswegen sehr erleichtert bin. Kann ich Filippa und Roberto all diese Jahre falsch eingeschätzt haben? Sind sie wirklich meine treuen Freunde gewesen?«

Ich ließ sie in dem Glauben, denn es war ihr anscheinend wichtig. Ich für meinen Teil hatte kein Verlangen, das Schloß jemals wieder zu verlassen, jedenfalls nicht, bevor sich meine Sinne vom Angriff des Herzogs von Kalabrien erholt hatten.

Ich befürchtete, daß Alberto von meinem Erlebnis erfahren würde. Er war ein verdammt eifersüchtiger Mann und konnte der Königin seine Dienste für irgendeine finstere Tat anbieten, wenn er erfuhr, daß ich vergewaltigt worden war.

Aber, ehrlich gesagt, eine Sklavin kommt nicht zur Ruhe, und am nächsten Morgen wurde ich in aller Frühe von Johanna aus dem Bett geholt, das ich mit meinem Liebling Lucia teilte.

»Ich muß von ihren letzten Momenten erfahren«, eröffnete sie mir.

»Wird der Prinz nicht bei den Hinrichtungen anwesend sein?« fragte ich.

»Zweifellos, aber Ludwig denkt, daß ich ein junges und unschuldiges Mädchen bin, dessen Ohren nicht mit Schauergeschichten behelligt werden sollten.«

Das war eine verständliche Fehleinschätzung des Prinzen, denn Johanna, besonders im Negligé wie jetzt, sah gewiß aus wie das jüngste und unschuldigste Mädchen der Welt. Und ebenso wie das schönste. Ich seufzte und machte mich auf den Weg, um den Befehl meiner Herrin auszuführen. Mir war klar, daß meine Sinne neuen Angriffen ausgesetzt sein würden.

Es ist eine bedauerliche Tatsache, daß das Tier im Menschen das wildeste von allen ist. Noch bedauerlicher ist, daß die Menschheit diese brennende Begierde an Tod und Zerstörung unter einer Schicht Kultur, religiöser Rechtfertigung und scheinbarem Mitleid versteckt.

Und die ganze Zeit läßt der Mensch seine Opfer mit äußerster Raffinesse leiden.

Die Leute unterscheiden sich natürlich in ihrem Verhalten in solchen Dingen. Ich behaupte, daß wir in England so menschlich wie sonstwo sind. Der Missetäter, des Verrats schuldig befunden, wird aufgehängt, aber vor dem Tod hinuntergelassen. Dann wird er auf dem Boden vor dem Galgen ausgestreckt, und seine Geschlechtsteile werden abgeschnitten, sein Bauch aufgeschlitzt und seine Gedärme entblößt. Das ist zweifelsohne so schmerzvoll wie demütigend, doch wenn das vollbracht ist, wird ebenso sein Kopf abgeschnitten. Danach wird sein Körper gevierteilt, und seine Zurschaustellung an verschiedenen Stellen des Königreichs ist gewiß für ihn bedeutungslos, wie peinlich sie auch für seine Verwandten sein mag. Und – dieser Punkt ist wichtig – dieses unglückliche Ende wird nie an einer Frau vollzogen. Natürlich ist es unmöglich, etwas abzuschneiden, was nicht da ist, aber für das übrige würde es immer noch ein unglückliches Ende sein. In meinem Land hält man den Respekt vor dem weiblichen Schamgefühl jedoch für bewahrenswert.

Weibliche Kriminelle werden gehenkt oder verbrannt oder, wenn sie große Damen sind, enthauptet, ohne daß sie unziemlich zur Schau gestellt werden, wie Männer es erleiden müssen.

Nicht so in Neapel oder, wie ich gehört habe, überall in wärmerem Klima. Für mich hat es den Anschein, daß das neapolitanische Verhältnis zur Hinrichtung auf einige ernsthafte religiöse Zweifel hinweist, denn nach diesem Prinzip sollen die Opfer soviel auf Erden leiden wie möglich.

Auch ein anderer Aspekt der Lage in diesem südlichen Klima ist beunruhigend. Sie werden bemerkt haben, daß Donna Filippa und ihre Brut ohne Prozeß zur Hinrichtung geschickt wurden, aufgrund der Anschuldigung eines einzigen Zeugen, Nicolas di Melazzo – der selbst an der Verschwörung teilgenommen hatte –, und keiner der vielen Anwälte in der Stadt bot sich zu ihrer Verteidigung an.

In England wäre das unmöglich. Keine Zeugenaussage würde ohne unabhängige Beweise akzeptiert werden, und der Angeklagte hätte das Recht auf Verteidigung durch seinen Anwalt vor zwölf Geschworenen. Ob ihnen das etwas nutzt, kann ich nicht sagen. Aber sie haben immerhin dieses Recht.

Bertram von Baux hatte hier als Ankläger, Richter und Geschworener gleichzeitig fungiert, in sicherem Besitz der verhängnisvollen päpstlichen Bulle. Und so wurden die sieben Angeklagten entsprechend seiner Vorsichtsmaßregeln, ohne daß sie ein Wort zu ihrer Verteidigung sagen, geschweige denn das Verbrechen leugnen konnten, zu ihrer Hinrichtung geschleppt. Eigentlich waren es acht, denn der lange Arm des Gesetzes hatte auch nach Raimondo Pace, dem Bruder des armen Tomasso, gegriffen.

Johanna schickte mich bei Tagesanbruch los, damit ich die ganze Prozedur beobachten konnte. Aber sie hätte mich auch bis in den späten Vormittag hinein schlafen lassen können, denn es wurde Mittag, bevor die Gefängnistore aufschwangen. Unterdessen war der Pöbel – es waren viele tausend Leute anwesend – durch die Hitze und das Verlangen, die einst Mächtigen fallen zu sehen, und durch große Mengen Wein so in Fahrt, daß die Opfer glaubten, von Bestien mit einem Brüllen begrüßt zu werden, das die Möwen von der Mole scheuchte.

Zuerst tauchte eine Dreierreihe von Reitern in voller Rüstung, mit heruntergeklapptem Visier und mit Lanzen bewaffnet, aus dem Gefängnis auf. Dann folgten die Karren mit den Opfern, die nackt, geknebelt und mit auf dem Rücken gefesselten Händen hilflos vor den Folterknechten lagen, die jeweils zu zweit jeden Karren begleiteten und Befehle hatten, ihren Opfern ein Maximum an Leid zuzufügen, bevor der Scheiterhaufen erreicht wurde. Das Feuer brannte bereits, und große Rauchwolken stiegen in den Himmel über Neapel, während das Volk jubelte.

Auf dem ersten Karren lag Donna Filippa di Cabane. Ihre Beine waren ebenfalls aneinandergefesselt, und sie lag auf dem Bauch. Ihre beiden Peiniger schlugen mit Peitschen, die Eisenspitzen hatten, auf die hilflose Frau ein, so daß Blut aus ihrer aufgeplatzten Haut und sogar durch den Knebel floß, durch den sie herzzerreißende Schreie ausstieß.

Auf dem zweiten Karren lagen die Komtessen von Terlizzi und Morcone, beides attraktive Mädchen, die nur ein paar Jahre älter waren als ich. Sie stöhnten und wanden sich vor Entsetzen, und die Menge begrüßte sie mit noch lauteren Beifallsrufen als ihre Mutter, besonders als klar wurde, daß ihre Bestrafung noch schlimmer sein würde. Denn die beiden Männer auf dem Karren bei ihnen waren mit Rasiermessern ausgerüstet, mit denen sie Stücke Fleisch von ihren hübschen Opfern schnitten und der Menge hinwarfen. Der Anblick war grauenerregend. Der blutdürstige Pöbel schrieb bald den Folterknechten vor, welche Leckerbissen er haben wollte, und wenn ein Stück zu ihnen geworfen wurde, kämpften die Leute wie tolle Hunde darum, ein ›Erinnerungsstück‹ zu ergattern. Ein paarmal wurde ich angerempelt und zu Boden gestoßen, nahe an diese schrecklichen, blutenden Fleischstücke, während die Tiere in Menschengestalt darum kämpften.

Die Folterknechte verrichteten ihr grausiges Werk so sorgfältig, daß wenig Chancen für die beiden Mädchen bestanden, lebend den Scheiterhaufen zu erreichen, auf dem jetzt ihre Mutter bereits lag. Aber als ihre blutenden Körper ebenfalls in dieses Höllenfeuer geworfen wurden, bewegten sie sich noch und schrien. Auch die letzte Tortur mußte noch erlitten werden. Das Feuer war absichtlich früh angezündet worden und schwelte jetzt nur noch rauchend. Es war nichts anderes als ein großer Grill voller glühender Kohlen, auf dem die Opfer lebend geröstet wurden.

Die Männer, die folgten, waren ähnlich mißhandelt worden. Sie schrien und heulten wie die Frauen, mit Ausnahme von Roberto, das muß ich sagen. Er blieb stumm, obwohl die Folterknechte ihm besondere Aufmerksamkeit widmeten. Er blieb so stumm, daß ich schwören könnte, er war tot, bevor er die glühenden Kohlen erreichte.

Die Menge blieb ein paar Stunden bei dem Scheiterhaufen, tanzte und sang, bis die Flammen schließlich erloschen, Wasser auf die Asche gekippt wurde und der Pöbel vorwärtsdrängte und Knochen als Erinnerung an diesen schrecklichen Tag sammeln konnte. Ich hatte mich längst nach Castel Nuovo zurückgezogen, um der Königin zu berichten, was ich gesehen hatte. Johanna hörte schweigend zu, aber Schweiß glänzte auf ihrer Stirn, als sie erkannte, daß sie ein ebenso entsetzliches Schicksal hätte erleiden können, wenn ihr königliches Geblüt sie nicht geschützt hätte.

Doch der Papst hatte ihr noch nicht Absolution erteilt, und sie hatte noch nicht gewagt, ihn darum zu bitten.

So erschauerte sie, drückte mich an ihren Busen und sagte: »Laß uns beten, daß die Sache jetzt zu Ende ist.«

Als ob eine solche Sache jemals zu Ende sein könnte.

5. KAPITEL

Wir hatten in der Tat noch viel vor uns. Nachdem der ›Prozeß‹ und die Hinrichtung der Verschwörer hinter uns lagen – mit Ausnahme von Cancia natürlich, die nach der Geburt ihres Kindes hingerichtet werden würde –, schrieb Johanna nach Avignon und bat Seine Heiligkeit, sie von aller Verbindung zu dem Verbrechen freizusprechen. Aber wir konnten nicht vergessen, daß Papst Clemens noch nicht auf das gemeinsame Gesuch von Prinz Ludwig und der Königin geantwortet hatte, ihre Ehe vor der Kirche zu erlauben.

Das war beunruhigend. Auch die Dinge in Neapel gaben Anlaß zur Sorge. Karl von Durazzo mochte bis jetzt den Versuchungen meines Fleisches erlegen sein und hatte mich gehenlassen, aber ich war noch längst nicht sicher. Karl blieb Johannas ernannter Erbe, und nachdem er sie frei und unbeeinträchtigt nach der Ermordung ihres ersten Mannes davonkommen sah, war er überzeugt, daß man ihn um seine Beute und seine rechtmäßige Stellung betrogen hatte – in mehr als einer Hinsicht, denn ich hätte schwören können, daß Karl alles dafür gegeben hätte, wenn sein schöner Cousin ihm ausgeliefert gewesen wäre, wie ich es war.

Vielleicht träumte er noch davon. Gewiß träumte er von der Krone Neapels. Und wenn man ihm diese Krone versagte, dann würde er sie sich mit Gewalt nehmen. Er begann mit seinem Plan, der nichts anderes als eine Übernahme der Stadt war. Bewaffnete Gefolgsleute mit seiner Fahne erschienen auf allen Straßen und tyrannisierten die Bürger: die einzige Zuflucht war der Palazzo Durazzo – diejenigen, die den Schutz der Königin suchten, sollten um so mehr leiden.

Die Situation war unerträglich, doch Karls Männer waren so zahlreich, daß die Königin bald selbst keine Zuflucht mehr hatte. Zum Glück war sie jetzt verheiratet, wenigstens körperlich, mit einem Krieger, der in jeder Hinsicht ein Mann war. Ludwig von Tarent machte sich an der Spitze seiner Palastwache auf, meinen Ehemann an seiner Seite, und stellte eine

Gruppe bewaffneter Männer auf, welche die Fahne von Durazzo trugen. Das Scharmützel war kurz, und Ludwig und Alberto kehrten siegreich zurück. Aber am nächsten Tag wurden sie von einer viel stärkeren Gruppe angegriffen und gezwungen, sich ins Schloß zurückzuziehen.

»Mein Gott, mein Gott, wir sind verloren«, klagte Johanna. »Oh, daß mich mein Vetter und meine eigene Schwester so behandeln!«

Ich bezweifelte, daß die arme Maria irgendeinen Einfluß auf das Geschehen nehmen konnte, aber ich behielt meine Meinung für mich.

»Niemals sind wir verloren«, erklärte Ludwig. »Karl hat sich die Mühe gemacht, eine Armee zu rekrutieren. Nun, dann müssen wir das gleiche tun. Dann werden wir ja sehen.«

»Eine Armee, Monsignore, kostet Geld«, sagte Johanna trübselig. »Ich kann kein Geld entbehren.«

»Ha«, schnaubte Katharina von Valois, denn sie war in unserer Mitte aufgetaucht, um ihre Position als Mutter des zukünftigen Königs von Neapel einzunehmen, nachdem sie alle, bis auf ihre Schwiegertochter, losgeworden war, die sie zu Fall bringen konnten. »Ihr braucht Geld? Ich werde es Euch geben.«

»Ihr, liebste Tante?« fragte Johanna überrascht, denn es war bekannt, daß das Haus Konstantinopel und Tarent, milde gesagt, pleite war.

»Gebt mir die Hälfte Eurer Wachen, Johanna«, sagte Katherina, »und ich werde bald mit all den Reichtümern zurückkehren, die Ihr Euch nur wünschen könnt.«

Und so geschah es. Erst nach ihrem Sieg erzählte sie uns, wie sie ihn erreicht hatte – vorher sagte sie nichts davon, weil sie befürchtete, die Königin würde Bedenken äußern.

Denn Katharinas Plan sah vor, das Schloß St. Agatha einzunehmen, wo Karl von Aire und sein Sohn Bertrand – der ehemalige Liebhaber der Königin und mit einiger Sicherheit der Vater ihres Kindes – Zuflucht gesucht hatten. Sie waren natürlich ebenso der Verschwörung schuldig wie Katharina selbst, hatten es aber geschafft, sich dank der starken Brustwehren des Schlosses allen zu widersetzen, sogar Karl von Durazzo. Ob sie sich auch dem päpstlichen Bann widersetzen konnten, stand auf einem anderen Blatt, aber sie waren immerhin Prinzen von königlichem Geblüt und deshalb von der Rechtsprechung des Bertram von Baux ausgeschlossen.

Nicht sicher waren sie jedoch vor der boshaften List der Katharina von Konstantinopel. Man muß sich in Erinnerung rufen, daß diese schreckliche Frau eine Valois war, aus einer Familie, die Frankreich mit alter Tyrannei regierte. Als eine Valois war sie außerdem eine Kusine von Karl und seinem Sohn – durch Geblüt und Heirat, was das Verbrechen noch abscheulicher machte –, aber sie war keine Frau, die sich durch Familienbande aufhalten ließ.

Karl und Bertrand waren natürlich verblüfft, als ihre Zuflucht umzingelt war, nicht von den Truppen Karls von Durazzo, sondern von denen der Königin. Bestürzt stellten sie fest, daß mitten unter den Kriegern die Frau war, welche die Seele der Verschwörung gewesen war und offenbar das Kommando führte. Herolde wurden entsandt, die feststellen sollten, was diese Demonstration zu bedeuten hatte. Katharina, eine Meisterin in der Kunst des Heuchelns, bestritt jede feindliche Absicht gegenüber ihren lieben Vettern und behauptete, die Eskorte diene ihrem Schutz in diesen furchtbaren Zeiten, und sie bat Karl um ein Gespräch, um dringende Angelegenheiten zu besprechen. Sie wußte, daß er wegen seiner Gicht an den Thron gefesselt war, und sie bot großzügig an, ins Schloß zu kommen, um mit ihm zu sprechen, nur begleitet von ihrem Haushofmeister Nicola Acciajuoli und zehn Kriegern.

Karl war natürlich erleichtert, als er erfuhr, daß er keinen Kampf befürchten mußte, und er ahnte sofort, was diese dringenden Dinge sein mußten. Deshalb wurde die Zugbrücke heruntergelassen, und Katharina und ihre Eskorte wurden von Bertrand von Artois persönlich begrüßt und zu seinem Vater geführt.

Katharina, eine äußerst attraktive Frau, wenn sie sich bemühte, warf sich vor Karls Füße und beklagte das Schicksal, das sie ereilt hatte. Der Graf war betroffen und zugleich geschmeichelt, weil die Kaiserin von Konstantinopel sich in ihrer Not an ihn gewandt hatte, um mit ihm die Lage zu besprechen.

Katharina hatte viel zu besprechen. Sie konnte pausenlos schwatzen. Deshalb zog sich ihr Besuch bei Karl schließlich von ein paar Tagen zu einer Woche hin und dann zu vierzehn Tagen. Während dieser Zeit verschlechterte sich das Wetter, und Katharinas gesamte Streitmacht wurde ins Schloß gelassen. Keiner hatte den geringsten Verdacht.

Als sich ihre ganze Gesellschaft versammelt hatte, legte diese schreckliche Frau die Maske ab. Begleitet von ihren Männern betrat sie die Gemächer des Grafen, packte ihn an der Kehle, während ihre Krieger die Schwerter zückten, und verlangte, daß er verriet, wo er seinen Schatz verborgen hatte – es war bekannt, daß Karl von Aire ein sehr reicher Mann war. Andernfalls drohte sie, ihn auf der Stelle zu ermorden.

Karl, ein älterer, kränklicher Mann, wurde von diesem Angriff so überrascht, daß ihm nichts anderes einfiel, als auf die Knie zu sinken und zu flehen, das Leben seines Sohnes zu verschonen, der sich nach der Ermordung des Prinzen Andreas noch nicht von seiner tiefen Niedergeschlagenheit erholt hatte.

Katharina sicherte großzügig zu, den Sohn zu verschonen, wenn ihr der Schatz von Artois ausgeliefert werden würde. Der arme alte Graf zeigte ihr, wo der Schatz aufbewahrt wurde, und ein paar Minuten später wühlte Katharina bis zu den Ellenbogen in Perlen, Diamanten und Rubinen von unschätzbarem Wert und anderen kostbaren Steinen, die in mehreren Generationen von Karl, dessen Vater und Großvater beim Handeln mit östlichen Potentaten zusammengetragen worden waren, als sie dem damaligen Karl von Anjou gedient hatten.

Der Graf wagte es jetzt, Katharina an ihr Versprechen zu erinnern.

»Das Leben Eures Sohnes mögt Ihr haben«, erklärte Katharina. »Aber nicht seine Freiheit. Er wird den Rest seines Lebens in einem Verlies in meinem Schloß von Malfi verbringen.«

Der Graf war so erschüttert von dieser Eröffnung, daß er ein paar Tage später tot aufgefunden wurde. Seine Lippen waren mit blutigem Schaum bedeckt, was darauf schließen ließ, daß er einem Herzanfall erlegen war. Bertrand überlebte seinen Vater nicht lange; als er vom Tode seines Vaters erfuhr, erhängte er sich an den Gitterstäben in seinem Verlies.

So waren zwei weitere der Missetäter tot.

Katharina eilte mit ihrem unrechtmäßig erworbenen Reichtum nach Neapel zurück, und wir duften uns ebenfalls an der Pracht der Juwelen ergötzen. Wir waren in der Tat froh, Katharina wiederzusehen. Denn während ihrer Abwesenheit waren uns die schrecklichsten Dinge widerfahren: Karl von Durazzo, der den Vorteil über die dezimierten Soldaten der Königin nutzen wollte, hatte Boten nach Buda geschickt, um das Heer König Ludwigs von Ungarn zu rufen, zu dieser Zeit der gewaltigste Monarch in Europa.

Ludwig war seit dem Tod seines Bruders in einem Dilemma. Die Blutsbande, zu denen die Tränen der Königin von Polen und die Flüche von Bruder Robert kamen, verlangten von ihm, daß er den Mord rächte. Aber er riskierte die Exkommunizierung, wenn er ohne die Billigung des Papstes in den Krieg zog. Deshalb hatte er sich für eine Weile zurückgehalten, weil ihm Avignon zugesichert hatte, daß alle Mörder bestraft werden würden. Er war unzufrieden gewesen, als er erfahren hatte, daß nur die Handlanger gelitten hatten. Er ahnte, wer die Haupttäter waren. Sein Verdacht wurde jetzt durch Karl von Durazzo bestätigt.

Zornig schrieb Ludwig dem Papst und verlangte, daß diese ›mörderische Ehebrecherin‹ – so lauteten seine Worte – bestraft wurde, die auf dem Thron von Neapel saß und ihre teuflische Schönheit der Welt zeigte. Papst Clemens, der seine eigene Politik verfolgte, wie wir bald erkennen sollten, antwortete in einem milderen Ton. Er räumte ein, daß es ernste Verdachtsmomente hinsichtlich Johannas Beteiligung bei Prinz Andreas' Tod gebe und verdammte gründlich ihr unmoralisches Verhalten seit diesem traurigen Ereignis. Aber er ermahnte König Ludwig, daß der Papst die Quelle aller Wahrheit und Tugend sei und er nichts gegen die Königin unternehmen könne, ohne den unwiderlegbaren Beweis ihrer Schuld zu haben.

Seine Heiligkeit, ein vielbeschäftigter Mann, hatte zweifellos vergessen, daß er just die Hinrichtung derjenigen Leute befohlen hatte, die solch einen Beweis liefern konnten, und zugleich hatte er sich gegenüber diesen Unglücklichen nicht gerade anständig und ehrenhaft verhalten.

Für Ludwig hatte es den Anschein, daß der Papst die Sache offenließ und fast den gekränkten Bruder eingeladen hätte, die Beteiligung der Königin an der Ermordung seines Bruders nachzuweisen, wenn er nur gekonnt hätte. Das stimmte natürlich – Seine Heiligkeit verfolgte unbeirrt den meisterlichen Plan und sah, daß alles wie am Schnürchen lief. Und Ludwig, der sich sicher war, den päpstlichen Zorn nicht auf sich zu ziehen, setzte sein großes Heer in Marsch. Wenn er es gegen die untreuen Türken geführt hätte, die in diesem Moment ihre lange und erfolgreiche Invasion von Osteuropa begannen, hätte das vielleicht der Geschichte besser gedient. Er hätte vielleicht sogar seinen Kopf verloren, wie so viele seiner Untertanen, die sich dem Halbmond entgegenstemmten.

Statt dessen marschierte Ludwig gen Neapel. Mit großem Erfolg. Johanna wurde zu Tode erschreckt und schickte hastig einen Brief an ihren früheren Schwager, in dem sie ihre Unschuld beteuerte – wie ich hatte sie großes Vertrauen in Gottes Vergebung – und bat ihn, sein kriegsartiges Gebaren aufzugeben.

Ludwigs Antwort war kurz und enttäuschend. »Madame«, schrieb er. »Euer unsteter Lebenswandel und Eure Machtübernahme, Euer Versäumnis, den Tod Eures Mannes zu rächen, Eure anschließende ›Ehe‹ und die Tatsache, daß Ihr

Euch zu rechtfertigen sucht, sind ausreichende Beweise dafür, daß Ihr Euch an dieser schändlichen Tat beteiligt habt.«

Dieser Brief stürzte Johanna erneut in Furcht und Verzweiflung. Prinz Ludwig war natürlich entschlossen, dem Feind mit voller Rüstung entgegenzutreten. Leider war das keine praktische Lösung unseres Problems, denn seine Ritter bildeten weniger als die Hälfte des neapolitanischen Heeres, der Rest stand im Sold von Karl von Durazzo, und keiner wußte, wie der Hase laufen würde.

Während wir in Panik gerieten, übernahm Katharina von Valois das Ruder, wie es ihre Gewohnheit war und, wie sich herausstellte, zum letzten Mal. Sie war eine Frau, die immer direkt auf den Kern des Problems zuging; wenn Neapel ohne die Treue Karls zum Untergang verdammt war, dann mußte Karls Treue eingefordert werden. Sie überzeugte Johanna, daß es keine Alternative gab, und Johanna, entsprechend heuchlerisch, obwohl sie mir in ihrem Schlafgemach unter vier Augen bekannte, daß ihr vor der Tat graute, stimmte einem privaten Treffen mit ihrem Vetter zu, das im Park des Castel Nuovo stattfinden sollte.

Dort gelobte sie feierlich, daß ihr Sohn auf den Thron verzichten werde, und akzeptierte Karl förmlich als Thronerben. Jede der vier anwesenden Personen, ich inbegriffen, hatte äußerste Vorbehalte gegen diesen heiligen Pakt.

Katharina sagte sich gewiß, daß Karl, sollte er von Ludwig von Ungarn besiegt werden, als Problem erledigt war. Selbst im Falle seines Siegs aber würde er nur anerkannt werden, bis weitere Schritte unternommen werden konnten – sie war keineswegs bereit, zuzulassen, daß ihr Sohn und jeder Nachkomme, den er und Johanna haben mochten, von dem Erbe ausgeschlossen wurden.

Johannas Hintergedanken waren ähnlich.

Karl wollte, das war deutlich, in jedem Fall eine sofortige Regentschaft antreten, wenn er die ungarische Invasion zurückgeschlagen hatte.

Und ich hatte überhaupt keinen Zweifel daran, daß der Schuft – nach allem, was zwischen uns passiert war, hatte er nicht mehr als einen Blick für mich übrig, so begierig war er auf das Geschäft – ein schlimmes Ende nehmen würde.

Es kam schneller, als ich erwartet hatte. Für den Moment schien unser Problem gelöst zu sein, denn Karl und Ludwig vereinigten ihre Kräfte und marschierten in die Schlacht bei Aquila, der Stadt, über der bereits die ungarische Fahne wehte.

Der Abend bevor unsere Helden in den Krieg zogen, war, wie man sich vielleicht vorstellen kann, eine Mischung aus Traurigem und Schlüpfrigem. Zum ersten Mal würden Johanna und ich längere Zeit von unseren Männern getrennt sein, und keiner von uns vieren konnte abschätzen, welche Torturen vor uns liegen mochten oder ob wir uns jemals wiedersehen würden.

Deshalb begaben wir uns in unsere jeweiligen Kammern, um uns zu unserer Zufriedenheit zu küssen und zu lieben, bis Alberto und ich befriedigt waren und in schweiß- und spermabefleckter Erschöpfung beieinanderlagen. Aus dieser köstlichen Verfassung wurde ich durch einen Ruf aus dem Gemach meiner Herrin gerissen, das nur eine Tür von meiner Kammer entfernt war.

Ich war sofort aus dem Bett heraus, weil ich eine Katastrophe befürchtete, und klopfte vorsichtig an Johannas Tür.

»Richilde!« rief die Königin. »Bist du es? Tritt ein!«

Ich zögerte, während ich mich in Ordnung brachte; ich hatte so hastig mein Bett verlassen, daß ich nur noch mein Haar aus der Stirn streichen konnte; aber Prinz Ludwig hatte mich ja schon nackt gesehen.

In diesem Zustand öffnete ich die Tür und starrte auf die Königin und ihren Mann.

Sie waren beide nackt wie ich und deshalb ein faszinierender Anblick; denn sie waren zwei der schönsten Menschen, die ich je gesehen hatte. Sie sahen ebenso zerzaust wie Alberto und ich aus. Aber es war offensichtlich, daß während ihrer Leidenschaft irgendeine Differenz entstanden war.

Besorgt bemerkte ich, daß sie beide meine unteren Regionen mit beträchtlichem Interesse betrachteten. Ich war stets stolz auf meine Schönheit gewesen, und zwischen Nabel und Knie würde ich mich mit jeder Frau auf der Welt messen, obwohl ich es natürlich vorgezogen hätte, mich mit einem Mann zu messen. Wegen der traurigen Umstände meines Lebens sogar in diesem frühen Alter, habe ich auch nie an übertriebenem Schamgefühl gelitten, und gewiß hat es mir nicht an Geilheit gemangelt. Wenn die Königin und Ludwig noch unbefriedigt waren und wünschten, meinen Körper zu benutzen, dann mußte ich mich daran erinnern, daß ich ihre Dienerin war und mich ihren Wünschen zu fügen hatte.

Es wurde jetzt jedoch klar, daß sie mich nicht bewunderten oder begehrten. Johanna streckte einen langen, weißen Arm aus und winkte mich zu sich. »Nun?«

Prinz Ludwig stieg aus dem Bett, ein herrlicher Anblick. »Alberto!« bellte er. »Alberto!«

»Eure Hoheit!« Mir stockte der Atem. Ich war zwar darauf vorbereitet, mich den königlichen Blicken auszusetzen, aber nicht die nackte Königin dem Blick eines gemeinen Hauptmanns.

Johanna kam anscheinend der gleiche Gedanke in den Sinn, denn sie zog das Laken um ihre Schultern, was nicht viel von ihrem nackten Körper verhüllte.

Alberto eilte herein. Er war in seine Reithosen gekleidet und hatte sein Schwert gezogen, weil er zweifellos annahm, ein Verräter sei eingedrungen. Jetzt verharrte er verdutzt bei dem Anblick, der sich ihm bot.

»Alberto! Eure Frau trägt das Instrument nicht«, sagte Ludwig.

Alle schauten mich an, ich mich auch. Instrument?«

Alberto wurde rot. »Ich habe das Thema noch nicht zur Sprache gebracht, Monsignore.«

»Ihr hattet eine Stunde Zeit«, sagte Ludwig anklagend.

»Jawohl, Monsignore. Tatsache ist …« Alberto blickte mich bange an.

Tatsache war, daß mein lieber Mann mehr Angst vor mir hatte als vor jedem bewaffneten und gepanzerten Feind.

»Instrument?« fragte ich so sanft ich konnte.

»Instrument?« wiederholte Johanna etwas schroffer.

Ludwig seufzte. »Ihr habt unsere Lage arg gefährdet, Alberto«, sagte er. »Aber jetzt ... holt es.«

Alberto verschwand in unserer Schlafkammer, während Johanna und ich Blicke tauschten.

Alberto kehrte zurück und hielt in jeder Hand ein merkwürdiges Kleidungsstück, das einer Unterhose glich, die Männer beim Schwimmen in Anwesenheit von Damen trugen. Das heißt, das Kleidungsstück sollte das Gebiet der Schamhaare völlig verhüllen und umschließen. Es hatte Öffnungen für die Beine und einen Gürtel, mit dem es eng verschlossen werden konnte.

Aber diese Unterhose unterschied sich von denen, die ich vorher gesehen hatte, da sie aus netzartigem Eisen war.

Unsere Ehemänner schauten uns an, wechselten einen Blick und sahen uns wieder an. Es war totenstill, und doch hing Unausgesprochenes in der Luft.

»Sie werden von der Heiligen Kirche empfohlen«, sagte schließlich Ludwig.

»Tatsächlich?« bemerkte Johanna spitz.

»Und sie sind mit höchster Handwerkskunst hergestellt«, sagte Ludwig. »Sie sollen, wie man mir sagte, äußerst bequem sein. Zusätzlich tragen sie zur Seelenruhe der Trägerin und ihres Mannes bei.«

»Und zu beträchtlicher Unbequemlichkeit«, meinte Johanna.

»Nein, Eure Hoheit. Wenn Ihr diese listig angebrachten Öffnungen betrachtet, werdet Ihr bemerken, daß kein Ruf der Natur unterdrückt werden muß.« Er nahm Alberto einen der Keuschheitsgürtel aus der Hand und trug ihn zum Bett, damit Johanna ihn aus der Nähe betrachten konnte.

Johanna zögerte selten, wenn sie mit einer Situation konfrontiert wurde, die eine Entscheidung verlangte. Tatsächlich war sie oftmals *zu* entscheidungsfreudig. In diesem Fall erkannte sie, daß die beiden Männer, die wir mehr liebten als alle anderen, wünschten, daß wir unsere intimen Stellen bis zu ihrer Rückkehr einsperrten und daß sie äußerst unglücklich in den Krieg davonzogen, wenn wir es nicht taten.

Doch Johanna blieb ganz Frau. »Ihr zweifelt also an unserer Keuschheit in Eurer Abwesenheit, Monsignore?«

Ludwig fand vor Verlegenheit kaum Worte. »Die Heilige Kirche …«

»Empfiehlt diese unnatürlichen Dinger«, stimmte Johanna zu. »Nun, wer bin ich, daß ich wage, der Heiligen Kirche zu widersprechen? Aber werdet Ihr, Monsignore, und Hauptmann Cogni, solche Dinger ebenfalls tragen?«

»Ich …« Ludwig schaute Alberto hilfesuchend an.

»Man kann damit unmöglich reiten, Eure Hoheit«, wandte Alberto ein. »Man ist zu beengt.«

»Ah!« sagte Johanna. »Natürlich. Sehr gut, Hauptmann. Nun, werdet Ihr Eure Frau anziehen, damit wir sehen, wie es gemacht wird?«

So war ich gezwungen, meine Beine durch die Öffnungen zu zwängen. Anschließend rückte Alberto den Keuschheitsgürtel aus engmaschigem Eisengitter über meinem Gesäß und zwischen meinen Schenkeln zurecht und schnallte dann den Gürtel, der um meine Hüften lag, so eng zu, daß es mir unmöglich war, das Kleidungsstück über die Schenkel hinabzustreifen. Es war eine Schnalle an dem Gürtel, in der sich ein Schloß befand. Mein Ehemann schob nun einen kleinen Schlüssel in dieses Schloß, den er mit einem Klicken drehte, und dann trat er zurück, um sein Werk zu betrachten.

»Ist es nicht bequem, meine teure Frau?« fragte er.

Nun, ich war bereit, einzuräumen, daß es im ersten Augenblick nicht *un*bequem war, denn des Nachts war es warm, und das Metall war kalt. Aber die Demütigung …

»Wer bleibt im Besitz des Schlüssels?« fragte Johanna, immer noch sehr sanft.

»Der Ehemann, Eure Hoheit«, erklärte Alberto nervös.

»Ah«, bemerkte Johanna wieder. »Nun, dann, Hauptmann, danke ich Euch für Eure Vorführung. Ihr könnt Euch nun zurückziehen. Richilde, du wirst den Monsignore unterstützen.«

So legten wir der Königin den Keuschheitsgürtel an.

Johanna, Katharina von Valois und ich standen am Fenster des Castel Nuovo und schauten uns das angetretene Heer an, die glitzernden Lanzen, die flatternden Wimpel, die glänzenden Rüstungen, das Tänzeln der Pferde, die buntgekleideten Schildknappen, die Bogenschützen mit dem Lederwams, die Priester und die Hufschmiede, die Hunde und das Vieh, die Hühner und Schweine, die alle Teile eines Heers waren, das in den Krieg zog. Es war ein großer und ernster Anlaß und ebenso ein prächtiger und anregender, denn jeder Mann, der unser Fenster passierte, blickte zur Königin und bekundete mit lautem Ruf seine Treue. Johanna glühte vor Stolz und Schönheit, und an diesem Abend besuchten wir die Kathedrale, um für den Erfolg unserer Armeen zu beten.

Danach ereignete sich Außergewöhnliches. Wir kehrten ins Schloß zurück, aßen wie immer zu Abend, und Katharina von Valois zog sich zum Schlafen zurück. Am nächsten Morgen wurden Johanna und ich, als wir uns in den Armen hielten, wie wir es immer taten, wenn Prinz Ludwig anderweitig beschäftigt war, von einer entsetzten Zofe der Kaiserin geweckt. Nackt liefen wir zu Katharinas Kammer, und dort fanden wir die Kaiserin kalt und tot. Es gab kein Anzeichen für einen unnatürlichen Tod, nicht einmal auf den erstarrten Gesichtszügen der Leiche, und die Zofen schworen, daß ihre Herrin nicht nach ihnen gerufen hatte.

Sie war einfach gestorben.

Wir begruben sie sofort mit wenig Pomp, denn das Land war im Krieg, und ihre Söhne waren alle abwesend mit dem Heer. Um die Wahrheit zu sagen, als Johanna und ich wieder im Schloß waren, beide in Schwarz gekleidet, schauten wir uns einen Moment lang an und warfen dann unsere Schleier zurück, schenkten uns lachend Wein in Kelche ein, tranken und umarmten uns.

»Sie war eine schreckliche Frau«, sagte Johanna. »Ich weiß nicht, wie sie die Mutter meines geliebten Ludwig sein konnte.« Dann wurde sie wieder ernst. »Oh, wenn ich nur wüßte, wie es ihm in diesem Augenblick ergeht«, sagte sie.

Die Königin und ich hatten in diesem Moment eine drängendere Sorge: wie wir unsere ungewollten Behinderungen loswerden und sie dennoch wieder anziehen konnten, wenn die Rückkehr unserer Männer angekündigt werden würde.

Das schloß den Einsatz einer Axt oder eines Schwerts aus, selbst wenn sie zur Hand gewesen wären, denn unmittelbar unter dem Keuschheitsgürtel war weiches, weißes Fleisch, das in Mitleidenschaft gezogen werden würde. So steckten wir die Köpfe zusammen und suchten nach einer Lösung des Problems.

»Spinelli!« entschied Johanna.

Sie hätte keine bessere Wahl treffen können. Antonio Spinelli war ihr Privatsekretär, und deshalb völlig vertrauenswürdig. Er war natürlich ein Mann, was ein gewisses Risiko in sich barg, aber er war über Vierzig, und Johanna und ich, gerade nur halb so alt, waren in einem Stadium unseres Lebens, in dem wir davon ausgingen, daß er längst kein geschlechtliches Verlangen mehr hatte.

In der Jugend neigt man zu solchen Torheiten.

Meister Spinelli wurde zu den königlichen Gemächern bestellt, und wir drei schlossen die Tür. Dann erklärte Johanna unsere Lage. Sie errötete dabei kein bißchen, obwohl meine Wangen heiß waren, bevor sie zu Ende gesprochen hatte, und sie glühten noch einige Zeit danach.

»Hm«, bemerkte Spinelli, ohne eine Gefühlsregung zu zeigen. »Hm. Eure Hoheit, es ist ein Ersatzschlüssel erforderlich.«

»Das wäre großartig«, stimmte Johanna zu. »Könnt Ihr solch einen Schlüssel anfertigen, Antonio?«

»Selbstverständlich, Eure Hoheit. Aber ... es wird erforderlich sein, einen Wachsabdruck des Schlosses zu machen.«

»Ich verstehe«, sagte Johanna. »Richilde!«

Wofür sind Sklaven da, wenn sie nicht die Funktionen übernehmen, die die Herrin nicht selbst erfüllen will? Deshalb mußte ich mich auf den Boden legen, den Rock bis zu den Schenkeln hochziehen, und Spinelli kniete sich neben mich und wärmte sein Wachs über einer Kerze. Bei dieser Prozedur war ich natürlich völlig seinem Blick ausgesetzt, denn diese Öffnungen waren offenbar nicht nur dazu gemacht, daß man ungehindert den Funktionen des Körpers nachgeben konnte, sondern auch, um den menschlichen Blick ebenso ungehindert eindringen zu lassen.

Der gute Sekretär zeigte jedoch kein Anzeichen, daß er Vergnügen bei der Sache fand, abgesehen von schnellerem Atmen und einem leichten Zittern seiner Hand, wodurch ein paar Tropfen Wachs auf meinen Bauch fielen und ich erschrocken aufschrie.

Den Wachsabdruck herzustellen, ohne ihn zu beschädigen, dauerte jedoch viel länger, weil es der geile Spitzbube für nötig hielt, seine Hand in den Gürtel zu schieben, während ich den Bauch einzog, solange ich konnte, und eine Weile herumzufummeln, bevor er erreichte, was er wollte.

Johanna kniete an meiner anderen Seite, um die Prozedur zu beaufsichtigen, und klatschte vor Freude in die Hände, als Spinelli ankündigte, daß er einen perfekten Abdruck hatte und am nächsten Tag mit dem Ersatzschlüssel zurückkehren würde. Das tat er dann auch. Der Zauberschlüssel wurde in mein Schloß eingeführt, und einen Augenblick später war ich frei, und der Keuschheitsgürtel unbeschädigt.

»Wunderbar«, rief Johanna. »Oh, Ihr werdet belohnt werden, Antonio. Laßt uns jetzt allein.«

Spinelli verneigte sich und zog sich zurück, aber nicht sehr weit, wie sich herausstellte; der Schuft ahnte, was als nächstes passieren würde.

Johanna schnaufte ziemlich vor Aufregung, denn sie hatte in diesem frühen Stadium ihres Lebens noch nicht die Promiskuität entwickelt, die ihre späteren Jahre prägte und das Ergebnis von Enttäuschungen in der Liebe war, und ich glaube, sie fühlte sich durch den Keuschheitsgürtel mehr eingeschränkt als ich – schließlich war sie eine Königin. Spinelli hatte kaum die Tür hinter sich geschlossen, als Johanna ihr Kleid bis zur Hüfte anhob und mir befahl, sie zu befreien.

Das versuchte ich. Doch der Schlüssel paßte nicht so gut in ihr Schloß wie in meines.

Wir schauten uns betroffen an. Aber es ließ sich nicht ändern. Spinelli mußte zurückgerufen werden, und Johanna mußte sich seiner Untersuchung unterziehen. Jetzt war der arme Kerl tatsächlich erregt. Wie fast jeder, der sich in nächster Nähe der Königin aufhielt, war er ihr sofort hoffnungslos verfallen. Es war sichtlich zuviel für ihn, als sie praktisch nackt von der Hüfte an ausgestreckt vor ihm auf dem Boden lag. Ich mußte ihm helfen, das Wachs aufzutragen, und selbst dann schrie sie ein paarmal auf, weil seine Hände so sehr zitterten, daß er Tropfen des geschmolzenen heißen Wachses auf ihre nackte Haut fallen ließ.

Schließlich schafften wir es jedoch, und ich massierte zärtlich den Rücken meiner Herrin, der Schlüssel wurde hergestellt, und wir waren beide frei. So gewannen wir auch einen klaren Kopf, um uns über das Schicksal unserer Ehemänner Gedanken zu machen.

Wir hatten jeden Grund zur Besorgnis, denn Ludwig – bei dem natürlich mein lieber Alberto war – erging es sehr schlecht. Genauer gesagt, uns allen, obwohl wir es nicht wußten. Ludwig von Ungarn, dem eine freie Passage durch Norditalien von den verschiedenen kleinmütigen Staaten garantiert worden war, die seinen Marsch hätten blockieren können, drang über Puglia ins Königreich Neapel ein. Die jüngsten Ereignisse in Neapel – zu denen alte Feindseligkeiten kamen, die Karl von Anjou auf dem Höhepunkt seiner Macht hervorgerufen hatte – hatten die Norditaliener tatsächlich ermuntert, dem ungarischen Heer zu applaudieren, und zwei Herren aus Verona, die Brüder Alberto und Martino della Scala gingen sogar soweit, dem überwältigenden Heer König Ludwigs ein Regiment mit dreihundert Pferden hinzu zu liefern.

Das waren schlechte Nachrichten. Schlimmere sollten folgen. Johanna und ich überredeten den päpstlichen Gesandten, ihr Heer zu begleiten und zu versuchen, König Ludwig im Namen des Papstes von einem weiteren Vormarsch abzuhalten. Der König ließ sich davon natürlich nicht einschüchtern und wies darauf hin, daß Seine Heiligkeit von seiner Absicht wußte und sie nicht verboten hatte. Das wußte der Legat natürlich selbst, und deshalb gab es wenig Zweifel daran, daß er auf Anweisung von Avignon hin die Gelegenheit dieses Treffens nutzte, um den Eindringling auf gewisse Schwächen der neapolitanischen Kräfte hinzuweisen.

Unser Prinz Ludwig hatte seine Truppen gut organisiert und konnte das Vorrücken des Feindes über den Fluß Volturno bei Capua stoppen und somit die offenkundige Route der nachfolgenden Ungarn blockieren. Aber als sein teuflischer Namensvetter davon in Kenntnis gesetzt wurde, wählte er einen geheimen Weg durch die Gebirge von Alife und Morcone und traf in Benevent ein, während unser Held von Tarent noch bei Capua seine Geschütze in Stellung brachte.

Dies war katastrophal; das ungarische Heer war nur noch einen Tagesmarsch von der Hauptstadt entfernt. Panik brach aus. Johanna blieb nichts anderes übrig, als dem Rat des päpstlichen Gesandten, der König Ludwig vorausgeeilt war, zu folgen und ohne Verzögerung die Flucht zu ergreifen.

In Ketten vor den Füßen Ludwigs von Ungarn zu liegen, war natürlich keine Aussicht für eine Königin, und so beherzigten wir den Rat des päpstlichen Gesandten und flüchteten, nur mit einigen wenigen Dienern und einem einzigen Berater, dem treuen Spinelli, in einer provenzalischen Galeere, die dem Papst gehörte und die fürsorglich seit ein paar Tagen im Hafen lag, als hätte man solch ein Mißgeschick befürchtet oder erwartet. So legte die Königin von Neapel ihr eigenes Schicksal, das ihrer treuen Dienerin und jenes unserer Kinder in die Hände des Papstes. Und dies sogar ohne den Schutz des Keuschheitsgürtels, denn wir warfen diese hinderlichen Kleidungsstücke ins Meer, als wir an Bord gingen.

An dieser Stelle schildere ich am besten das Ende des dramatischen und erfolgreichen Feldzugs Ludwigs von Ungarn. Angesichts der Flucht der Königin – eingefädelt durch die List des Legaten – und in dem Wissen, daß ein ungarisches Heer zwischen ihnen und ihren eigenen Truppen lag, machten sich die Stadtältesten von Neapel sofort auf den Weg, um den Siegern die Schlüssel der Stadt anzubieten. Der Sieg des Eroberers fand ohne jedes Blutvergießen statt, wenn wir von ein oder zwei Bauern absehen, die auf dem Weg aufgehängt wurden, nachdem man ihre Frauen und Töchter vergewaltigt hatte. Dies sind schließlich die natürlichen Begleiterscheinungen des Krieges. Ich habe oft überlegt, wieviel Spaß wir Frauen hätten, wenn wir die Armeen vereinigten. Man denke nur an die Männer, mit denen wir uns amüsieren könnten.

Aber ich schweife ab. Die Kunde von der Flucht der Königin und der Kapitulation der Stadt erreichte schnell das Lager der Neapolitaner und verursachte Bestürzung, wie man sich vorstellen kann. Sofort desertierten mehrere Hauptleute und versuchten, Frieden mit den Invasoren zu schließen.

Prinz Ludwig galoppierte nach Neapel zurück. Er konnte nicht glauben, daß seine Frau geflüchtet war, bis er die schreckliche Wahrheit entdeckte. Unerschrocken und immer noch von Liebe erfüllt, wollte er ihr folgen, doch es war kein Schiff mehr im Hafen, und die Ungarn standen vor den Toren der Stadt. Dennoch weigerte sich Ludwig, Angst zu zeigen. Mit vier Gefährten, darunter mein Alberto und der treue Haushofmeister Niccolo Acciajuoli, stieg er in ein Ruderboot und ruderte aufs Meer.

Sein Namensvetter nahm an, daß er ertrunken wäre, und schenkte ihm keinen weiteren Gedanken. Aber Ludwig überlebte und erreichte tatsächlich Pisa, ein sehr langer Weg die

Küste hinauf. Dort ging er an Land, bevor er seine Reise über Land nach Avignon fortsetzte.

Durch diese Aktion wahrte er seinen Ruf, tapfer und ritterlich zu sein. Seine Verbündeten zeigten sich ebenfalls von ihrer üblichen Seite: Karl von Durazzo und Robert von Konstantinopel waren entschlossen, sich der Gnade des Eroberers auszuliefern.

Sie fanden ihn in Aversa, denn er hatte bereits seine Truppen in Marsch gesetzt, um Neapel zu besetzen, und Ludwig hatte es nicht eilig, sich selbst in die turbulente Stadt zu begeben, während er Feinde im Ausland hatte. Aber diese Feinde waren entweder geflüchtet oder zu ihm gekommen, genau an den Ort, an dem sein Bruder umgekommen war.

Karl und Robert hatten wenigstens so viel Verstand, ihren jüngeren Bruder in der relativen Sicherheit Neapels zu lassen. Aber jetzt erkundigte sich ihr Gastgeber, denn als solcher wirkte Ludwig bei seiner großzügigen Begrüßung, wo die jungen Prinzen waren. Er nahm ihre Ausreden, die von Krankheit bis dringende Pflichten reichten, nicht hin, und das Ergebnis war, daß die jungen Mitglieder des Hauses Anjou von dem Eroberer zur Audienz gebeten wurden. Dabei versicherte ihnen Ludwig, daß es nur um den Streit mit der Königin gehe und daß er ihr Freund sei.

Das war Musik in den Ohren von Karl, der zweifellos nach der Flucht der Königin annahm, daß sie den Thron verwirkt hatte – und daß Ludwig ihn nun seinem treuen Freund geben werde. Das war eine närrische Annahme, aber Karl neigte zu solchen Irrtümern. Er hätte es eigentlich besser wissen müssen, denn ich habe aus berufenem Munde erfahren, daß er nach einem Festmahl mit dem König in seinem Quartier von Lello von Aquila und dem Grafen von Fondi besucht wurde, die ihn warnten, daß Ludwig ihn hinrichten wollte. Karl weigerte sich, das zu glauben, und schickte sie fort.

Am nächsten Tag ging er mit seinen Brüdern und Vettern zum König. Er wurde abermals zum Essen eingeladen. Dieses üppige Mahl fand in genau dem Raum statt, in dem Prinz

Andreas am Vorabend seiner Ermordung zu Abend gegessen hatte, doch selbst dieser unheilvolle Wink schien Karl zu entgehen. Er wurde, wie ich hörte, abermals gewarnt, zu fliehen, solange er noch eine Chance hatte. Doch Karl schlug die Warnung von neuem in den Wind und zog es vor, sich im Lächeln des Königs zu sonnen und Speis und Trank zu genießen. Nachdem alle anderen Verschwörer tot oder entehrt waren, fühlte er sich dem Triumph nahe, nach dem er so lange gestrebt hatte. Plötzlich aber verschwand das Lächeln vom Gesicht des Königs.

König Ludwig, der Karl gegenübersaß, wies plötzlich auf diesen und rief: »Schuft, gemeiner Verräter! Wie könnt Ihr es wagen, an meinem Tisch zu sitzen, wenn ich Euch von allen auf der Erde am meisten hasse?«

Karl starrte ihn entgeistert an, bestürzt über den heftigen Angriff.

»Meint Ihr, ich weiß nichts von Euren vielen Machenschaften, Euch den Thron von Neapel zu sichern?« rief Ludwig. »Meint Ihr, ich weiß nicht, daß Ihr das Leben meines Bruders hättet retten können, wenn Ihr ihn rechtzeitig gewarnt hättet, tatsächlich aber den Dingen ihren Lauf gelassen habt?«

Karl warf sich entsetzt auf die Knie, und sein Bruder und die Vettern folgten seinem Beispiel.

»Meint Ihr«, fragte König Ludwig, »ich weiß nicht, daß Ihr mit meinem Namensvetter, diesem angeblichen Gemahl der Mörderin, gegen mich bewaffnet marschiert seid?«

»Monsignore«, stammelte Karl. »Ich bin unschuldig. Ich schwöre es. Ich hätte Prinz Andreas, der mein liebster Freund war, vor der Verschwörung gewarnt, wenn ich rechtzeitig hätte dort sein können. Und der Marsch gegen Euch, Monsignore, wurde mir von der Königin befohlen. Mir blieb nichts anderes übrig, als Gehorsam vorzutäuschen, bis ich zu Euch vorgelassen werde.«

»Verlogener Schuft«, erwiderte Ludwig. »Doch dies sind nur kleine Verbrechen. Ihr seid eines viel größeren schuldig, denn Ihr nahmt Euch Prinzessin Maria zur Frau, deren Großvater mir ihre Hand auf dem Totenbett versprochen hatte.«

»Monsignore«, flehte Karl. »Seid gnädig mit mir, ich bitte Euch. Ich wußte nicht, wie ernsthaft Euer Interesse an der Prinzessin war. Monsignore …«

»Schafft sie fort«, befahl Ludwig seinen Offizieren, Stephan Waiwode und dem Grafen von Zimic.

Karl, sein Bruder und seine Vettern wurden für diese Nacht ins Gefängnis gebracht, und am nächsten Morgen wurden die jüngeren Prinzen unter Bewachung nach Ungarn geschickt, wo sie viele Jahre als Gefangene verbrachten.

Karl selbst wurde hingerichtet, an derselben Stelle, an der Andreas seinen letzten Atemzug getan hatte. Man führte ihn vor dem versammelten Heer zu diesem Balkon und stieß ihm ein Schwert in die Brust. Schließlich wurde er enthauptet und seine Leiche über den Balkon in die Tiefe geworfen, wo sie drei Tage unbegraben liegengelassen wurde, wie es bei Andreas der Fall gewesen war.

Es heißt, daß er als winselndes Wrack starb.

König Ludwig rückte nun nach Neapel vor, lehnte die Huldigungen der Stadtältesten ab und zog als Eroberer in die Metropole ein. Und als Rächer. Sein Zorn war deshalb so groß, weil er die Herzogin von Kalabrien nicht in die Hände bekommen konnte. Maria versteckte sich in einem Kloster, bevor die ungarische Armee eintraf, und flüchtete von dort verkleidet als Mönch mit ihren Kindern und einer einzigen Dienerin. Ich kann unmöglich erraten, welche Pläne Ludwig mit dem armen Mädchen hatte – er war bereits verheiratet –, aber ich kann mit Sicherheit sagen, daß sie ein unglückliches Schicksal erlitten hätte, wenn sie dem Eroberer in die Hände gefallen wäre.

Aber unseres wäre vielleicht glücklicher gewesen!

Jetzt mußte das Volk von Neapel dafür bezahlen, daß die beiden Prinzessinnen entkommen waren, und ebenso für den Verrat, weil sie so bereitwillig versuchten, sie zu ersetzen. Ludwig ließ als erstes Donna Cancia holen. Sie hatte einige Monate lang im Gefängnis geschmachtet und ihr zweites

Kind geboren. Aber Bertram von Baux war nicht gegen sie vorgegangen, und möglicherweise wäre sie mit dem Leben davongekommen, wenn die ungarische Invasion erfolglos verlaufen wäre. Denn Ludwig war kein Mann, der sich von einem hübschen Gesicht und einer üppigen Figur erweichen ließ, und am nächsten Morgen wurde Cancia in dem unheilvollen Karren zum Marktplatz gefahren und erlitt das Schicksal der Gräfinnen von Terlizzi und Morcone. Ich muß Cancia zugute halten, daß sie starb, wie sie gelebt hatte. Sie lachte bis zum Ende und zeigte den messerbewehrten Folterknechten die kostbarsten Stellen ihres Körpers.

Ein noch schlimmeres Schicksal ereilte den Grafen von Catanzaro, der ebenfalls als einer der Verschwörer angeklagt wurde. Er war vor einer Verurteilung durch Bertram von Baux geflüchtet, hatte jedoch den Fehler begangen, in die Stadt zurückzukehren in der Hoffnung, mit König Ludwig Frieden zu schließen. Dieser unglückliche Kerl wurde gerädert, das schlimmste aller Schicksale, denn das noch lebende Opfer, dem sämtliche Knochen mit einer Eisenstange zerschlagen wurden, blieb in dieser unmenschlichen Verfassung auf das Rad geschnallt, um lebendigen Leibes von den Vögeln gefressen zu werden.

In Catanzaros Fall fiel die Bestrafung noch grauenvoller aus, denn Ludwig befahl, daß das Rad mit Rasierklingen bestückt wurde, bevor man das bedauernswerte Opfer darauf festband.

Meine eigenen Erfahrungen in Neapel führen mich zu der Überzeugung, daß die Bevölkerung zweifellos diese makabren Schauspiele so sehr genoß wie im vergangenen Jahr und weiterhin ihre Freude daran gehabt hätte, wenn die Opfer auf den Adel beschränkt worden wären. Aber jetzt führte Ludwigs Zorn dazu, Leute aller Stände zu quälen. Jeder, der auch nur in unbedeutender Eigenschaft einem der Verschwörer gedient hatte, wurde schuldig gesprochen. Sogar der Bäcker, der ihr Brot gebacken hatte, wurde zur Hinrichtung geschleppt. Die guten Leute von Neapel hatten alle ihre Zweifel an der Unschuld der Königin, und sie waren davon ausgegangen, daß ein Monarch den anderen ablöste. Jetzt stellten sie fest, daß sie eine schöne und im wesentlichen angenehme junge Frau gegen einen brutalen Tyrannen eingetauscht hatten. Sie konnten wenig tun, um das zu ändern, denn das gewaltige ungarische Heer, über zwanzigtausend Mann, beherrschte die Stadt. Aber sie dachten immer öfter an ihre ehemalige Königin. Und bald wurden sie, wie wir sehen werden, von einem Feind heimgesucht, der die Ungarn an Schrecklichkeit noch übertreffen sollte.

Unterdessen waren Johanna, ich und unsere Kinder in Nizza gelandet. Die Reise von Neapel dauerte fünf Tage bei ausgezeichnetem Wetter und ohne das Segel eines Feindes zu sichten. In Nizza wurden wir begeistert empfangen. Die guten Leute der Provence hatten nie zuvor ihre Herzogin gesehen, aber sie hatten wie alle Welt viel über sie gehört. Jetzt drängten sie sich, um sie zu sehen und selbst zu entscheiden, ob sie eine kaltherzige Mörderin war oder nicht. Nach einem Blick auf dieses blasse, aber wunderbar ebenmäßige Gesicht entschieden sie zu Johannas Gunsten. Sie jubelten ihr zu, feierten Feste und Turniere und umgaben sie mit ausgelassener Freude.

Einige der Kavaliere, die zweifellos sehnsüchtig wünschten, auch nur ein Lächeln von der Königin zu ergattern, warfen sogar anerkennende Blicke auf die große, goldhaarige Frau, die – ich wage es zu sagen – nicht minder hübsch und ständig an ihrer Seite war.

Die Königin konnte die Fröhlichkeit nicht teilen, mit der sie umgeben war. Ihr Herz war schwerer als je zuvor in ihrem turbulenten Leben. Zu ihren Schuldgefühlen kamen die Schmach, daß sie gezwungen gewesen war, von ihrem Thron zu fliehen, und die Ungewißheit, daß sie sich nun der Gnade des Papstes ausliefern mußte, der sich bis jetzt noch nicht als Freund gezeigt hatte.

Ich teilte ihre Gefühle, natürlich in kleinerem Maße, aber ich war ebenfalls von meinem Heim vertrieben worden, und ich wußte genausowenig, ob mein Mann noch lebte oder tot war. Wir verbrachten viele Stunden damit, uns seufzend in den Armen zu liegen.

Es war ein beruhigendes Gefühl, unter Freunden zu sein. Um so stärker war unsere Erschütterung, als wir nach einer triumphalen Reise durch die Provence an das Stadttor von Aix gelangten. Der Magistrat von Aix öffnete seiner Oberlehnsherrin das Tor, wie es sich gehörte, doch die Bürger zeigten weder Begeisterung noch Anzeichen des Willkommens.

»Sie sind überwältigt von Eurer Majestät, Eure Hoheit«, bemerkte Spinelli.

Ich war anderer Meinung und wurde noch besorgter, als wir uns dem Schloß von Arnaud näherten, wo die Königin während ihres Aufenthalts in der Stadt residierte. Dort waren alle Adligen in Doppelreihe versammelt, und wir gingen durch das Spalier, während sie sich vor der Königin verneigten. Aber als Johanna, Karl Martell, Lucia und ich mit Spinelli sie passiert hatten, schlossen sie die Reihen hinter uns und versagten unserem Gefolge den Zutritt.

»Eure Hoheit«, sagte Spinelli, als wir in das Gebäude geführt wurden, »ich befürchte sehr, daß wir Gefangene dieser Stadt sind.«

»Was soll ich tun?«

»Zumindest solltet Ihr in Erfahrung bringen, wer den Befehl dazu gab.«

Johanna sammelte ihren Mut und erbat ein Gespräch mit dem Bürgermeister, den sie bei seiner Ankunft fragte, welche Vorbereitungen für die Fortsetzung ihrer Reise nach Avignon getroffen worden waren. Der würdige Knabe erwiderte, daß er das nicht wisse, denn man erwarte Anweisungen von Seiner Heiligkeit. Woraufhin sich Johanna mit gebieterischem Blick erkundigte, ob sie oder der Papst der rechtmäßige Herrscher sei.

Der unglückliche Bürgermeister verneigte sich noch tiefer und bat Ihre Hoheit um Verständnis dafür, daß sie einst von jedem in Aix geliebt und respektiert worden sei und es keinen Zweifel an der Treue ihrer Untertanen gebe, daß sie jedoch alle, die Hoheit eingeschlossen, eine noch größere Treue Seiner Heiligkeit schuldeten und daß sie sich jetzt dieser größeren Treue verpflichtet fühlten.

Das war natürlich nur eine Umschreibung für »Ja, Ihr seid Gefangene«, und es war höchst unbefriedigend. Die nächsten Tage waren beunruhigend, denn trotz all der Ehre und des Respekts, den die Adligen und der Magistrat von Aix der Königin erwiesen, war uns noch zu frisch in Erinnerung, daß sie den Befehl erhalten konnten, Johanna in Ketten zu legen und dem schrecklichen Gericht des Papstes auszuliefern.

Wir wußten es nicht, aber selbst zu diesem Zeitpunkt waren starke Herzen und beredte Zungen für uns tätig. Ludwig von Tarent hatte es geschafft, in der Nähe von Pisa zu landen, ein glücklicher Umstand für uns alle. Und dort war dieser tapfere Ritter, der jetzt nur sein Schwert besaß und von einem Dutzend treuer Gefährten begleitet wurde, einer feindlichen Welt preisgegeben. Zum Glück hatte Ludwig seine treue Schar sorgfältig ausgewählt. Wie ich schon erwähnte, schloß sie Alberto ein, der bereit war, an der Seite seines Herrn mit dem Schwert in der Hand zu sterben. Noch wichtiger, dazu zählte auch dieser Advokat Acciajuoli, der der Kaiserin so gut gedient hatte und jetzt halbherzig seine Treue auf den einzigen noch ledigen Sohn Katharinas übertrug. Und dieser Acciajuoli hatte sogar ein noch größeres Geschenk als Loyalität: er hatte einen Bruder, Angelo, der zufällig Erzbischof von Florenz und ein wichtiger Mann in den Augen von Avignon war.

Deshalb zog die kleine Schar nach Florenz und fand in dem guten Prälaten einen bereitwilligen Verbündeten. Er kleidete und bewirtete sie, und dann brachte er sie direkt nach Avignon. Ludwig hatte inzwischen erfahren, daß Johanna in Aix aufgehalten wurde, aber auf den Rat von Angelo Acciajuoli entschied er, sich direkt an Papst Clemens zu wenden, anstatt mit einer Handvoll Anhänger zu versuchen, Johanna und ihr Gefolge zu befreien.

Das war eine glückliche Entscheidung, denn der Erzbischof stand bei Seiner Heiligkeit in hoher Achtung. Auch die edlen und offenen Züge des jungen Prinzen, der so grausam von Frau und Stiefsohn getrennt war, hatten den Papst beeindruckt. Ludwig bekannte uns gegenüber später, daß er sich dem päpstlichen Thron mit großer Besorgnis näherte, doch Clemens, den er zum ersten Mal sah, half ihm eigenhändig auf und hieß ihn willkommen – als König von Neapel! Diejenigen von uns, die wie ich aufgrund gewisser Lebenserfahrungen zum Argwohn neigen, wissen natürlich, daß der Papst bei allen seinen Handlungen stets an den eigenen Vorteil dachte. Und in diesem Fall orientierte er sich zweifellos an der Vergangenheit. Ein Jahrhundert zuvor war Karl von Anjou sehr schnell sehr mächtig geworden. Und dieselbe besorgniserregende Entwicklung schien sich nun bei Ludwig von Ungarn zu wiederholen. Seine Anerkennung als König von Neapel durch den Papst hätte ihn zum mächtigsten Monarchen der Christenheit gemacht. Clemens war nicht geneigt, dies zuzulassen. Alles in allem war Ludwig von Tarent als treuer Statthalter des Papstes eine bessere Wahl als Ludwig von Ungarn.

Wie auch immer die päpstlichen Gedankengänge waren, sie gereichten uns zum Vorteil. Natürlich wußten wir nicht, was vor sich ging, denn wir waren im Schloß von Arnaud eingesperrt und die Haft war streng. Vier der provenzalischen Damen sollten Johannas Zofen aus Neapel ersetzen, und diese alten Vetteln waren nichts anderes als Spioninnen und Wärterinnen. Eine von ihnen war während jeder wachen Stunde bei der Königin und beobachtete sie auf Schritt und Tritt. Sie wären ebensogern des Nachts bei ihr gewesen und hätten mich fortgeschickt, aber das ließ Johanna nicht zu. Nur während der mitternächtlichen Stunden konnten wir unsere Ängste und gelegentlich unsere Hoffnungen teilen.

Zweifellos befanden wir uns in einer ernsten Notlage, bis der Erzbischof von Aix bei der Königin um eine Audienz bat. Nachdem sie ihm gewährt wurde, erklärte er Ihrer Majestät ehrfurchtsvoll, was geschehen war.

»Wir wollten Eure Hoheit in keiner Weise beunruhigen«, sagte er, »und deshalb erwähnten wir nicht, in welch große

Gefahr Ihr geraten seid, indem Ihr unsere Stadt betreten habt. Tatsache ist, Eure Hoheit, daß wir ein paar Tage vor Eurer Ankunft die Ankündigung des französischen Königs erhielten, daß er einen seiner jüngeren Söhne mit Aix als Apanage zu belohnen beabsichtige.«

Er legte eine Pause ein, und Johanna, die die Kunst der Heuchelei wie kaum ein anderer beherrschte, erlaubte sich die Bemerkung: »Dieser Schuft!«

Der Plan des französischen Königs war zwar anmaßend, aber strenggenommen nicht rechtswidrig, denn Johanna herrschte über die Provence nicht als Königin, sondern als Herzogin. Die Provence und Neapel mochten im Haus Anjou vereinigt sein, aus politischen Gründen waren es jedoch getrennte Besitztümer. Die Provence war Karl von Anjou als Apanage vor über hundert Jahren verliehen worden. Sie blieb im Besitz der französischen Krone, und Philipp VI. betrachtete sich zu Recht als Lehnsherr Johannas.

Der Krieg, der im Augenblick zwischen England und Frankreich geführt wurde, war darauf zurückzuführen, daß der englische König, Eduard II., ebenfalls Besitzansprüche geltend machte.

Johannas Verhältnisse erlaubten es gegenwärtig nicht, Krieg zu führen.

»Ich wünsche, Ihr glaubt mir, Eure Hoheit«, sagte der würdige Prälat, »daß die Bürger von Aix eher gestorben wären, als Eure schöne Stadt den Franzosen auszuliefern, aber die Verantwortung, Euch in unserer Mitte zu haben, wenn die französische Armee einmarschiert, war sehr groß. Deshalb bemühten wir uns, Eure Anwesenheit zu verbergen, während wir Unterstützung suchten; und diese Unterstützung, Eure Hoheit, wird uns von machtvoller Seite gewährt, wie ich Euch überglücklich mitteilen kann. Seine Heiligkeit persönlich hat Eure Sicherheit garantiert und wünscht, Euch an seinem Hof als Gäste zu begrüßen. Außerdem läßt er Euch wissen, daß Euer Gemahl bereits dort ist und es kaum erwarten kann, Eure Hand zu küssen. Unter diesen glücklichen Umständen werden wir hier in Aix uns damit abfinden müssen, daß Eure

Hoheit mitsamt dem treuen Gefolge nicht länger hier verweilen wird. Denn wir verstehen sehr wohl, wie begierig Ihr darauf sein müßt, nicht nur mit Eurem Mann vereint zu sein, sondern auch Seine Heiligkeit zu besuchen. Folglich sind Eure Pferde bereits gesattelt und warten auf Euch.«

Hier fühle ich mich gezwungen, einen Moment innezuhalten, um obiges Kauderwelsch für einfacherere Leser in verständliche Sprache zu bringen:

Der Erzbischof hatte gesagt:

Der Papst betrachtet Euch als seine Gefangene.

Er hält bereits Euren Mann als Geisel, damit Ihr Euch ergebt.

Unter diesen Umständen sind wir darauf erpicht, daß Ihr so schnell wie möglich verschwindet.

Johanna verstand das natürlich so gut wie ich, aber ihr blieb keine Wahl, als die päpstliche Forderung zu erfüllen. Außerdem wollte sie Ludwig wiedersehen, obwohl ich bezweifelte, daß sie sich von ihm nur ihre Hand küssen lassen würde.

Ich wußte natürlich noch nicht, daß mein lieber Alberto ebenfalls in Avignon war, aber wie die Königin begehrte ich den Papst zu sehen, um endlich Klarheit über unsere unglückliche Lage zu gewinnen. So brachen wir auf zu einer bemerkenswerten Reise, die all unsere Hoffnungen zerstörte.

Avignon liegt – wie allgemein bekannt ist – an der Rhône, oberhalb der Städte Arles, Beaucaire und Tarascon. Aber der Strom selbst fließt mit so großer Geschwindigkeit, daß wir über Land weiterreiten mußten, und selbst das Überqueren der Brücke unterhalb der Stadt war ein haarsträubendes Erlebnis. Die Reise von Aix dauerte ein paar Tage. Aber schließlich kamen die Türme der päpstlichen Enklave – die, man sollte sich in Erinnerung rufen, Johanna gehörte – in Sicht, beherrscht von dem riesigen Viereck des päpstlichen Palastes.

Lange bevor wir in die Stadt gelangten, waren wir bereits von Pracht umgeben, und Johanna wurde von der Bevölkerung als Königin und Lehnsherrin begrüßt. Vor den Toren wartete Ludwig von Tarent in glänzender Ritterrüstung. Beim Anblick ihres Mannes stieß Johanna einen Freudenschrei aus und stürzte fast von ihrem Pferd. Bei dem Versuch, ihr zu helfen, wäre mir beinahe ähnliches widerfahren. Dann bemerkte ich neben Ludwig meinen Alberto, den ich längst tot gewähnt hatte.

Die Ritter waren von einer Gruppe purpurngewandeter Kardinäle umgeben, deren Anwesenheit den Glanz unserer ersten Begrüßungen ein wenig minderte. Aber das war nur ein Bruchteil der Gastgeber, die uns erwarteten. Wir wurden von Pagen eskortiert, die einen Baldachin aus scharlachrotem Samt über dem Kopf der Königin trugen. Der rote Baldachin war mit dem goldenen Lilienemblem, dem königlichen Wappen Frankreichs, bestickt und mit Federbüschen geschmückt. Schöne Knaben und hübsche Mädchen schritten uns voran, und ihre Stirn war mit Blumen bekränzt. Sie sangen Loblieder auf Johanna, während wir durch die Tore zogen, Ludwig jetzt stolz zu Pferde neben der Königin, wie Alberto an meiner Seite. Die Häuser waren geschmückt wie an einem Nationalfeiertag, und jubelnde Schaulustige säumten die Straßen. Aus jeder Kirche der Stadt drang das Geläut ihrer Glocken. Wie ich wünschte, daß solche Schufte wie Roberto di Cabane und Karl von Durazzo uns in der Stunde unseres Triumphs hätten sehen können! Nun, vielleicht sahen sie uns aus dem Höllenfeuer.

Unser Weg führte uns zum Schloß von Avignon, der päpstlichen Residenz, zum oberen Treppenabsatz, auf dem der Papst uns erwartete.

Vielleicht sollte ich daran erinnern, daß ich vor zehn Jahren mit meiner unglücklichen Familie England verlassen hatte, um zur Heiligen Stadt zu pilgern. Mein Vater hatte damals gehofft, vielleicht aus der Ferne einen Blick auf Gottes Stellvertreter zu erhaschen. In meinen kühnsten Träumen hätte ich nie erwartet, diesem Mann von Angesicht zu Angesicht gegenüberzustehen – inzwischen saß natürlich ein anderer Stellvertreter auf dem Heiligen Stuhl als vor zehn Jahren.

Im Laufe des letzten Jahrhunderts war die Position des

Papstes einer Vielzahl von Wechselfällen unterlegen. In einem früheren Kapitel habe ich darauf hingewiesen, daß die Päpste Karl von Anjou als Rivalen der Söhne Friedrichs II. aufgebaut hatten und später gezwungen waren, ein Gegengewicht zu ihrem ehemaligen Verteidiger zu finden, weil ihnen nun dieser zu mächtig geworden war. Damit hatten die Päpste Erfolg gehabt, aber das bedeutete auch eine verstärkte Beteiligung Seiner Heiligkeit an säkularen und politischen Dingen, und als die Stellvertreter Gottes erst einmal in die Kunst der Diplomatie und Hinterlist verwickelt waren, erschienen sie ihren Untertanen mehr und mehr wie normale Sterbliche. Fortan sah man sie weder als Garanten seelischer Reinheit, die sie besser als andere Menschen machte, noch als Garanten geistlichen Schutzes, wenn es ernst wurde.

Die Verkörperung dieser neuen Situation war Bonifatius VIII. aus der Familie Gaetani, der von 1294 bis 1303 Papst war. Gutaussehend und eitel, arrogant und tyrannisch, lüstern und ehrgeizig, betrat er die Bühne der europäischen Politik wie ein Koloß, der sich nicht um die Feinde scherte, die ihn umgaben. Er verfolgte zwei Ziele: für alle Zeiten die irdische Macht des Papsttums und die finanzielle Macht der Gaetanis zu sichern.

Bonifatius erreichte den Zenit seiner Macht im Jahre 1300, als er dieses Jubeljahr in einem Maß beispielloser Pracht feierte – ohne sich vielleicht vor Augen zu halten, daß dies das Ende des dreizehnten christlichen Jahrhunderts war, was möglicherweise als schlechtes Omen ausgelegt werden konnte.

Tatsächlich waren seine Tage bereits gezählt. Sein langer Kampf mit Karl von Anjou, der anscheinend mit einem päpstlichen Sieg endete, hatte zu viele der gekrönten Häupter Europas entfremdet, die ihre eigene Position gefährdet sahen, sollten sie bei Rom in Ungnade fallen, weil jeder Papst mit einem Fingerschnippen Armeen gegen einen Monarchen, der zu erfolgreich war, marschieren lassen konnte. Noch verhängnisvoller – Bonifatius hatte sich in Philipp IV. von Frankreich einen Feind gemacht, der nicht nur ein Vetter von Johannas Urgroßvater war, sondern auch Herrscher über ein Reich, das noch nicht den katastrophalen Kurs eingeschlagen hatte, Krieg gegen England zu führen. Philipp, genannt der Schöne – mehr wegen seines Aussehens als wegen edler Gesinnung – erhob das Banner der Revolte gegen die weltlichen Ambitionen des Papsttums. Er listete jedes Verbrechen auf, dessen Bonifatius bekanntermaßen schuldig war – und einige, die nur auf Gerüchten basierten –, und verlangte, daß dem Heiligen Vater in Frankreich der Prozeß gemacht werde.

Dieser beispiellose Plan wurde natürlich vom Papst ignoriert, der den französischen König exkommunizierte. Aber Philipp gehörte zu einer kleinen Gruppe von Männern, für die der Zorn des Himmels, gemäß ihrer eigenen Interpretation, keinen Schrecken bot. Nachdem er das päpstliche Heer besiegt hatte, schickte er zwei seiner willigen Diener, Guilleaume von Nogaret und Sciarra Colonna – die Colonnas waren Todfeinde der Familie Gaetani –, um Bonifatius in seinem Zufluchtsort Agnani festzunehmen und nach Paris zu bringen.

Der Versuch einer Entführung war erfolglos, denn die Italiener scharten sich um ihren Papst, aber erst als die zwei Agenten in die päpstlichen Gemächer eingebrochen waren, Hand an den bösen, alten Mann legten und ihm jede nur erdenkliche Schmach zufügten, einschließlich der, daß sie sich über seinem auf dem Rücken liegenden Körper erleichterten. Dann flüchteten sie, aber sie hatten ihren Zweck erfüllt, denn Bonifatius erholte sich nicht von der Demütigung, der er ausgesetzt gewesen war, und starb bald.

Dieses Ereignis führte, wie man annehmen mag, die gesamte Christenheit zu der Frage, was als nächstes passieren würde. Daß ein Papst ohne Eingreifen von oben so behandelt werden konnte, war undenkbar … aber ein solches Eingreifen war ausgeblieben. Ein neuer Papst, Benedikt XI., wurde hastig gewählt, aber er war nicht mal in der Lage, Rom zu erreichen, denn Italien versank in Anarchie, und er gab sich damit zufrieden, alle zu exkommunizieren, die an der Agnani-Affäre teilgenommen hatten.

Aber selbst das war fatal, denn er starb binnen eines Jahres, und nur wenige bezweifelten, daß er vergiftet worden oder daß seine Vergiftung von Paris aus angeordnet worden war.

Die meisten Kardinäle sind zwar begierig darauf, den höchsten Posten zu erreichen, doch dieses traurige Ereignis führte zu einem völligen Mangel an Kardinälen für die Nachfolge Benedikts. Die würdigen Prälaten debattierten in der Tat zehn Monate lang, bevor sie Bertrand von Got wählten, den Erzbischof von Bordeaux, der als erbitterter Feind von Philipp galt.

Aber es stellte sich sofort heraus, daß Bertrand die Feindschaft nur geheuchelt hatte – oder höchstwahrscheinlich am Leben bleiben wollte –, und als er den päpstlichen Thron als Clemens V. bestieg, zeigte er große Bereitschaft, mit dem französischen Monarchen zusammenzuarbeiten. Es gab ein langes Hin und Her und juristische Debatten, und schließlich wurde Philipp von Verbrechen gegen die Kirche freigesprochen, und Bonifatius wurde posthum von seinen Verbrechen gegen Mensch und Natur freigesprochen. Philipp zerstörte dann mit Billigung des Papstes den Templerorden, den ersten geistlichen Ritterorden und eine sehr reiche Organisation. Während Clemens, der wegen der Anarchie in Italien nicht nach Rom zurückkehren konnte, in den Herrschaftsgebieten des französischen Königs blieb und Robert von Anjou, Johannas Großvater, die Erlaubnis sicherte, ein ›vorübergehendes‹ Gericht in Avignon zu bilden. Dies war im Jahre 1308, und Sie können daraus schließen, daß dieses Gericht schon achtunddreißig Jahre bestand, als wir in Avignon eintrafen.

In dieser Zeit war Clemens von Johannes XXII. abgelöst worden, auf den dann Benedikt XII. folgte. Und als Benedikt 1342 starb, in dem Jahr, als sich unser Unglück häufte, wählten die Kardinäle einen gewissen Pierre Roger zu ihrem Haupt.

Pierre war 1291 in Correze geboren, hatte die geistliche Laufbahn eingeschlagen und war in schneller Folge zunächst Abt des Benediktinerklosters bei Fécamp und dann bei La Chais-Dieu geworden, 1329 Erzbischof von Sens und 1330 von Rouen. Sie sehen, er war vom Scheitel bis zur Sohle ein

Franzose und erst recht ein französischer Kirchenmann. Als er Papst Clemens VI. wurde, setzte er alle Energie in die Erweiterung seiner Kompetenzen und in die Vergrößerung der neuen Papstresidenz, womit er sogar noch die Bautätigkeit des Bonifatius übertraf. In und um Avignon schossen die Paläste wie Pilze aus dem Boden. Die Pracht des päpstlichen Hofes wurde sprichwörtlich. Nicht jedem gefiel das. Kritiker sprachen von ›Babylonischer Gefangenschaft‹ der Kirche und spotteten über den Anspruch des Papstes, sich Clemens der Herrliche nennen zu lassen. Er konnte sich erlauben, diese Krittelei zu ignorieren. Er suchte eine Konsolidierung seines Amtes, und darauf hatte er mit unendlicher Geduld hingearbeitet, seit Johanna den Thron von Neapel bestiegen hatte und somit seine Lehnsherrin geworden war.

Vor diesem gutaussehenden, lächelnden, fünfundfünfzigjährigen Prälaten knieten wir nun demütig. Ich war mir zu diesem Zeitpunkt dessen nicht bewußt, aber ich habe keine Zweifel, daß Clemens hauptsächlich von einem Gedanken beherrscht wurde: alles kommt zu dem, der warten kann.

»Eure Hoheit«, sagte der Papst, zog Johanna an den Händen hoch und nahm offensichtlich ihre Schönheit mit allen seinen Sinnen in sich auf. »Es ist eine Ehre und ein Privileg, Euch in Avignon, Eurer eigenen Stadt, willkommen zu heißen.«

»Oh, Heiliger Vater«, sagte Johanna, »wenn Ihr wüßtet, wie lange ich gewünscht habe, Euch kennenzulernen.«

Begrüßungen sind fast immer ein Gespinst aus Lügen. Jetzt war es nötig, zur Sache zu kommen.

»Ich wünschte, daß der Anlaß ein glücklicherer wäre«, bemerkte der Papst.

»Aber ich suche Gerechtigkeit, Heiliger Vater«, erwiderte Johanna und schaute in seine Augen. »Aber seid versichert, daß ich darauf vorbereitet bin, für jedes Verbrechen zu büßen, dessen man mich schuldig finden mag.«

Der Papst erwiderte ihren Blick, und es war klar, daß sie ein vorläufiges Einvernehmen erzielt hatten.

Clemens lächelte. »Ich bin überzeugt, daß eine entsprechende Buße jeden Makel von Euch tilgen kann, Eure Hoheit«, sagte er. »Aber es sind ernste Anschuldigungen gegen Euch erhoben worden, und es ist erforderlich, daß Ihr vor den versammelten Kardinälen erscheint, um Eure Lage zu erklären.«

Johanna neigte den Kopf. »Wie Eure Heiligkeit wünschen«, stimmte sie zu.

»Aber Ihr braucht nichts zu befürchten«, versicherte Clemens. »Ich gebe Euch mein Wort darauf.« Er erlaubte sich nun, seinen Blick über uns andere schweifen zu lassen, und ich bemerkte mit einiger Besorgnis, daß seine Augen ein paar Sekunden lang auf mir ruhten. »Und dies sind Eure Kinder?« fragte er, freundlich, aber erstaunt.

»Dies ist mein Sohn, Karl Martell«, sagte Johanna und stellte ihren kleinen Sohn vor. »Das kleine Mädchen ist die Tochter meiner vertrauenswürdigsten Zofe, Richilde Benoit.«

»Hm.« Clemens blickte kaum auf Lucia, statt dessen ließ er mich nicht aus den Augen. »Sie hat eine bemerkenswerte Hautfarbe.«

»Sie ist aus England, Eure Heiligkeit«, erklärte Johanna.

»Und sie ist Eure vertrauenswürdigste Zofe, sagtet Ihr? Tritt näher, Mädchen.«

Meine Knie wurden weich, als ich mich von Albertos Seite löste und mich vor das purpurfarbene Gewand des Papstes kniete. Dann spürte ich päpstliche Finger unter meinem Kinn, als er meinen Kopf anhob. »Wirklich bemerkenswert«, sagte er, und sein Blick glitt von meinem Gesicht hinab zum Oberteil meines Kleides. »Vielleicht wirst du die Buße deiner Herrin teilen.« Dann gab er mich frei, und ich durfte mich zu Alberto zurückziehen, als Opfer einer Vielzahl beunruhigender Gedanken.

Aber im Moment war alles eitel Sonnenschein. Johanna und ihr Gefolge wurden in die Gemächer des Palastes von Kardinal Napoleon des Ursins geführt, und dort durften wir tatsächlich unsere geliebten Ehemänner begrüßen, ihnen ihre Kinder von neuem vorstellen und die Freuden des Ehebetts genießen. Es war ein glücklicher Abend, und wenn auch jeder wußte, daß immer noch eine dunkle Wolke über unseren Köpfen hing, ließen wir uns dadurch nicht bei unseren einfachen Freuden stören. Die größte Freude war, nackt in den Armen unserer Liebsten zu liegen, und Johanna und ich wünschten uns in diesem Augenblick nichts sehnlicher.

Die Männer empfanden offenbar das gleiche, denn sie erwähnten nichts von den fehlenden Keuschheitsgürteln.

Wir warteten auf den Richterspruch des Papstes, aber Clemens hatte es offenbar nicht eilig, Johanna vor die Kardinäle zu bringen. Das lag zum Teil daran, daß diese ehrwürdigen Herren sich versammeln mußten und nicht alle nahe bei Avignon waren. Zum Teil lag es auch daran, daß Seine Heiligkeit genau wußte, welches Urteil er wollte und Vorsorge treffen mußte, daß jeder Kardinal genau verstand, wie er zu stimmen hatte, ganz gleich welcher Beweis präsentiert wurde. Einige von ihnen mußten anscheinend mehr überredet werden als andere.

Wir waren nach den Ereignissen des vergangenen Jahres froh genug, in relativer Sicherheit zu sein, auch wenn Johanna von Zeit zu Zeit um ihre arme Familie und ihr Volk von Neapel weinte, die noch unter der Tyrannei des Eroberers leiden mußten, dessen schreckliche Rachetaten sich jetzt weit herumsprachen.

Sie wurden zum Teil von der Prinzessin Maria von Durazzo bestätigt, die, wie Sie sich erinnern, als Mönch verkleidet mit ihren beiden Töchtern und ihrem kleinen Sohn Karl entkommen war.

Fast wäre der Kleine auf der Reise umgekommen, denn die Prinzessin hatte Härten und Gefahren überstehen müssen, bis sie in die Sicherheit von Avignon gelangt war, wo sie demütig vor ihrer Schwester auf die Knie sank.

Johanna hatte allen Grund zu der Annahme, daß Maria sie verraten und Karl von Durazzo bei seinen schändlichen Absichten unterstützt hatte, aber das vergaß sie im Moment ihrer Sorge um die Schwester, eine mittellose Witwe, die auf der Flucht vor einem gemeinsamen Feind war. Sie nahm Maria in die Arme und versprach ihr, gemeinsam zu ertragen, was vor ihnen lag.

Unterdessen konnte Johanna nicht als Königin von Neapel agieren und konzentrierte sich daher auf die Rolle der Herzogin der Provence. Dies entsprach ihrem Naturell, das keine Untätigkeit ertragen konnte, und ihrer Taktik, denn sie war entschlossen, Clemens zu beweisen, welch gute Herrscherin sie sein würde, wenn sie die Chance erhielt.

Avignon war, wie ich bereits angedeutet habe, der Mittelpunkt der christlichen Welt, seit der Heilige Stuhl von Rom dorthin verlegt worden war. Es war auf jeder Ebene schwierig, Geschäfte ohne den Segen der Kirche abzuwickeln – man konnte nicht heiraten oder gebären, nicht einmal richtig sterben, wenn die Kirche das nicht absegnete. Für das einfache Volk konnte der Segen vom Gemeindepriester erteilt werden, und für die etwas Höheren auf der gesellschaftlichen Skala vom örtlichen Bischof.

Diejenigen, die große Affären und Ambitionen hatten, mußten jedoch mit der Hierarchie fertig werden, und wenn man sich mit einem Erzbischof oder Kardinal zusammensetzen wollte, dann mußte man seinen Mann finden, und das war in der Heiligen Stadt einfacher als in einer Diözese. Die großen Kirchenmänner bevorzugten das Leben im Schatten ihres Gebieters.

Wenn man nach Avignon reiste, um seinen Fall einem Erzbischof zu unterbreiten, machte es Sinn, wenn möglich noch höher zu gehen und um eine Audienz beim Papst selbst zu ersuchen.

Das Ergebnis war, daß Avignon die bei weitem geschäftigste und kosmopolitischste Stadt war, die ich je gesehen hatte. Die Straßen waren ständig voller Leute aller möglichen Schattierungen. Stolze Prälaten verkehrten mit arabischen Händlern, berühmte Krieger mit besorgten Juden, Spanier mit Italienern, Franzosen mit Ungarn, Engländer mit Skandinaviern, Dichter mit Mönchen, Witzbolde mit Gelehrten. All dies war gut fürs Geschäft. Die Gastwirte verdienten wie die Fleisch- und Weinhändler ein Vermögen. Aber der Mensch ißt und trinkt und schläft nicht nur. Er erfüllt eine vierte Funktion, die vergnüglicher als alle anderen zusammen ist und ohne die keiner von uns auf der Welt sein würde.

Diese besondere Funktion erfordert in der Regel einen besonderen Dienst, den Frauen leisten. Meine Johanna mochte nach Lust und Laune geschäkert haben oder wie man sie angewiesen hatte, aber wenn wir Roberto di Cabane ausnehmen, hatte sie in diesem frühen Lebensabschnitt nie einen Blick für einen Mann übrig gehabt, der niedriger als ein königlicher Prinz gewesen war. Und selbst ich, eine demütige Sklavin, würde nur die Bekanntschaft des besten verfügbaren Mannes machen. Aber um die Fleischeslust der Menschenmassen zu befriedigen, die sich in Avignon drängten, waren Frauen in großer Zahl erforderlich, und zwar Frauen, die mit einem Tartaren schlafen würden, wenn der Preis stimmte. So muß zu der kaleidoskopischen Menge, die ich soeben beschrieben habe, eine andere Gruppe hinzugefügt werden, die der Prostituierten, die ebenfalls ein Vermögen aus den lockeren Geldbörsen und sogar noch lockereren Gelüsten dieser umherziehenden Bevölkerung verdienten.

Die Kurtisanen von Avignon wußten, wie nötig sie waren, und deshalb zählten sie zu den dreistesten, lautesten und aggressivsten in der ganzen Welt.

Diese Situation betrübte Johanna. Ihre eigenen Moralvorstellungen, jedenfalls bezüglich der Gefühle, deren Ursprung allgemein zwischen den Beinen geweckt wird, mögen in einem sehr frühen Alter völlig verdorben worden sein, doch zu diesem Zeitpunkt ließ sie ihren Leidenschaften nur streng vertraulich freien Lauf und, wie ich schon erwähnt habe, nur mit Männern ihres eigenen Standes. Der Anblick der Frauen, die schamlos ihren Körper zur Schau stellten und ihre Preise für verschiedene Liebesdienste an jeder Straßenecke verkündeten, war für die junge Königin abstoßend und eine Erniedrigung des weiblichen Geschlechts.

Deshalb erließ sie als Herzogin der Provence und somit

Herrscherin von Avignon eine amtliche Verordnung, durch die diese unglücklichen Frauen von den Straßen entfernt wurden und gezwungen waren, in einem einzigen großen Haus zusammenzuwohnen.

Dieses Haus, allgemein bekannt durch die rote Laterne über der Tür, war jeden Tag des Jahres geöffnet, abgesehen von den letzten drei Tagen der Heiligen Woche – für Juden jedoch immer verschlossen –, aber die Männer, die es betraten, und das war ein ständiger Strom, wie man sich vorstellen kann, wurden hinsichtlich ihres Verhaltens streng kontrolliert. Das Ganze wurde von einer Äbtissin beaufsichtigt, die zur Gebieterin über die Prostituierten bestimmt wurde. Man mag annehmen, daß die Königin einige Schwierigkeiten hatte, eine gute Frau zu finden, die bereit war, eine so beschwerliche und gewiß unangenehme Pflicht zu erfüllen, aber das Gegenteil war der Fall – sie mußte sogar Nonnen abweisen, die sich eifrig um den Dienst bemühten.

Wie man mir sagte, war dieses Unternehmen von Johanna das erste seiner Art auf der Welt und es wurde seither überall kopiert. Es führte zu großen Diskussionen und vielen unterschiedlichen Meinungen. Die meisten Männer fanden Gefallen daran, weil das Risiko geringer war, daß man ihnen beim Beischlaf die Taschen ausräumte oder sie sich eine Krankheit holten – die Äbtissin untersuchte regelmäßig ihre Schutzbefohlenen.

Den Prostituierten gefiel das Haus kein bißchen, und so verbreiteten sie das Gerücht, sie wären nur eingesperrt, damit die Königin die Auswahl bei den Männern in Avignon für sich selbst hatte.

Aber, und das war entscheidend, die guten Matronen der Stadt zollten ihrer Herzogin Anerkennung, weil sie die Straßen von diesem Ungeziefer gesäubert hatte – wie sie die hart arbeitenden jungen Frauen der Stadt bezeichneten –, ein Beifall, der dem Papst nicht verborgen bleiben konnte.

Die Stunde von Johannas Prozeß nahte. Clemens, mit seinem üblichen Sinn für Prunk und persönlichen Ruhm, versammelte eifrig Richter aus ganz Europa, obwohl jeder genau wußte, daß der einzige Richter, dessen Urteil zählte, der Papst selbst sein würde. Doch seine Vorbereitungen wurden jetzt unterbrochen durch Gesandte Ludwigs von Ungarn, die forderten, daß die Königin wegen der Ermordung des Prinzen Andreas verurteilt werden sollte. Das spornte Clemens zum Handeln an, und so mußte Johanna in den päpstlichen Palast einziehen und die Welt von ihrer Unschuld überzeugen.

Dies war das ehrwürdigste und prächtigste Ereignis, an dem ich jemals teilgenommen hatte. Der Prozeß fand im großen Hof des Palastes statt, in dem Markisen angebracht worden waren. Am fernen Ende saß Clemens auf einem erhabenen Thron, hoch über uns allen. Zur Linken des Papstes saßen die Kardinäle mit ihren purpurfarbenen Gewändern. Ihre Stühle waren im Halbkreis aufgestellt. Hinter den Kardinälen waren alle die Bischöfe, Vikare, Kanoniker, Diakone, Erzdiakone und jeder Kleriker, den man hatte finden können. Zu ihren Füßen standen die Gesandten Ludwigs, die Ankläger der Königin.

Den Kirchenleuten gegenüber, ebenfalls auf einem Podium, aber nicht so hoch wie Clemens, befanden sich ein Thron für Johanna und Platz für ihre Diener, zu denen ich natürlich zählte. Aber wir nahmen unsere Plätze erst ein, als alle anderen saßen. Zu beiden Seiten waren jetzt sämtliche Botschafter ausländischer Mächte und alle großen Hauptleute und Händler versammelt, die sich in der Stadt aufhielten. Ich war überzeugt, daß uns der Prozeß vor der ganzen Welt gemacht wurde und daß man bei der Verurteilung der Königin mich mit ihr in enge Beziehung bringen und in die Hölle verdammen würde.

Aber Johanna wirkte in der Stunde der Wahrheit sonderbar furchtlos. Ihr Gesicht war blaß, aber ihr Auftreten majestätisch, als sie den Gerichtshof in feierlichem Schwarz und am Arm ihres Onkels, des betagten Kardinals von Perigord, betrat.

Johanna war erst seit einigen Monaten in Avignon, und vermutlich hatte jeder Anwesende während dieser Zeit wenigstens einen Blick auf sie geworfen, doch als sie in der Arena erschien – es war kaum etwas anderes –, ging ein Raunen durch die Versammelten, und ich schwöre, daß es teils von Verlangen erfüllt war – Johanna war erst zwanzig und von makelloser Schönheit – und teils von Ehrfurcht bei ihrem Anblick, beim Funkeln ihrer schönen Augen, den leicht geöffneten blutroten Lippen, der Anmut ihres perfekten Körpers, als sie auf ihren Stuhl zuschritt und sich vor dem Papst verneigte.

Als ich mir die begierigen Gesichter von jung und alt anschaute und mir sagte, daß bei einer Verurteilung der Königin genügend Schwerter zu ihrer Verteidigung gezogen werden würden, fiel mir besonders ein junger Mann auf, der sogar noch jünger war als wir. Er war ein gutaussehender Bursche mit kastanienbraunem Haar, markantem Gesicht und geschmeidigem Körper. Ich erfragte den Namen bei einer der Zofen der Königin und erhielt die Auskunft, daß es Jaime von Aragon war, Infant (das spanische Wort für Prinz) von Mallorca und ein Sproß des königlichen Hauses von Aragon. Das ist der wahre Verteidiger meiner Herrin, dachte ich.

Ich wußte damals noch nicht, daß eines meiner ungeahnten Talente die Gabe des Weissagens war.

Totenstille senkte sich über die Versammelten, als Johanna ihren Eid geleistet hatte und zu sprechen begann. Ich habe darauf hingewiesen, daß dies die Stunde der Wahrheit war. Es war natürlich mehr eine Stunde der Lügen, denn wenn Johanna alles gestanden hätte, dann hätten nicht einmal ihre Bewunderer sie retten können. Aber sie leugnete jede Kenntnis von der Verschwörung zur Ermordung ihres Ehemannes, weinte, während sie sprach, und überzeugte jedermann. Dies war leicht, und ich hatte das Gefühl, daß es schwieriger für sie gewesen wäre, wenn Frauen statt Männer über sie gerichtet hätten.

Die Krux der Sache war, daß die Königin mit Cancia und mir in ihrem Bett verweilt hatte, anstatt in diesen schrecklichen Stunden zu ihrem Mann zu eilen und seinen Mördern Rache zu schwören. Dieses Verhalten schien ihre Schuld sehr deutlich zu bestätigen. Aber diesen belastenden Punkt widerlegte Johanna mit dem großartigsten Schauspiel, das ich jemals erlebt hatte. Tränen rannen über ihre schönen Wangen, als sie ihrem Publikum erzählte, wie entsetzt ihre Reaktion auf die Ermordung ihres Mannes gewesen war, wie sie um sich selbst und ihre treuen Dienerinnen gebangt hatte – bei diesem Punkt schenkte sie mir einen Blick, und mit Hilfe einer großen Zwiebel, die ich in meinem Taschentuch versteckt hatte, konnte ich ebenfalls Tränen vergießen, während ich eine gequälte Miene aufsetzte.

Unterdessen flossen überall Tränen, besonders als Johanna den Höhepunkt ihrer bemerkenswerten Rede erreichte und die Arme ausbreitete, während sie sich halb vom Papst ab- und ihrem Publikum zuwandte und mit fester, klarer Stimme ihr Schicksal beklagte und um Unterstützung und Schutz vor dem Thronräuber flehte, vor dem Mann, der ihre Verwandten ermordet hatte und so grausam ihre Untertanen unterdrückte.

Als sie ihre Ansprache beendete und die Arme sinken ließ, herrschte sekundenlang Stille, in der mir das Herz bis zum Hals klopfte. Dann verschwanden meine Ängste, denn Beifall brandete auf und Hunderte Schwerter wurden gezogen und himmelwärts gestoßen. Ich beobachtete die ungarischen Gesandten, die Zeugen dieser spontanen Demonstration für die Königin wurden. Sie schauen sich bestürzt an, erhoben sich wortlos und verließen den Hof. Und dann auch Avignon auf kürzestem Wege.

Clemens schaute ihnen nach und wartete, bis der Lärm nachließ. Dann sagte er: »Gute Königin, Ihr habt heute königlich die Fakten über den traurigen Tod Eures Mannes und Eure eigenen Erlebnisse dargelegt. Aber es bleibt meine Aufgabe, über Euch hinsichtlich der Beschuldigungen zu richten. Dies werde ich morgen tun.«

Johanna starrte ihn so betroffen an wie ich, und es gab mißbilligendes Murren der Zuschauer, die jetzt überzeugt waren, daß die Königin die unschuldigste Frau der Welt war. Aber der Papst entließ das Gericht, und es blieb uns nichts anderes übrig, als uns zurückzuziehen. Unsere Ängste kehrten doppelt stark zurück, denn als wir das Podium verließen, begab sich ein schwarzgekleideter Priester in unsere Mitte und sagte: »Seine Heiligkeit bittet Eure Hoheit um eine Privataudienz, damit er ein oder zwei wichtige Dinge klären kann, bevor er in Eurem Fall das Urteil fällt.«

»Eine Privataudienz?« hauchte Johanna und blickte aufgeregt zu ihrem Mann.

»Ich werde an Eurer Seite sein, Liebste«, erklärte Ludwig.

»Mit Verlaub, Monsignore«, sagte der Priester, »Seine Heiligkeit wünscht ausdrücklich, die Königin allein zu befragen, abgesehen davon, daß sie der Schicklichkeit willen von einer einzigen Zofe begleitet wird.« Sein Blick schweifte über das königliche Gefolge, aber ich wußte bereits, wen er suchte, und meine Knie wurden weich. »Ihre Vertraute, die Engländerin, Richilde Benoit.«

Johanna schaute mich an, und ich erwiderte ihren Blick. Wir sagten nichts, aber wir wußten beide, was die andere dachte. Und da wir so viele Gefahren gemeinsam bestanden hatten, gewannen wir eine gewisse Zuversicht bei der Aussicht, diese letzte Konfrontation Hand in Hand zu überstehen.

»Wir werden uns vorbereiten«, sagte Johanna.

»Ich habe die Anweisung, Euch unverzüglich zu den päpstlichen Gemächern zu bringen«, beharrte der Schurke.

Johanna seufzte und wandte sich an ihren Mann. »Ich werde mich so schnell wie möglich wieder zu Euch gesellen, geliebter Ritter«, sagte sie. »Und ich werde Euch das süßeste aller Geschenke mitbringen, den Segen seiner Heiligkeit für unsere Vereinigung. Keine Angst.«

Ich gab mich damit zufrieden, Albertos Hand zu drücken, und eilte dann hinter meiner Herrin her, die den Priester begleitete. Wir sprachen weder ein Wort noch tauschten wir einen Blick, denn wir wußten beide, daß alles nur ein Schauspiel gewesen war; wir würden gleich den wahren Grund für die Anwesenheit der Königin in Avignon und die wahre Beilegung der Affäre um Andreas von Ungarn erfahren.

Wir betraten den Palast durch eine kleine Tür, wurden durch eine Reihe dunkler Flure und über gleichfalls dunkle und enge Treppen geführt und gelangten in einen prächtigen Empfangsraum, der mit Vorhängen ausgestattet war, die den Kreuzweg darstellten, mit Teppichen ausgelegt und zugleich hell und luftig war, denn aus einigen hohen Fenstern fiel der Sonnenschein des Nachmittags herein, ohne daß wir hinaussehen konnten.

»Wartet hier bitte, Eure Hoheit«, sagte der Priester und zog sich zurück.

Im Augenblick war sonst niemand in dieser Kammer, und so konnten Johanna und ich durchatmen. »Eure Hoheit«, sagte ich, »ich habe Angst.«

»Du brauchst keine Angst zu haben«, sagte Johanna und zeigte damit größere Menschenkenntnis als ich. »Wenn Clemens uns verdammen wollte, dann hätte er das vor dem Gericht getan, um seine Größe zu beweisen. Bei dem, was er von uns will, müssen wir uns seinen Wünschen fügen.« Sie blickte mich an. »Und denk daran, er ist zwar ein Papst, aber trotzdem ein Mann. Ich nehme an, das ist es, was ihn juckt.«

Ihre Worte störten mich, denn sie klangen blasphemisch, aber bevor ich meine Meinung äußern konnte, wurde eine Tür an der fernen Seite der Kammer geöffnet, und Clemens und ein anderer Priester traten ein. Dieser Franziskaner war uns bereits bekannt; sein Name war Pierre, und er war der Privatsekretär und Vertraute des Papstes.

Johanna fiel beim Eintritt des Papstes auf die Knie, und ich folgte ihrem Beispiel.

»Ihr mögt Euch erheben, Königin Johanna«, sagte Clemens. »Und Eure Zofe ebenfalls.«

Wir standen vor ihm, und er ließ sich auf einen Stuhl mit Schnitzereien sinken. Pierre stellte sich neben ihm auf. »Welch einen reizenden Anblick Ihr beiden bietet«, bemerkte Clemens. »Eine so dunkel, die andere so blond, ein wunderschönes Paar. Und ein so tödliches.«

Meine Knie schlugen so hart gegeneinander, daß ich überzeugt war, sie würden blaue Flecken bekommen. Ob Johanna ein gleiches Unbehagen empfand oder nicht, weiß ich nicht; ihre Stimme klang fest, zitterte nur kaum wahrnehmbar.

»Werde ich des Meineids beschuldigt, Heiliger Vater?«

»Was ist Meineid im Vergleich zu Mord?« fragte Papst Clemens. »Aber wenn Ihr Gottes Vergebung sucht, dann müßt Ihr all Eure Verbrechen beichten.«

Johanna starrte ihn einige Sekunden lang an, und ich glaubte schon das Messer des Folterknechts bei der Hinrichtung zu spüren. Dann fragte die Königin: »Und vergibt mir Gott alle Verbrechen?«

»Sein Verzeihen ist unendlich, mein Kind, wenn wahre Reue gezeigt wird«, erwiderte Clemens.

»Dann bitte ich Ihn, mir zu vergeben, daß ich als Frau und Königin gehandelt habe, indem ich Schritte unternommen habe, um einen üblen Schuft loszuwerden, der sich an meinem Körper gütlich getan hat und sich an meinem Königreich vergreifen wollte.«

Ich schnappte nach Luft, aber Clemens neigte ernst den Kopf.

»Übler Schuft, in der Tat. Beichtet Ihr ebenfalls Meineid?«

»Im Interesse meines Volkes würde ich jedes Verbrechen begehen, Heiliger Vater. Und ich halte es für das Interesse meines Volkes, daß *ich* regiere und nicht ein Thronräuber.«

»Beichtet Ihr ebenfalls Ehebruch?«

»Wenn eine Ehe lieblos ist, Heiliger Vater, muß eine Frau von Geist und Gefühl Trost finden, wo sie mag.«

Clemens musterte sie einige Sekunden lang, dann nickte er. »Ich bin mir nicht sicher, ob Ihr Euch soeben besser verteidigt habt als bei Eurer tränenreichen Rede heute nachmittag. Ist Eure Zofe ebenfalls dieser Verbrechen schuldig?«

Ich warf der Königin einen flehenden Blick zu, aber Johanna würde mich natürlich nicht im Stich lassen. »Richilde ist völlig unschuldig. Sie weiß nichts über den Tod meines verstorbenen Mannes. Sie hat erst nach dem Ereignis davon erfahren, Heiliger Vater.«

»Aber Ihr könnt sie nicht der anderen Verbrechen freisprechen?«

Johanna senkte den Kopf. »Sie war eine Sklavin, Heiliger Vater. Deshalb ist mehr gegen sie gesündigt worden, als sie selbst gesündigt hat.«

»Ihr seid eine treffliche Anwältin, Eure Hoheit. Aber es bleibt ein fürchterliches Geständnis. Gott weiß, daß Ihr vielleicht im besten Interesse Eures Volkes und für Euch selbst gehandelt habt. Und ich weiß, daß Er gnädig sein wird. Aber Mord und Ehebruch und Meineid können nicht ohne angemessene Buße vergeben werden.«

»Ich betonte meine Bereitschaft, jede Buße zu erfüllen, die Eure Heiligkeit verlangen mag«, sagte Johanna mit ruhiger Stimme.

Clemens' Augen verengten sich zu Schlitzen. »*Jede* Buße, Eure Hoheit?«

Johanna seufzte ein wenig. »Abgesehen vom Verzicht auf das Königreich, ja.«

Clemens lächelte sie an. »Dann seid versichert, daß Euch vergeben wird. Bußen mögen vielerlei Form haben. Es gibt die einfache Buße, zum Herrn zu beten oder, in Eurem Fall, zu der Heiligen Mutter. Es gibt eine strengere Form, bei der körperlicher Schmerz und Demütigung als Strafe für ein Verbrechen erlitten werden muß. Und es gibt eine hehre Form der Buße, bei der der reuige Sünder einen Teil seines Reichtums der Heiligen Kirche schenkt. Bei Verbrechen dieser Schwere sind alle drei Formen der Buße erforderlich.«

Er schaute die Königin während seiner Worte an, und sein Gesicht rötete sich vor Aufregung. Ich war noch zu entsetzt, um die wahre Bedeutung seiner Worte zu erkennen, aber Johanna, die zwar jünger war als ich, war bereits viel erfahrener in ihrem Wissen um den Lauf der Welt.

»Ich verstehe das, Heiliger Vater«, sagte sie immer noch mit leiser Stimme.

»Dann wird Eure erste Buße sein, daß Ihr den Rest Eures Lebens jeden Abend zehn Ave Maria betet.«

»Das werde ich tun, Heiliger Vater.«

Clemens schaute mich zum erstenmal direkt an. »Eure Zofe wird ebenso für den Rest ihres Lebens diese Buße tun.«

»Das wird sie, Heiliger Vater«, versprach Johanna an meiner Stelle.

»Die zweite Buße wird sein, daß Ihr ausgepeitscht werdet, bis Ihr blutig seid, damit Ihr Euer Verbrechen mit Eurem eigenen Blut sühnt.«

Mir stockte der Atem bei der Vorstellung, aber Johanna neigte nur den Kopf; diesmal sagte sie nichts.

»Die Buße wird hier und jetzt getan«, forderte Clemens. »Es wird eine private Sache zwischen uns vieren sein.«

Er war jetzt beträchtlich erregt, und seine Brust hob und senkte sich unter schweren Atemzügen.

Johanna wandte sich von ihm ab und sah mich an. »Steh mir bei, Richilde«, sagte sie.

Meine Gedanken überschlugen sich, und ich eilte zu ihr. Wie Johanna vorausgesagt hatte, war auch der Papst nur ein Mann und hatte männliche Bedürfnisse.

Aber wie viele davon?

Ich streifte die Träger des Kleides meiner Herrin herunter, und Johanna erledigte das meiste der Entkleidung selbst. Aber sie war bei der Sommerhitze in der Provence nicht sehr mit Unterwäsche belastet, und es dauerte kaum fünf Minuten, bis sie nackt bis auf das Unterhemd war. Daraufhin wandte sie sich wieder dem Papst zu.

»Die Peitschenhiebe müssen auf das nackte Gesäß verabreicht werden, Eure Hoheit«, kündigte der Schuft an, und jetzt keuchte er deutlich vor Geilheit, denn Johanna war nur mit einem dünnen Unterrock bekleidet und mit ihrem schwarzen Haar, das über ihrem Rücken hinabflutete, bot sie einen Anblick, der Männer verrückt machen konnte – und sie hatte ja bereits mehr als einen Mann um den Verstand gebracht.

Aber das war nichts im Vergleich zu dem Anblick, den

Johanna nackt bot, denn jetzt streifte sie das Unterhemd von ihren Schultern und ließ es bis auf ihre Knöchel rutschen, bevor sie heraustrat. Clemens erhob sich von seinem Stuhl, als wäre er an einem Faden emporgezogen worden.

»So jung und so schön«, murmelte er.

Ich wagte nicht, zu Pater Pierre zu blicken, der gewiß genauso erregt war.

»Es wird kalt, Heiliger Vater«, sagte Johanna, und ihre Stimme klang ebenfalls kalt, aber ruhig.

»Dann werde ich Euch heiß machen, Eure Hoheit«, versprach er. »Kniet Euch auf den Stuhl!«

Johanna gehorchte und schlang die Arme um die Stuhllehne.

»Der Stock, Pierre«, befahl Clemens.

Pater Pierre eilte zu einem Schrank an der Wand und öffnete ihn. Verschiedene Stöcke wurden sichtbar. Einen davon peitschte er hin und her, daß es unheilvoll durch die Luft zischte. Ich sah, daß Johanna von Kopf bis Fuß erzitterte, als sie das Zischen hörte, ohne den Kopf zu wenden. Es war in der Tat eine schrecklich demütigende Position für eine Königin, aber das Schlimmste sollte noch folgen.

Ich hatte erwartet, und ich bin überzeugt, daß Johanna meine Meinung teilte, daß ihre Züchtigung oberflächlicher und symbolischer Art sein würde. Ein paar leichte Klapse auf die nackten Pobacken, um die männliche Lust des Papstes zu befriedigen ... aber nein! Mir stockte der Atem, als er sie mit gemeiner Energie peitschte. Er gab sich auch nicht mit nur sechs Hieben zufrieden, sondern schlug sie zwölfmal mit all seiner Kraft, so daß das Gesäß meiner königlichen Herrin tatsächlich blutete.

Johanna ertrug die ersten Hiebe mit großer Tapferkeit, doch bald begann sie zu weinen, und obwohl sie ihre Schreie unterdrückte, konnte ich sehen, daß die Knöchel der Hände, mit denen sie die Stuhllehne umkrampfte, weiß hervortraten. Als der Papst zu Ende gepeitscht hatte, blieb sie einige Sekunden lang regungslos wie festgeklebt auf dem Stuhl, bis wieder Leben in sie kam. Wortlos und ohne einen von uns anzublicken – ihre Wangen glühten –, nahm sie ihr Unterhemd und zog es an.

Jetzt klopfte mir Pater Pierre auf die Schulter. »Ihr seid dran, Mademoiselle«, sagte der Schuft.

Hier sollte ich einen Moment innehalten und unser Erstaunen darüber ausdrücken, mit welcher Macht die Heilige Kirche unseren Geist nicht minder als unsere Körper kontrolliert. Der Himmel weiß, daß ich kein Unschuldsengel bin; die Umstände waren in dieser Hinsicht gegen mich. Aber ich habe keinen Zweifel, daß der Himmel uns zu gegebener Zeit für unsere Missetaten angemessen bestrafen wird – es war nicht nötig, daß ich mich wie Johanna einem Hors d'œuvre auslieferte. Wir waren beide über zwanzig Jahre jünger als Clemens und sein Handlanger, wir waren kräftige Mädchen, und ich bezweifelte nicht, daß wir mit den beiden fertig geworden wären.

Statt dessen unterwarf ich mich, weil er der Papst und ich die Sklavin war. Welche Narren wir Sterblichen sind!

Weil ich nicht die Königin war, sah ich keinen Grund, meine Würde in dieser Umgebung mehr als in Karl von Durazzos Verlies zu wahren, und deshalb schrie ich mir beim ersten Stockhieb fast die Lunge aus dem Hals, und meine Stimme erreichte das Crescendo bei jedem weiteren der zwölf Schläge, ein Ton, den ich noch einige Sekunden nach dem letzten Peitschenhieb hielt.

Der Papst sank unterdessen auf den Stuhl. Er wirkte völlig erschöpft, was Johannas Wut nicht milderte. In eisigem Tonfall fragte sie: »Dürfen wir jetzt gehen, Heiliger Vater, nachdem unsere Buße beendet ist?«

»Beendet?« Clemens setzte sich auf. »Da ist noch die Sache mit dem Geschenk an die Kirche.«

Johanna starrte ihn an. »Zweifellos werdet Ihr mich darüber aufklären, was Ihr im Sinn habt, Eure Heiligkeit.«

»In der Tat, Eure Hoheit. Ich denke, um die Absolution Eurer Verbrechen jetzt und für die Zukunft sicherzustellen, sollte das Geschenk eine Größe und Herrlichkeit haben, die nur eine Königin aufbringen kann.«

»Ja?«

»Ich denke an die große Stadt, in der ich als Euer Lehnsmann residiere. Es ist sicher unschicklich, daß Gottes Stellvertreter auf Erden Pacht zahlen muß.«

Johanna war sprachlos ob dieser Unverschämtheit nach den vorangegangenen Exzessen. Sie brauchte ein paar Sekunden, bis sie sagte: »Ihr wünscht, daß ich Euch Avignon schenke?«

Ihr Ton war so eisig, daß sogar Clemens erkannte, daß er vielleicht zu weit gegangen war. »Ich dachte an eine entsprechende Geldzahlung«, erklärte er. »Schließlich gewähre ich Euch jedes Recht als Königin von Neapel, aber wenn diese elenden Ungarn nicht meinem Diktat gehorchen, werdet Ihr sie vertreiben müssen. Dafür benötigt Ihr eine Armee, und um eine Armee aufzustellen, werdet Ihr Geld brauchen. Wer außer mir kann Euch genügend Geld verschaffen? Als Gegenleistung für meine finanzielle und geistige Hilfe sollte Avignon eine angemessene Entschädigung sein.«

Wenn Blicke töten könnten, dann hätte sofort ein neuer Papst gewählt werden müssen.

Wieder erkannte Clemens, daß ein kleiner Schritt rückwärts den gigantischen Sprung nach vorn, den er anstrebte, begünstigen konnte. »Ich kann Euch auch auf andere Weise helfen, Eure Hoheit, indem ich Euren lieben Gemahl mit dem Orden der Goldenen Rose belohne und ihn offiziell zum König von Sizilien und Jerusalem ernenne. Ganz zu schweigen von Neapel. Was mehr könnte Eure Hoheit wünschen?«

Die Einbeziehung Ludwigs in die päpstliche Wohltätigkeit trug viel dazu bei, Johannas Zorn zu mildern. Aber sie war immer noch verstimmt.

»Wieviel?« fragte sie.

»Äh … fünfzigtausend Gulden?« entgegnete Clemens.

»Ihr scherzt, Heiliger Vater. Für Avignon? Hunderttausend.«

»Nun, ich könnte auf sechzig gehen.«

»Neunzig«, sagte Johanna, »und keinen Gulden weniger.«

»Achtzig«, erwiderte Clemens, »und keinen Gulden mehr.«

Meine Herrin mochte soeben ausgepeitscht worden sein, aber ihr Verstand war so scharf wie immer; sie wußte, daß sie die letzte Zahl nicht erhöhen würde. Sie sank auf die Knie und neigte den Kopf.

»Heiliger Vater, es ist mein Wunsch, für meine Verbrechen Buße zu tun, indem ich der Kurie die Stadt Avignon auf ewig schenke … und als Entschädigung die Summe von achtzigtausend Gulden erhalte. Zahlbar in barer Münze.«

6. KAPITEL

Der Schmerz und die Demütigung, die Johanna und ich nach unserer Mißhandlung durch den Papst empfanden, wurden natürlich beträchtlich gemildert durch seine Absolution und sein Versprechen einer päpstlichen Bulle, die den sofortigen Rückzug Ludwigs von Ungarn aus Neapel forderte, zusammen mit der großen Geldsumme, die meine Königin nun zu ihrer Verfügung hatte. Diese Dinge trösteten auch unsere Ehemänner, als sie die roten Striemen auf unserem Gesäß küßten und Drohungen murmelten.

»Die Striemen vergeßt am besten«, sagte Johanna. »Wir müssen jetzt an die Zukunft denken.«

Ludwig von Tarent und Alberto machten sich sofort auf die Suche nach Galeeren und Männern, die angeheuert werden konnten, ohne daß die öffentliche Verkündigung der päpstlichen Bulle abgewartet werden mußte. Aber sie hatten mit ihrer Suche kaum begonnen, als Nachricht aus Italien eintraf: Ludwig von Ungarn hatte sich mitten in der Nacht mit dem Hauptteil seines Heeres aus Neapel davongestohlen und war über die Apenninen verschwunden.

Wir schauten uns erleichtert an, als wir das hörten, doch dann beherrschte Verwunderung unsere Gedanken. »Mein Volk hat ihn davongejagt?« fragte Johanna in ihrem steten Optimismus.

»Nur durch Gebete, Eure Hoheit«, sagte der Bote. »Aber die ungarische Armee, Neapel, ganz Italien, vielleicht die ganze Welt ist von einer äußerst heimtückischen Krankheit namens Pest heimgesucht worden, bei der die Leute wie die Fliegen tot umfallen.«

»Mein Gott!« stieß Johanna hervor. »Wie kann das sein?«

»Das weiß keiner, Eure Hoheit. Zweifellos ist es eine Strafe Gottes für unsere Sünden. Aber es ist eine besonders schreckliche Krankheit, die sich zuerst mit Schwellungen der Achseln und der Leiste zeigt, einen rapiden Verlauf nimmt und mit einem qualvollen Tod endet.«

»Und die Furcht vor dieser Krankheit hat den König von Ungarn aus Italien vertrieben?« fragte Prinz Ludwig ein wenig verächtlich: er fürchtete gewiß keine Krankheit.

»Seine Krieger starben in großer Zahl, Monsignore. Aber er hat den Besitz der Stadt noch nicht aufgegeben. Es ist eine Garnison in Castel Nuovo, die von Corrado Lupo befehligt wird, und man nimmt an, daß der König zurückkehrt.«

»Der Teufel«, murmelte Ludwig, während Johanna blaß wurde.

»Wir müssen uns beeilen«, erklärte Meister Acciajuoli. »Aber Ihr dürft Euch nicht in Gefahr begeben, Eure Hoheit, zumindest nicht bis unser Weg frei ist und wir sicher sein können, daß das Volk von Neapel bereit ist, sich zu erheben und die Invasoren für immer zurückzuschlagen. Erlaubt mir deshalb, Euch als Euer Gesandter vorauszueilen und die Lage zu begutachten.«

Dieses tapfere Angebot nahm Johanna gern an, und so blieben wir als Gäste des Papstes in Avignon – der uns äußerst charmant anlächelte, wann immer wir uns zufällig begegneten, was oft genug der Fall war –, während Ludwig und Alberto weiterhin versuchten, eine Flotte und eine Armee aufzustellen, denn es hatte jetzt den Anschein, daß sie nötig sein würden, Pest hin oder her.

Unterdessen reiste Acciajuoli, ausgerüstet mit der wirkungsvollsten Waffe der Welt, einer päpstlichen Bulle, nach Italien. Er mußte jedoch Vorsicht walten lassen, und so besuchte er zuallererst das einzige Schloß in ganz Neapel, das nicht vor dem Ungarn kapituliert hatte, jenes von Melzi, über das zufällig sein eigener Sohn Lorenzo gebot. Wir können uns vielleicht vorstellen, mit welcher Freude sich diese beiden treuesten Diener unserer Königin in die Arme schlossen.

Lorenzo konnte seinem Vater versichern, daß die Neapolitaner die unmäßigen Forderungen und Hinrichtungen des ungarischen Monarchen satt hatten und nur darauf warteten, daß ihre Königin zu ihnen zurückkehrte – und ihnen ihren Verrat verzieh –, denn sie standen geschlossen hinter ihr. Das waren gute Nachrichten, aber Acciajuoli war ein vorsichtiger

Bursche und zog es vor, die Wahrheit selbst herauszufinden. So besuchte er jede Stadt im Königreich, bevor er schließlich Neapel selbst aufsuchte. Diese Reise war gefährlich und sehr strapaziös, denn die Pest schien sich auf dem Land verstärkt auszubreiten. Viele der Gemeinden schlossen ihre Tore und postierten Wachen an den Stadtmauern, um jeden Reisenden aufzuhalten, der ein Überträger der tödlichen Seuche sein konnte.

Aber Meister Acciajuoli, der mit der päpstlichen Bulle ausgerüstet war und in seiner Stellung als Botschafter der Königin auftrat, setzte sich immer durch und gewann stets die Herzen seiner Zuhörer, wenn er ihnen erzählte, daß die Ehe der Königin mit Prinz Ludwig anerkannt worden war und der Papst ihr Absolution hinsichtlich ihrer Beteiligung an der Ermordung ihres ersten Gemahls erteilt hatte, und wenn er ausmalte, welch große Wohltaten dem Königreich nach Johannas Wiedereinsetzung zufallen würden.

Am herzlichsten wurde er in Neapel willkommen geheißen, obwohl er die Stadt wegen der ungarischen Garnison heimlich betreten hatte. Beruhigt eilte er nach Avignon zurück, um der Königin zu berichten, daß ihr Geburtsrecht auf sie wartete.

Inzwischen hatten Ludwig und Alberto eine beträchtliche Flotte und eine ebenso gewaltige Streitmacht von Kriegern aufgestellt, die begierig darauf waren, der schönen und momentan reichen Herrin zu dienen. So segelten wir am 10. September 1348 von Marseille aus; die Herzogin von Durazzo begleitete ihre Schwester wie unsere Kinder und natürlich die treuen Acciajuoli und Spinelli.

Weil es zu riskant gewesen wäre, den Hafen von Neapel anzulaufen, der von dem Schloß beherrscht wurde, das noch in ungarischer Hand war, legte Ludwig in dem kleinen Seehafen Santa Maria del Carmine an, an der Mündung des Sebeto. Sobald unsere Segel gesichtet wurden, versammelte sich eine Menschenmenge, und als wir in den kleinen Hafen einliefen, wurden wir von lärmenden Leuten umringt, die jubelten, bis sie heiser waren. Bei solch einem Empfang weinte Johanna vor Dankbarkeit, doch es wurde schnell offenkundig, daß das Volk sie nicht nur als rechtmäßige Regentin, sondern auch als Befreierin von dem ungarischen Joch betrachtete. Da die Leute zum größten Teil einfache Bauern waren, sahen sie in Johanna ebenfalls eine Erlöserin von der Pest, von der sie heimgesucht wurden.

Die Seuche war tatsächlich grauenvoll. Teile der Stadt waren verbarrikadiert, und bewaffnete Wachen patrouillierten; keiner durfte die Stadt verlassen, und keiner außerhalb der Barrikaden hatte anscheinend den geringsten Wunsch, die Stadt zu betreten. Wir erfuhren, daß dies die Viertel waren, in denen die Seuche in einem der Häuser entdeckt worden war.

»Aber die Erkrankten können nicht ohne Hilfe existieren«, wandte Johanna ein.

»Ihnen ist nicht mehr zu helfen, Eure Hoheit«, erklärte der Bürgermeister.

»Es ist mein Volk«, beharrte Johanna. »Ich kann nicht zulassen, daß sie in Einsamkeit und Leiden sterben. Reißt diese Barrikaden sofort ein.« Sie wandte sich an ihren Beichtvater. »Anselmo, Ihr werdet mich begleiten und die Messe für diese armen Menschen lesen.«

Der Priester schluckte. »Ich, Eure Hoheit? Leider habe ich mir gerade den Knöchel verstaucht. Es ist die reinste Qual, damit zu gehen.« Und er machte eine überzeugende Schau daraus, unter großen Schmerzen herumzuhumpeln.

Johanna warf ungeduldig den Kopf zurück. »Dann wirst du mich wie immer begleiten, meine treue Richilde.«

Da ich nicht so schnell schalten konnte wie der Priester, fiel mir keine vernünftige Ausrede ein. Aber als wir durch die Barrikade eskortiert wurden, flüsterte ich meiner Herrin zu: »Eure Hoheit, gehen wir kein unnötiges Risiko ein?«

»Unsinn«, erklärte Johanna. »Hast du jemals gehört, daß eine Königin an der Pest gestorben ist?«

Ehrlich gesagt, das hatte ich noch nicht gehört. Mir kam

jedoch in den Sinn, daß es daran lag, weil Königinnen auf Grund ihres Amtes leicht Quellen der Ansteckung meiden konnten. Und nur eine von uns war Königin.

Aber das änderte nichts; die Wachen entfernten die Barrikaden.

»Du wirst diesen Ort der Pestilenz nicht ohne mich betreten«, erklärte jetzt Ludwig.

»Liebster Monsignore«, sagte Johanna und legte eine Hand auf seinen Arm. »Würdet Ihr mir erlauben, Euch in die Schlacht zu begleiten?«

»Nein, natürlich nicht«, sagte der verwirrte Held.

»Dann erlaubt mir, mit meinen eigenen Waffen gegen diesen Dämon zu kämpfen. Ich möchte nicht uns beide der Gefahr aussetzen.«

Was darauf hinwies, daß sie zumindest um das Risiko wußte, das sie einging.

Als die Barrikaden entfernt waren, unternahmen wir etwas, was ich am treffendsten als den ersten Schritt in die Hölle bezeichnen möchte. Der Vergleich ist auch nicht schlecht gewählt, denn mit dem Gestank, der sofort unsere Nasen angriff, mischte sich der von Feuerrauch, und wir sahen, daß einige Leute versuchten, Leichen auf offenen Feuern zu verbrennen. Dies war hinreichend unangenehm, doch die noch Lebenden boten einen weit schlimmeren Anblick, denn sie trugen Lumpen, waren ungewaschen und hatten offensichtlich lange nichts mehr gegessen, wie ihre abgemagerten Körper verrieten.

Sie starrten ungläubig und gierig auf die beiden elegant gekleideten Damen, die plötzlich in ihrer Mitte waren, und ich befürchtete, daß wir in Gefahr waren, mehr als unser Leben zu verlieren. Doch Johanna ging schnurstracks zu ihnen und sagte: »Fürchtet Euch nicht. Ich bin Eure Königin.«

Sie starrten sie offenen Mundes an, und dann fielen sie auf die Knie, weinten vor Dankbarkeit über ihren Besuch und versuchten, ihre Hand oder auch nur den Saum ihres Kleides zu küssen. Andere bedrängten mich ähnlich, aber als ich am liebsten Fersengeld gegeben hätte, sah ich die Königin ruhig und majestätisch unter ihnen stehen, und ich sagte mir, daß ich ebenfalls ausharren mußte, obwohl ich das Gefühl hatte, daß die tödliche Krankheit bereits meinen Körper befallen hatte.

Johannas Mut war beneidenswert. Als ich an das kleine Mädchen dachte, das nach der Ermordung ihres Mannes oder nach der Kunde, daß Ludwig von Ungarn mit seinem ganzen Heer auf uns zu marschierte, in meinen Armen gezittert hatte, wurde mir klar, daß meine Freundin, zweifellos durch all diese Schicksalsschläge, erwachsen geworden und unter dem Zwang der Ereignisse zu einer wirklichen Herrscherin herangereift war.

Ich sorgte mich trotzdem über die Art, wie sie sich und mich weiterhin den Gefahren der Ansteckung aussetzte. Wir waren von dem übelsten Gestank umgeben, den Sie sich vorstellen können, aber Johanna bestand darauf, die elenden Unterkünfte dieser unglückseligen Leute zu betreten und die Kranken selbst zu untersuchen.

Dies war ein weiteres grauenvolles Erlebnis, denn zusätzlich zu den häßlichen Schwellungen der Achseln und des Unterleibs hatte die Haut der Erkrankten eine dunkle Tönung angenommen, weshalb die Seuche als der Schwarze Tod bezeichnet wurde. Wir konnten auch nicht die Berichte anzweifeln, wie ansteckend die Pest war. Einige Leute starben während unserer Anwesenheit, und ihre Verwandten versicherten uns, daß es ein normaler Verlauf der Krankheit war, wenn der Erkrankte binnen vier Tagen starb. Wenn die Opfer noch am vierten Nachmittag nach der Erkrankung lebten, dann war ihr Überleben sicher. Aber diese glücklichen Umstände waren selten.

Viele der noch Lebenden erinnerten sich an die schrecklichen Auswirkungen der Pest. Etwa jeder Dritte starb in Europa während der drei Jahre, in denen die Pest wütete. Eine unglaubliche Zahl. Kein Gelehrter hat je die Ursache entdeckt – die Krankheit ist vermutlich von Asien nach Europa gekommen, und wer weiß, welche schädlichen Dämpfe an diesem geheimnisvollen Kontinent haften? –, und ebensowenig hat jemand einen plausiblen Grund gefunden, weshalb sie in einer so kurzen Zeit jedes menschliche Wesen dahinraffte, das angesteckt worden war.

Die Krankheit hatte jedoch gewisse charakteristische Merkmale, die von den Medizinern untersucht wurden. So fand man Erklärungen für Dinge, die sonst als Wunder erschienen wären. Die wichtigste Erkenntnis war, daß es eine Krankheit der Hitze war. In nördlichem Klima, in meiner englischen Heimat, wo die Pest ebenso schrecklich getobt hat wie andernorts, verschwand sie praktisch während der Wintermonate. Und selbst im sonnigen Neapel ließ sie mit Einsetzen der kühleren Jahreszeit nach und verschwand, unterstützt durch einen extrem kalten Winter in ganz Europa.

Wir, und besonders Johanna, zogen großen Nutzen daraus. Denn es blieb in Erinnerung, daß die Königin eine Erlöserin sei, die gekommen war, um ihr treues Volk von dieser Geißel zu befreien – ein Ruf, der durch ihre Kühnheit, ein verseuchtes Gebiet aufzusuchen, noch verstärkt wurde –, und daß sie Ende September auf neapolitanischem Territorium eingetroffen war. Was Santa Maria del Carmine anbetraf, so unternahm sie sofort entsprechende Schritte, zwang die widerwillige Bevölkerung, die Barrikaden dauerhaft einzureißen, um die Erkrankten mit Essen und Trinken zu versorgen und mit der angemessenen Beisetzung der Toten zu beginnen.

Sie beaufsichtigte diese Arbeit selbst, mit ihrer treuen Dienerin an der Seite, und so sehr es den Bewohnern auch widerstrebte, sich der Krankheit auszusetzen, sie konnten nicht anders, als dem Beispiel zu folgen, das die Königin ihnen gab. Daß wir in ständiger Angst lebten, ist klar, und jeden Abend untersuchten Johanna und ich uns gegenseitig nach Anzeichen auf die gefürchteten Schwellungen. Gerechterweise muß ich erwähnen, daß uns Maria nach besten Kräften dabei unterstützte. Wir gaben unsere Kinder in ein Mönchskloster auf dem Land, wo wir sie sicher wähnten, und wir schickten unsere Männer aus der Gefahrenzone in den Kampf gegen die Ungarn nach Neapel. Dies mag als ein äußerst sonderbares Gegenmittel erscheinen, aber eine ungarische Lanze war weit weniger gefährlich als eine Infektion durch den Schwarzen Tod.

Und binnen eines Monats nach Johannas Ankunft nahm die Zahl der Infizierten ab, und gegen Weihnachten war die Seuche praktisch verschwunden. Daß dies in ganz Neapel geschah, wurde zum Anlaß für ein großes Freudenfest genommen; die Königin war eine Erlöserin. Daß sich die gleiche Entwicklung auch im übrigen Europa abzeichnete, sogar in Ländern wie Ungarn, die voller Todfeinde Neapels waren, wurde ignoriert; Nachrichten reisten langsam. Und daß es passierte, als das Wetter für die Jahreszeit ungewöhnlich kalt war, wurde nicht bemerkt.

Daß es überhaupt geschah, war ein reiner Segen für uns, wie ich jetzt berichten werde.

Von Santa Maria del Carmine aus begaben sich Johanna, ich und unser Gefolge zum Palast von Signor Ajutoris bei Porta Capuana, weil das als der sicherste Ort für die Königin galt, bis der Ausgang des Krieges entschieden war. Währenddessen eroberten Ludwig und Alberto mit ihren Truppen unser schönes Land für unsere schöne Herrin zurück.

Meister Acciajuoli erhielt den Auftrag, Neapel selbst vom Feind zu säubern, und dabei bewies er soviel Talent als Krieger, wie er als Advokat gezeigt hatte: General Lupo war bald gezwungen, Castel Nuovo zu evakuieren und die Hälfte seiner Männer als Gefangene zurückzulassen. Unterdessen verfolgten Ludwig und Alberto einen siegreichen Kurs bei ihrer Reihe von Schlachten und Belagerungen und unterwarfen eine neapolitanische Festung nach der anderen, in denen sich die ungarischen Garnisonen befanden. Deshalb hatte es zu Beginn des neuen Jahres den Anschein, daß sich die Dinge wirklich für uns besserten. Leider stand eine neue Katastrophe bevor.

Eines der Probleme eines Söldnerheeres besteht darin, daß solche Männer nicht aus Ehre oder Patriotismus kämpfen, sondern einfach für den Sold. Man muß deshalb immer damit rechnen, daß sie Fahnenflucht begehen, wenn ihr Sold ausbleibt, und sie neigen dazu, die Seiten zu wechseln, wenn ihre Dienste vom gegnerischen General höher bezahlt werden.

Nun hatte es Ludwig von Ungarn zufällig bereits für notwendig erachtet, Söldner anzuwerben, um sein Heer auf die Stärke zu bringen, die für eine erfolgreiche Invasion von Neapel erforderlich war. Diese ausländischen Soldaten, überwiegend Deutsche, hatten den Hauptteil der Garnisonen gebildet und verlassen, als der ungarische Kommandant einen Rückzug für nötig gehalten hatte. Sie liefen massenweise zu Ludwig von Tarent über und kämpften fröhlich weiter, diesmal unter neapolitanischer Flagge. Das verstärkte sofort unsere Armeen und unsere Erfolgsaussichten, und der Kommandeur dieser Söldner, ein Scheusal namens Warner, machte sich sofort zum Stellvertreter unseres tapferen Prinzen und erhielt immer mehr Verantwortung.

Keiner ahnte, daß der Schuft die ganze Zeit über mit dem ungarischen Vizekönig Lupo verhandelte, der sich immer noch im Feld behauptete.

Genausowenig wußte jemand, daß Ludwig von Ungarn, der in Buda vor sich hinbrütete, das Verschwinden des Schwarzen Todes aus Italien bemerkt hatte und sein Heer von neuem mobilisierte.

So trafen uns plötzlich zwei gewaltige Erschütterungen, und zwar zu einem äußerst ungünstigen Zeitpunkt. Johanna und ich hatten gerade den Beginn unserer zweiten Schwangerschaft gefeiert, als wir erfuhren, daß General Warner und sein Heer vor Lupo, dem er wieder dienen wollte, kapituliert und die Stadt Corneto an ihn übergeben hatten. Und fast im gleichen Atemzug erfuhren wir, daß Ludwig von Ungarn mit einem großen Heer in Manfredonien an Land gegangen war und bereits Trani, Canossa und Salerno eingenommen hatte und jetzt Aversa belagerte.

Diese schrecklichen Neuigkeiten wurden etwas gemildert durch die Tapferkeit der Verteidiger dieser Stadt, die nur fünfhundert Männer zählten, jedoch von dem hervorragenden

Giacomo Pignatelli befehligt wurden. Der ungarische Monarch verlor nicht weniger als zehntausend Pferde und siebentausend Mann und konnte dennoch keinen Erfolg verbuchen, sondern er erhielt eine Pfeilwunde im Fuß, als er einen Angriff selbst führte.

Das förderte seinen Entschluß, die Stadt auszuhungern. Unser Problem war jetzt, wie wir sie entsetzen konnten. Denn mit der Desertion von Warner mangelte es uns an Männern, die sich dem ungarischen Heer im Feld entgegenwerfen konnten. Mit der gewohnten Tapferkeit forderte Prinz Ludwig seinen Namensvetter heraus, alles durch ein Duell zwischen ihnen beiden zu entscheiden, doch der Ungar war nicht so dumm, sich mit unserem Helden zu messen. Unterdessen hatte Renaud von Baux – der Bruder des Obersten Richters – eine Galeerenflotte im Hafen von Neapel versammelt, nur für den Fall, daß wir flüchten mußten.

Das sollte in der Tat unser Schicksal sein. Aversa hungerte und kapitulierte, und die Ungarn marschierten gen Neapel. Ich brauche nicht zu sagen, daß sich die Geschichte wiederholte und die guten Bürger versuchten, sich dem Eroberer anzudienen. Seine schroffe Antwort führte jedoch dazu, daß sie sich ihm so lange widersetzten, wie sie konnten, aber dieser unerwartete Kampfgeist kam für uns zu spät; wir waren bereits an Bord gegangen.

Erst als wir wieder in den Hafen einliefen, erfuhren wir von einem anderen bemerkenswerten und entsetzlichen Ereignis.

Maria von Durazzo, die Schwester der Königin, hatte die Zeit seit unserer Rückkehr im Castello del Uovo, südlich von Neapel, verbracht, weil sie ihre drei kleinen Kinder nicht dem Risiko der Ansteckung durch die Pest aussetzen wollte und weil sie ihrer Schwester wenig beim Regieren des Landes helfen konnte: um die Wahrheit zu sagen, trotz all der Güte und schwesterlichen Liebe, die Johanna gegenüber Maria zeigte, konnte sie ihr nicht mehr völlig vertrauen. Unter diesen Umständen – aus den Augen, aus dem Sinn – war Maria etwas in Vergessenheit geraten. Aber Johanna würde sie natürlich kein zweites Mal der Gnade Ludwigs aussetzen, und so schickte sie Renaud von Baux los, um sie sicher zur Einschiffung zu bringen.

Wir hörten später, aus dem Mund von Maria, was geschah. Sie war über die traurigen Verhältnisse im Königreich informiert worden, hatte gepackt und wartete mit den Kleinen auf die Eskorte, die sie zu ihrer Schwester bringen sollte. Als das Nahen Renauds von Baux angekündigt wurde, verlor sie ihre Angst und dachte nur an eine sofortige Abreise. Man kann sich vorstellen, wie bestürzt sie war, als Renaud ihre Privatgemächer betrat, nur begleitet von seinem Sohn Robert und einem Kaplan, und ihr erklärte, sie müsse gewisse Bedingungen erfüllen oder er würde sie verlassen.

Maria glaubte ihren Ohren nicht zu trauen. »Hat Euch nicht meine Schwester geschickt?« fragte sie, und ihre Stimme zitterte mit einer Mischung aus Furcht und Zorn.

»Eure Schwester, die Königin, ist nicht mehr in einer Position, jemand irgendwohin zu schicken«, informierte der Schurke die Prinzessin. »Sie und ihr Mann sind bereits geflüchtet. Sie ist abermals auf der Flucht, und diesmal wird sie ihren Thron nie wiedergewinnen. Aber wenn Ihr Euch nicht meinen Wünschen fügt, werdet Ihr das Opfer Ludwigs von Ungarn. Ich habe gehört, er wolle Euch seinen Truppen überlassen und jedem Mann erlauben, es abwechselnd mit Euch zu treiben.«

Maria fiel fast in Ohnmacht, als sie sich ein solches Schicksal vorstellte. Sie umklammerte Renauds Hand und flehte ihn an, sie und ihre Kinder aus der Reichweite des ungarischen Monsters zu bringen.

»Das werde ich tun, Madame«, versicherte er ihr. »Und wenn ich mein Leben riskieren müßte. Vorausgesetzt, Ihr erfüllt meine beiden Bedingungen.«

»Welche Bedingungen?« Maria konnte so hochmütig wie ihre Schwester sein, wenn sie es für nötig hielt.

»Daß Ihr meinen Sohn auf der Stelle heiratet. Mein Kaplan wird die Zeremonie vollziehen.«

Maria bekannte uns später, daß sie fast der Schlag traf, als sie einen solchen Antrag zu einem solchen Zeitpunkt und von einem solchen Mann hörte, der keinen Tropfen königliches Blut in den Adern hatte.

Sie flüchtete sich in Zorn.

»Unverschämter Schuft«, zischte sie. »Wie könnt Ihr es wagen, der Schwester Eurer Königin einen solchen Antrag zu machen? Ihr solltet beten, daß ich Eure Worte vergesse, und versuchen, durch Pflichterfüllung Buße zu tun.«

Renaud verneigte sich nur. »Dann wünsche ich Euch Lebewohl, Madame.« Und er ging zur Tür, gefolgt von seinem Sohn und dem Priester, die kein Wort gesagt hatten.

Diesmal glaubte Maria, anstatt ihren Ohren, ihren Augen nicht trauen zu können.

»Ihr verlaßt mich?« rief sie.

Renaud blieb stehen, wandte sich zu ihr um und schaute sie an.

»Seid dankbar, Madame, daß ich nicht mehr als das tue«, sagte er. »Ich bin in der Tat versucht, mich hier und jetzt für die Beleidigungen zu rächen, die Ihr soeben geäußert habt. Aber ich gebe mich damit zufrieden, diese Rache dem König von Ungarn zu überlassen. Ich werde mir vorstellen, wie Ihr nackt und blutend vor ihm kniet und ihn um Gnade anfleht. Es heißt, daß er gar nicht weiß, was Gnade ist.«

Maria warf sich auf die Knie. »Seht her, wie ich Euch bitte, stolzer Herr. Wenn auch nicht für mich, so doch für meine Kinder. Werdet Ihr wenigstens sie in Sicherheit bringen?«

»Ihr hättet an Eure Kinder denken sollen, Madame, bevor Ihr meine guten Dienste verschmäht habt.«

Maria glaubte, ihr Herz müsse vor Entsetzen zerspringen. Doch sie hoffte noch, an seinen Verstand, sein Mitgefühl und seine Menschlichkeit appellieren zu können.

»Aber ich liebe Euren Sohn nicht«, stöhnte sie. »Ich habe ihn nie zuvor gesehen. Ich weiß nichts über ihn. Wie könnt Ihr, Bruder unseres Hüters der Wahrheit und Gerechtigkeit, es wagen, ein solches Verbrechen auch nur zu erwägen?«

Als sie sah, daß Renauds Gesicht ernst und unbeugsam blieb, wandte sie sich an seinen Sohn.

»Um Himmels willen, lieber Robert«, sagte sie. »Ich bin eine Witwe und Mutter. Die Schönheit, die ich hatte, verblaßt traurigerweise unter den Anforderungen des Lebens. Habt Ihr keine wahre Liebe für jemand, der sie erwidert? Habt Ihr keine Milde in Eurem jungen Herzen? Ich bitte Euch, redet Eurem Vater diesen üblen Vorschlag aus, und ich werde Euch den Rest meines Lebens ehren.«

Aber der Junge war der wahre Sohn seines Vaters. Er vermied es, der Prinzessin ins Gesicht zu schauen, und murmelte nur: »Ich muß die Wünsche meines Vaters erfüllen, Madame.«

Verzweifelt wandte sich Maria an den Priester, der bis jetzt ein stummer Zeuge ihrer mißlichen Lage gewesen war, aber ein Blick in sein Gesicht zeigte ihr, daß er sich weiterhin in Schweigen hüllen würde, bis man ihn auffordern würde, die gefürchteten Worte zu sprechen. So starrte sie die drei Männer an, und sie starrten zurück. Maria gestand uns später, daß sie in diesem Moment mit dem Gedanken spielte, zum Fenster zu eilen und sich ins Meer zu stürzen. Aber sie brachte es nicht übers Herz, ihre Kinder zu verlassen oder sie mit sich zu töten.

Die unheilschwangere Pause wurde von anschwellendem Lärm unterbrochen. Leute rannten und schrien ihre Furcht heraus. Es waren hauptsächlich Frauen, die schrien: »Flieht! Flieht! Flieht! Gott hat uns verlassen! Die Ungarn sind in der Stadt!«

Marias Töchter schrien ebenfalls, und auch ihr selbst war es zum Schreien zumute. Statt dessen starrte sie Renaud an, der sich kurz vor ihr verneigte.

»Wir haben lange genug herumgetändelt«, sagte er. »Ich sage Euch adieu, schöne Prinzessin. Gewiß werde ich Euch nie wiedersehen.«

»Wartet«, antwortete Maria mit ruhiger Stimme. »Wenn ich mich opfern muß, um das Leben meiner Kinder zu retten, dann sei es. Ich werde Euren Sohn heiraten.«

»Dann sollten wir uns beeilen«, sagte Renaud.

Das junge Paar kniete vor dem schändlichen Priester nieder, und einen Augenblick später erklärte er sie zu Mann und Frau.

»Jetzt laßt uns von hier fliehen«, sagte Maria nach der Zeremonie.

»Nicht so schnell, Schwiegertochter«, wandte Renaud ein. »Die Ehe muß noch vollzogen werden.«

Sie starrte ihn entsetzt an. »Ihr erwartet, daß ich das jetzt zulasse? Es bleibt keine Zeit.«

»Dazu ist Zeit genug«, versicherte Renaud. »Es dauert nur ein paar Minuten, und ich verspreche Euch, daß Euer Mann bereit ist. Nicht wahr, Robert?«

Der schreckliche Junge ließ bereits seine Hose herunter, um die Behauptung seines Vaters zu beweisen.

Renaud wies zum Bett. »Bereitet Euch vor, Madame.«

Maria wurde fast wieder ohnmächtig, diesmal vor Scham, aber sie schaffte es, einen klaren Kopf zu behalten. »Meine Zofen ...«

»Sind unnötig. Ihr braucht nur Euer Kleid anzuheben. Ich werde Euch assistieren.«

»Nein!« keuchte Maria. »Niemals!«

»Dann tut es selbst, oder Eure Ehe ist null und nichtig, und wir werden abreisen.«

Die arme Maria legte sich aufs Bett und zog ihr Kleid bis zur Hüfte hoch. Es wurde ihr nicht die geringste Demütigung erspart, denn Renaud und der Priester blieben dabei, standen links und rechts vom Bett, während der schändliche junge Mann sie nahm. Die Prinzessin erzählte uns später, weil sie weder seelisch noch körperlich auf eine solche schwere Prüfung vorbereitet war, sei es für sie so schmerzvoll wie ihre erste Nacht mit Karl von Durazzo gewesen.

Nachdem die Ehe vollzogen war, sammelte Renaud seine Leute, und die Flotte stach in See. Dieser schändliche Kerl hatte natürlich große Pläne. Er wollte die Königin auf See im Stich lassen, an ihr vorbei flüchten, in die Provence gelangen und dort verkünden, daß Johanna tot und Neapel für immer verloren sei und daß die Herzogin von Kalabrien deshalb nur die Herzogin der Provence sei, was bedeutete, daß seine Schwiegertochter die Herrscherin dieses Landes sei! Er hatte keinen Zweifel daran, daß er Johanna zurückweisen konnte, wenn sie schließlich auftauchen sollte.

Doch Gott bestraft auf seine Weise diejenigen, die seine Gesetze übertreten. Manchmal braucht er anscheinend lange dafür und strapaziert unsere Geduld, aber im Fall Renaud von Baux war seine Strafe kurz und schnell. Von Baux und seine Männer gerieten in ein heftiges Unwetter. Sie schafften es nicht bis nach Marseille und mußten Zuflucht im Hafen von Gaeta nehmen. Man stelle sich seine Bestürzung vor, als er im Hafen den Großteil der neapolitanischen Flotte mit Johanna, Ludwig und mir an Bord sah.

Wir wußten natürlich nichts von dem Drama, das nach unserer Abreise aus Neapel stattgefunden hatte. Wir waren einfach hocherfreut, den Rest unserer Flotte zu sehen, bei dem die Herzogin und ihre Kinder waren. Wir eilten an Deck, um sie überschwenglich zu begrüßen, und es dauerte ein paar Minuten, bis wir erkannten, daß die Schiffsbesatzungen sich sonderbar verhielten, um es milde auszudrücken. Anstatt in aller Eile in den Hafen einzulaufen, um dem Sturm zu entkommen, drängten sie sich in offensichtlicher Verwirrung jenseits der Mole.

Erst später erfuhren wir, daß Renaud versuchte, seine Matrosen zu überreden, auf See zu bleiben. Er begann damit, es ihnen zu befehlen – als er unsere ankernden Schiffe identifiziert hatte –, aber weil sie wegen des schlechten Wetters aufbegehrten, verlegte er sich aufs Flehen. Weil sie jedoch immer näher an die sicher ankernden Schiffe der königlichen Flotte trieben, sahen wir plötzlich Maria an Deck auftauchen und zur Reling rennen. Und dann schrie sie gegen den Sturm an: »Helft mir, Ludwig! Helft mir, meine Adligen! Erschlagt diese Schurken, die sich so heimtückisch an mir vergangen haben!«

Ohne Zögern stiegen Ludwig und Alberto, gefolgt von einigen der kühnsten Ritter, in ein kleines Boot und stachen in

See. Sie ruderten mit aller Kraft gegen den Sturm, angefeuert von Johanna und mir, und legten längsseits von Renauds Galeere an. Bevor jemand sie aufhalten konnte, kletterten sie an Bord, und Maria erzählte ihnen ihre Geschichte.

»Schändlicher Schuft!« sagte Ludwig, und ohne ein weiteres Wort spießte er Renaud auf und enthauptete ihn. Dann legte er, unterstützt von Alberto, den gemeinen Robert und den noch gemeineren Priester in Ketten und brachte sie, Maria und ihre Kinder, sicher zur Galeere der Königin.

Man kann verstehen, daß wir nach diesem traurigen Ereignis in bedrückter Stimmung waren und das Wetter verfluchten, das uns daran hinderte, irgendeinen Hafen anzulaufen, von dem aus wir Pläne für die Zukunft schmieden konnten. Aber erstaunlicherweise kehrte unser Glück zurück, wenigstens in rein materiellem Sinn. Maria erzählte uns, daß die Ungarn während unserer Abwesenheit Neapel gestürmt hatten, aber so begierig, daß sie sich und – noch wichtiger – ihre Pferde erschöpft hatten. Als die Bürger von Neapel diese traurige Prozession von Männern und Tieren nahen sahen, besannen sie sich auf ihren Mut, besetzten die Mauern und leisteten dem Feind Widerstand.

Ludwig von Ungarn war darüber bestürzt, und weil er durch seine Verwundung geschwächt war, bot er einen Waffenstillstand an, um auf seine Genesung und sein Glück zu warten. Aber da konnte er lange warten. Mit dem Einsetzen von wärmerem Wetter, das in diesem neuen Jahr früh begann, kehrte die Pest zurück, und er mußte einsehen, daß er das Spiel verloren hatte.

Es fanden Verhandlungen statt, bei denen der Papst vermittelte, und schließlich wurde ein Friedensvertrag unterzeichnet, bei dem Ludwig von Ungarn seinen Anspruch auf Neapel und die Entschlossenheit, seinen toten Bruder zu rächen, aufgab und Johanna dreihunderttausend Gulden Entschädigung zahlte.

Dieses schmachvolle Ende des lauthals verkündeten ungarischen Feldzugs wurde zweifellos diktiert durch Ludwigs finanzielle Verlegenheit, denn er hatte jetzt lange Zeit eine Armee im Feld gehabt. Außerdem fürchtete er den Schwarzen Tod, und er mußte an Ungarn und das Vordringen der türkischen Horden denken. Man muß sagen, er machte seine Sache im Osten ausgezeichnet, regierte Polen so gut wie sein eigenes Land, dehnte den ungarischen Einfluß weit aus und beendete schließlich seine Tage als Ludwig der Große.

Wir hatten unsere eigenen Meinungen bezüglich des Wertes eines solchen Titels, aber zu dieser Zeit waren wir einfach glücklich, daß er uns den Rücken kehrte.

Die Verhandlungen dauerten natürlich lange, und erst im Frühjahr 1352 konnte Johanna schließlich ihren Fuß als unbestrittene Königin auf das Gebiet Neapels setzen. Unterdessen hatte sie einer Tochter das Leben geschenkt, die sie nach der verstorbenen Schwiegermutter Katharina nannte – wir konnten nur hoffen, daß ihr Charakter nicht dem der Wölfin vom Hause Valois glich –, während ich einen gesunden, lebhaften Sohn geboren hatte, den wir nach meinem unglücklichen Vater William nannten und hofften, daß er ein glücklicheres Leben als sein Namensvetter haben würde.

Unser eigenes Leben schien endlich einen stetigen Aufschwung zu nehmen, denn Ende 1351 hatte es den Anschein, als hätte die Pest ihre Kraft eingebüßt, und die Leute verloren etwas von der Furcht, die sie vier Jahre lang im Griff gehalten hatte.

Es heißt, daß über fünfundsiebzig Millionen Leute in diesen vier Jahren an der Pest starben, aber ich erlaube mir den Zweifel, daß es überhaupt so viele Leute auf der ganzen Welt gab. Bei diesen glücklichen Umständen und nach dem Ende der ungarischen Bedrohung konnte nun endlich die Krönung des Königs und der Königin vorbereitet werden, zu der der Papst einen Gesandten schickte, der die Zeremonie durchführen würde.

Die Krönung fand am 25. Mai 1352, an Pfingsten, statt und

war das prächtigste Fest in der Geschichte Neapels oder sonstwo.

Johanna verkündete eine Generalamnestie, die für jeden galt, ganz gleich welche Seite er in den Kriegen unterstützt hatte, und dieser grandiose Einfall verschaffte ihr natürlich große Popularität bei ihrem Volk, das sich an den Straßen drängte, als sie und Ludwig Seite an Seite unter einem Baldachin aus goldenem Tuch vorbeiritten, gefolgt vom versammelten Adel des Königreichs.

Leider war meine adelige Herrin nie für dieses Glück bestimmt, das – wenn auch nur launenhaft – das Los von uns niederen Sterblichen ist. Da waren wir bei der Krönung, alle in einer Prozession, bekleidet mit unseren feinsten Sachen, umgeben von lachenden und jubelnden Leuten, als wir durch die Porta Pettruchia zogen und einige Damen Blumengirlanden aus einem hohen Fenster zu dem schönen Ritter warfen, der an diesem Tag ihr König geworden war. Diese Girlanden brachen auf, als sie herabfielen, und Ludwig erstickte fast an den verschiedenen Blumen, die in sein Visier fielen, daß er husten und würgen mußte.

Sein Unbehagen übertrug sich auf sein Pferd, das prompt und mit solcher Heftigkeit scheute, daß ein Zügel riß. Unser neuer König wurde abgeworfen. Ludwig war ein hervorragender Reiter, und als er erkannte, daß er sein Pferd nicht mehr parieren konnte, sprang er mit der Behendigkeit eines Athleten ab und landete ziemlich unversehrt … aber die Krone, die ihm soeben aufgesetzt worden war, glitt von seinem Kopf und zerbrach in drei Teile.

Dem Ereignis folgte ein Aufschrei der Bestürzung, und dann herrschte Totenstille. Jeder der Anwesenden wertete das Geschehnis als böses Omen. Aber Ludwig erholte sich als erster, und er trat die Stücke der zerbrochenen Krone mit seinem Fuß lachend zu seinem Diener.

»Es ist nicht die Krone, die zählt, mein Volk«, rief er. »Es ist der Kopf, der sie trägt.« Und er tippte sich an die Stirn, während sein Roß eingefangen und mit erneuertem Zügel zu ihm geführt wurde.

Doch die Leute hatten recht in ihren bösen Ahnungen. Als wir im Castel Nuovo eintrafen, stellten wir fest, daß Prinzessin Katharina im Sterben lag.

An diesem Abend ging sie von uns.

Die Prinzessin hatte sich schon einige Zeit unwohl gefühlt, mit hoher Temperatur und schlimmem Husten, doch ihr Zustand hatte keinen Grund zu ernster Besorgnis gegeben. Aber das Fieber raffte sie plötzlich binnen Stunden dahin.

Johanna war untröstlich; sie betrachtete die Tragödie sofort als ein weiteres Symptom jenes Unglücks, von dem sie anscheinend ihr ganzes Leben verfolgt wurde. Ludwig ertrug seine Trauer mit typischer Mannhaftigkeit. Er ließ nicht zu, daß die geplanten Krönungszeremonien gestört wurden, und die dreitägigen Feiern und Turniere wurden fortgesetzt. Dabei spielte der König die Hauptrolle und ging aus den Wettkämpfen als Sieger hervor, wie man erwartet hatte. Ich nehme an, nur seine Gegner beim Turnier konnten das Ausmaß seiner Trauer in den grauen Augen sehen, wenn sie ihn angriffen.

Um die Großtaten ihres Ehemannes zu verfolgen, saß die junge Königin – sie war erst sechsundzwanzig – auf einem hohen Podium, ganz in Schwarz gekleidet wie ihre Zofen. Aber wenn sie bei seinen Triumphen lächelte und klatschte, gelangte ihre Freude nicht bis zu den Augen und gewiß nicht bis zu ihrem Herzen. Denn Ludwig, dem das erst nach einiger Zeit klar wurde, hatte die Ehe praktisch schon beendet.

Ich bezweifle, daß Johanna verärgert war, weil er durch Aktivität über den Tod ihrer Tochter hinwegkommen wollte. Ich hatte immer das Gefühl, daß sie ihn um seine geistige Kraft beneidete. Aber seine Umarmungen versetzten sie nicht mehr in Entzücken, denn jedesmal, wenn er sie in seinen Armen hielt, dachte sie an den kalten, kleinen, toten Körper, der die Frucht ihrer Liebe gewesen war.

Dennoch blieb sie Johanna, das ungestüme, leidenschaftliche und – wie ich zu sagen wage – laszive Mädchen, das ich so lange kannte und liebte. Ihre Lenden brannten, und mit zunehmendem Alter wuchsen ihre Begierden. Doch da waren noch die frühen Tage, und ich nehme an, daß sie sich hauptsächlich nach den sorglosen Vergnügungen ihrer Kindheit sehnte, als sie ohne Verantwortung und ohne Gedanken an die Zukunft geliebt hatte.

Als ihre engste und einzige Vertraute – denn sie und ihre Schwester wurden nie vertraut miteinander, und ihre anderen Jugendgefährtinnen waren tot – war ich natürlich in all ihre Gedanken und Wünsche eingeweiht, oder zu Beginn in den Mangel daran, denn ich wußte, mit welcher Glut König Ludwig sich ihrem Bett genähert und mit welcher Enttäuschung er es eine Stunde später verlassen hatte.

Aber ich hatte ein Gegenmittel dafür und bei meiner ständigen Sorge um das Wohlergehen meiner Herrin – was natürlich das Wohlergehen ihres Ehemanns einschloß – hätte ich mich bereitwillig geopfert, aber er wünschte anscheinend den Körper seiner Frau, nicht den ihrer Zofe, so schön er auch war.

Bald hörten seine Besuche fast ganz auf, und ich erfuhr zu meinem Ärger und meiner Demütigung, daß er Trost gefunden hatte … bei einer anderen Zofe des Hofs!

Vielleicht weinte ich für uns beide. Gewiß weinte ich mit der Königin in dem Moment nach dem Tod ihres Kindes, während ich ihr versicherte, daß es viele weitere geben würde, die ihr Lächeln wiederbringen würden – ohne genau zu wissen, wie das erreicht werden konnte, wenn sie ihrem Ehemann keinen Zugang gewährte. Auf meinen Ermunterungsversuch reagierte sie einige Zeit mit untröstlichem Kummer. Sie fand auch nicht die geringste Freude an ihrem Sohn, der, wie ich wußte, das Resultat ihrer Affäre mit Bertrand von Artois war. Damit kehrten nur Erinnerungen an das Verbrechen zurück, für das sie nun bestraft wurde, päpstlicher Ablaß oder nicht. So saß sie mit steinernem Gesicht in ihren privaten Gemächern mit Blick auf die Mole und den Hafen und das Mittelmeer, und ihre Näharbeit lag auf ihrem Schoß.

Ich versuchte natürlich, sie nach besten Kräften aufzumuntern, und so stellte ich ihr eine Kapelle von Sängern vor, die ihre Lauten zupften und ihre romantischen Balladen vortrugen. Ich fand, es waren ausgezeichnete Künstler und hübsche junge Männer, aber eine Zeitlang zeigte Johanna kein Interesse an ihnen, bis mir klar wurde, daß sie den Blick nicht von dem jüngsten des Trios nahm, einem Jüngling in zartem Alter, der mit einer hohen, klaren Stimme sang, die von der Größe seines Hosenbeutels Lügen gestraft wurde. Dieser Umstand interessierte zweifellos auch die Königin, die am Ende des Vortrags freundlich applaudierte, woraufhin sich die Sänger verneigten. Als ich sie dann durch die Tür hinausbringen wollte, sagte die Königin: »Bleibt eine Weile, junger Mann. Ich möchte mit Euch reden.«

Der junge Mann blickte beunruhigt zu seinen Gefährten. Sie zuckten die Achseln und zogen sich zurück. Ich stand besorgt bei der Tür. Meine Besorgnis wuchs, als meine Herrin sagte: »Schließe die Tür, Richilde.«

Ich gehorchte und kehrte in die Kammer zurück, in der der junge Mann vor der Königin stand und äußerst unsicher wirkte.

»Ihr habt eine wunderbare Stimme«, bemerkte Johanna. »Wer hat Euch das Singen gelehrt?«

»Meine Mutter, Eure Hoheit.«

»Und jetzt seid Ihr ein Mann mit beginnendem Bartwuchs am Kinn«, sagte Johanna. »Doch Eure Stimme ist hell und süß wie die eines Kastraten.«

»Ihr schmeichelt mir, Eure Hoheit.«

Johanna lächelte ihn an. »Weil Ihr ein ... ganzer Mann seid?«

Er wurde rot. »Eure Hoheit ...«

»Schenk dem jungen Mann Wein in ein Glas, Richilde«, befahl Johanna. »Und du und ich werden ebenfalls ein Glas Wein trinken.«

Ich gehorchte, und Johanna nippte an ihrem Wein.

»Seid Ihr verheiratet?« fragte sie den jungen Sänger.

»Ich bin zu jung für den Ehestand, Eure Hoheit.«

»Zu jung«, wiederholte Johanna und seufzte, und wenn

Johanna seufzte, dann konnten Wände erbeben. »Wie alt seid Ihr?«

»Vierzehn, Eure Hoheit.«

»Vierzehn! Ich war jünger als Ihr, süßer Sänger, als ich ins Ehebett geschickt wurde.« Ein Bett war es jedenfalls, wenn auch kein Ehebett. »Ich würde schwören, daß ich ein glücklicheres Leben gehabt hätte, wenn mein Ehemann wie Ihr gewesen wäre.«

Die Einladung war so deutlich, daß sie sogar ein Dummkopf verstehen konnte, wie dieser Junge anscheinend einer war. Er blickte besorgt zu mir, als suche er eine Bestätigung für seinen aufregenden Verdacht.

»Ich glaube, ich höre Prinz Karl rufen, Eure Hoheit«, log ich sofort taktvoll. »Soll ich fragen, was er möchte?«

»Hilf mir zuerst ins Bett«, befahl die Königin.

Der Sänger und ich tauschten Blicke; dies war zu eindeutig.

»Und dann laß mich von diesem gutaussehenden Jungen in den Schlaf singen«, fuhr Johanna fort. »Und Richilde, da ist ein Beutel in meiner Kommode. Hol ihn her.«

Ich muß gestehen, daß mich letzteres mehr beunruhigte als alles andere. Sollte etwa meine schöne, gebieterische Herrin die Erfüllung ihres Verlangens erkaufen müssen? Natürlich brauchte sie das nicht; der Hosenbeutel des Sängers platzte jetzt fast, und tatsächlich verspritzte er einen Strahl Sperma zwischen uns, als wir die Königin entkleideten und zwischen die Laken betteten. Aber Johanna war in einer dieser Stimmungen der Selbsterniedrigung, zu denen sie neigte, und als ich eine Stunde später zurückkehrte, fand ich sie beide nackt und zerzaust vor. Sie griff in den Beutel und hielt dem benommenen Jungen eine goldene Münze hin.

»Ihr werdet wieder für mich singen«, sagte sie.

In diesem Augenblick wäre er für sie gestorben.

Ich kann mir nicht helfen, ich hatte das Gefühl, daß ein Teil von Johannas Problem diesmal reine Frustration war. Sie war umgeben von den aktivsten Geistern und Körpern, und es mangelte ihr einfach an dem Mittel, ihre ständige Sehnsucht nach Erfüllung seelisch und körperlich zu befriedigen. Sie hatte die Instinkte einer Mutter, aber Karl Martell zeigte bereits die stumpfe Mentalität, die darauf schließen ließ, daß er der Sohn von Andreas von Ungarn sein konnte. Deshalb widmete sie in Abwesenheit anderer – und in ihrem Widerstreben, ein Kind zu empfangen und weiteres Herzeleid zu riskieren – meinen beiden Kindern viel ihrer Liebe, die die überschäumende Persönlichkeit ihrer Eltern hatten.

Sie hatte die Instinkte einer Geliebten, doch der Mann, den sie über alles liebte, erfüllte sie nun mit Abscheu.

Sie hatte die Instinkte einer Königin, doch sie stellte fest, daß die Adligen von Neapel am schwierigsten von allen zu regieren waren – und ich vergesse nicht die aufrührerischen Barone meines Englands, die ebenfalls als unregierbar galten. Es war auch unmöglich, eine großangelegte Verbesserung der Stadt zu planen, ob durch Aufbau oder Abriß, denn Neapel litt nun mit ganz Europa am Mangel dessen, was sogar noch wichtiger ist als Gold: Menschen. Die Pest hatte die Bevölkerung so sehr dezimiert, daß es fast unmöglich war, Leute für die unbedeutendsten Zwecke zu finden, und wenn man welche fand, dann verlangten sie Wucherpreise.

Es war auch nicht mehr viel Geld da. Die Kosten des Krieges und die zusätzliche Belastung durch die Garantieversprechungen an Ludwig von Ungarn hatten die Tresore der Königin ziemlich geleert.

Vielleicht hätte sich Johanna besser auf dem Thron etablieren können, wenn sie so skrupellos wie einige ihrer Vorgänger gewesen wäre, doch weder sie noch ihr Mann hatten den Charakter von Tyrannen. Ludwig widmete sich einfach dem einzigen Aspekt des Lebens, den er am besten beherrschte, dem Kampf. Zweifellos hatte er bemerkt, daß seine Frau die Umarmungen anderer Männer vorzog, aber er verbrachte seine ganze Zeit entweder bei Turnieren oder in jedem Krieg, in dem er ein Kommando bekommen konnte, ob es um das Schicksal Neapels ging oder nicht.

Mein eigenes Schicksal nahm zu diesem Zeitpunkt eine Wende mit dem Auftauchen Nicola di Lorenzos am Hof von Neapel. Dieser Mann, der sich gern Cola di Rienzi nannte, war von niedrigster Abstammung. Sein Vater war ein Tavernenbesitzer in Rom, trotz all seiner Beteuerungen, daß er eigentlich der uneheliche Sohn Heinrichs VII. sei. Wie dem auch war, Cola hatte von Kindheit an mit unseresgleichen verkehrt, denn im Jahre 1343 war er im Alter von dreißig Jahren von Rom nach Avignon gesandt worden, um für eine Reform der geplagten Heiligen Stadt einzutreten, die jetzt zu lange das Opfer rivalisierender Gruppen von Adligen war. Cola, von solch niedriger Geburt, repräsentierte die Volkspartei, die nur wünschte, daß ihr Papst wiedereingesetzt wurde, damit er in Frieden und Gerechtigkeit regierte.

Der Papst, an den er appellierte, war natürlich dieser alte lüsterne Freund von Johanna und mir, Clemens VI., der vor kurzem auf den päpstlichen Thron gewählt worden war. Clemens wäre natürlich hocherfreut mit Macht und Glorie nach Rom zurückgekehrt, und deshalb ermunterte er Rienzi, indem er ihn zum Notar der römischen Stadtkasse ernannte, ein Amt, das immer noch dem Papsttum unterstand. So ausgerüstet, war unser Held in seine Heimatstadt zurückgekehrt, und hatte nichts Geringeres als einen Umsturz im Sinn, durch den der alte Glanz Roms wiederhergestellt werden würde.

Seine Pläne schienen aufzugehen, und am 20. Mai 1347, als Johanna und ich uns in Andreas' Tod verstrickten, hatte Rienzi ein Parlament auf den Hügeln des Kapitols einberufen, vor dem er eine Reihe von Erlassen gegen die Adligen verkündete, die so lange die Stadt schlecht regiert hatten. Bejubelt vom Pöbel, verlieh er sich selbst den Titel eines Tribuns mit diktatorischer Macht.

Die Adligen konnten dem Zorn des Volks nicht standhalten, und es hatte den Anschein, daß Rienzi der Sieger war.

Aber wie bei so vielen niedrig geborenen Männern, denen man plötzlich Größe aufdrängte – und auch nicht wenigen adelig geborenen –, gingen seine Pläne später weiter über die des Papstes hinaus. Seine Reformen zur Besteuerung, der Rechtsprechung und der Politik von Rom wurden als die Heraufkunft eines neuen Zeitalters bejubelt, und keiner konnte seine Entschlossenheit kritisieren, Rom zur Hauptstadt eines ›heiligen Italien‹ zu machen, deren Mission es sein würde, Frieden und Gerechtigkeit auf der ganzen Welt zu verbreiten. Man runzelte jedoch die Stirn, als er ohne päpstliche Genehmigung silberne Amtsstäbe an alle Hauptstädte und Herrscher der Halbinsel schickte, und um so mehr, als nicht weniger als fünfundzwanzig Städte seine Einladung annahmen, sich der heiligen Konföderation anzuschließen.

Neapel, das zu dieser Zeit vom Bürgerkrieg erschüttert war, gehörte nicht dazu.

Rienzi ging nun sogar weiter und hatte die Frechheit, die rivalisierenden Bewerber um den Thron des Heiligen Römischen Reiches, Ludwig IV. von Bayern, ein Mitglied der Familie Wittelsbach, und Karl IV. von Luxemburg, zu sich zu bestellen, damit er über ihre Eignung entscheiden konnte.

Das war zuviel für Clemens, der wußte, daß Ludwig sein Feind war. Sofort wurde ein Legat losgeschickt, um den stolzen Tribun gefügig zu machen. Der wackere Cola ignorierte das, unterstützte den Anspruch Ludwigs und ließ in Rom Vorbereitungen zur Krönung des Bayern treffen.

Diese antipäpstliche Bewegung hätte vielleicht Erfolg gehabt, wenn Ludwig am Leben geblieben wäre, aber unglücklicherweise starb er im selben Jahr und überließ den kaiserlichen Thron seinem Rivalen; Clemens war, wie meine Herrin und ich aus erster Hand erfahren hatten, kein Mann, den man auf die leichte Schulter nehmen konnte. Seine Agenten arbeiteten unter dem Volk und dem Adel, besonders die großen Familien von Orsini und Colonna, und das Ergebnis war eine Konterrevolution in einem solchen Ausmaß, daß Cola gezwungen war, in die Abruzzen zu flüchten und sich dort zu verstecken.

Dies hätte das Ende seiner Geschichte sein können, doch mit bemerkenswerter Beharrlichkeit verließ er zwei Jahre später, als unser eigenes Schicksal in der Schwebe war und die Pest mit unvergleichlicher Heftigkeit wütete, seine Einsiedelei und reiste nach Prag an den Hof Karls IV., den er mit seinen mystischen Prophezeiungen zu beeinflussen hoffte. Karl tat, was jeder vernünftige Herrscher getan hätte: er ließ ihn verhaften und schickte ihn nach Avignon, wo Clemens, der ihn zwar nicht als Ketzer verbrennen lassen konnte, wie viele wünschten – Colas religiöse Ansichten waren völlig orthodox –, ihn ins Gefängnis werfen ließ.

Dort wäre er auch geblieben und völlig aus der Geschichte verschwunden, wenn Clemens nicht im Dezember 1352 gestorben wäre. Sein Tod erfüllte jeden mit Besorgnis, denn Veränderungen in der Person des Papstes bringen fast immer Veränderungen in der Politik des Papsttums mit sich. Es wäre gelogen, Clemens als Freund zu bezeichnen, aber wir wußten zumindest, daß er ein Mann war, der Johannas Charme erliegen konnte.

Ganz zu schweigen von meinem.

Den neuen Papst hatten wir nur kurz während unseres Aufenthalts in Avignon kennengelernt. Wir trösteten uns mit der Tatsache, daß Etienne Aubert ebenfalls Franzose war. Aber im Gegensatz zu Clemens hatte er sein Erwachsenenleben als weltlicher Advokat begonnen und erst später heilige Befehle empfangen. Er war natürlich ein Protegé von Clemens und bald zum Kardinalbischof von Ostia – dies ist der römische Hafen – ernannt worden.

Von dort strebte er die Wiedereinsetzung des Papsttums in die Heilige Stadt an, und als er zum Papst gewählt wurde – als Innozenz VI. –, überlegte er, wie er diesen Plan in die Tat umsetzen konnte.

In Cola di Rienzi hatte er bereits ein williges und fähiges Werkzeug. Cola wurde deshalb aus dem Gefängnis entlassen, erhielt den Titel Senator und wurde beauftragt, die Römer auf die Rückkehr ihres Papstes vorzubereiten.

Diese Aufgabe war natürlich nicht einfach zu erfüllen. Wie

ich schon erwähnt habe, hatten die Missetaten und Pannen des Bonifatius und seiner Nachfolger zu vielen Zweifeln beim Volk über die wahre Rolle und die Macht des Papsttums geführt. Diese Zweifel waren durch die katastrophale Pest nicht gemildert worden. Gegen sie waren die Priester genauso machtlos gewesen wie die Gelehrten. Jetzt herrschten die Colonnas in Rom, und sie waren es nicht gewohnt, diese Päpste zu verteidigen, die sich ihrer Meinung nach vom Sitz ihrer geistigen und weltlichen Macht getrennt hatten. Rienzi wußte deshalb, daß seine Rückkehr nach Rom einige Gefahr in sich barg, und er brauchte weltlichen Beistand. Mit diesem Gedanken, gestützt durch die päpstliche Autorität, tauchte er im Frühsommer 1354 in Neapel auf.

Johanna war erfreut, den Umstürzler zu empfangen, nicht weil sie das Volk gegen den Adel unterstützte, sondern weil es einerseits nötig war, gute Beziehungen zu Clemens' Nachfolger zu pflegen und sie andererseits nicht vergessen hatte, wie fast ganz Italien nördlich von Neapel und vor allen Dingen der römische Adel Ludwig von Ungarn zugejubelt hatten, als er im Krieg auf sie zumarschiert war.

Obendrein war Cola di Rienzi ein stattlicher, gutaussehender Mann von jetzt einundvierzig Jahren, ein Alter, das ich seit kurzem für die Blüte des Lebens halte – ich bemerke dies absichtlich, denn ich bin nun einige Jahre älter und habe das Gefühl, meine eigene Blütezeit noch nicht erreicht zu haben. Gewiß ließen seine lange, gerade Nase, seine festen Lippen und sein ausgeprägtes Kinn mit einem kurz gestutzten Bart auf einen Charakter von großer Willensstärke schließen … der sich nicht zwangsläufig auf die Politik beschränkte.

Es war jedoch bemerkenswert, daß Cola di Rienzi weniger Interesse an der Königin als an ihrer Zofe zeigte. Es steht mir nicht zu, darauf hinzuweisen, daß mir solch eine ungewöhnliche Ehre nicht zum ersten Mal zuteil wurde. Man denke nur an Karl von Durazzo … aber Karl hatte wie die meisten zuvor die Aura von Majestät gespürt, die zu der Schönheit meiner

Herrin hinzukam, und sich geweigert, tiefer als über ihre Schultern hinabzublicken. Ich mag daran erinnern, daß sogar Papst Clemens die Königin als erstes Opfer gewählt hatte, obwohl er es natürlich auch genossen hatte, seine Bemühungen auf meine Kosten auszudehnen. Cola war jedoch ein Mann des Volkes, der Königinnen und alle Adligen als unnötige Auswüchse der Menschheit betrachtete. Er beurteilte ausschließlich die Anmut des Charakters, nicht die des Körpers und vergaß die Aura.

Vielleicht war er aber auch nur als Italiener nie zuvor einer Frau mit goldfarbenem Haar begegnet.

Johanna spürte das sofort, und ohne viel Umstände gewährte sie dem Senator eine bewaffnete neapolitanische Eskorte unter dem Befehl von General Alberto Cogni, die die päpstliche Autorität in Rom sicherstellen sollte.

Ich freute mich für meinen lieben Mann, wenn ich auch besorgt war, weil er sich wieder in Gefahr begeben würde. Ich wurde noch besorgter, als Johanna mich in ihr Boudoir mitnahm und mich zärtlich auf die Lippen küßte.

»Ich will, daß du Alberto begleitest«, sagte sie.

»Nach Rom?«

»Es ist eine berühmte Stadt.«

Das konnte ich nicht leugnen. »Aber dieser Rienzi, er zieht mich mit seinen Blicken nackt aus.«

»Vielleicht wird er das auch mit den Händen tun, meine liebste Richilde. Ich kann dich nur bitten, dich auf den Rücken zu legen, es zu genießen und an mich zu denken.«

Ich streichelte über mein goldfarbenes Haar. »Das erwartet Ihr von mir, Johanna?«

»Ich wünsche, daß du Rienzi hilfst, seine Mission erfolgreich zu erfüllen. So sichern wir uns nicht nur einen Verbündeten an unserer nördlichen Flanke, sondern wir machen uns auch diesen neuen Papst zum Freund. Beides sind enorm wünschenswerte Ziele. Rienzi wird sicherlich aufsteigen wollen. Ein Senator kann nach meiner Kenntnis der römischen Geschichte leicht ein Kaiser werden.«

Ich konnte dieser Prognose kaum widersprechen. Ich verstand natürlich, daß Johanna, so sehr sie mich auch liebte, in diesem Moment darauf erpicht war, mich etwas aus ihrer Intimsphäre zu entfernen, denn ich hatte keine Zweifel daran gelassen, daß ich ihre Tändelei mit niedrig geborenen Sängern und dergleichen mißbilligte. Ich hatte es immer als meine Hauptpflicht betrachtet, meine liebe Herrin vor sich selbst zu schützen. Aber es war eine wundervolle Aussicht, eine Jahreszeit lang meine eigene Herrin zu sein, und wenn ich mich weigerte, die Möglichkeit in Erwägung zu ziehen, meinem geliebten Alberto untreu zu werden, wurde mir klar, daß es keine Treulosigkeit sein würde, wenn ich die Anweisungen meiner Herrin befolgte; ich mußte es als Teil meiner Arbeit betrachten.

Vielleicht hatte ich eine böse Ahnung, was die Zukunft bringen würde, denn ich ließ meine Kinder in Neapel in der Obhut der gleichen Gouvernante zurück, die Karl Martell erzog. Dort würden sie in Sicherheit sein, und ich hatte Johannas Erlaubnis, im Herbst zurückzukehren, sie zu besuchen und mit mir nach Rom zu nehmen, wenn ich die Verhältnisse dort für sicher hielt.

Keiner von uns ahnte, daß ich noch vor dem Herbst nach Neapel zurückkehren würde und daß mich in Rom eine Katastrophe erwartete.

Wir brachen für den Marsch nach Norden auf, eine Gruppe von fünfzig Personen, wenn man Alberto und seine zwei Dutzend Krieger nicht mitzählte. Cola selbst besaß ebenso viele Diener, und Johanna hatte darauf bestanden, mir einen eigenen kleinen Haushalt mitzugeben, der aus Dienern beiderlei Geschlechts bestand.

Ich probierte zum ersten Mal den neuen Sattel aus, der vor kurzem speziell für Frauen entwickelt worden war. Bis dahin waren wir unglücklichen Frauen gezwungen gewesen, mit vielem Raffen unserer Röcke und Zurschaustellen unserer Beine im Herrensattel zu reiten, und ich kann Ihnen sagen, daß ein langer Tag im Sattel mit nichts als hartem Leder und einer Satteldecke zwischen dem knochigen Rücken eines Pferdes und den zartesten und empfindlichsten Körperstellen äußerst unangenehm war und zu sehr seltsamen Gefühlen führen konnte. Aber dieser neue Sattel war bequem. Die Frau saß nur auf einer Seite, hatte einen Fuß im Steigbügel und hakte das Knie des anderen Beines über einen Vorsprung, der etwas höher und weiter vorne war. Das bedeutete, daß die Frau tatsächlich auf ihrem Unterrock und Kleid saß, anstatt sich die nackte Haut wundzureiten, und daß das Auf- und Absitzen absolut schicklich stattfand. Dieser Damensattel, wie er genannt wurde, hatte zwar den Nachteil, daß die Reiterin das Roß weniger unter Kontrolle hatte, aber für normale Zwecke war er großartig.

Die Reiterin kam dadurch auch bestens zur Wirkung, und ich darf sagen, daß ich mit meinem scharlachroten und mit weißer Seide besetzten Kleid, meinem hellblauen, an den Seiten geschlitzten Überkleid und meinem roten, ebenfalls mit weißer Seide besetzten Mantel und meinem Hut, der genau zu der Farbe meiner Zöpfe paßte, ein elegantes Bild bot. Das fand auch Cola di Rienzi, denn er ritt oft an meiner Seite, während wir uns den berühmten sieben Hügeln von Rom näherten.

Ich will ehrlich sein und eingestehen, daß ich bei meinem ersten Blick auf die Ewige Stadt enttäuscht war. Ich war sogar entsetzt. Lange Jahre politischer Unruhen und päpstlicher Vernachlässigung hatten aus der einstigen Herrin der Welt eine traurige Ruine gemacht. Die Aquädukte, die schon in der Zeit Caesars ständig frisches Wasser zu den tausend Bädern der Bevölkerung geliefert hatten, waren verkommen und leer, in den Straßen wuchs Unkraut zwischen den alten Pflastersteinen, die großen antiken Gebäude waren verlassen – klaffende Höhlen voller Fledermäuse und Ratten –, und die Ruinen des Forums verloren sich in einem dichten Dschungel, der sich sogar auf dem Hügel des Kapitols ausbreitete.

»Das ist natürlich ein trauriger Anblick«, gab Cola zu. »Es bedarf eines Führers von großer Weitsicht, um der Stadt ihren früheren Glanz wiederzugeben.«

»Seid Ihr kein Führer von Weitsicht, Monsignore?« fragte ich, eine Schmeichelei, die zu meinen Waffen zählte, indem ich seinen Charakter lobte und seinen Rang übertrieb.

Er rieb sich erfreut über seinen Bart. »Das bin ich in der Tat, schöne Dame, aber um Rom wiederaufzubauen, brauche ich zuerst Macht.«

»Die Ihr hoffentlich erlangen werdet«, sagte ich.

»Und eine große Menge Geld«, fügte er nachdenklich hinzu.

»Die leicht zur Hand ist, wenn Ihr erst die Macht habt«, sagte ich.

Was ihm Anlaß zum Nachdenken gab.

Aber nicht sofort. Ich habe unsere Besorgnis erwähnt, als die sieben Hügel in Sicht kamen. Diese Befürchtungen waren jetzt grundlos. Cola di Rienzis Einzug in Rom wurde nur von Johannas Einzug in Avignon übertroffen ... und ich verstand, daß dieses großartige Schauspiel ein Teil der Machenschaften des ehrgeizigen Clemens war. Hier war es schwierig, die Ehrlichkeit der Römer zu bezweifeln, als sie uns mit Jubel, Weinen und Hochrufen begrüßten. Ich bin wohl nicht unbescheiden, wenn ich sage, daß mein Anblick dazu beitrug, die Begeisterung zu schüren, während wir von der jubelnden Menge zum Palazzo begleitet wurden, der für den Senator vorbereitet worden war.

Leider habe ich die bittere Erfahrung gemacht, daß gesteuerte Mengen wie diejenigen in Avignon zu spontanen Demonstrationen neigen, bei denen Lobhudelei leicht in Haß umschlagen kann.

An eine solche Möglichkeit dachten wir jedoch nicht, als wir uns von der Woge der Aufregung mitreißen ließen und man uns unser neues Heim zeigte. Hier gab es Quartiere für Alberto und mich, einen großen, aber schattigen Innenhof fernab des Lärms und des Gestanks der römischen Straßen und viel Komfort, der die verfallenen Außenwände des Palastes Lügen strafte.

»Soweit, so gut«, sagte Alberto und nahm mich kurz in die Arme. Um ehrlich zu sein, seine Mißgeschicke und meine und sein vorgerücktes Alter – er war ein paar Jahre älter als ich – hatten ihn zu einem Pessimisten werden lassen.

Er erledigte seine Pflichten, indem er die entsprechenden Wachen an den verschiedenen Portalen des Palastes postierte, während ich die Gemächer von meiner Dienerschaft säubern ließ, süß duftende Blumen in die leeren Vasen stellen und ganz allgemein das Quartier zu einem Heim herrichtete. Es blieb noch viel zu tun, denn es fehlten Vorhänge und sogar Teppiche, und ich konnte nach einem Blick sagen, daß dieses Haus sogar im südlichen Italien so kalt wie ein Grab im Januar sein würde. Aber es war Juni, und wir hatten noch sechs Monate vor uns, um alles herzurichten. Das nahm ich jedenfalls an.

Unterdessen hatte ich meine Mission zu erfüllen. An diesem Abend dinierten Alberto und ich mit Cola die Rienzi und verschiedenen römischen Persönlichkeiten, die gekommen waren, um ihn daheim willkommen zu heißen. Es wurde viel Wein getrunken und ebensoviel geredet, hauptsächlich über Politik. Es hatte den Anschein, daß die Colonnas und ihresgleichen die Stadt mit harter Hand regiert hatten, was zumindest teilweise zu der Begeisterung beigetragen hatte, mit der Cola di Rienzi willkommen geheißen worden war.

Allem Anschein nach war auch in den Adelskreisen diskutiert worden, ob sie sich seinem Einzug widersetzen oder ihn sofort festnehmen sollten, sobald er innerhalb der Stadtmauern war. Aber weil er bewaffnet und im päpstlichen Auftrag kam und wegen des Verhaltens des römischen Pöbels – eine Kraft, die man seit den Tagen der Gracchen fürchtete – hatte man sich entschlossen, eine freundlichere Haltung einzunehmen. Deshalb hielten sich die bisherigen Herrscher der Stadt zurück, aber es war offenkundig, daß sie nur auf ihre Gelegenheit warteten. Cola di Rienzi meinte nur: »Gewarnt sein, heißt gewappnet sein, und solange das Volk auf meiner Seite ist, bin ich immun gegen die Machenschaften des Adels.«

Ich konnte ihm nicht ganz zustimmen, denn es gibt Dinge – wie Gift und Dolche in der Nacht –, gegen die auch Popularität wenig auszurichten vermag, aber ich war die einzige anwesende Frau, und hielt es für das beste, den Mund zu halten. Als das Mahl jedoch zu Ende war, saß ich zufällig neben dem Senator und flüsterte ihm zu, daß ich an seiner Stelle nie allein schlafen würde.

Er drückte meine Hand. »Ich bin zu demselben Schluß gelangt, liebe Richilde«, sagte er ebenso leise. »Und wer könnte eine bessere Hüterin meines Bettes sein als du?«

Ich war bestürzt über die Direktheit seiner Annäherung, aber ich konnte natürlich keinen Anstoß daran nehmen, weil ich Befehle von meiner Herrin hatte. So gab ich mich damit zufrieden, einige Banalitäten über Schmeichelei von mir zu geben, wodurch ich ihn kein bißchen täuschen konnte.

»Was ist mit deinem Mann?« fragte er, als er sah, daß Alberto zu uns blickte.

»Darum werde ich mich kümmern«, sagte ich und nahm die Dinge in die Hand, denn das entsprach ganz meiner Natur.

»Sagen wir dann – um Mitternacht?« schlug der geile Kerl vor.

Alberto war nicht glücklich über die Situation, aber als ich ihm erklärte, was mir die Königin befohlen hatte, konnte er nichts mehr einwenden, und als ich darüber hinaus behauptete, daß ein paar Stunden in den Armen von Cola di Rienzi, der mich nicht im geringsten interessierte – was in diesem Augenblick vollkommen stimmte –, nur meinen Appetit auf Albertos Umarmung steigern würde, war er ganz begeistert.

Hinsichtlich dieses Versprechens war ich zu optimistisch – oder vielleicht zu pessimistisch –, es ist alles Ansichtssache. Fünf Minuten vor Mitternacht hüllte ich mich in ein Negligé und machte mich auf den Weg zu den Gemächern des Senators. Es stand, wie ich mit Freude sah, ein Wachtposten vor der Tür, doch dieser Kerl ließ mich bereitwillig herein, und einen Augenblick später stand ich neben dem Bett, in dem Cola di Rienzi saß, im Schein einer Kerze las und nur eine Nachtmütze trug.

Ich erinnere mich, daß ich mich leicht abgestoßen fühlte. Ich war erst neunundzwanzig und bisher noch nicht von einem über vierzigjährigen Mann bestiegen worden. Das Intermezzo mit Papst Clemens klammerte ich völlig aus, erstens weil es auf einem Stuhl statt in einem Bett stattgefunden hatte, zweitens weil er hinter mir gewesen war und ich nie Gelegenheit gehabt hatte, ihn als Mann, statt als rammelndes Objekt zu betrachten, drittens, weil er nicht richtig in mich eingedrungen war, und viertens, weil es eine Bestrafung gewesen war.

Deshalb war mir Cola di Rienzis Alter sehr bewußt, und unbekleidet schien seine hervorragende Statur etwas zu schrumpfen. Ich erkannte auch, daß er mehr Bauch hatte, als ich angenommen hatte, und sein männliches Anhängsel kaum auf wilde Leidenschaft schließen ließ. Ich dachte, daß er vielleicht nur jemand brauchte, der aus Sicherheitsgründen das Bett mit ihm teilte, ohne den Skandal zu riskieren, als Mann mit abartigem Geschmack betrachtet zu werden. Ich fühlte mich ein wenig gekränkt, denn obwohl mir mißfiel, was man mir befohlen hatte, war es immer meine Art, mich jeder Aufgabe nach besten Kräften zu widmen, und ich war mehr als bereit für das folgende Opfer.

Ich hätte mich nicht mehr irren können, was seine Absichten und seine Fähigkeiten anbetraf. Er legte sein Buch hin und rückte seine Nachtmütze zurecht, um mich besser betrachten zu können. Es war eine warme Nacht, und ich hatte mein Negligé ausgezogen und über einen Stuhl gelegt, bevor ich zum Bett gegangen war.

»Richilde«, sagte er. »Du bist eine unglaublich schöne Frau.«

Und während ich da stand, zeichnete er die Konturen meines Körpers mit seinem Zeigefinger nach, eine so leichte und doch so stimulierende Berührung, daß meine Knie weich wurden.

Ich blieb unbeweglich stehen, als sein Finger durchs Tal und Hochland streifte, durch die bewaldete, tiefe, feuchte Schlucht, ohne die beiden Berggipfel und runden Dünen zu vergessen, bei denen er einige Zeit verweilte. Dann mußte ich mich neben das Bett knien, während er die Finger in mein Haar grub und es hindurchgleiten ließ, als sei es aus Gold, und anscheinend jede einzelne Strähne küßte. Ich bin nie zuvor so sanft behandelt worden, und als er seine Reise beendet hatte, hätte ich es ohne Zögern mit dem Teufel getrieben.

Aber er war noch nicht fertig. Da ich neben dem Bett stand, waren meine Knie der untere Teil seiner Erkundungen gewesen. Jetzt forderte er mich auf, mich hinzulegen. Er entdeckte die Schönheit meiner Füße, küßte jeden Zeh, bevor er wieder seine Fingerspitze reisen ließ, zuerst auf meinem Rücken, dann auf meiner Vorderseite. Lange bevor er seine zweite Erkundungsreise beendete, empfand ich die köstlichsten weiblichen Gefühle, und unterdessen war seine Lanze aufgerichtet und bereit, was meine früheren Zweifel beseitigte.

Er kniete sich nun zwischen meine Beine, umfaßte meine Gesäßbacken und zeigte in dieser Stellung eine Muskelkraft, die ich ihm nicht zugetraut hatte. Er tauchte in mich ein mit einer sanften Gewalt, die mich abermals in einen Orgasmus trieb. Und dies hielt er einige Sekunden durch, bis er selbst kam.

Das war der beste Fick meines Lebens. Bis zu diesem Zeitpunkt.

Ich schlief wenig in dieser Nacht, denn der Senator hatte viel im Sinn: mich! Er war unersättlich, und ich sagte mir, wenn alle Männer mit zunehmenden Alter sexuell aktiver werden und größere Erfahrung haben, wartet auf uns Frauen eine arbeitsreiche, aber wunderbare Zukunft.

Als ich im Morgengrauen in meine eigenen Gemächer zurück wankte, wartete Alberto begierig auf mich, und ich hatte Mühe, angemessene Begeisterung zu zeigen, als er an die Arbeit ging. Vergleiche sind abscheulich, und ich werde darauf verzichten. Alberto war mein Gemahl und einer der gutaussehendsten Männer. Es reicht, wenn ich sage, daß ich in tiefen und traumlosen Schlaf fiel, als er mich verließ, und erschrocken gegen Mittag aufwachte und mich nur fragte, wie lange es dauern würde, bevor ich wieder zu Cola di Rienzis Schlafgemach gehen würde.

Ich hatte jeden Grund zu der Annahme, daß ein langer, heißer und erotischer Sommer vor mir lag. Heiß und erotisch war er gewiß. Lang war er leider nicht. Ebensowenig ein glücklicher, trotz meiner mitternächtlichen Offenbarungen.

Ich verstehe gut, daß eine Frau an den Herd oder ins Bett oder ans Kinderbettchen gehört und daß sie nicht an den wichtigen Dingen, mit denen sich Männer amüsieren, teilzunehmen oder sich sogar dafür zu interessieren hat. Aber Königinnen sind von diesen Einschränkungen ausgenommen, und ich hatte mein Leben als Dienerin einer Königin verbracht. Politik und finanzielle Dinge waren mir so lebenswichtig wie das Atmen. Außerdem mußte ich fast jeden Tag außer Haus sein, wenn auch nur bis zum Markt, und so erfuhr ich den Stimmungsumschwung der römischen Bevölkerung aus erster Hand.

Denn die Stimmung schlug um, und zwar erschreckend schnell. Der Pöbel, der Cola di Rienzi mit Jubel begrüßt und Blumen auf seinem Weg verstreute, hatte vermutlich angenommen, daß allein seine Anwesenheit alles Ungemach von ihnen nehmen und sie wieder zu kaiserlicher Macht führen würde. Um die glanzvollen Zeiten vergangener Tage wiederzugewinnen, brauchte man Geld, das nur sie liefern konnten, Gesetze, die nur sie achten konnten, und vor allem viel harte Arbeit, die nur sie erbringen konnten. Das war ihnen nicht in den Sinn gekommen. Deshalb sank Cola di Rienzis Beliebtheit rapide, als er die Zügel der Macht ergriff und seine Arbeit begann.

Zweifellos wurde die Liebe des römischen Volkes für seinen Senator von Agenten der Adligen untergraben, die ihn haßten und fürchteten, aber leider wurde diese zunehmende Feindseligkeit gegenüber seiner Herrschaft weitaus offenkundiger für mich, die sich unter das Volk mischte, als für ihn, der sich in seine Senatorengemächer zurückzog und dem man nur sagte, was er hören wollte. Als ich versuchte, ihn zu warnen, zerstreute er meine Besorgnis, indem er mir versicherte, daß man ein Volk nur fürchten muß, wenn es *nicht* murrt.

Ich konnte ihm in diesem Punkt nicht zustimmen. Mir war zu bewußt, daß die Ereignisse nicht nur den Mann betrafen, den ich inzwischen liebte, sondern auch meinen lieben Ehemann, dessen Pflicht es war, das Leben des Senators zu beschützen und – weil ich immer in seiner Gesellschaft war – auch meines – und das wußte der Pöbel. Doch ich konnte nichts tun. Ich fühlte mich wie auf einem durchgehenden Pferd festgebunden, wie jemand, der den Abgrund nahen sieht, jedoch seinem Schicksal nicht entrinnen kann.

Meine Befürchtungen sollten sich bestätigen. Es war ein ungewöhnlich heißer Sommer, deshalb waren mehr Krankheiten und Gebrechen zu beklagen als sonst, angefangen von Schweißausbrüchen bis zu Durchfällen. Unbedeutende Wehwehchen wurden zu starken Beschwerden. Als Cola di Rienzi das Problem in dem Gestank erkannte, der die Stadt erfüllte, und entschied, die Abwässerkanäle und Gossen reinigen zu lassen, verweigerten die Männer, die er damit beauftragte, den Dienst. Sie hielten flammende Reden bei ihren Freunden, wie immer unterstützt von den Feinden des Staates, und bald waren alle Anzeichen für einen Aufruhr zu sehen.

»Ihr werdet gebraucht, Senator«, verlautete es, und Cola di Rienzi, der nichts fürchtete, machte sich sofort auf den Weg, um den Pöbel zur Disziplin zu bringen. Er wurde von Alberto begleitet.

Ich sah Cola di Rienzi, wie er mit schwerem Herzen den Palast verließ. Der Lärm, den ich in der Ferne schwach hören konnte, schwoll zu einem Crescendo an und verlor jede Ähnlichkeit mit menschlichen Lauten. Als nächstes sah ich Cola über den Hof auf mich zu rennen. Sein Gesicht war bleich, und seine Hände zitterten.

»Sie sind verrückt!« rief er. »Verrückt! Sie wollen mich vernichten!«

»Wo ist mein Mann?« fragte ich.

»Richilde, du mußt mich verstecken! Ich verkleide mich als dein Diener. Wir müssen von hier fliehen!«

»Wo ist mein Mann?« fragte ich abermals und packte ihn an den Schultern, um ihn zu schütteln.

»Zweifellos tot! Er stellte sich dem Pöbel mit dem Schwert in der Hand entgegen. Sie überwältigten ihn. Richilde, ich bitte dich, hilf mir!«

Welch ein Kontrast zwischen dem Mann, der noch vor einer Stunde der stolze Senator gewesen und nun ein zitterndes Wrack war! Und sogar ein noch größerer Kontrast zwischen diesem Häufchen Elend und meinem lieben, heldenhaften Mann, dessen einziger Gedanke es gewesen war, sich der tobenden Menge mit dem Schwert in der Hand entgegenzustellen … um diesen Schuft zu verteidigen.

Aber ich war mir der Gefahren meiner eigenen Lage bewußt, und Flucht war anscheinend die einzige Möglichkeit, um zu überleben. Die Flucht mit einem Mann, damit ich selbst entkommen konnte. Außerdem hatte ich diesen Mann geliebt, obwohl ich wußte, daß ich ihn nie wieder lieben würde.

»Kommt«, sagte ich, raffte meine Röcke und lief vor ihm zu meiner Schlafkammer. Dort wickelte ich ihn in eines meiner Nachthemden und warf ihm einen Umhang mit einer Kapuze über, die hoffentlich seine Gesichtszüge und seinen Bart verbergen würde.

Leider erfüllten sich unsere Hoffnungen nicht. Als wir die Treppe hinunterhetzten – die Diener waren alle geflüchtet –, sahen wir, daß sich eine Menschenmenge dem Palast näherte. Die Leute waren mit Schwertern und Piken bewaffnet. Einer hob seinen Langspieß, und auf diesem war der Kopf meines lieben Albertos aufgespießt.

Hat jemals eine Frau einen schlimmeren Anblick ertragen, als zu erleben, daß ihr Ehemann praktisch vor ihren Augen in Stücke gerissen wurde? Denn das war offenbar geschehen. Unterdessen war unsere eigene Lage äußerst ernst. Der Pöbel wollte das Haus des Senators plündern, und wir befanden uns darin.

»Über die hintere Mauer!« rief ich und rannte darauf zu. Cola war so entsetzt, daß er zögerte, bevor er mir folgte, und das war sein Unglück. Die Menge packte ihn am Saum des Nachthemds und warf ihn zu Boden. Ich glaube, daß sie in diesem Moment nur an Vergewaltigung dachten, aber die Lust auf sexuelle Befriedigung schlug schnell in Blutdurst um, als sie entdeckten, daß sie den nackten Körper des Mannes niederwarfen, den sie im Augenblick mehr haßten als sonst jemanden.

Jetzt zögerte ich, denn ich hörte das schreckliche Gebrüll von Menschen, die zu Tieren geworden waren, die entsetzlichen Schreie von Cola, als er das Anhängsel verlor, mit dem er mir so viele Wonnen bereitet hatte, das brutale Gelächter seiner Peiniger. Binnen Sekunden war er tot.

Es war an der Zeit, an mich selbst zu denken, aber meine Chance war vorbei. Ich stand an der Mauer und wollte hinaufklettern, doch ich wurde in meiner unwürdigen Haltung gepackt und zu der Meute von menschlichen Wölfen herumgerissen. Ich befürchtete, meine letzte Stunde sei gekommen, doch ich konnte mich in dem Geschrei nicht mal verständlich machen, um den Mob anzuflehen, mir Zeit zum Beten zu lassen.

Doch so sehr sie mich auch mißhandelten, meine Angreifer waren hauptsächlich Männer, denen es widerstrebte, soviel Schönheit zu vernichten.

»Sie ist schließlich nur eine Hure«, erklärte einer der Anführer.

Und so wurde aus der Hinrichtung eine Vergewaltigung, und weil ich genügend Gelegenheit hatte, beides zu sehen, muß ich sagen, daß letzte bei weitem vorzuziehen ist, ganz gleich, was gewisse kirchliche Damen schwören mögen. Ich verlor eigentlich nur vorübergehend die Luft, während ich einige unbedeutende blaue Flecken an verschiedenen zarten Stellen meiner Anatomie davontrug.

Leider werden befriedigte Männer oftmals wieder zu Tieren wie vorher, und als alle, die es wünschten, genug von mir hatten, beziehungsweise ich von ihnen, überlegten einige laut, welche Strafe sie für mich angemessen hielten. Mir kam in den Sinn, daß ich bereits bestraft worden war, aber ich war zu erschöpft, um zu betteln, obwohl ich es ein wenig hart fand, an einem einzigen Nachmittag beide Schicksale zu erleiden, die die schlimmsten aller elenden Schicksale einer Frau sein sollen.

Doch hier rettete mich zweifellos abermals meine ungewöhnliche Schönheit. Sie gaben sich damit zufrieden, mich bäuchlings auf dem Boden auszustrecken und mich festzuhalten, während sie mir den Buchstaben P für Prostituierte auf die rechte Gesäßbacke brannten. Danach wurde ich an das Heck eines Karrens gebunden und nackt, mit Blutergüssen und blutend zum Stadttor geschleift, durch das man mich, umgeben von einem johlenden Mob von Frauen und Kindern, hinauswarf. Sie riefen mir die Warnung nach, daß ich wie ein Hund aufgehängt werden würde, wenn man mich bei Tagesanbruch in Sichtweite von Rom fände.

Diese Erfahrung überzeugte mich, daß weder die Römer noch die Stadt Rom es wert waren, gerettet zu werden.

7. KAPITEL

Nackt und allein außerhalb eines Stadttors zu sein ist keine wünschenswerte Erfahrung.

Mir war jedoch klar, daß meine Lage schlimmer hätte sein können und in der Tat schlimmer sein würde, wenn ich nicht einige Entfernung zwischen mich und die Römer brachte, und so wankte ich barfuß, nackt und blutend ins bewaldete Hügelland, das ich ein paar Kilometer entfernt sehen konnte.

Und da kamen mir die ersten Zweifel, ob ich nicht besser zurückgekehrt wäre, damit man mir die Glieder ausreißt; ich hätte es wenigstens warm gehabt, während man mich mißhandelte. Denn es war jetzt Oktober, und als die Sonne im Westen unterging, wurde es empfindlich kalt. Ich hatte seit Stunden nichts gegessen, und auch dann nur eine leichte Mahlzeit, denn es war meine Angewohnheit, mit Cola und Alberto am Mittag ausgedehnt zu speisen.

Als ich daran dachte, daß keiner dieser beiden wunderbaren Männer jemals wieder mit mir zu Mittag essen würde, brach ich in Tränen aus, und ich weinte noch mehr, als ich erkannte, daß ich bald ihr schreckliches Schicksal teilen konnte.

Dann aber wurde ich auf bemerkenswerte Weise erlöst.

Während ich durch die zunehmende Dunkelheit stolperte, mich vorwärtsschleppte, damit ich nicht zusammenbrach und vor Hunger, Erschöpfung und Kälte sterben würde, sah ich plötzlich das Glühen eines Lagerfeuers. Meine Füße liefen darauf zu, als hätten sie einen eigenen Willen. Man kann sich meine Verblüffung vorstellen, als ich zwischen den Bäumen hindurch und mitten in eine große Gruppe von Leuten beiderlei Geschlechts und in jedem Alter trat, die alle nackt und blutig waren wie ich.

Sie begrüßten mich mit lautem Beifall, weil sie dachten, ich wäre eine von ihnen.

Die Schrecken des Schwarzen Todes, der nur ein paar Jahre zuvor gewütet hatte, war für Leute allen Standes der Anlaß gewesen, sich kritisch mit ihrer Lage, ihren Wertgefühlen und ihrer Existenz zu befassen. Für viele war die tödliche Seuche anscheinend eine Strafe Gottes und vielleicht ein Vorbote des Weltuntergangs, ganz gleich wie weit von einem Jahrtausend wir noch entfernt sein mochten.

Aus dieser Gewissensprüfung waren einige ungewöhnliche religiöse Orden entstanden, mit denen die Kirche noch nichts anzufangen wußte. Eine dieser Gemeinschaften war die Sekte der Flagellanten, die glaubten, daß der Jüngste Tag nahte und sie sich am besten einen Platz neben Gott sichern konnten, indem sie ihren weltlichen Besitz verkauften, sogar ihre Kleidung, und ihre Tage damit verbrachten, durch die Lande zu ziehen und sich öffentlich für all ihre Sünden, reale, eingebildete oder zukünftige, zu geißeln.

Ich war in ein Lager dieser Gemeinschaft gestolpert und das Brandmal auf meiner Gesäßbacke schien anzuzeigen, daß ich eine von ihnen war, die sich von einer anderen Gruppe Geißler verirrt hatte. Weil ich fast verhungert war und nach einer Portion ihrer mageren Rationen schmachtete, ließ ich sie in dem Glauben.

Ich war froh, daß ich mich ihnen anschließen konnte, wenigstens vorübergehend, denn ich hatte den Eindruck, daß ich bei ihnen Nahrung und Kameradschaft fand, wenn auch keine richtige Unterkunft, und außerdem waren diese Leute auf dem Weg nach Süden – gewiß ein wenig spät – und zogen gen Neapel. Dorthin wollte auch ich, und zwar so schnell wie möglich.

Deshalb ließ ich mich auf die ungewöhnlichsten Abenteuer meines Lebens ein, und von Zeit zu Zeit fragte ich mich, ob ich tatsächlich die richtige Wahl getroffen hatte.

Es mag lächerlich klingen, daß über fünfzig Seelen beiderlei Geschlechts über die Straße wanderten, nackt wie bei ihrer Geburt, und sich mit der neunschwänzigen Katze peitschten – die Personen, deren Rücken gepeitscht worden waren, schlossen sich hinten wieder an, um ihrerseits andere zu peitschen. Es war auch lächerlich. Aber das Absurde unseres Vorankommens war auch unsere Rettung. Wenn wir durch ein Dorf marschierten, eilten alle Bewohner herbei, um uns zu sehen, und wenn wir erst die Hunde mit unseren Peitschen verscheucht hatten, versorgten uns die Leute mit Speis und Trank als Gegenleistung für das Spektakel, das wir ihnen boten.

Das war befriedigend und lebenserhaltend. Dennoch ist es kein Vergnügen, ständig gepeitscht zu werden, obwohl wir sorgfältig darauf achteten, nie zu fest zuzuschlagen.

Noch schwieriger waren unsere persönlichen Beziehungen. Es ist unmöglich, nackt in enger Gemeinschaft zusammenzuleben, ohne fleischliches Verlangen zu spüren, abgesehen vielleicht für Heilige, deren völlige Enthaltsamkeit ich nie akzeptieren konnte.

Für mich hatten sexuelle Beziehungen immer einen hohen Stellenwert. Aber sie sollten von üppigen Mahlzeiten und anregenden Getränken begleitet werden und in einem Bett zwischen duftenden Laken stattfinden und vor allem mit einem Partner der Wahl. Natürlich war ich gelegentlich gezwungen gewesen, mich den Gegebenheiten anzupassen – man denke nur an Karl –, aber diese Ausnahmen verstärkten nur die Entschlossenheit, mich an meine hohen Maßstäbe zu halten, wann immer das möglich war.

Jetzt war ich, die bei weitem attraktivste Frau in unserer Gemeinschaft, das Lustobjekt in jedem Quartier. Die Geißelung kann anscheinend sexuell stimulierend sein. Ich habe von Männern gehört, die keinen hochkriegen, ohne gepeitscht zu werden. Das Fasten und die Kälte wirkten sich anscheinend nicht nachteilig auf die Männer und Frauen aus, die sich zufällig des Nachts als zitternde Menge bei mir niederließen.

Ich benutze das Wort ›zufällig‹ mehr bildlich; oftmals standen sie bei mir Schlange.

Es war eine schwierige Situation. Ich war die Neue, die so leicht wieder abgewiesen werden konnte wie sie aufgenommen worden war. Ohne diese Leute konnte ich niemals nach Neapel gelangen. Und ich war für gewöhnlich halb betäubt vor Kälte, was nur durch Körperkontakt gemildert werden konnte.

Deshalb sah ich mich oftmals genötigt, mein Schicksal hinzunehmen, aber die rund hundertsiebzig Kilometer zwischen Rom und Neapel kamen mir wie Tausende vor, bis die Mauern meiner Lieblingsstadt endlich in Sicht kamen.

In dieser Nacht stahl ich mich vom Lager der Flagellanten fort und schlich zum Stadttor. Der gute Unteroffizier der Wache wußte nicht recht, ob er mich als ein Geschenk der Götter oder des Teufels betrachten sollte, als er mich erblickte. Aber ich überzeugte ihn schnell von meiner Identität, und eine Stunde später, eingehüllt in seinen Mantel, war ich in Castel Nuovo.

Trotz der späten Stunde erhob sich Johanna aus ihrem Bett, um mich zu begrüßen. Die Kunde vom Massaker in Rom war natürlich längst nach Neapel gelangt, und Johanna hatte mich vom Pöbel vernichtet gewähnt wie Cola di Rienzi und Alberto. Jetzt ließ sie von ihren Zofen warmes Wasser holen und wusch meinen Rücken, während ich badete und ihr von meinen Abenteuern erzählte.

»Armer Liebling«, sagte sie, half mir aus dem Bad und schloß mich, naß wie ich war, in ihre Arme. »Ich habe solche Angst um dich ausgestanden.«

Und dann – typisch Johanna – befragte sie mich genauer. Sie war begierig darauf, zu erfahren, wie Cola di Rienzi als Liebhaber gewesen war und was es für ein Gefühl ist, von mehreren Männern vergewaltigt zu werden.

Es dauerte eine Stunde, bevor ich ihren Fragen entkommen und meine Kinder besuchen konnte, von denen ich begeistert begrüßt wurde.

Johanna freute sich wirklich, daß ich überlebt hatte und wieder bei ihr war. Sicherlich betrachtete sie mich als ihre einzige wahre Freundin auf der Welt, aber in meiner Abwesenheit war sie entschlossener geworden, sich ihr Vergnügen durch meine etwas strengen moralischen Ansichten nicht stören zu lassen.

Denn während ich in Rom gewesen war, hatte die Königin kein bißchen auf diese Vergnügungen verzichtet. Sie war eher noch heißer geworden, und jetzt hatte sie einen Stall von einem halben Dutzend Lustknaben, die in ihr Schlafgemach kamen, wenn sie es verlangte. Ludwig von Tarent wurde kaum in Neapel gesehen.

Es war natürlich verständlich, daß ihre Freude über meine sichere Rückkehr etwas durch einen gewissen Widerwillen beeinträchtigt war, mich in meiner alten Rolle zu akzeptieren, aber es überraschte mich, mit welchen Mitteln sie das Problem lösen wollte.

»Ich bin entschlossen, die Dienste, die du Neapel und mir erwiesen hast, angemessen zu belohnen«, kündigte sie eine Woche nach meiner Rückkehr an. »Ganz zu schweigen von den Diensten, die du Cola di Rienzi erwiesen hast«, fügte sie schelmisch hinzu. »Deshalb, meine liebste Richilde, gebe ich dir deine Freiheit und werde dir einen Mann suchen, nicht nur als Ersatz für Alberto, sondern um dir einen Partner zu verschaffen, der deiner Schönheit und deiner Fähigkeiten würdig ist.«

Ich war überwältigt. Gleichzeitig jedoch bestürzt.

»Solche Freundlichkeit habe ich nicht verdient, Eure Hoheit. Aber wie sonst soll ich leben, wenn nicht als Eure Zofe? Und wer würde schon eine mittellose ehemalige Sklavin heiraten?«

»Bestimmt keiner«, stimmte Johanna zu. »Aber ich kann mir ein Dutzend Männer vorstellen, die der Herzogin von Eberli die Füße küssen würden.«

Ich starrte sie offenen Mundes an.

»Der Herzog ist vor kurzem ohne leibliche Nachkommenschaft verstorben«, erklärte Johanna. »Und ohne Erben. Das Herzogtum ist deshalb an die Krone zurückgefallen. Eberli besteht, wie du vielleicht weißt, meine liebste Richilde, aus über dreißig Quadratkilometern fruchtbarstem Land mit Bauernhöfen und Weingärten in einem wunderschönen Tal in den Ausläufern der Apenninen, und es produziert ein Einkommen von zehntausend Dukaten pro Jahr. Meinst du, das wäre nicht attraktiv genug für einen Mann, abgesehen von deinen weiblichen Reizen?«

Ich war von neuem überwältigt und noch mehr, als ich zu meinem neuen Heim gebracht wurde und das Schloß sah, das zwar nur ungefähr ein Viertel von der Größe Castel Nuovos hatte, aber zum ersten Mal in meinem Leben ein eigenes Heim war.

Ich war begeistert, als ich durch das tatsächlich fruchtbare Tal ritt, das jetzt mir gehörte.

Mein Verwalter, ein ernster Bursche namens Ricardo, murmelte etwas von unzureichenden Einnahmen, als er mit mir die Liste der Pächter durchging.

Ich fand die Pachteinnahmen jedoch gewaltig.

Lucia und William schwärmten mit mir von der neuen Situation.

Aber es blieb das Problem, einen Mann für mich zu finden, und Johanna war offenbar entschlossen, es so schnell wie möglich zu lösen. Sie hatte ganz recht mit der Annahme, daß viele Männer an die Tür der Herzoginwitwe von Eberli klopfen würden, wie ich offiziell bezeichnet wurde, und einige davon waren ziemlich attraktiv. Aber ich war nicht in der Position, selbst auszuwählen.

Ich war ein wenig bestürzt, als Johanna, die mich nach Neapel gerufen hatte, erklärte, sie habe den Mann für mich gefunden.

»Fernando di Grandi«, sagte sie. »Könnte es eine bessere Wahl geben?«

Ich war verblüfft.

»Eure Hoheit«, wandte ich ein, »ich bin dreißig Jahre alt.«

»Ein Jahr älter als ich«, bestätigte Johanna. »Und wir sind beide in der Blüte unserer Schönheit und Fähigkeiten.«

Da konnte ich nicht widersprechen. Aber …

»Signor di Grandi ist siebzehn.«

»Sechzehn«, korrigierte Johanna.

»Wie kann ich einen Mann heiraten, der jung genug ist, um mein Sohn sein zu können?«

»Du wirst es sehr stimulierend finden. Daran habe ich keinen Zweifel. Und es wird auch gut für mich sein. Denk daran, Richilde. Fernandos Vater, Roberto di Grandi, ist der reichste

Mann meines Königreichs. Wenn alles stimmt, was ich höre, dann ist er sogar reicher als ich. Ich werde auf einem entsprechenden Ehevertrag bestehen, dessen kannst du sicher sein. Nicht rückzahlbar«, fügte sie hinzu. »Die Hälfte wird dir gehören, die Hälfte mir. Gibst du zu, daß Fernando gut aussieht?«

Das konnte ich nicht leugnen. Fernando hatte bereits einen Schnurrbart. Sein melancholisch wirkendes Gesicht wurde von blitzenden Augen beherrscht, und er hatte einen übergroßen Hosenbeutel.

»Wir werden gute Freunde sein, du und ich und dein Ehemann«, sagte Johanna.

Mir wurde sofort klar, was sie vorhatte, aber ich protestierte nicht. Ich befürchtete, daß ich alle Hilfe brauchen würde, die ich bekommen konnte.

In der folgenden Woche wurde ich meinen zukünftigen Schwiegereltern und meinem zukünftigen Ehemann vorgestellt.

Natürlich kannte ich sie bereits. Die Gesellschaft von Neapel ist begrenzt, und ich war den Grandis bei vielen Gelegenheiten begegnet. Aber ich hatte in ihnen nie künftige Verwandte gesehen. Die Entscheidung war bereits gefällt und ihnen sicherlich von der Königin mitgeteilt worden.

Signora di Grandi war die Hochnäsigkeit in Person; ihr Sohn heiratete eine ehemalige Sklavin, doch als Gegenleistung wurde er Herzog – obwohl der Titel für meinen Mann kein Recht an sich war und mein Besitz und Einkommen mir gehörten, nicht ihm.

Signor di Grandi konnte es kaum erwarten, seine zukünftige Schwiegertochter in die Hände zu bekommen, obwohl es die Schicklichkeit gebot, nur meine Hände zu berühren, zumindest in diesem Stadium der Beziehung … aber die Hände küßte er äußerst leidenschaftlich. Um ehrlich zu sein, er war ein gutaussehender Vierundfünfzigjähriger und weitaus mehr mein Geschmack als sein Sohn.

Der Sohn nahm mich auf der Stelle in Besitz. Er küßte mir die Hand und leckte meinen Arm hinauf, während ich mädchenhaft kicherte und nicht wußte, was ich sonst tun sollte. Bevor ich wußte, wie mir geschah, hatte er meinen Arm und die Schulter geküßt und preßte die Lippen auf den Ansatz meiner Brüste, wobei er sein Kinn in mein Dekolleté grub. Ich fand es nötig, ihn mit einem Klaps zurechtzuweisen, und mir wurde klar, daß ich mich auf mehr Arbeit gefaßt machen mußte, als ich befürchtet hatte.

Ich sah meiner Hochzeit mit gemischten Gefühlen entgegen, halb erwartungsvoll, halb besorgt. Und ich wurde keinesfalls enttäuscht.

Der Anlaß selbst war bedeutend und fand in der großen Halle meines Schlosses statt. Viele Minnesänger traten auf, und es gab ausreichend Wein, Essen und Fröhlichkeit. Es war äußerst spaßig, obwohl Ricardo das Ganze mit schwermütiger Miene betrachtete, als zähle er im Geiste die Kosten für die Feier zusammen. Ich dachte an die siebzigtausend Dukaten, die Johanna von Signor di Grandi per Ehevertrag gefordert hatte. Sie bekam natürlich die Hälfte, aber ich fand, daß ich immer noch fein heraus war, zumindest finanziell.

Die Königin besuchte die Zeremonie und war meine Trauzeugin, wodurch es keinen Zweifel an meinem neuen Status gab. Sie war es, die mich schließlich zum Bett brachte, mich zärtlich küßte und flüsterte: »Ich will alles darüber hören.«

Nun, das hätte sie vielleicht in dieser Nacht, wenn sie sich nicht wie alle übrigen Gäste ziemlich betrunken zur Ruhe begeben hätte. Ich hatte keine Zeit, um mich unschuldig mit Wein vollaufen zu lassen. Mein Ehemann wurde von dem üblichen Gefolge, darunter Johanna, zu meinem Bett geführt, mein Nachthemd wurde hochgestreift und er wurde zwischen meinen Beinen eingeführt. Dann wünschte uns die ausgelassene Schar viel Vergnügen und versprach, am Morgen zurückzukehren, um sich zu vergewissern, daß alles gut verlaufen war – es würde natürlich keinen sicheren Beweis für den Vollzug der Ehe geben, so daß sie sich auf unser Wort verlassen mußten.

Als ob es daran einen Zweifel geben könnte. Ich bekenne, daß ich so viel Wein getrunken hatte wie jeder andere, wenn auch nur um mich in die richtige Stimmung zu versetzen, mit einem Sechzehnjährigen zu Rande zu kommen.

Fernando verlor keine Zeit. Er war in mir, bevor die Tür richtig geschlossen war, und keine fünfzehn Sekunden später war die Ehe vollzogen.

Ich dachte dann, ich könnte mich entspannen und hätte eine gute Nachtruhe vor mir. Nie habe ich mich mehr geirrt. Er hatte nur das verbraucht, was sich in ihm im Übermaß aufgestaut haben mußte, seit er erfahren hatte, daß ich seine Braut werden würde. Jetzt ging es nur darum, wie lange es bis zur nächsten Erektion dauerte.

Beim ersten Mal dauerte es fünf Minuten, während er mit meinen Brüsten und zwischen meinen Beinen spielte. Dann rammelte er wieder los.

Aber er war noch lange nicht fertig. In der nächsten halben Stunde küßte und schmuste er mit mir, und nachdem er mit mir umzugehen wußte, erzählte er mir, wie sehr er mich liebe. Das war natürlich befriedigend, aber danach rammte er wieder los, daß mir Hören und Sehen verging.

Ich dachte, daß er danach bestimmt fertig sein mußte, und wagte es, dem Jungen eine gute Nacht zu wünschen.

»Gute Nacht?« echote er. »Das kann man wohl sagen. Und dabei hat sie noch gar nicht richtig begonnen!«

Bei diesen Worten verlor ich fast den Kopf und versuchte, ihm zu entkommen. Aber er war vor mir an der Tür, und obwohl ich eine große und starke Frau bin, war er ein noch größerer und stärkerer Mann, und er trug mich zurück zum Bett, während ich strampelte und schrie.

»Dir wird es noch Spaß machen«, versprach er und drang wieder in mich ein.

Bald protestierte ich nicht mehr. Ich sagte mir, daß es vermutlich annehmbarer ist, von einem Mann in einer Nacht siebenmal genommen zu werden als von sieben verschiedenen

Männer nacheinander, wie es in Rom geschehen war. Außerdem war dieser Mann mein Gatte.

Aber es war ein beunruhigender Gedanke.

Am nächsten Morgen brauchten mich die Gäste nur anzuschauen, und sie hatten nicht den geringsten Zweifel, daß wir vor den Menschen wie vor Gott Mann und Frau waren.

Johanna war entzückt.

»Wie ich dich beneide«, sagte sie. »Oh, wie ich dich beneide.«

Ich war versucht, ihr zu sagen, daß sie meinen Mann und die Dukaten, die wir seinem Vater herausgeleiert hatten, auf der Stelle haben konnte, doch ich hielt den Mund.

»Ich werde dich nach dem Ende der Flitterwochen in Neapel erwarten«, sagte Johanna. »Natürlich mit deinem Mann.«

»Ich werde dorthin kommen«, versprach ich.

Die Gäste reisten ab, und ich war allein mit meinem Fernando, abgesehen von den Bediensteten natürlich.

Ich muß meinem Mann gegenüber gerecht sein und sagen, daß er ein gutmütiger und in vielerlei Hinsicht charmanter Kerl war. Für den kleinen William war er ein Freund und für Lucia, die jetzt im neunten Jahr war, ein älterer Bruder.

Letzteres beunruhigte mich ein wenig, denn Fernandos Schwäche war, daß er nichts Weiblichem widerstehen konnte, ungeachtet des Alters, der Veranlagung oder Gestalt. Wenn ich nicht zur Verfügung stand, auch nur vorübergehend, machte er sich über die Dienstmädchen her, und wenn ich meine Tage hatte, zog er ganz aus und teilte sein Bett mit einem von ihnen.

Natürlich hatte ich nichts gegen diese kleinen Sünden einzuwenden. Ich wußte, daß alle Männer so sind … und ich war froh über die Ruhepause.

Denn ich war sein Hauptspielzeug. Ich muß abermals gestehen, daß es in vielerlei Hinsicht äußerst befriedigend war: wer wird nicht gern geliebt? – und Fernando behauptete, er habe mich sogar schon vor seiner Pubertät verehrt.

Aber es war eine erschöpfende Sache.

Ich muß sagen, daß Fernando bei weitem jeden anderen Mann, den ich jemals kennengelernt hatte, in puncto Ausdauer übertraf. Nun ist allgemein bekannt, daß der Hauptfluch der Frauen die Ungeduld des Mannes und seine Unfähigkeit ist, sich länger unter Kontrolle zu behalten. Deshalb schätzen wir Frauen so sehr einen Mann, der es gelernt hat, sich im Zaum zu halten, den richtigen Zeitpunkt zu wählen und seine Hände ebenso wie sein Glied zu benutzen.

Fernando wußte seine Hände zu benutzen, aber mehr zu seiner Befriedigung als zu meiner. Andererseits kann eine Frau unmöglich mehrmals in der Nacht vergewaltigt werden, zumindest nicht von einem liebenden statt brutalen Mann, ohne zu reagieren. Deshalb wäre es gelogen, zu behaupten, daß ich Abscheu vor Fernandos Besuchen in meinem Bett hatte – ganz im Gegenteil.

Ich mußte jedoch unwillkürlich an die Zukunft denken. Wenn ich in dieser schnellen Folge Kinder bekam, würde ich mit fünfunddreißig alt und verbraucht sein.

Das Wunder war, daß ich nicht schwanger wurde.

Deshalb wartete ich eine angemessene Zeit ab, zwei Monate, und nutzte dann die erste Gelegenheit, um einen Besuch Neapels vorzuschlagen.

Fernando stimmte ohne Zögern zu, und so begaben wir uns in diese Lasterhöhle.

Johanna empfing uns erfreut, um so mehr als ich sie in einige der Geheimnisse meines Ehebetts einweihte. Binnen vierundzwanzig Stunden dinierten wir vertraulich mit der Königin und einem ihrer Favoriten, einem Künstler namens Giotto. Er war jung wie Fernando, beträchtlich jünger als Johanna oder ich, und obendrein scheu und zurückhaltend; sein Großvater war, wie man sich erinnern wird, ein wirklich berühmter Maler gewesen, aber Johannas junger Freund war unehelich – er benutzte nur den Namen, weil er hoffte, damit Aufträge zu ergattern –, und es mangelte ihm völlig am Talent seines Großvaters.

Jedenfalls mit dem Pinsel. Offenbar genügte er Johanna. Andererseits war er völlig überwältigt von meinem goldfarbenen Haar und der weißen Haut, ganz zu schweigen von den verschiedenen Kurven und Tälern, und so war er eine große Erleichterung nach meinem Mann. Als sich Johanna und Fernando nach unserem Mahl für eine private Unterhaltung in ihr Schlafgemach zurückzogen, von der sie zerzaust und erschöpft zurückkehrten, wie es immer bei mir der Fall gewesen war, hatten Meister Giotto und ich auf dem Sofa herumgetrödelt, bis ich ihn schließlich darin einführen mußte, wo er offensichtlich hinein wollte.

Meister Giottos Unschlüssigkeit war eine angenehme Erleichterung nach Fernandos unersättlichem Stoßen. Aber eine neue schwere Prüfung wartete auf mich: die ungeduldige Geilheit meines neuen Schwiegervaters.

Offenbar ist solch ein Mann von großer Wichtigkeit für eine unglückliche junge Braut, und selbst einer, der sich rapide dem mittleren Alter nähert. Ich fühlte mich genötigt, Roberto di Grandi als Ersatz für den Vater zu betrachten, den ich vor so vielen Jahren verloren hatte. Ich lachte fröhlich über seine erschreckenden witzigen Bemerkungen und kicherte mädchenhaft, wenn er wie zufällig den Arm um meine Schultern legte oder seine Hand auf meinem Knie ruhen ließ.

Fernando und ich wohnten natürlich im Castel Nuovo, aber man erwartete von uns, daß wir uns ziemlich regelmäßig im Palazzo Grandi einfanden, wo uns Graf Roberto unterhielt oder, genauer gesagt, mir seine Bibliothek zeigte, die sehr vornehm war, und seine Sammlung von Hosenbeuteln, die in ganz Italien einmalig war, wie er mir erklärte.

Gewiß hatte ich niemals eine solche Vielzahl von Hosenbeuteln in allen möglichen und unmöglichen Größen und Materialien gesehen.

»Gehören die alle Euch, Vater?« fragte ich unschuldig und blickte kurz auf seinen Schritt.

Der Graf lachte. »Aber nein, meine liebe Herzogin. Dies sind die Früchte des Sieges. Natürlich auf dem Schlachtfeld. Wie kann ein Mann seine Niederlage mehr eingestehen als durch die Übergabe seines Hosenbeutels?«

Ein Standpunkt, über den ich zuvor nicht nachgedacht hatte, aber ich mußte zugeben, daß er stichhaltig war.

»Aber Ihr habt Euren nie übergeben müssen«, murmelte ich.

Wieder lachte er. »Nur an schöne und tapfere Damen. Da kann ein Mann mit dem geringsten Risiko für seine Ehre kapitulieren. Es ist in der Tat unehrenhaft, es nicht zu tun. Würdet Ihr eine solche Trophäe verlangen, meine liebe Richilde?«

Ich warf besorgt einen Blick zur Tür, doch dieser listige Kerl hatte sie bei unserem Eintreten zugemacht und tatsächlich abgeschlossen!

»Ihr braucht Sie Euch nur zu nehmen, Richilde«, sagte er und grinste mich lüstern an. »Ihr werdet wohl zugeben, daß eine Dame mit Eurer Erfahrung sich mit den Kompliziertheiten männlicher Kleidung auskennt.«

»Es ist die Kompliziertheit des männlichen Geistes, die mich verwirrt, Vater«, erwiderte ich. »Ich kann nicht glauben, daß das, was Ihr vorhabt, den Segen der Heiligen Kirche hat.«

»In diesem Fall werden wir zusammen beichten«, schlug er vor.

»Ich bin Eure Tochter in jeder Hinsicht.«

»Ich wünsche nur, etwas von der Freude zu kosten, die Ihr meinem Sohn schenkt. Meinem so glücklichen Sohn«, murmelte der Schuft und schnürte mein Mieder auf.

Nun, was hätten Sie getan? Ich habe familiäres Glück immer über alle Formen des Glücks geschätzt, vermutlich weil ich davon so wenig gehabt hatte. Hier hatte ich in eine glückliche, wenn auch etwas schlüpfrige Familie eingeheiratet, und man bat mich nun, das Oberhaupt dieser Familie noch etwas glücklicher zu machen. Es erschien mir ungehobelt, mich zu verweigern, und außerdem hatte ich seit Cola di

Rienzi – obwohl ich mich an den verabscheuungswürdigen Feigling stets mit Verachtung erinnern würde – eine Vorliebe für reife Männer entwickelt … wenn auch nur, weil sie von Zeit zu Zeit eine Ruhepause brauchten.

Das war ein Irrtum, wenigstens hinsichtlich Roberto di Grandi, der ganz der Vater seines Sohnes war. Aber als ich das herausfand, war es zu spät.

Wir verbrachten eine angenehme Woche in Neapel, und danach stellte mir Johanna einige ernste Fragen. Als ich ihr versicherte, daß ich nicht schwanger war, informierte sie mich, daß sie eine Mission für mich habe. Johanna blieb trotz ihrer zweifellos laxen moralischen Ansichten und der brennenden Begierden ihrer Lenden stets eine hochintelligente und fähige Herrscherin. Es war, als könne sie sich nach Belieben in zwei Personen spalten, wovon die eine als Verführerin im Schlafzimmer, die andere als kühle, berechnende Herrin ihres Königreichs und ihres Volkes auftrat. Ich mußte zugeben, daß ich die letztere Seite von ihr am meisten bewunderte, und jetzt offenbarte sie sie.

Neapel war in finanzieller Hinsicht bedroht. Die Staatskasse war fast leer, und es wurde dringend Geld gebraucht, allein schon, um die Armee zu bezahlen.

Johanna war deshalb begierig darauf, Gelder in großer Menge aufzutreiben und fand die offensichtliche Lösung des Problems darin, das Herzogtum Provence zu verkaufen. Sie wies ganz korrekt darauf hin, daß sie nur einmal in ihrem Leben in diesem schönen Land gewesen war – und das als Flüchtling – und daß sie hoffentlich nie wieder dorthin zurückkehren würde. Die Provence war absolut nutzlos für die Verteidigung von Neapel, die beiden Völker hatten nichts gemein, und die Bedürfnisse der Herrscher der beiden Staaten, obwohl sie im selben Körper existieren mochten, waren so verschieden wie Nacht und Tag.

Johannas Entschluß war folglich völlig vernünftig.

Ein Landverkauf setzt jedoch zwei wichtige Faktoren voraus: Erstens das Recht, das Land zu veräußern, und zweitens einen Käufer.

Im zweiten Punkt sah Johanna keine Probleme; die Könige von Frankreich hatten das Herzogtum lange geschätzt, und sie wußte von ihren verschiedenen Agenten, daß der neue König des Landes, Johann, ein sehr großzügiger Mann war.

Der erste Punkt war weniger leicht zu lösen, denn man wird sich erinnern, daß der gute König Robert auf seinem Totenbett zur Bedingung gemacht hatte, daß die Provence nie von seiner Familie getrennt werden durfte, aus welchem Grunde auch immer. In einer solchen Situation gab es nur eine Autorität, an die man mit Hoffnung auf Erfolg appellieren konnte: der Papst in Rom.

Oder vielmehr in Avignon.

Ein Blick auf die Landkarte von Europa zeigt jedem, daß Neapel, Avignon und Paris praktisch in einer geraden Linie von Südosten nach Nordwesten liegen.

Deshalb fand Johanna, daß eine Abgesandte von ihr, auf dem Weg, das Herzogtum an den König von Frankreich zu verkaufen, keine Reisezeit verlieren würde, wenn sie in Avignon Zwischenstation machte und zuerst mit dem Papst verhandelte.

»Eine *Abgesandte*, Eure Hoheit?« fragte ich etwas besorgt.

»Kann es eine bessere Botschafterin für den Hof von Neapel geben als die Herzogin von Eberli? Meine liebe Richilde, du bist in der Provence bekannt und wirst dort verehrt, und du weißt aus erster Hand, daß du sogar einen Papst beeinflussen kannst. Was König Johann anbetrifft, kannst du gar nicht bei ihm scheitern. Ich sollte dich übrigens darüber informieren, daß er blind sein soll und du dich deshalb von ihm berühren lassen mußt, anstatt dich aus der Ferne bewundern zu lassen.

Das war eine höllische Falschinformation, wie sich herausstellte. Der blinde König, mit dem meine Herrin Johann von Frankreich verwechselte, war Johann von Luxemburg. Daß sie jedoch beide praktisch das gleiche Schicksal erlitten – der Blinde griff vergebens die englischen Bogenschützen bei

Crécy an und der, der sehen konnte, beging den gleichen Fehler bei Poitiers – spielte kaum eine Rolle.

Ich muß zugeben, daß mich diese Mission reizte, so falsch die Voraussetzungen auch waren, von denen ich ausging.

Johanna dämpfte sofort mein Interesse.

»Fernando wird dich natürlich begleiten«, sagte sie.

Das warf ein anderes Licht auf die Sache. Die Aussicht, auf der Reise durch halb Europa dreimal pro Nacht bestiegen zu werden, war für mich nicht gerade verlockend.

»Oh, Eure Hoheit«, sagte ich. »Ich gehe nun auf die mittleren Jahre zu – ich war schließlich im einunddreißigsten Jahr –, bin eine Mutter und habe einen beträchtlichen Besitz zu verwalten … wäre es nicht das beste, meinen Mann allein zu schicken? Ein Botschafter muß gewiß ein Mann sein.«

»Richilde«, sagte Johanna streng. »Diese besondere Botschaft erfordert die Arbeit einer Frau. Fernando wird dich begleiten und beschützen und zusätzlich des Nachts dein Bett wärmen. Du bist eine Herzogin und meine engste Vertraute. Das bedeutet, du hast eine Pflicht gegenüber Neapel und deiner Königin. Enttäusche mich nicht. Während du fort bist, werden deine Kinder und dein Land in meiner speziellen Obhut sein.«

Nun, da gab es nichts mehr zu sagen. Und so ließ ich mich auf ein Abenteuer ein, vor dem alle meine vorherigen Erfahrungen verblaßten.

Ich muß gestehen, daß ich es sehr genoß, als Botschafterin zu reisen. Nicht einmal Fernandos stürmische Gesellschaft konnte die Pracht meiner Kleidung und meines Gefolges und die Aufmerksamkeit stören, mit der ich in jedem Stadium der Reise behandelt wurde.

Nachdem ich ohne Zwischenfall das Tyrrhenische Meer überquert hatte, gelangten wir sicher nach Marseille, und von dort aus machte ich eine Reise nach Avignon, die ich nie vergessen werde. Fernando war natürlich noch nicht so weit gereist wie ich, und es war ein Vergnügen, seine Ratgeberin zu sein. Nicht, daß er an den Sehenswürdigkeiten und dem Trubel interessiert war, von denen wir umgeben waren, es sei denn eine hübsche Maid kam in sein Blickfeld.

Aber in Avignon mußte ich mich dem Papst präsentieren.

Wie man sich vorstellen kann, sah ich diesem Treffen mit einiger Angst entgegen, weil ich mich an das Intermezzo mit Clemens erinnerte. Aber Innozenz war ein völlig anderer Mann. Er hatte als Kardinalsbischof von Ostia von einer Restauration Roms geträumt und Cola di Rienzi bei seinem verhängnisvollen Kurs ermuntert.

Innozenz wußte nichts von meiner Rolle bei dieser Sache, und ich war entschlossen, ihn nicht aufzuklären. Innozenz unterschied sich völlig von dem Clemens, den ich kennengelernt hatte. Er hatte strenge moralische Maßstäbe, hatte die Kurie teilweise reformiert, die Vermehrung der Pfründe verboten und darauf bestanden, daß die Bischöfe zu ihren Diözesen zurückkehrten und sich darum kümmerten, anstatt sich dem üppigen Leben Avignons hinzugeben. Diesen Ausschweifungen wandte Innozenz bewußt den Rücken zu. Aber er war nicht ganz ohne die Laster der Menschheit.

»Die Provence verkaufen«, murmelte er und strich sich übers Kinn, »wenn sie urkundlich für ewig überschrieben worden ist … das ist ein schweres Unterfangen, Madame. Wenn ich die Sache überhaupt erwäge, dann wegen des sicheren Wissens, daß die Provence französisch ist in jeder Hinsicht und ich vielleicht den Lauf der Geschichte unterstütze. Doch um den Letzten Willen eines Menschen außer Kraft zu setzen …«

Ich kannte jetzt die Anforderungen der Diplomatie, ohne vielleicht das nötige Talent zu haben, Verhandlungen richtig zu führen. Deshalb fragte ich ohne weitere Umstände: »Was ist Euer Preis, Eure Heiligkeit?«

Innozenz verschlug es die Sprache. Doch dann lächelte er. »Ihr seid eine ungewöhnlich direkte junge Frau«, bemerkte er. »Nun, gut so. Dreißig Prozent des Verkaufserlöses.«

»Dreißig?«

»Nehmt das Angebot an oder laßt es bleiben«, sagte der heilige Schurke.

Ich nahm es an. Johanna hatte mir eine Blankovollmacht erteilt, um die besten Bedingungen und den besten Preis auszuhandeln, die ich erzielen konnte.

Nachdem ich die Zustimmung des Papstes erhalten hatte, drängte es mich natürlich, schnell nach Paris zu reisen. Aber Seine Heiligkeit teilte mir mit, daß das Zeitverschwendung sein würde.

An dieser Stelle ist es nötig, eine meiner kleinen Abschweifungen in die Geschichte zu machen, damit meine Leser vielleicht die Situation verstehen, mit der ich nun fertig werden mußte.

Zwischen meinem England und Frankreich herrschte seit nun fast zwanzig Jahren Krieg, und es sah aus, als würde er noch viel länger dauern. Während ich dies schreibe, geht er in der Tat noch weiter.

Der Anlaß war folgender: die Mutter unseres Königs Eduard war eine Französin, Isabella, die jüngste Tochter von Philipp IV., irrtümlich genannt der Schöne, wie ich zuvor in dieser Erzählung erwähnt habe.

Ich ziehe es vor, mich nicht zu tief mit dem Charakter dieser Dame zu befassen. Es genügt der Hinweis, daß sie ihre Kusine, unsere liebe Katharina von Valois, Kaiserin von Konstantinopel, ziemlich in den Schatten stellte, was ihre Laster und Leidenschaften anbetraf. Zweifellos war es ihr Pech, mit einem König, Eduard II. von England, verheiratet zu sein, der es vorzog, mit seinem Glied selbst zu spielen, anstatt zuzulassen, daß die Ladys sich damit vergnügten. Aber selbst in unserer grausigen Welt kann die Rache der Französin als extrem betrachtet werden. Nicht umsonst wurde sie die Wölfin von Frankreich genannt.

Nachdem sie es satt hatte, daß ihr Mann immer selbst an seinem Penis spielte, wenn er seine Finger anderweitig benutzen sollte, legte sie sich einen Liebhaber zu, einen groben Typen namens Mortimer, einer der Markgrafen, der große Ländereien und Macht hatte, weil er das Grenzgebiet zwischen England und Wales besaß. Dann setzte sie ihren Mann ab und verlangte die Herrschaft für ihren ältesten Sohn, unseren Eduard, der zu dieser Zeit noch ein kleiner Junge war.

Ihren Mann schaffte sie sich dann vom Hals, indem sie ihm glühendheiße Eisen in den Hintern stoßen ließ. Einige Historiker weisen darauf hin, daß sie diese tadelnswerte Todesart für ihren Mann wählte, weil man keine sichtbare Gewaltanwendung bemerkte, wenn man seine Leiche sah, sofern sie nicht auf dem Rücken lag. Andere behaupten, daß Königin Isabella diese Mordmethode als passend für einen Mann fand, der diesem Zeitvertreib oft genug gefrönt hatte, wenn auch mit nicht ganz so heißen Eisen. Wie dem auch sei, König Eduard II. wurde grausam ermordet, und Isabella und ihr Geliebter übernahmen die Herrschaft, bis unser Held, im Alter von sechzehn Jahren, die Macht ergriff und Mortimer aufhängen ließ – ein gnädiges Schicksal unter den gegebenen Umständen –, seine Mutter für den Rest ihres Lebens einsperren ließ, sich selbst zum König ernannte, nach neuen Gebieten Ausschau hielt, die er erobern konnte, und feststellte, daß er ebenfalls König von Frankreich war. Jedenfalls nach Ansicht gewisser Juristen.

Dabei waren folgende Fakten ausschlaggebend: Nach dem Tod Philipps des Schönen im Jahre 1314 wurde sein ältester Sohn, Ludwig X., der rechtmäßige Thronfolger. Dieser unglückliche Prinz war durch den Rechtsanspruch seiner Mutter Johanna von Navarra bereits König von Navarra. Nach dem Tod seines Vaters überließ er den Thron des kleineren Lands seinem Bruder Philipp, um sich auf den Thron von Clovis zu setzen.

Dann heiratete er Margarete von Burgund, mit der er eine Tochter hatte – Johanna –, die Königin von Navarra wurde und ein eigenes Königshaus gründete. Jetzt als König ereilte Ludwig X. jedoch ein trauriger Schicksalsschlag, der die strenggläubigsten Prinzen genauso treffen kann wie diejenigen, die vom Pfad der Tugend abgekommen sind: seine Frau wurde des Ehebruchs für schuldig befunden. Für eine Königin kann so etwas katastrophal sein – es sei denn, sie besitzt die Schönheit und den Geist unserer Johanna, und selbst dann kann es eine riskante Sache sein, wie wir gesehen haben –, und Margarete wurde im Gefängnis erdrosselt.

Ludwig heiratete sofort Klementine von Ungarn, die das Richtige tat und einen Sohn und Erben namens Johann gebar. Ludwig starb jedoch, bevor sein Kind das Licht der Welt erblickte.

Wer sollte jetzt König von Frankreich sein?

Ludwigs Bruder Philipp eilte von Navarra nach Paris und ließ sich anstelle des noch ungeborenen Königs als Herrscher proklamieren. Wir alle können uns denken, was als nächstes geschah. Der glücklose Johann, der erste dieses Namens in Frankreich, wurde geboren, starb jedoch fünf Tage später. Diese Tragödien passieren, aber ich befürchte, sie geschehen erst recht, wenn ein Onkel darauf wartet, in die Fußstapfen des Säuglings zu treten.

Wie auch immer man rund um den Thron dachte, Philipp war der Mann der Stunde und beanspruchte die Krone. Es blieb jedoch ein kleines Problem: Johanna, die Tochter der Ehebrecherin Margarete, noch ein kleines Mädchen, aber zweifellos das letzte überlebende Mitglied des Hauses väterlicherseits.

Philipp hatte natürlich nicht vor, den Thron an seine junge Nichte abzutreten, doch selbst ihm muß klargewesen sein, daß der Tod zweier Kinder kurz nacheinander zu Spekulationen führen konnte, und so suchte er nach legalen Mitteln, um sie auszuschalten. Er schickte seine Advokaten an die Arbeit, und nachdem sie in der Geschichte stöberten, wurden sie fündig. Sie stießen auf das Salische Gesetz, das Volksrecht der Salischen Franken – Vorfahren der heutigen Franzosen –, welches vorschrieb, daß keine Frau die Regierungsführung übernehmen durfte.

Das mag vielleicht im fünften oder sechsten Jahrhundert unserer christlichen Zeitrechnung notwendig gewesen sein, als ein König in jeder Hinsicht die stärkste Person der Gesellschaft sein mußte. Es paßte jedoch überhaupt nicht in unser vierzehntes Jahrhundert. Dennoch wurde das Gesetz feierlich verkündet, und Johanna erhielt Navarra, wie ich erwähnt habe, als Trostpflaster.

Aber jetzt wurden Philipps Erben Opfer der Rechtskniffe ihres Vaters. Sein Sohn Philipp starb jung, und als er selbst im Jahre 1322 verschied, hinterließ er nur zwei Töchter, Johanna und Margarete. Jetzt war der dritte Bruder, Karl, an der Reihe, den Thron zu beanspruchen und seine Nichten auszuschließen.

Er tat das, indem er sich auf das Salische Gesetz berief.

Jetzt mußte sich das Schicksal über dieses Hickhack amüsiert haben. Denn Karl zeugte nur eine Tochter.

Und als er 1328 starb, herrschte wieder Durcheinander.

Die drei enteigneten Prinzessinnen waren noch unmündig, und auch Karls Tochter Blanche war zu jung, um Herrscherin zu werden. Auf jeden Fall konnte Blanche unmöglich vor ihren Vettern Königin werden, weil Karl sich den Thron nicht gewaltsam, sondern legal angeeignet hatte, wie er es sah.

In England war Eduard, ein Junge von sechzehn Jahren, bereits zum Mann herangewachsen, und man bezweifelte nicht, daß er ein ebenso hervorragender König von Frankreich sein würde wie von England. Aber das war für Franzosen ein vollkommen abwegiger Gedanke. Es mußte jedoch ein König gefunden werden. So wandten sich die Franzosen an das Haus Valois. Das heißt, an die Familie Karls von Valois, den jüngeren Sohn Philipps III., der Margarete von Anjou, Johannas Großtante, geheiratet hatte. Dieser Karl war natürlich der Bruder der Kaiserin von Konstantinopel.

Karl war längst tot, aber sein Sohn war fünfunddreißig und schien in jeder Hinsicht als Herrscher seines Landes geeignet zu sein. Er wurde als Philipp VI. gekrönt.

Als das im Jahre 1328 geschah, war unser Eduard mit häuslichen Dingen beschäftigt, genauer gesagt mit der Beseitigung von Mortimer, dem Geliebten seiner Mutter, und mit der Einkerkerung von Isabella selbst. Es ist unwahrscheinlich, daß sich seine Gedanken mit der Lage in Frankreich beschäftigten. Weil Isabella jedoch Philipps leibliche Base war, waren die Beziehungen zu dem Nachbarland von Beginn an gespannt.

Es gab viele Gründe, die Eduard dazu führten, den französischen Thron zu beanspruchen. Er weigerte sich, Philipp als Oberlehnsherr der weiten französischen Besitzungen anzuerkennen; er wurde dabei von den Flemings ermuntert, die Frankreich haßten und fürchteten. Außerdem, um ehrlich zu sein, besaß er weitaus mehr die Fähigkeiten eines Kriegers als die eines Staatsmanns und schwelgte in den Vorstellungen, unsterbliche Heldentaten zu vollbringen.

Mehr als all diese Gründe zählte, daß er eine extravagante Natur besaß und eine extravagante Lage von seinem unglücklichen Vater geerbt hatte; kurz gesagt, er war pleite und der Ansicht, ein Krieg könnte helfen, die königlichen Schatzkammern zu füllen.

In dieser Gemütsverfassung war er leicht davon zu überzeugen, daß er der rechtmäßige Erbe des französischen Throns war. In Wahrheit war die rechtmäßige Herrscherin von Frankreich jedoch zweifellos Johanna, die Königin von Navarra. Sie aber zeigte kein Interesse. Dann sollte jene andere Johanna, die Tochter Philipps V., Königin sein. Sie war zu jung. Nun, dann sollte es Margarete sein, ihre jüngere Schwester. Aber die war ja noch jünger. Nun, dann sollte Blanche, die Tochter des dritten Bruders, Königin sein. Aber sie war ebenfalls zu jung. Nachdem all diese jungen Damen nicht in Betracht kamen, blieb nur der Enkel Philipps IV., Eduard von England. Er war gewiß nicht zu jung, und er hatte sich bereits als Mann von Entscheidungskraft bewiesen.

Leider sind diejenigen, die den Thron beanspruchen, für gewöhnlich nicht bereit, ihn aufzugeben, wenn sie ihn erst einmal haben, ganz gleich wie stark die juristischen Argumente dagegen sind. Philipp berief sich sofort auf einen eigenen gesetzlichen Beweis, von dem keiner zuvor etwas gehört und den niemand für möglich gehalten hatte: nach dem Salischen Gesetz könne nicht nur keine Frau den Thron erben, sondern auch kein Sohn einer Frau. Dies ist natürlich Unsinn, denn jeder Mann muß der Sohn der einen oder anderen Frau sein. Er meinte: keinen Sohn einer Frau, die möglicherweise ein Anrecht auf den Thron hatte, und spekulierte damit, daß Eduard, weil er der Sohn einer Prinzessin und kein Prinz war, für immer ausgeschlossen sein würde.

Wer über dieses Argument nachdenkt, wird feststellen, wie absurd es ist. Wenn man es auf England anwendet, würde es bedeuten, daß es keine Plantagenet-Dynastie gegeben hätte, denn Heinrich II. war der Sohn von Mathilde, der Tochter Heinrichs I., die nach dem Tod ihres Vaters den Thron beanspruchte. Es gibt zahlreiche andere Beispiele. Gewiß war es kein Argument, das Eduard III. ernst nahm.

Und so begann der Krieg.

Das Dumme an Kriegen ist, wenigstens nach meiner Erfahrung, daß sie selten zu produktiven oder entscheidenden Resultaten führen, es sei denn, ein sehr großes Land entscheidet sich, ein sehr kleines zu zerstören und erreicht das schnell genug. Und selbst im Fall sehr großer Ungleichheit erweisen sich die Ereignisse nicht immer zum Vorteil der Invasoren. Denken Sie nur an den Kampf des Riesenreichs Ungarn gegen unser kleines Neapel.

In Eduards Fall gab es ein sehr kleines Land – England –, das versuchte, ein sehr großes – Frankreich – zu erobern. Das war zum Scheitern verurteilt, obwohl sich Frankreich immer wieder als unfähig erwiesen hatte, die Engländer im Feld zu besiegen.

Als ich im späten Sommer 1356 Avignon verließ, um König Johann aufzusuchen, war der Krieg seit der Seeschlacht von Sluys im Jahre 1337 im Gange, als ich, ein Mädchen von zwölf Jahren, erst vor kurzem Johannas Zofe geworden war. Ich war jetzt eine einunddreißigjährige Mutter, und der Krieg tobte immer noch. Eduard hatte eine Folge von Siegen errungen, einschließlich des berühmten Siegs von Crécy, bei dem eine überlegene französische Armee völlig vernichtet worden war. Dennoch war er nicht näher daran, König von Frankreich zu werden, und er war noch weiter davon entfernt, seine Finanzen zu konsolidieren. 1344 war er tatsächlich gezwungen, seine Schulden bei den großen Bankhäusern von Florenz zu ignorieren, ein Ereignis, das einen politischen Umbruch in dieser Geldrepublik bewirkte.

Bald danach waren beide Seiten völlig erschöpft, ein Waffenstillstand wurde vereinbart, und während er noch Gültigkeit hatte, starb Philipp VI. Seine Nachfolge trat Johann an, der zweite dieses Namens, wenn wir die unglückliche fünftägige Herrschaft des Säuglings mitrechnen.

Dieser Johann war der König, zu dem mich Johanna schickte.

Ich war erfreut, daß gewisse Historiker den neuen König von Frankreich als Johann den Guten beschrieben. Ich nehme an, sie dachten dabei an seine gepflegten Manieren, besonders gegenüber Damen, Manieren, die ich bald kennenlernen sollte. Im übrigen war er schwach, verdorben und treulos. Es mangelte ihm an Entschlossenheit, und in vielerlei Hinsicht erinnert er mich an alles, was ich von dem König gleichen Namens gelesen habe, der auf dem englischen Thron saß.

Vielleicht ist John oder Johann oder Johannes ein unglücklicher Name für Könige.

Wie dem auch sei, unser Johann der Gute hatte ein bankrottes und zerstörtes Land geerbt, aber ebenfalls einen Waffenstillstand, den die Engländer einhielten. Gesunder Menschenverstand und Logik hätten ihn davon überzeugen sollen, daß seine wichtigste Aufgabe die Einhaltung des Friedens sein mußte, wenigstens so lange, wie es dauerte, um sein geschlagenes Land wiederaufzubauen. Doch binnen eines Jahres ließ er eine englische Geisel hinrichten.

Natürlich zogen die Engländer wieder in den Krieg. Johann suchte hastig einen neuen Waffenstillstand, der jedoch abermals gebrochen wurde, und in den nächsten fünf Jahren folgte Waffenstillstand auf Waffenstillstand. Unterdessen führte Johann ebenfalls mit Karl II. von Navarra Krieg, unterzeichnete Waffenstillstände und brach sie wieder.

Das Endergebnis war, daß er kurz vor meiner Abreise aus Neapel wieder entschieden hatte, gegen den Brecher des Waffenstillstands in den Krieg zu ziehen. In diesem Sommer war Prinz Eduard von Wales, der älteste Sohn des Königs und bekannt als der Schwarze Prinz, weil er eine schwarze Rüstung trug, von England zu einer Invasion der Provinz Gascogne im südwestlichen Frankreich aufgebrochen.

Ich erfuhr in Avignon, daß er am 4. August von Bergerac aus gestartet war, während ich noch auf See war. Als ich an Land ging, war sein genauer Aufenthaltsort unbekannt, aber Berichte wiesen darauf hin, daß er auf dem Weg nach Tours war. Ich hörte, daß seine Armee aus viertausend Mann schwerer Kavallerie, viertausend Mann leichter Kavallerie, dreitausend der zu Recht gefürchteten englischen Bogenschützen und tausend Mann leichter Infanterie bestand.

Den Papst hatte man informiert, daß eine sehr große französische Armee aufgestellt worden war, um gegen die Invasoren zu kämpfen. Sie stand unter dem persönlichen Befehl von Johann und sollte sich auf Blois konzentrieren. Der Papst nahm an, daß die Franzosen in der Defensive bleiben wollten, und meinte, wenn ich meinen Weg so direkt wie möglich nach Blois einschlug, würde ich zweifellos auf den König stoßen. Der Papst wies ebenfalls darauf hin, daß es seiner Meinung nach klüger sei, in Avignon zu bleiben, bis die Sache geregelt war.

Aber es drängte mich, meine Mission zu erledigen und zu meinen Kindern zurückzukehren. Gleichzeitig wurde ich von meinem Gemahl ermuntert, der vieles über die Schlacht zwischen den Franzosen und Engländern gehört hatte und als Neuling in diesen Dingen begierig darauf war, eine dieser blutigen Auseinandersetzungen aus erster Hand zu erleben.

So brachen wir auf.

Wir nahmen nur ein kleines Gefolge mit, denn es war uns klar, daß Eile vonnöten war, weil jeden Moment die beiden Armeen aufeinanderstoßen konnten und der Ausgang der Schlacht die Landkarte von Frankreich und die Ambitionen des französischen Königs verändern konnte.

Es sind ungefähr fünfhundert Kilometer von Avignon bis Blois, und man kann dank der verschiedenen Täler durch das Zentralmassiv in fast geradem Kurs dorthin gelangen. Wir verließen Avignon am 8. September und ritten manchmal etwa sechzig Kilometer pro Tag. Wir reisten über Vans, Langogne, Langeac, Clermont Ferrand und Montlucon, bevor wir uns westwärts gen La Chatre wandten.

Es war keine ungefährliche Reise, denn nach den dauernden Kriegen der Vergangenheit hatten sich viele Banden von Gesetzlosen gebildet, vor allem aus Söldnern, die es leid waren, für mageren Sold und den Profit von anderen zu kämpfen, statt selbst zuzuschlagen. Für diese Männer waren Raub, Vergewaltigung und Mord zu einer Lebensweise geworden.

Wir entgingen einer Gefangennahme, indem wir sehr vorsichtig waren und darauf vorbereitet, wie der Wind zu reiten, wenn es nötig wurde. Fernando maulte natürlich und erklärte, daß er nicht nach Frankreich geritten sei, um Reißaus zu nehmen, aber ich überzeugte ihn, daß sogar seine Tapferkeit – von der ich absolut keine sichere Kenntnis hatte – unter den jetzigen Umständen keinerlei Erfolg haben würde. Ich fragte ihn, ob er sehen wolle, wie seine Frau geschändet wurde.

Offenbar wollte er das nicht sehen.

Am Morgen des 15. September ritten wir von La Chatre wieder nordwärts. Unser Ziel war Chateauroux, wo wir zwei Tagesritte von Blois entfernt sein würden.

Und dort wurden wir doch noch gefangengenommen.

Glücklicherweise fielen wir keinen Räubern in die Hände. Wir ritten mitten in eine Patrouille französischer Gendarmen, wie sie ihre Elitekavalleristen nannten.

Es stellte sich heraus, daß am Tag unserer Abreise aus Avignon König Johann die Information erhalten hatte, daß die Engländer von seiner Anwesenheit erfahren hatten und sich zurückzogen. Deshalb hatte er seine Armee über die Loire befohlen und marschierte nun so schnell wie möglich gen Poitiers, das an der besten Straße nach Süden lag und wo er den Schwarzen Prinzen wähnte. Trotz aller vorherigen Ereignisse war König Johann entschlossen, sich dem unverschämten jungen Mann in der Schlacht zu stellen und sich für alle Niederlagen der Vergangenheit zu rächen.

Die Gendarmen brachten uns als Gefangene zum König.

Der französische Gastgeber war gar nicht weit entfernt. Wir hätten leicht über dreißig Kilometer pro Tag zurücklegen können, aber für eine große Armee (und die französische zählte kaum weniger als dreißigtausend Mann mit fast der gleichen Anzahl Gefolge, Hunde, Hühner, Kinder und Rinder), waren zehn Kilometer in vierundzwanzig Stunden eine beachtliche Leistung.

Weil Johanna stets Schritte unternommen hatte, sich von Neapel zu entfernen, wenn die Ungarn gegen sie marschiert waren, sah ich zum ersten Mal einen solchen Troß, und ich staunte.

Wir trafen bei ihnen ein, als sie ihre Nachmittagsmahlzeit verzehrten. Sie wollten anscheinend bei Tagesanbruch weiterziehen – allein der Aufbruch dauerte beträchtliche Zeit – und bis Mittag marschieren, um dann zu biwakieren.

Das Biwakieren dauerte noch länger als der Aufbruch, denn man kann schneller ein Zelt abbrechen als aufschlagen. So wurde es für gewöhnlich später Nachmittag, bis die Lagerfeuer brannten und die erschöpften Krieger sich mit ihren Frauen hinsetzen und essen konnten.

Der König und seine Adligen beteiligten sich natürlich

nicht an den ermüdenden Arbeiten. Sie waren hoch zu Roß, ritten, wenn sie gut ausgeruht waren, der Armee voraus oder frönten der Jagd, pausierten bei einem rauschenden Bach, und wenn sie zum Biwak zurückkehrten, waren ihre Zelte bereits aufgeschlagen und ihre Mahlzeiten warteten auf sie.

Sie aßen gerade, als Fernando und ich zu ihnen gebracht wurden.

Wir waren von den Gendarmen, die in uns Standespersonen erkannt hatten, keineswegs schlecht behandelt worden, doch ich hielt es für nötig, heftig gegen die Festnahme der neapolitanischen Botschafterin zu protestieren. Sofort entschuldigte man sich, weniger weil ich die neapolitanische Botschafterin war, sondern mehr weil König Johann ein Auge für Damen hatte, wie ich schon erwähnt habe, und besonders für eine große und schöne Dame wie mich. Sofort bekam ich einen Platz neben ihm, erhielt ein Hühnchen zum Abnagen und einen Kelch mit gutem Loire-Wein und man hieß mich äußerst willkommen.

Der König sah wirklich gut aus, auch wenn er einen verschlagenen Blick hatte, und ich gestehe, daß ich mit dem Gedanken spielte, ihm einige der Freuden zu verschaffen, die ich dem armen Cola di Rienzi gewährt hatte, um ihn umzustimmen, wenn er die Provence nicht kaufen wollte.

Johann war jedoch äußerst interessiert an meinem Vorschlag.

»Provence«, bemerkte er. »Das würde meine Domänen schön abrunden. Nur den Preis kann ich im Augenblick nicht zahlen. Aber das macht nichts ...« Er lächelte mich an. »In den nächsten Tagen stoße ich auf die Engländer, und nach meinem Sieg habe ich alles Geld, das ich brauche. Ha, ich schätze, daß allein das Lösegeld für den Schwarzen Prinzen dreihunderttausend Goldkronen betragen wird.«

»Eure Zuversicht ehrt Euch«, murmelte ich.

»Zuversicht? Natürlich bin ich zuversichtlich, Madame. Aber das liegt daran, daß mein Sieg nur eine Sache der Mathematik ist. Ich werde dreißigtausend Mann in die Schlacht führen. Der Prinz hat nur ein Drittel dieser Zahl.«

Ich konnte mir nicht verkneifen zu sagen: »Ich hörte, daß bei Crécy die Chancen gegen die Engländer ungefähr im gleichen Verhältnis verteilt waren.«

»Crécy«, sagte der König verächtlich. »Diese Hunde überraschten meinen Vater mit ihrer Taktik. Meint Ihr, Madame, ich lasse mich noch einmal überraschen? Ich kann Euch genau sagen, was der Prinz tun wird, wenn er erkennt, daß wir ihm so dicht auf den Fersen sind, daß er uns nicht entkommen kann. Er wird eine Verteidigungsstellung einnehmen, bei der seine Flanken durch Sumpf oder Wald oder Dörfer geschützt sind, und dort wird er seine Krieger hinter seinen Bogenschützen postieren und auf unseren Angriff warten.«

Ich glaubte zu verstehen, was er meinte.

»Woraufhin Ihr sofort Euren Marsch fortsetzt, Sire, südlich von ihm vorstoßt und seine Flanke angreift. Eine hervorragende Taktik.«

Der König schaute mich mit gerunzelter Stirn an.

»So schlägt ein König von Frankreich keine Schlacht, Madame«, sagte er etwas kühl. »Bin ich ein Feigling? Wo ich meinen Feind warten sehe, da wird man mich mit dem Schwert in der Hand finden.«

Wenn ich keine Herzogin gewesen wäre, hätte ich mich am Kopf gekratzt.

»Aber wenn Ihr wieder die Taktik von Crécy anwendet, Sire ...«

»Man kann von einer Frau nicht erwarten, daß sie die Kunst der Kriegsführung versteht«, bemerkte er leutselig und drückte unter dem Tisch meinen Oberschenkel, eine Intimität, die ich ihm in meiner Position nicht übelnehmen durfte – außerdem wird einem nicht jeden Tag der Oberschenkel von einem König getätschelt.

»Wir haben ein paar Überraschungen für die Engländer vorbereitet«, fuhr er fort. »Hauptsächlich haben wir aus Crécy gelernt, daß der berittene Krieger anfällig gegen den fliegenden Pfeil ist. Die Lösung dieses Problems ist offenbar simpel. Ich lasse meine Ritter absitzen und zu Fuß angreifen.«

Diesmal, Herzogin oder nicht, kratzte ich mich am Kopf,

aber der König nahm nur an, daß ich mir eine Laus angelacht hatte.

»Das wird die Engländer völlig verwirren«, sagte er. »Und ein gepanzerter Ritter zu Fuß stellt nur ein halb so großes oder verletzliches Ziel dar wie einer zu Pferde, und man kann ihn nicht so leicht umzingeln.«

»Aber …«, vor meinem geistigen Auge sah ich fünftausend gepanzerte Ritter zu Fuß vorantrotten, sofern sie sich überhaupt bewegen konnten. »Werden sie nicht schrecklich langsam vorrücken, Eure Hoheit?«

»Haha.« Er kniff mich von neuem in den Oberschenkel. »›Schrecklich‹ ist das richtige Wort, Madame. Der Anblick wird in der Tat schrecklich für den Feind sein.«

Ich stritt mich nicht weiter mit ihm. Mir war klar, daß ich bald Zeugin einer Katastrophe werden würde, vorausgesetzt, die Schlacht fand überhaupt statt, denn bis zu diesem Moment hatten die Franzosen keine Anzeichen für die Anwesenheit der Engländer entdeckt, die nach den Berechnungen des Königs nur zwei oder drei Kilometer vor ihm sein konnten. Aber sie waren unsichtbar.

Der gute König Johann hatte ebenso einige andere Berechnungen angestellt, Spekulationen, die anscheinend alle Männer anstellen, bevor sie in eine Schlacht ziehen: Laßt uns lustig sein, denn morgen sind wir vielleicht tot. ›Lustig‹ ist allerdings nur ein Euphemismus für etwas, das von großer Bedeutung für den Fortbestand der menschlichen Rasse ist – vorausgesetzt, eine geeignete Partnerin beziehungsweise ein geeigneter Partner kann gefunden werden.

Er hatte eine Partnerin zur Hand.

Ich hatte früh erkannt, wohin seine Gedanken abschweiften, und als er nach dem Essen erklärte, er wolle mit mir über den Kaufvorschlag der Provence in Einzelheiten und in völliger Intimsphäre reden, fühlte ich mich verpflichtet, zuzustimmen.

Fernando maulte natürlich, aber er protestierte ja gegen alles, was nichts mit ihm und mir in einem Bett zu tun hatte. Ich erklärte ihm, daß mein Vorhaben ein Teil der Diplomatie war und daß mir unsere Königin eine heilige Mission anvertraut hatte, die ich erfüllen mußte.

Dann gesellte ich mich zu dem König und erwartete eine ruhige Nacht im Vergleich zu der, die ich hätte ertragen müssen, wenn ich bei meinem Ehemann geblieben wäre.

Meine Prognose hätte völlig gestimmt, wenn da nicht die Unsinnigkeit des Krieges gewesen wäre. Der König und ich plauderten eine Weile – die Provence wurde nie erwähnt –, tranken ein Glas Wein, und dann begann er sich mit großer Hast zu entkleiden. Ich folgte seinem Beispiel, und wir fielen uns in die Arme. Seine Königliche Hoheit war so freundlich, einige schmeichelnde Bemerkungen über verschiedene Partien meines Körpers zu machen, als wir von großem Lärm unterbrochen wurden, dem Schmettern von Trompeten, von Trommeln, dem Krachen von Waffen und den Rufen von Männern.

Mein Gefährte zog sich zurück, warf sein Hemd über und eilte in dieser ungebührlichen Aufmachung nach draußen, und ich war mir nicht mehr ganz sicher, ob tatsächlich ein König in mich eingedrungen war oder nicht!

Dies war, wie ich schon erwähnt habe, ein typisches Beispiel für die Lächerlichkeiten des Krieges, jedenfalls wenn er im vierzehnten Jahrhundert unserer Zeitrechnung geführt wurde.

Das war geschehen: die französische Armee mochte langsam genug marschiert sein, aber die Engländer, belastet mit Beute und Gefangenen, kamen noch langsamer voran. Es war offenbar auf beiden Seiten keinem Kommandeur in den Sinn gekommen, Späher auszuschicken, um festzustellen, wo der Feind war. Die Franzosen hatten tatsächlich ihre Feinde überholt, ohne es zu wissen, und waren bereits hinter Poitiers. Die Engländer eilten im nächtlichen Gewaltmarsch an derselben Stadt vorbei, und in der Dunkelheit stieß ihre Vorhut in den Rücken der Franzosen!

Sofort herrschte völlige Verwirrung, und es war gut möglich, daß die Schlacht, die jedermann erwartete, gleich an Ort und Stelle geschlagen wurde. Aber kein vernünftiger General läßt sich in der Dunkelheit auf einen Kampf ein, bei dem die Fronten nicht klar sind. Der Schwarze Prinz pfiff hastig seine Männer zurück, und die Franzosen setzten ihnen nicht nach. Aber es war klar, daß am Morgen eine Schlacht bevorstand; die Franzosen waren nun definitiv durch die englische Rückzugslinie gebrochen.

Mit diesen Gedanken im Sinn verlor König Johann das Interesse an amourösen Debatten, und er begann, sich vorzubereiten. Ich eilte zu dem prächtigen Zelt, das man mir und Fernando zur Verfügung gestellt hatte, und mein Mann stieg selbst mit Unterstützung eines Knappen in eine Rüstung.

»Was soll das?« fragte ich.

»Ich kämpfe in der Schlacht«, erklärte er. »Man hat mir einen Platz zur Rechten des Königs versprochen.«

Ich glaubte meinen Ohren nicht trauen zu können.

»Werter Gemahl, dies ist ein Kampf zwischen Franzosen und Engländern. Ihr seid ein Neapolitaner.«

»Es ist eine Schlacht, an der ich teilnehmen werde«, beharrte er. »Wie soll ich militärischen Ruhm erlangen, wenn ich keine Waffentaten vollbringe?«

»Und Ihr wollt eher militärischen Ruhm erlangen, als hier mit mir in Sicherheit zu bleiben?«

»Ich werde zu Euch mit dem Lorbeerblatt des Sieges auf der Stirn zurückkehren, Frau«, sagte er. »Ihr könnt Euch darauf verlassen.«

Ich sparte mir einen weiteren Protest. Ich hatte bereits den Schmerz einer Witwe erlebt und um einen weitaus besseren Mann getrauert.

Ich muß jedoch bekennen, daß die kriegerische Pracht, von der ich umgeben war, sogar meine Zurückhaltung minderte, und als der Tag zu grauen begann, kleidete ich mich an und eilte aus dem Zelt, um zu sehen, was los war. Meine Zofen hätten mich begleitet, aber ich befahl ihnen, im Zelt zu bleiben. Ich wollte nicht damit belastet sein, auf sie aufpassen zu müssen.

An diesem 18. September 1356 passierte überhaupt nichts, denn es dauerte lange, eine Armee auf die Schlacht vorzubereiten. Im Laufe des Morgens, während sich die französischen Kräfte langsam formierten, trafen Gesandte aus dem englischen Lager ein und schlugen vor, daß die Franzosen den Prinz unbehelligt in seine Domänen zurückkehren ließen.

Diese Burschen wurden natürlich abgewiesen, und es war offenkundig, daß sie nur die Franzosen beschäftigen sollten, während der Prinz eine geeignete Verteidigungsposition suchte, aus der er kämpfen konnte. Er entdeckte sie in einem sanft abfallenden Weinberg, wo er seine rechte Flanke in einem sumpfigen Tal in Stellung gehen lassen konnte, das für einen Mann in Rüstung unpassierbar war und wo seine linke Flanke auf einer Front von fast einem Kilometer von einer Anhöhe geschützt war. Vor dieser Stellung war eine stachelige Hecke, und eine Annäherung wurde durch verschiedene eingesunkene Pfade erschwert.

In dieser vortrefflichen Stellung warteten die zwölftausend Engländer.

König Johanns Armee war ungefähr dreimal so zahlreich, und er formierte sie in drei riesige Divisionen, die vom Dauphin – dem französischen Thronfolger –, dem Herzog von Orleans und dem König persönlich befehligt wurden. Diese Massen sollten eine nach der anderen gegen die englische Stellung geworfen werden.

An diesem Abend, als alles bereit war, gab es viel Gesang und Gelächter im französischen Lager. Keiner der Männer zweifelte an dem Sieg, und ich muß zugeben, daß ihre Zuversicht ansteckend war. Ich trank mit den besten von ihnen, erlaubte dem König, mich von vorne und hinten zu betatschen, und schlief betrunken ein. Ich erwachte mit den anderen durch den Lärm von Bewegung im englischen Lager.

»Die Schufte versuchen zu flüchten!« rief der König, als das Platschen von Wasser darauf hinwies, daß Männer den Fluß hinter der englischen Stellung durchquerten. »Zu den Waffen! Zu den Waffen!«

Es stellte sich später heraus, daß der Schwarze Prinz seinen Troß, der natürlich seine Beute enthielt, durch den Fluß geschickt hatte. Ob er hoffte oder nicht, mit seiner Armee zu folgen, bevor die Franzosen erwachten, kann ich nicht sagen, denn jetzt griff die französische Armee an, und es blieb ihm nichts anderes übrig als zu kämpfen.

Vielleicht hatte er uns auch getäuscht, damit wir annahmen, er ziehe sich ungeordnet zurück, um uns in Verwirrung zu stürzen. Wenn das seine Absicht war, funktionierte der Plan großartig. Die Masse der Ritter, unterstützt von den Armbrustschützen, galoppierte vorwärts, um den englischen Vorstoß im Keim zu ersticken. Ich brauche nicht zu sagen, daß sie in einen Pfeilhagel ritten und in Stücke geschossen wurden. Eine Zeitlang hielten sich die Überlebenden tapfer, während ich auf mein Pferd stieg und zur Flanke der französischen Schlachtordnung ritt, um zu sehen, was los war. Ich starrte verwundert auf den sinnlosen Mut, der gezeigt wurde. Einige der unglücklichen Ritter erreichten sogar die Hecke und die englische Linie, aber sie wurden niedergemacht.

Die Armbrustschützen kamen kaum zum Schuß.

Die Überlebenden dieses ersten Angriffs kehrten erschöpft zu uns zurück; die weitaus größere Zahl waren reiterlose Pferde. Aber König Johann war nicht im geringsten entmutigt und befahl dem Dauphin, vorzurücken.

Hier lag nach Ansicht der Franzosen der Schlüssel zur Schlacht. Die Soldaten des französischen Thronfolgers waren von den Pferden gestiegen und begannen ihren Angriff zu Fuß, nachdem sie einige Zeit gebraucht hatten, um sich zu formieren.

Es war, als hätte sich die Zeit zum Stillstand entschlossen. Die schreckliche Ansammlung von gepanzerten Rittern, deren Stahlplatten aneinander klirrten, schleppte sich langsam hügelan. Es war unheimlich. Obwohl die Franzosen mit ein paar kühnen Schreien begannen, bewegten sie sich bald stumm vorwärts; keiner kann in voller Rüstung einen Hügel hinaufmarschieren und dabei schreien – er muß seine ganze Kraft zusammennehmen. Einige schafften es überhaupt nicht den Hügel hinauf. Nach ein paar Schritten fielen sie auf die Knie und dann aufs Gesicht; sie konnten sich einfach nicht mehr bewegen.

Die Engländer beobachteten das schwerfällige Vorrücken in ungläubigem Schweigen. Seit Jahrhunderten bestand der Unterschied zwischen dem Herrn und dem Leibeigenen in angreifendem, gepanzertem Roß und Reiter. Jetzt waren es Ritter ohne Roß, zwar immer noch gepanzert, aber langsam in ihr Verderben ziehend.

Das klingt ein bißchen spöttisch. Ich muß zugeben, daß die französischen Ritter, so fehlgeleitet sie in ihrer Strategie auch waren, ihre Aufgabe mit grimmiger Entschlossenheit erfüllten. Bald flogen die Pfeile, aber ein Mann zu Fuß bietet ein kleineres Ziel als beritten, und er kann seinen Schild besser nutzen, um Geschosse abzuwehren. Das Ergebnis war, daß ein großer Teil der angreifenden Ritter tatsächlich die englische Linie erreichte. Unterdessen war es natürlich kein geordneter Angriff mehr, und doch bahnten sich die Ritter ihren Weg unbeirrt vorwärts und riefen bei dem Feind Bestürzung hervor. Von meinem Aussichtspunkt aus hatte ich den Eindruck, daß der Schwarze Prinz all seine Reserven an die Front schickte, mit Ausnahme von vielleicht fünfhundert Rittern, die seine Wache bildeten. So war die englische Armee fast völlig gebunden, und die Franzosen besaßen noch zwei Schlachtordnungen, die ungebunden waren und eingesetzt werden konnten. Jetzt war es an der Zeit, daß König Johann sein militärisches Genie zeigte, seinen verbleibenden Rittern befahl, aufzusitzen und die englischen Flanken anzugreifen. Der Sieg wäre ihm höchstwahrscheinlich nicht zu nehmen gewesen.

Leider besaß König Johann keinerlei militärisches Genie. Er befahl der zweiten Formation, vorzurücken, um die erste zu unterstützen, aber immer noch zu Fuß. Diese zweite Division wurde vom Herzog von Orleans, dem Bruder des Königs, befehligt. Der König, wenn auch kein Krieger, besaß wenigstens Mut. Der Herzog war ein Hasenfuß. Als er auf

Reichweite der englischen Bogenschützen heran war, die weiterhin die Franzosen von ihren Stellungen an den Flanken angriffen, ergriff der Herzog mit all seinen Männern die Flucht.

Dies beeinflußte diejenigen der Männer des Dauphins, die noch die Engländer angriffen, und sie zogen sich ebenfalls ungeordnet zurück. Sie ließen die Engländer um Atem ringend, aber für den den Moment siegreich zurück. Doch ihre Ausfälle waren groß, und die Überlebenden waren erschöpft. Und die dritte und größte französische Formation mußte noch bezwungen werden.

So blieb König Johann siegessicher. Seiner Ansicht nach verlief alles nach Plan. Jetzt warf er seine Hauptstreitmacht gegen den erschöpften Feind, immer noch zu Fuß, aber zuversichtlich, die dezimierten Feinde zu bezwingen.

Mit der Division des Königs marschierte mein lieber Fernando und schwenkte sein Schwert.

Leider sah ich meinen Gemahl zum letzten Mal lebend. Denn im Gegensatz zu den französischen Generälen war der Schwarze Prinz ein militärisches Genie. Er hatte die Lage mit einem Blick erfaßt und wußte, daß er besiegt werden würde, wenn er zuließ, daß die massive letzte französische Formation, die zahlenmäßig seiner ganzen Streitmacht überlegen war, angriff. Mehr noch, er wußte, daß seine Bogenschützen fast all ihre Pfeile verschossen hatten. Ein geringerer Mann wäre bei einer solchen Lage verzagt. Doch Prinz Eduard reagierte sofort: er warf seine gesamte Streitkraft den Hang hinunter, den vorrückenden Franzosen entgegen, und sogar die Bogenschützen zogen ihre Messer, um sich an dem Kampf zu beteiligen.

Die Franzosen wurden natürlich von diesem unerwarteten Manöver überrascht, und bevor sie sich von ihrem Schrecken erholten, waren die Engländer heran. Die Franzosen sammelten sich jedoch, und eine Zeitlang kämpften sie so gut, daß der Ausgang der Schlacht ungewiß war.

Der Schwarze Prinz hatte jedoch nicht nur auf das Überraschungsmoment vertraut. Es war ihm klar, daß in einer

Schlacht der Einsatz einer zusätzlichen Kraft, so klein sie auch sein mochte, oftmals entscheidend war, und so schickte er seine einzigen noch frischen Krieger, seine persönliche Wache, die fünfhundert Ritter zu Pferde, um die Stellung herum, die zuvor von den Bogenschützen gehalten worden war. Diese Männer brauchten einige Zeit, um einen geeigneten Platz einzunehmen, von dem aus sie angreifen konnten, aber dann preschten sie in gestrecktem Galopp in den Rücken der französischen Formation, und das Ergebnis war entsetzlich. Die Franzosen flüchteten in alle Richtungen, bis auf die gepanzerten Ritter, die zu Fuß nicht rennen konnten und hinfielen, woraufhin sie von den Engländern nach Belieben gefangengenommen oder getötet wurden.

Ich starrte bestürzt auf die Vernichtung solch einer herrlichen Schlachtordnung, und dann wurde mir klar, daß es an der Zeit war, an mich selbst zu denken. Denn die Engländer und besonders die Bogenschützen erkannten, daß die Schlacht gewonnen war, und suchten nun das französische Lager nach allem ab, was sie an guten Dingen finden konnten.

Zu den guten Dingen konnte ich mich selbst zählen. Ich war bereits gesichtet worden, und zwar aus einer Entfernung, aus der man zweifellos meine Schönheit erkennen konnte, und mehrere Männer rannten auf mich zu.

Ich zog mein Pferd herum und wäre den Männern leicht entkommen, wenn nicht eine andere Gruppe, die ich nicht gesehen hatte, von hinten an mich herangelangt wäre. Diese Männer tauchten jetzt vor meinem erschreckten Roß auf, das prompt auf die Hinterhand stieg. Hier wurde der Damensattel zum Fluch. Mein Fuß glitt aus dem einen Steigbügel, ich verlor die Zügel aus den Händen, rutschte vom Hinterteil des Tiers und landete auf meinem eigenen; der Aufprall nahm mir den Atem.

Meine Stellung war unschicklich, als ich da mit gespreizten Beinen im Schlamm hockte, aber das waren meine geringsten Sorgen, denn einen Moment später war ich von begierigen Männern umgeben und fühlte mich wie in Rom dem Pöbel ausgeliefert. Im Nu sah ich nur noch nackte Oberschenkel und erigierte Glieder, während ich an den Schultern niedergehalten wurde und traurig dachte, daß ich in Rom wenigstens auf trockenem Boden gelegen hatte, während hier mein goldfarbenes Haar schnell schwarz vom Schlamm wurde. Diese Minderung meiner Schönheit schien meinen Vergewaltigern nichts auszumachen. Sie waren einzig und allein an dem interessiert, was zwischen meinen jetzt entblößten Schenkeln lag, abgesehen von einem geilen Schuft, noch ein Junge, der mein Mieder aufriß, um an meine Brüste zu gelangen.

In meinem Leben habe ich mich leider an solche Mißhandlungen gewöhnen müssen, und ich habe ein gewisses Verhalten gelernt, das eine Frau in solch einem Extremfall annehmen sollte. Zu den Verhaltensregeln zählt, nicht zu versuchen, gegen wilde Männer anzukämpfen, wenn der Sieg unwahrscheinlich ist; bei einem Zahlenverhältnis von eins zu zwanzig *ist* ein Sieg unwahrscheinlich. Ein weiterer Punkt ist, wenn die Frau sich gegen den Kampf entschieden hat, sollte sie am besten so laut wie möglich schreien. Wenn kein Retter in der Nähe ist, erfreut das den Vergewaltiger, und wenn es einen Retter gibt – nun, dann ist alles möglich. Deshalb schrie ich, und ich muß sagen, ich habe eine laute Stimme, wenn ich mich bemühe. Der Schwarze Prinz erzählte mir später, daß die gesamte Armee kurz den Kampf einstellte, denn man nahm an, irgendein Drache sei unter sie geraten und schreie nach Rache.

Mit Sicherheit interessierte mein Schreien einen Ritter, der zufällig in der Nähe war, und er kam heran, um zu sehen, was los war.

»Sir!« schrie ich und benutzte seit über zwanzig Jahren zum ersten Mal wieder meine Muttersprache. »Rettet meine Tugend, ich flehe Euch an!«

Natürlich übertrieb ich gewaltig, denn selbst wenn ich zu Beginn der Schlacht noch Jungfrau gewesen wäre, so war das jetzt Geschichte. Aber im Notfall kann man sagen, was einem gerade in den Sinn kommt.

»Bei Gott, das ist Englisch!« stieß der Ritter hervor und schlug mit der flachen Seite seines Schwertes auf den Mann ein, der auf meinem Bauch lag. Das dämpfte den Eifer des Kerls, und als er seine Bemühungen einstellte, wurde er gepackt und zur Seite geschleudert. Seine Kumpel standen keuchend um mich herum; nur zwei oder drei hatten ihr Ziel erreicht.

»Eine englische Lady!« bemerkte mein Ritter. »Konntet ihr das nicht sehen, ihr Halunken?«

Die Männer blickten mich finster an, aber einige berührten ihre Stirnlocke, und einer versuchte, meine Blößen zu bedecken.

»Ich sollte euch hängen lassen«, sagte mein Retter und half mir auf die Füße. »Aber, meine werte Lady, wie kommt Ihr in diese Lage? Seid Ihr wirklich Engländerin?«

Er schätzte meinen Status auf Grund meiner Kleidung ein, und ich hatte nicht vor, ihn eines Besseren zu belehren. Ganz im Gegenteil.

»In der Tat bin ich Engländerin, Sir«, sagte ich. »Aber ich bin zufällig auch die Herzogin von Eberli und Botschafterin des Hofs von Neapel beim König von Frankreich und …« Ich bedachte meine neuen Intimfreunde mit meinem strengsten Blick, »diesen zweibeinigen Wölfen ausgeliefert.«

»Herzogin!« wiederholte der Ritter. »Botschafterin!« Seine Augen leuchteten bei dem Gedanken an das Lösegeld, das vielleicht für solch eine hohe Persönlichkeit verlangt werden konnte. »Seine Königliche Hoheit muß davon erfahren. Ihr werdet mich bitte begleiten, Eure Hoheit.«

Und so wurde ich zum Erben des Throns von England geführt.

8. KAPITEL

Als wir uns einen Weg zwischen den Gefallenen bahnten, die alle von den Siegern bis auf die nackte Haut entblößt worden waren, war ich mir meiner Lage natürlich sehr bewußt. Ich war in jeder Hinsicht eine unglückliche Frau, der es in ihrer derzeitigen Verfassung sogar an Schönheit mangelte, die nicht wußte, was mit ihrem Ehemann geschehen war, und sogar noch weniger Ahnung hatte, wie dieser Schwarze Prinz, über den ich so viele Geschichten gehört hatte – einige paßten zu seinem Spitznamen – mich aufnehmen würde, besonders wenn ich in einem so unvorteilhaften Licht vor ihm erschien.

»Ist der Prinz weit entfernt, Mylord?« wagte ich zu fragen.

»Nein, nein. Der ist ganz nahe«, erwiderte der Mann, der mich gefangengenommen hatte.

»Meint Ihr, es wäre möglich, ein Bad zu nehmen und vielleicht meine Kleidung zu wechseln, bevor ich ihm vorgestellt werde? Mein Zelt ist ebenfalls nicht weit entfernt im französischen Lager.«

»Ein Bad?« Er war sichtlich amüsiert. Als er mich anstarrte, wurde mir klar, daß er nicht die geringste Ahnung hatte, was unter den Schlammschichten war, die sogar mein Haar bedeckten.

»Ich versichere Euch, daß ein Bad mein Äußeres gewaltig verändern würde«, erklärte ich.

»Ein Bad«, wiederholte er, und ich erinnerte mich traurig an meine Kinderzeit in England, wenn einmal pro Woche die gesamte Familie dieselbe Wanne geteilt hatte, in der Reihenfolge des Alters. Da ich die Jüngste gewesen war, hatte ich immer in einer braunen Lache baden müssen, die mit Schaum bedeckt gewesen war und in der zahllose winzige Insekten ums Überleben gekämpft hatten.

Welch ein Kontrast zu Neapel, wo ich jeden Tag in sauberem Wasser gebadet hatte!

Aber jetzt war ich anscheinend wieder zurück bei den Barbaren.

»Ihr werdet zuerst den Prinzen sehen«, sagte der Ritter. Und ein paar Minuten später stand ich vor ihm.

Eduard von Woodstock war zu dieser Zeit sechsundzwanzig, also fünf Jahre jünger als ich. Neuerdings ist es Gewohnheit geworden, ihn zu verleumden, wie es das Schicksal aller großen Männer ist, wenn sie sterben und sich nicht verteidigen können, und es ist möglich, daß seine spätere Herrschaft über Aquitanien und seine Abenteuer in Spanien einen Charakter offenbarten, der menschliche Schwächen hatte und durch Krankheit geschwächt war. Zum Glück ist uns die Zukunft verborgen, und ich habe von dieser ersten Begegnung nur in Erinnerung, daß er ein großer und gutaussehender Ritter war, jung, stark und vital, der sich an den Früchten seines enormen Sieges erfreute.

Er saß an einem Tisch, trank Wein und aß Brathähnchen; er war noch in seiner Rüstung, aber ohne Helm und Panzerhandschuhe. Neben ihm saß kein anderer als König Johann, ebenfalls in Rüstung – seine schlammbedeckt, als wäre er gefallen – und aß und trank mit großem Appetit, als hätte er nichts mit der Katastrophe zu tun, in die er seine Truppen geführt hatte; hinter den beiden Prinzen warteten weitere französische Adlige zusammen mit den Engländern, von denen sie gefangengenommen worden waren.

»Aber aber, Dickon«, rief der Schwarze Prinz, als wir uns näherten und mein Rocksaum durch den Schlamm schleifte. »Was ist denn das für ein Halunke?«

»Eine Lady, die behauptet, von Bedeutung zu sein, Sir«, sagte der Ritter.

»Bei der Heiligen Jungfrau«, bemerkte König Johann. »Das ist die Herzogin von Eberli ...«

»Genau das behauptet sie«, bekannte Dickon, sichtlich überrascht.

»Die Herzogin von Eberli!« Eduard erhob sich und forderte den König auf, ebenfalls aufzustehen. »Madam, Ihr werdet mir erklären müssen, wo Euer Herzogtum liegt.«

»Im Königreich Neapel, Sir«, sagte ich auf Englisch.

»Aber ...« Er war sichtlich verwirrt.

»Ich bin zufällig in England geboren worden, Sir«, erklärte ich.

»Und Ihr reitet mir der französischen Armee?«

Ich erzählte ihm von meiner Mission, jetzt auf Französisch, und der König nickte dazu unterstützend.

»Die Botschafterin und ich diskutierten über Staatsgeschäfte, als Eure Armee nahte«, erklärte er dem Schwarzen Prinzen.

»Ah«, bemerkte Eduard. »Nun, Madam, ich kann mich nur für den Sturz entschuldigen, den ihr offensichtlich erlitten habt, und Euch einen Platz an meinem Tisch anbieten.«

»Den ich dankbar annehme, Sir«, sagte ich. »Wenn mir erlaubt ist, mich von diesem Schlamm zu säubern und umzuziehen. Meine Zofen und meine Sachen sind im französischen Lager … wenn sie nicht bereits geplündert wurden. Ich möchte ebenfalls feststellen, was meinem Gemahl widerfahren ist.«

Der Prinz schaute den König an.

Der König zuckte die Achseln. »Der Gute wollte mit uns kämpfen. Ich habe ihn nicht mehr gesehen, seit wir überrannt wurden.«

»Ich werde mich um Euren Gatten und Eure Zofen persönlich kümmern«, versprach der Prinz. »Aber Ihr wünscht ein Bad. Dickon, bringt sie zu unseren Frauen und laßt für sie sorgen.«

Als ich eskortiert wurde, hörte ich den König sagen: »Sie ist eine höllisch schöne Frau, Cousin.«

Das klang vielversprechend für meine Aussichten, aber meine Hoffnung wurde eine halbe Stunde später ziemlich gedämpft. Ich saß in einem ehemaligen Weinfaß, das in zwei Hälften zersägt und mit Wasser gefüllt worden war, und die guten Ladys, die sich freuten, eine Herzogin verwöhnen zu können, wechselten sich begierig darin ab, mein Haar zu waschen, meinen Rücken zu schrubben und Neugierige mit einer Fülle von Schimpfworten und Drohungen fernzuhalten, als der Prinz plötzlich vor mir stand.

Ich war so in meine Unterhaltung und die Erzählungen

dieser Frauen vertieft, daß ich Eduards Nahen nicht gehört hatte. Und ich hatte wirklich interessante Aspekte des Lebens erfahren, von denen ich nichts gewußt hatte. Jede der Frauen erzählte, daß sie mit Gewalt genommen, aus dem Bett geschleift und vergewaltigt worden war und keine Wahl gehabt hatte, außer der Armee zu folgen, um sich einen Mann zu suchen. Die meisten dieser Frauen hatten ein paar ständige Begleiter. Es war üblich, sich einen Ersatz zu suchen, sobald die Stelle frei wurde, was offenbar regelmäßig genug bei einer Armee im Feld passierte. Einige meiner neuen Freundinnen waren Mütter.

Und jede, ungeachtet ihrer Vorgeschichte, war dem Prinzen und seiner Armee treu ergeben. Nicht aus irgendeinem politischen Grund. Das Lager war ihr Leben, ihr einziger Halt geworden. Eine Rückkehr in ihr Heim wurde als gesellschaftlich unmöglich betrachtet, und wenn sie Opfer eines siegreichen Feindes wurden, hatten sie vieles zu erleiden, wie jetzt die gefangenen französischen Prostituierten feststellten.

Deshalb verzichteten sie völlig darauf, ihren geliebten jungen General von mir fernzuhalten, und ich sah, daß er in die »Wanne« spähte, deren Wasser trotz des abgewaschenen Schlamms nicht trübe genug war, um meine Reize zu verdecken.

Ich war jedoch keine errötende Jungfrau, und meine Gedanken beschäftigten sich bereits mit vielen Möglichkeiten. Ich nutzte deshalb die Gelegenheit, um einen Schreckensschrei auszustoßen und mich in meiner Aufregung zu erheben. Ich erkannte meinen Fehler natürlich sofort, wie es bei einer schamhaften Frau sein sollte, doch meine Hände reichten nicht ganz aus, um das Gebiet zwischen meinen Schenkeln und meiner Nase völlig zu bedecken, und es dauerte ein paar Sekunden, bis ich meinen Verstand wieder ausreichend unter Kontrolle hatte, um auf meine Knie zurückzusinken, wobei ich zuversichtlich war, daß mein Haar, das naß in goldenen Strähnen auf meine Schultern und Brüste fiel, ein sehr attraktives Bild vervollständigte.

Gewiß war der Prinz von dem Anblick angetan, denn es

dauerte ein paar Sekunden, bis er Worte fand, während meine neuen Freundinnen sich in respektvoller Distanz drängten, wo sie uns nicht stören, aber gewiß alles mithören konnten, was zwischen uns gesprochen wurde.

Als der Prinz sprachlos blieb, sagte mir mein Gefühl, daß ich die Initiative ergreifen sollte.

»Sir«, protestierte ich. »Ihr nutzt meine ungünstige Lage aus.«

»Ganz im Gegenteil«, erwiderte er. »Ich stelle fest, daß Ihr eine äußerst schöne Frau seid, Madam. Ich wünsche nur, ich hätte bessere Neuigkeiten.«

»Mein Zelt ist geplündert worden!«

»Euer Besitz ist sicher, und Eure Zofen sind das ebenfalls. Sie sind jetzt mit Eurer Kleidung unterwegs hierhin. Ich meine Euren Gemahl.«

»Oh.« Mir wurde klar, daß ich meine Prioritäten etwas zu hastig gesetzt hatte.

»Er ist tot, Madam. Ich bedaure dies, aber meine niederträchtigen Bogenschützen sind oftmals zu nachlässig und achten bei ihrem Ziel nicht auf den Rang.«

»Mein armer Fernando«, sagte ich.

»Ihr nehmt die Nachricht sehr gefaßt auf, Madam.«

»Soll ich weinen, Sir? Es war eine Vernunftehe, und er war ein ermüdender Mann.«

Der Prinz verarbeitete das mit gerunzelter Stirn.

»Wirkt sich sein Tod auf Euren Stand aus?«

»Nicht im geringsten«, versicherte ich ihm. »Ich war lange vor seinem Auftauchen Herzogin von Eberli.«

»Hm. Nun, Madam, Eure Zofen sind hier. Und ich muß mich um meine Pflichten kümmern. Aber es wäre mir eine große Ehre, wenn Ihr mit mir zu Abend essen würdet.«

»Es wird mir ein Vergnügen sein, Sir.«

»Ich werde Euch beim Sonnenuntergang erwarten.« Er wandte sich zum Gehen und verharrte dann. »Werdet Ihr an der Beisetzung Eures Mannes teilnehmen, Madam?«

»Sobald ich angekleidet bin, Sir«, versprach ich.

Ich nahm an der Beisetzung teil, obwohl ich einige Zweifel hatte. Wenn ein paar tausend Männer getötet werden, ist es nahezu unmöglich, sie anständig zu begraben, es sei denn sie sind von königlichem Geblüt. Mein Fernando war nur eine nackte Leiche unter unzähligen anderen, die darauf warteten, in eine tiefe Grube geworden zu werden. Da er in voller Rüstung gefallen war, war sein Visier geöffnet, und ein Feind hatte ihm einen Dolch ins Gesicht gestoßen, genauer gesagt, durch ein Auge, wodurch er ziemlich ruiniert aussah. Es gab keine andere Verletzung an seinem Körper, was darauf hinwies, daß er aus purer Erschöpfung gestürzt war, als er sich den Hügel hinaufgeschleppt hatte, und dann getötet worden war, als er hilflos am Boden gelegen hatte. Vielleicht war es kaltherzig, aber ich konnte keine einzige Träne vergießen. Er war mir aufgebürdet worden, und er war mit sorgloser und ganz unnötiger Zuversicht in seinen Tod gegangen, als er bei mir in Sicherheit hätte bleiben können.

Meine Gedanken beschäftigten sich bereits mit dem, was vor mir lag. Einerseits zeigte der Prinz offenkundiges Interesse an mir, andererseits war ich seine Gefangene und mußte davon ausgehen, daß meine Mission gescheitert war.

Die Bestätigung erhielt ich sofort, als ich am Tisch zwischen dem König und dem Prinzen saß. Es war ein herrlicher, wenn auch barbarischer Anlaß. Da saßen wir vor langen Tischen, die mit guten Dingen überladen waren, von Fleisch bis Wein, es war ein schöner, windstiller Septemberabend mit kaum einem Wölkchen am Himmel, wir trugen unsere beste Kleidung und zeigten unsere besten Manieren … und das mitten auf einem Schlachtfeld.

Den englischen Truppen erging es gewiß so gut wie ihren Vorgesetzten. Die Franzosen waren entweder tot oder geflüchtet; diejenigen ihrer Ritter, die gefangengenommen worden waren, aßen mit uns zu Abend. Aber es gab Verwundete und sterbende Männer, die von Zeit zu Zeit nach Erlösung schrien, und Pferde wieherten gequält und erinnerten uns an das Grauenvolle, das erst vor ein paar Stunden geschehen war.

Und über allem hing der Gestank des Todes.

Doch meine Gefährten waren gutgelaunt, obwohl sie bei aller Freundschaft und Verwandtschaft – der Prinz war tatsächlich der Cousin des Königs – in ganz unterschiedlichen Situationen waren.

»Ich würde gerne unser unterbrochenes Gespräch fortsetzen, Madame«, sagte der König von Frankreich. »Obwohl ich befürchte, daß ich nicht länger als möglicher Käufer der Provence betrachtet werden kann, wenigstens nicht für ein, zwei Jahre. Wieviel Lösegeld wollt Ihr für mich fordern, Eduard?«

»Das ist eine Sache, die ich noch nicht ganz erwogen habe, Sire«, erwiderte Eduard. »Sollen wir sagen, drei Millionen Goldkronen?«

Ich verschluckte fast einen Hühnerknochen.

Aber der König wirkte beleidigt.

»Meint Ihr, mehr bin ich nicht wert?« fragte er.

»Das meine ich natürlich nicht«, sagte Eduard hastig. »Ich meine, mehr kann sich Euer Königreich nicht leisten.«

»Hm«, murmelte Johann. »Das ist ein guter Standpunkt. Die Franzosen waren nie sehr eifrig im Zahlen ihrer Steuern. Doch Ihr versteht, meine liebe Dame, daß ich eine Weile etwas knapp bei Kasse sein werde.«

»Ich verstehe, Sir«, sagte ich. »Und ich werde diese traurige Nachricht Ihrer Hoheit überbringen, so schmerzlich das auch für mich ist.«

»Natürlich, wen man Euch erlaubt, nach Neapel zurückzukehren«, bemerkte der Schuft.

Ich blickte den Prinzen an.

»Wißt Ihr«, sagte er und warf einen Knochen über die Schulter zu einer der wartenden Doggen, »über diesen Punkt habe ich noch nicht nachgedacht. Aber ich nehme an, daß Ihr praktisch eine Kriegsgefangene seid, Madam.«

»Ich bin Angehörige eines neutralen Staates«, sagte ich etwas scharf. Die Geldsummen, über die geredet wurden, waren weit höher als alles, was mein armes Herzogtum aufbringen oder das gesamte Königreich Neapel lockermachen konnte, sofern Johanna sich nicht entschied, mich abzuschreiben. »Meine Anwesenheit auf diesem Schlachtfeld ist ein Zufall.«

»Ah«, sagte Eduard. »Aber Euer Mann kämpfte mit den Franzosen.«

»Entgegen meinen Wünschen, Sir. Er war ein närrischer Junge.«

»Diesen Anschein hat es in der Tat. Aber ich muß darüber nachdenken ... Ihr werdet mir zustimmen, daß Ihr unter den gegebenen Umständen jedenfalls mehr mit mir zu diskutieren habt als mit meinem Cousin.«

Ich möchte nicht, daß jemand annimmt, ich triebe es mit jedem oder sei käuflich. Doch mein Leben hat mich gelehrt, den Tatsachen ins Gesicht zu sehen und sie zu akzeptieren, wenn ich sie nicht ändern kann. Ich war nach Frankreich gesandt worden, um die Provence an den König dieses Landes zu verkaufen. Um dieses Ziel für meine geliebte Königin zu erreichen, war ich darauf vorbereitet gewesen, vor nichts zurückzuschrecken. Doch die Transaktion war jetzt ins Wasser gefallen, wie mir der französische König soeben selbst gesagt hatte, und deshalb war der arme Kerl von keinerlei Nutzen mehr für mich oder Johanna. Andererseits war ich ganz auf die Gnade des schneidigsten und gutaussehendsten Prinzen angewiesen, dem ich jemals begegnet war – er übertraf sogar Ludwig von Tarent –, und mir war nicht unbekannt, daß er ledig war, während der König gewiß eine Frau hatte.

Natürlich wünschte ich nicht, die Prinzessin von Wales zu werden. Nun, vielleicht doch, aber ich wußte, daß die Chancen gegen mich waren – als Eduard schließlich ein paar Jahre später heiratete, nahm er jedoch eine verwitwete Lady zur Frau, die noch weniger Mitgift hatte als ich. Aber das ist Schicksal. Meine unmittelbare Sorge war es, Ehebruch zu vermeiden, den ich stets verabscheut hatte. Meines Wissens hatte ich bis zu diesem Moment ein solch gräßliches Verbrechen erst zweimal in meinem Leben begangen, und das war ohne meine Zustimmung geschehen –, ein Intermezzo mit Karl von Durazzo konnte nur als Vergewaltigung betrachtet werden, und das mit Cola di Rienzi war Dienst gewesen. Jetzt war ich wieder Witwe, und deshalb stimmte ich völlig der Ansicht des Prinzen zu und zog mich nach dem Ende unseres Mahls zum offensichtlichen Kummer des Königs in das Zelt des Siegers zurück.

Das brachte mir eine einzigartige Erfahrung ein. Der Prinz war zweifellos der größte Krieger seines Zeitalters, aber er war ein absoluter Anfänger in der Kunst der Liebe. Er kannte sich überhaupt nicht mit Frauen aus. Er bildete einen solchen Kontrast zu Fernando, dem einzigen anderen jüngeren Mann, mit dem ich geschlafen hatte, daß ich fast so nervös war wie er, und ein paar Minuten lang fummelten wir unsicher herum wie ein Paar von Vierzehnjährigen, das die Liebe zum ersten Mal entdeckt. Dann setzten sich meine angeborenen Talente durch, und ich konnte ihn anleiten, was ich sehr genoß.

Die nächsten Wochen waren äußerst angenehm, als die Armee nach Bordeaux zurück marschierte, dem Sitz der Regierung des Prinzen in Aquitanien. Die Kunde von unserem Sieg hatte sich verbreitet, und wir wurden in jeder Stadt auf unserem Weg von jubelnden Menschenmengen begrüßt, während unsere Leute natürlich in Hochstimmung waren.

Ich hatte die beste Laune von allen, wenn ich des Nachts das Lager dieses gutaussehenden und in jeder Hinsicht zartfühlenden Mannes teilte, mit ihm am Tisch aß und deshalb das beste genoß, was es gab, und mich wie eine Königin fühlte, wenn ich an seiner Seite ritt.

Weil das Thema Lösegeld für mich nicht wieder zur Sprache gekommen war, dachte ich, er hätte es vergessen, und so bekam ich einen Schock, als wir unser Ziel erreichten.

»Eine Flotte segelt in einer Woche nach England«, sagte der Prinz. »König Johann und unsere übrigen Gefangenen werden dabei sein. Ihr werdet sie begleiten, Richilde.«

»Nach England?« Ich war entgeistert.

»Es ist Eure Heimat, nicht wahr?«

»Es war einst meine Heimat, Sir. Aber das war vor langer Zeit. Ich muß an mein Herzogtum denken, an meine Kinder …«

»Ihr habt mir nie gesagt, daß Ihr Kinder habt.«

»Nun, ich habe welche. Meine Tochter ist jetzt elf und mein Sohn sieben.«

Er blickte mich finster an, und mir fiel ein, daß ich ihm nie mein Alter verraten hatte, das er zweifellos ungefähr gleich mit seinem eigenen geschätzt hatte.

»Ihr müßt sehr jung geheiratet haben«, bemerkte er.

»Äh … nein, Sir. Ich bin etwas älter, als ich wirke.«

»Ich verstehe. Aber das macht nichts.«

»Natürlich nicht. Sir, ich bitte Euch nur um ein Schiff, das mich nach Neapel und zu meiner Königin zurückbringt.«

»Das entscheidet mein Vater, der König«, sagte er. »Er würde mir nie verzeihen, wenn ich Euch nach Italien zurückschickte, ohne ihm Gelegenheit zu geben, Euch kennenzulernen. Mein Vater hat ein Auge für die Ladys«, fügte er hinzu.

Das war zweifellos die Untertreibung des Jahrhunderts.

Ich konnte ihn anscheinend nicht umstimmen. Aber ich versuchte es.

»Und bedeuten Euch diese glücklichen vergangenen Wochen nichts, Sir?« fragte ich und schaute ihn so flehend an, wie ich konnte.

»Sie bedeuten mir sehr viel, Richilde«, sagte er. »Ich werde sie nie vergessen.«

»Ich würde bereitwillig in Bordeaux bleiben«, schlug ich vor.

»Was ist mit Euren Kindern?«

»Ich könnte sie holen lassen.«

»Und was ist mit Eurer Königin?«

»Ich wäre Eure Gefangene, Sir.«

Er lächelte. »Ihr schmeichelt mir und führt mich gleichzeitig in Versuchung. Aber ich bezweifle, daß die Sterne eine dauerhafte Beziehung für Euch und mich im Sinn haben.«

Ich konnte nichts mehr tun, ihn nur noch darum bitten, daß

ich nicht mit demselben Schiff segeln mußte wie König Johann. Diese Bitte wurde erfüllt.

Was hatte ich falsch gemacht?

Tausend Möglichkeiten gingen mir durch den Kopf. Hatte der Prinz irgendwie von meiner niedrigen Abstammung erfahren? Das war kaum möglich, obwohl eine meiner Zofen vielleicht wußte, daß ich einst eine Sklavin gewesen war. War ich in der Kunst der Liebe zu zügellos gewesen? Das war möglich, obwohl Eduard die Wonnen anscheinend genossen hatte, die ich ihm bereitet hatte.

Oder hatte er sich einfach nur einen Monat lang an mir erfreut und wünschte jetzt alles, was ich ihm beigebracht hatte, mit einer neuen Partnerin auszuprobieren? Bei meinem Wissen über die Familie, aus der er stammte, nehme ich an, daß letzteres am wahrscheinlichsten war. Ich stach verwirrt und unsicher in See, denn trotz meiner luxuriösen Umgebung und meinem offensichtlichen Wohlstand war meine Zukunft anscheinend ungewisser als jemals zuvor in meinem Leben.

Ach, Männer! Wie meine Gedanken zu meinem lieben Alberto zurückkehrten. Würde ich jemals einen wie ihn finden?

Einer der sonderbaren Aspekte des Lebens ist, daß wir oftmals nicht erkennen, was wir suchen. Ich besaß den höchsten Rang der Gefangenen an Bord des Schiffes; es gab einige Ritter und ein paar Grafen, aber keine Herzöge unter meinen Mitpassagieren. Diese Burschen freuten sich natürlich alle auf eine angenehme Reise in Gesellschaft solch einer schönen Lady, und bevor wir auch nur die Passage durch die Gironde zur See hinter uns hatten, erhielt ich eine Vielzahl von Anträgen. Es war schwierig, die Männer abzuweisen, denn das Schiff hatte nur eine einzige Kabine, in der wir alle – über vierzehn Personen mit meinen Zofen – eingepfercht waren. Ebensowenig war die große Zahl der Anwesenden eine Sicherheit, denn die Männer hatten alle das eine im Sinn und waren deshalb nicht geneigt, sich gegenseitig zu behindern, und meine

Zofen waren frivole Dinger, die sich zu sehr mit der Frage beschäftigten, ob sie vielleicht eine Rolle bei der bedrohlich näherrückenden Orgie spielen würden oder nicht.

Deshalb flüchtete ich in der ersten Nacht an Deck, und dort fand ich unseren Kapitän, der trübsinnig an Land zu beiden Seiten des Schiffes starrte, während wir vor Anker lagen und auf den Gezeitenwechsel warteten.

»Werter Herr«, sagte ich. »Darf ich fragen, wo Ihr schlaft?« Er blickte mich etwas überrascht an. Er war ein häßlicher Kerl, nicht sehr alt – vielleicht nur ein Jahr älter als ich –, aber er schielte mit dem linken Auge und hatte ein stark vorspringendes Kinn und eine Knollennase. Aber seine Augen waren attraktiv trotz seines Sehfehlers. Nicht, daß ich mich für die Augen eines Kapitäns interessierte, abgesehen davon, daß sie uns sicher zu unserem Ziel führen konnten.

»Meine Kabine ist so voll, daß ich an Deck schlafe, Madam«, sagte er.

»Würde es Euch etwas ausmachen, wenn ich Euch Gesellschaft leiste?«

Jetzt betrachtete er mich genauer.

»Ich finde, die Kabine ist sehr muffig«, erklärte ich.

»Ihr könnt schlafen, wo Ihr wünscht, Madam«, sagte er.

»Und werdet Ihr mich während der Nacht beschützen?«

»Ich, Madam?«

»Es gibt keinen sonst«, erklärte ich.

Und in diesem Moment tauchten zwei meiner Möchtegern-Verführer an Deck auf.

»Herzogin!« riefen sie. »Herzogin! Ihr hättet die Armee längst erleichtern können.«

»Vulgäre Kerle«, bemerkte ich. »Versteht Ihr, was ich meine, Kapitän?«

»Ihr meint, Ihr wünscht nicht mit diesen Gentlemen Eure Zeit zu vertändeln?« Er wirkte überrascht.

»Unter keinen Umständen.«

Meine heftige Antwort überraschte ihn anscheinend noch mehr, doch er schritt zur Treppe, als die Franzosen an Deck stiegen.

»Was gibt es, Gentlemen?« fragte er.

»Wir suchen die Herzogin«, erklärten sie.

»Die Herzogin hat Migräne und wird sich an Deck ausruhen«, sagte der Kapitän.

Er war größer als sie, und er war der Kapitän.

»Werdet Ihr bei ihr ausruhen?« fragte einer der beiden höhnisch.

»Da dies mein Schiff ist, Gentlemen, werde ich ruhen, wo es mir beliebt.«

»Bei Gott, Sir, wenn ich mein Schwert hätte ...«

»Leider, Sir, habt Ihr es nicht«, erwiderte der Kapitän. »Aber ich habe meins. Werdet Ihr Euch jetzt zurückziehen?«

Das taten sie.

»Das war bewundernswert«, sagte ich. »Zum ersten Mal an vielen langen Tagen fühle ich mich vollkommen sicher. Darf ich nach Eurem Namen fragen, Sir?«

»Christopher, Madam.«

»Sonst nichts?«

»Nun, einige nennen mich Christopher von der Bucht, weil dies eine Passage ist, die ich regelmäßig durchfahre.«

»Dann, Christopher von der Bucht, stehe ich in Eurer Schuld, und Ihr sollt wissen, daß ich wünsche, bei der ersten Gelegenheit meine Schulden zu begleichen.«

»Euch gedient zu haben ist Belohnung genug«, sagte der galante Kerl.

Die übrige Reise war angenehm für mich. Sicher, ich war gezwungen, sie an Deck zu verbringen, und es war jetzt später Oktober und die Nächte waren kalt. Aber Christopher hüllte mich galant mit seinem Mantel ein. Es gab auch einige Regenschauer, aber ich war wiederum gut geschützt. Und das Beste von allem, den übrigen Passagieren war der Zutritt zum Deck verboten, und ich hatte völligen Frieden.

Christopher war ein perfekter Gentlemen und versuchte kein einziges Mal, meine Lage auszunutzen. Statt dessen lehrte er mich Dinge über die See und über Navigation, die ich nie gewußt hatte. Als wir durch den Kanal und nach Southampton segelten, konnte ich sogar einen Stern vom anderen unterscheiden.

Wir waren natürlich nur Teil einer sehr großen Flotte, die jene Beute des Schwarzen Prinzen und seine Hauptgefangenen an Bord hatte, die er seinem Vater zeigen wollte. Deshalb klang es am Kai in Southampton, als wir von Bord gingen, mehr französisch als englisch. Aber hier bewies Christopher abermals seinen Wert.

»Ihre Hoheit ist für den König persönlich bestimmt«, sagte er, als er mir in den Damensattel half und mich und meine Zofen mit einer Eskorte fortschickte, dem Haupttrupp voraus, der sich noch stritt, wer was reiten sollte. König Johann sah mich und rief mir nach, aber ich bat nur meine Eskorte, schneller zu reiten.

Ich hätte mir gewünscht, daß der liebe Christopher seine Worte sorgfältiger gewählt hätte. Schließlich bedeuteten sie Schutz vor jeder Lust der Truppen, in deren Mitte eine unglückliche Herzogin ritt, woraufhin sie mit meinen Zofen herummachten. Sie nahmen jedoch ebenfalls an, daß ich für das Bett des Königs bestimmt war. Normalerweise hätte mich das eher aufgeregt als alarmiert, aber ich sorgte mich um die moralischen Schwierigkeiten, die daraus erwachsen konnten, weil ich einen Monat lang die Mätresse vom Sohn des Königs gewesen war. Mir blieb jedoch nicht viel Zeit, darüber nachzudenken, denn nach unserer Ankunft in London – ungefähr zehn Tage nach unserem Aufbruch aus Southampton – wurde ich tatsächlich schnurstracks zu Seiner Majestät gebracht. Es war jetzt November, das Wetter war umgeschlagen, und wenn es keinen dicken Nebel gab, dann regnete es in Strömen, und die Straßen verwandelten sich in Morast.

Wie die Zeit verfliegt! Dieser Eduard III. war zwei Jahre nach meiner Geburt auf den Thron gekommen. Ich habe über einige unglückliche Begebenheiten seiner frühen Jahre berichtet und die glorreicheren Ereignisse seines Mannesalters erwähnt. Im Jahr 1356 war er erst vierundvierzig und hatte den Gipfel seiner Männlichkeit erreicht. Ich erblickte einen großen, kräftigen, vollbärtigen Mann, der gern lachte und insgesamt sehr glücklich und zufrieden wirkte. Das war nicht verwunderlich, denn immerhin war er der erfolgreichste Monarch seiner Zeit.

Er saß zu Tisch, als ich ihn zum erstenmal sah – wie es bei seinem Sohn der Fall gewesen war – und war von äußerst hübschen Frauen umgeben. Von seiner Ehefrau, einer guten und tugendhaften Lady, wie man mir erzählt hatte, war nichts zu sehen.

Die Männer meiner Eskorte hatten Briefe mitgebracht, und der König warf einen Blick darauf, während ich vor ihm stand, mich triefendnaß und sehr unbehaglich fühlte ... und kein bißchen ängstlich, denn hier war sicherlich der letzte Herr und Gebieter meines Lebens.

Ein schnelles Schiff war der Hauptflotte vorausgeschickt worden und hatte die frohe Kunde von dem enormen Sieg des Schwarzen Prinzen mitgebracht, und der König wußte in groben Zügen, wen er zu erwarten hatte. Aber natürlich können Worte niemals angemessen Schönheit übermitteln, und die Herzogin von Eberli wurde plötzlich für den entzückten König mehr als nur ein Name auf Papier.

»Meine liebe, reizende Maid«, sagte der König. »Ihr werdet Euch zu Tode erkälten. Kommt, wärmt Euch an dem Feuer.«

Und er sprang vom Tisch auf und geleitete mich persönlich zum Kamin, wobei er seinen Arm um meine Schulter legte und seine Hand bereits auf Entdeckungsreise unter mein Mieder schob.

Ich wußte in diesem Moment, daß ich meine moralischen Bedenken unterdrücken mußte. Aber ich bezweifle immer noch, daß es viele Frauen gibt, die sowohl mit dem König von England als auch mit dessen Sohn geschlafen haben.

Ich verbrachte über ein Jahr in England, und es war, ehrlich gesagt, eine langweilige Zeit.

Meine Befürchtungen, daß ich mit einer riesigen Lösegeldforderung konfrontiert werden würde, wurden schnell zerstreut. König Eduard erkannte nicht nur meinen Titel an, sondern war auch der Inbegriff der Ritterlichkeit. Er trug den Hosenbandorden, den höchsten englischen Orden seit 1350 – den er selbst eingeführt hatte –, und er schwor, daß er niemals Lösegeld für eine Frau verlangen würde. Das bedeutete leider nicht, daß ich sofort nach Neapel zurückkehren konnte. Unser vitaler Monarch war entzückt von seinem neuen Spielzeug, und als ich ihm, um ihn zu bremsen, bekannte, daß er in die Fußstapfen – wenn das die richtige Formulierung ist – seines Sohnes trat, lachte er noch schallender und länger als üblich.

»Ich wette, ich fülle Euch mehr aus als der Junge!« tönte er.

Das war tatsächlich der Fall.

Aber ich gelangte bald zu dem Schluß, daß er mein einziger Freund im gesamten Königreich war, wenn wir vielleicht den guten Kapitän Christopher von der Bucht ausklammern; ich erwartete jedoch, Christopher für den Rest meines Lebens nie mehr wiederzusehen. Unterdessen begegneten mir die anderen Ladys mit Eifersucht, denn sie mißgönnten mir meine Position, die für gewöhnlich darin bestand, auf dem Rücken unter dem König zu liegen. Ich war den Intrigen jener Adligen ausgesetzt, die wünschten, diese Position auszunutzen, um ihr eigenes Ende abzuwenden. Als ich nicht verstand, was das für ein Ende war, wurde ich völlig verwirrt und erregte nur ihren Zorn.

Königin Philippa, die sich – wie ich schon gesagt habe – größtenteils ins Privatleben zurückgezogen hatte, war bei den seltenen Anlässen, bei denen wir uns begegneten, höflich zu mir, und ich gewann den Eindruck, daß sie mich oder jede, die das Feuer des Königs löschen konnte, als große Erleichterung für sich selbst betrachtete. Die gute Frau hatte ihrem Mann bereits sieben Söhne geboren und war zweifellos der Meinung, daß sie ihre Pflicht gegenüber ihrer Wahlheimat erfüllt hatte. Daß ich nicht ihrem Beispiel folgte, führe ich auf die

Mißhandlung durch den römischen Pöbel zurück; meine Unfähigkeit, erneut schwanger zu werden, ist das einzige, wofür ich dieser Horde jemals dankbar war.

Unterdessen schrieb Johanna Briefe, in denen sie meine Rückkehr forderte und erflehte. Sie hatte besorgt von der Katastrophe gehört, die König Johann widerfahren war – der jetzt einem Inventarstück des englischen Hofes ähnelte und jedesmal seufzte, wenn er mich sah, als ob wenig Aussicht bestand, daß *sein* Lösegeld jemals bezahlt werden würde. Die ersten Briefe Johannas waren von Erleichterung über mein Überleben bestimmt. Doch bald schlich sich Ungeduld in ihre Briefe ein und Erinnerungen daran, daß meine Kinder ohne Mutter aufwuchsen. Das war mir nur zu bewußt, und ich war oftmals der Verzweiflung nahe.

Johanna war ebenfalls betrübt, weil der Verkauf der Provence gescheitert war, und sie war erpicht darauf, mich zurückzubekommen, um mich auf einen anderen potentiellen Käufer anzusetzen, nachdem ich ihr berichtet hatte, wie nahe ich dem Erfolg bei König Johann gewesen war.

All diese Dinge erzählte ich König Eduard, aber er war nicht geneigt, auf eine ferne Königin Rücksicht zu nehmen, die er nie kennengelernt hatte. Oh, hätten sie sich nur kennengelernt! Welch ein Paar wären sie gewesen.

König Eduard war, um ehrlich zu sein, nicht geneigt, auf irgend etwas außer seinen Vergnügungen Rücksicht zu nehmen. Er zog sogar nicht mehr in den Krieg, denn er hatte in der ersten Hälfte seines Lebens genügend Ruhm angesammelt, um in die Geschichtsbücher einzugehen, und er hatte einen kriegerischen Sohn und Erben, der solche Dinge für ihn erledigen konnte. Deshalb war es für mich nötig, geduldig zu sein und zu warten, bis er von mir genug hatte. Das dauerte seine Zeit, und erst nachdem ich achtzehn Monate in England gelebt hatte, erklärte er mir, daß ich heimkehren konnte.

Ich war überglücklich. Es war jetzt fast zwei Jahre her, seit ich meine lieben Kinder und meine liebe Königin zuletzt gesehen hatte, und endlich war ich frei, um zu ihnen zurückzukehren.

Sofort wurde eine Reise für mich nach Bordeaux arrangiert, wo ich mich auf ein Wiedersehen mit dem Schwarzen Prinzen freuen durfte. Dann würde ich durch Südfrankreich nach Marseille reisen, bevor ich an Bord eines Schiffes nach Neapel gehen konnte.

Ich rechnete damit, daß die Reise höchstens zwei Monate dauern würde, und als ich Southampton mit meinen Ladys verließ – es waren englische Zofen, denn meine neapolitanischen hatten allesamt Engländer geheiratet –, stellte ich erfreut fest, daß mein Kapitän niemand anderes als Christopher von der Bucht war.

Er war ebenfalls erfreut, mich wiederzusehen, und sichtlich geschmeichelt, als ich ihm sagte, daß ich mich jetzt in den besten Händen betrachtete. In diesem Moment sagte ich das natürlich nur so dahin.

Leider macht man oftmals Pläne, die scheinbar auf den sichersten Berechnungen basieren, jedoch durch die Launen des Schicksals zerstört werden. Wir stachen pünktlich in See und hatten eine gute Brise. Aber als wir im Kanal waren, drehte der Wind auf Nordwest. Da unser Kurs in erster Linie nach Südwesten führte – Sie sehen, welch nautisches Wissen ich durch meinen tapferen Kapitän erworben hatte –, bedeutete dieser Umschwung, daß wir nicht genau dorthin segelten, wohin wir wollten. Christopher blieb gelassen. »Wenn wir nach Süden abdrehen müssen, werden wir das tun«, meinte er. »Der Wind wird sich bis zum Morgen drehen.«

Seine Prognose war in einem gewissen Maß korrekt; der Wind drehte sich nach Westen und frischte gleichzeitig auf. So war jeder Kurs zum Golf von Biscaya unmöglich. Bei Tagesanbruch sichteten wir Land, aber die Wolken hingen tief und die See tobte, und meine englischen Zofen kreischten und alarmierten mich.

Christopher war ebenfalls besorgt. Das Land vor uns bestand aus einer Gruppe von Felsen, die irgendwelche Geographen großzügig als Inseln beschrieben und ihnen den Namen Kanalinseln gegeben hatten, weil sie im Kanal lagen. Sie waren offenbar englisch, obwohl sie viel näher an Frankreich lagen, und ich sah keinen Grund, weshalb wir zwischen den Inseln keinen Schutz suchen sollten, bis der Sturm nachließ.

Christopher entschied sich anders. Er erzählte mir, daß diese Inseln aus Granit waren und oftmals gleich unter der Wasseroberfläche hartes Gestein aufragte. Die Strömung war dort gefährlich und viel zu schnell für ein Segelschiff. Deshalb entschied er sich widerstrebend, vor dem Wind zu segeln und Zuflucht in Frankreich zu suchen.

Das war vom politischen Standpunkt anscheinend sicher, denn nach der katastrophalen Niederlage bei Poitiers hatte der Adel beschlossen, einen weiteren Waffenstillstand mit den gefürchteten Engländern zu schließen. Und der gute Christopher wies mich darauf hin, daß ich mit einem neapolitanischen Paß reiste.

Nicht mit voller Geschwindigkeit nach Frankreich zu gelangen war jedoch schwierig. Der Wind blies von achtern, und die Kogge schoß am Hafen von Cherbourg vorbei und um den Point de Barfleur in die Seinebucht, während meine Zofen entsetzt kreischten. Bei der schweren See brach der Fockmast, die Pumpen mußten bemannt werden, und sogar ich befürchtete, daß mein letztes Stündlein geschlagen hatte.

Doch ich klammerte mich an Christopher und er an die Ruderpinne, und so gelangten wir an einen Ort in Frankreich, der – passend genug – Le Havre (Hafen) hieß. Dort segelten wir am Kai vorbei, sehr zum Unbehagen einiger anderer Schiffsbesatzungen, die dort bereits Schutz vor dem Sturm suchten, und nach einer längeren Diskussion, die auf Französisch und Englisch geführt wurde und bei der hauptsächlich eine Entschädigung für unser ungeplantes Eindringen ausgehandelt wurde, wies man uns einen sicheren Liegeplatz an.

»Ihr habt mir das Leben gerettet, mein lieber Christopher«, sagte ich zu meinem Helden. »Ich stehe in Eurer Schuld wie zuvor, als ihr … meine … nun …«, ich fand kein Wort für das, was er gerettet hatte, denn weder ›Ehre‹ noch ›Unschuld‹ waren anscheinend passend.

Da er mir im übertragenen Sinne überhaupt nicht gedient

hatte und mich das ziemlich beunruhigte und unsere Abenteuer in den vergangenen Tagen kein bißchen befriedigend gewesen waren, fiel ich in Ohnmacht, aus der er mich natürlich retten mußte. An einem kalten Frühlingstag konnte man eine Frau am besten unter den Decken in der Kabine des guten Kerls wieder zum Leben erwecken, und weil meine Kleidung etwas eng war, hielt er es für nötig, gewisse Kleidungsteile zu lockern, damit ich es bequemer hatte.

Ich fühlte mich nie behaglicher in meinem Leben, obwohl ich, als ich am nächsten Morgen über meine Lage nachdachte, ziemlich gesunken war, indem ich mich von einem König geradewegs auf einen Schiffskapitän gestürzt hatte.

Dies zeigt, wie wenig wir wirklich von den Launen des Schicksals verstehen.

Es gab einen anderen Aspekt des Lebens, über den ich nachdenken mußte, als ich, zerzaust und glücklich, erwachte und dem Heulen des Sturms in der Takelage lauschte und wußte, daß er mir nicht mehr schaden konnte: Wie sollte ich nach Neapel zurückkehren?

Ganz abgesehen von dem Sturm, der noch einen Monat oder länger toben konnte, war der Fockmast abgebrochen, der ersetzt werden mußte, bevor Christopher überhaupt in die Bucht segeln konnte. Ich hätte liebend gern die Zeit mit ihm in Le Havre verbracht, denn ich war sehr beeindruckt von seiner Zärtlichkeit, seinem Wissen über die Kunst der Liebe und seinen amourösen Kräften, aber er dachte anders darüber. Er war ein Mann von großer Entschlußkraft, wenn er auch nicht immer die richtigen Entscheidungen traf.

Außerdem – ich wage es zu sagen – war er noch beunruhigter als ich über das, was geschehen war, und hielt sich der Majestätsbeleidigung für schuldig, denn ganz abgesehen davon, daß ich eine Herzogin war, hatte er erfahren, welche Rolle ich sowohl bei dem König als auch bei dessen Sohn gespielt hatte. Ich wußte es nicht, aber er hatte Erkundigungen eingezogen, und so traf er ohne Vorwarnung mit einem gewissen Herrn von Malplaison an Bord ein, der anscheinend nur zu gern bereit war, einer so großen Dame wie der Herzogin von Eberli auf ihrem Weg nach Neapel zu helfen.

Christopher, ein exzellenter Kapitän und äußerst unterhaltsamer Liebhaber, war vollkommen unschuldig und glaubte, daß jeder Gentlemen, selbst von niedrigstem Rang, ein ehrbarer Mann war. Ich warf nur einen Blick auf den Herrn, und mir wurde klar, daß ich höchstwahrscheinlich nur ein Bett gegen ein anderes tauschte und, um ehrlich zu sein, nachdem ich von Christopher geliebt worden war, hatte ich es nicht eilig, einen anderen Mann auszuprobieren.

In diesen trüben Aussichten für meine nähere Zukunft irrte ich mich, aber das war nicht die Schuld des Herrn von Malplaison.

Unter den gegenwärtigen Umständen blieb mir nichts anderes übrig, als mich ihm anzuschließen, und so ging ich mit meinen Zofen und meinem Gepäck von Bord und wir wurden landeinwärts zu dem Herrenhaus geführt, das der Familie Malplaison gehörte … nachdem ich Christopher liebevoll Lebewohl gewünscht hatte und annahm, ich würde ihn nie wiedersehen.

Die Reise dauerte einige Zeit, führte durch zerklüftetes Gelände und über holprige Wege und war deprimierend. Malplaison tat sein Bestes, um sie angenehm zu machen. Er war ein gutaussehender Kerl, ein paar Jahre jünger als ich und offensichtlich erfreut über seine Beute, wie er annahm. Genauso erfreut war er über das Klingeln der Münzen in meinen Geldbeuteln, denn Eduard hatte mich gut mit Geld versorgt, damit ich die Reisekosten bestreiten konnte. Es war meine Umgebung, die mich schwermütig machte. Es war so oft in den vergangenen Jahrhunderten um die Normandie gekämpft worden, daß sie einem weiten Ödland glich. Sie war vor kurzem von Frankreich erobert worden, aber nur wenige rechneten damit, daß sie lange in französischer Hand bleiben würde. Deshalb wurde alles vernachlässigt. Ich habe bereits die holprigen Straßen erwähnt. Zusätzlich passierten wir Obstplantagen, in denen die Bäume vertrocknet waren, und Bauernhöfe, auf denen kein Tier außer einem abgemagerten Hund zu sehen war.

Am schlimmsten waren die Leute, hungrige Vogelscheuchen, die sich neben unserer Kavalkade drängten und um Brot bettelten. Manchmal versammelten sich so viele, daß ich befürchtete, wir würden überfallen werden, aber Malplaison reiste zur Vorsicht mit einem Trupp bewaffneter Männer, und wir waren so vor gewaltsamen Angriffen geschützt.

Dennoch war meine Besorgnis offenkundig, und Malplaison, der mit Vornamen Ranald hieß, nutzte schnell die Lage zu seinem Vorteil aus.

»Das Reisen ist im Moment äußerst unsicher, es sei denn man reist in einer starken Gruppe wie wir. Ihr werdet auf meinem Landsitz bleiben müssen, bis ich eine geeignete Eskorte anheuern kann.«

Ich seufzte und schlug vor, am besten nach Le Havre zurückzukehren, wo ich wenigstens wußte, daß ich sicher sein würde, wenn das auch meine Reise über Land verzögern würde. Natürlich wollte er nichts davon hören, und so trafen wir planmäßig auf dem Landsitz ein.

Ich wurde angenehm überrascht. Das Herrenhaus stand in einem großen Garten mit Gemüse und Obstbäumen; hier mangelte es nicht an Landwirtschaft. Das schöne Grundstück wurde von einer hohen Mauer mit Zinnen umgeben, hinter denen bewaffnete Posten patrouillierten und verhinderten, daß einer der hungernden Bauern einzudringen versuchte, es sei denn, er wollte sterben.

Hinter den Mauern gab es einen anderen Garten mit Blumen und Springbrunnen und dann das warme, behagliche Herrenhaus, in dessen Haupträumen Feuer in den Kaminen brannte und viele Diener darauf warteten, jeden Wunsch zu erfüllen.

Das Beste war, daß in einem dieser Räume Madame von Malplaison mit ihren drei Kindern weilte. Ich war noch nie so erleichtert in meinem Leben, denn Madame war offenkundig keine Frau, die mit sich spaßen ließ. Sie war, wie ich richtig schätzte, einige Jahre älter als ihr Mann, ungefähr in meinem Alter. Ihre drei Töchter waren sechs, fünf und vier; ihr Gemahl hatte jung geheiratet. Madame, die Louise hieß – wir wurden bald die besten Freundinnen –, war eine gutaussehende, vollbusige Frau, keineswegs schön, aber attraktiv mit einer dunklen Haarfülle und glutvollen Augen. Diese Augen sahen viel mehr, als sie zugab, und offenbar hatte sie in den sechs Jahren ihrer Ehe gesehen, daß ihr Gatte die Hände von keinem Rock lassen konnte; sie wirkte sogar überrascht, daß ich den Landsitz erreicht hatte, ohne unterwegs in einem Straßengraben unter ihrem Mann zu landen.

Nachdem sie das festgestellt hatte, hieß sie eine Herzogin unter ihrem Dach willkommen und behandelte mich mit großer Freundlichkeit. Aber es stellte sich bald heraus, daß ihr Mann seine Pläne sorgfältig geschmiedet hatte. In einer Woche würde Ostern sein, und Madame von Malplaison pflegte die christlichen Feiertage bei ihren Eltern in Paris zu verbringen, zusammen mit ihren Kindern. Ihr Mann begleitete sie bei diesen Reisen nicht, denn er und seine Schwiegermutter mochten sich nicht. Deshalb wollte er an den Feiertagen allein im Herrenhaus bleiben.

»Keine Sorge, mein Liebling«, sagte er beim Abendessen. »Ich werde mehr als beschäftigt sein, indem ich die sichere Reise der Herzogin durch Frankreich arrangiere.«

Seine Frau schaute ihn und dann mich an. Zweifellos wußte sie, was ihr Mann während ihrer Abwesenheit vorhatte, und war darauf vorbereitet, solch eine außereheliche Aktivität einmal pro Jahr hinzunehmen, wenn sie Dienst- und Bauernmädchen anbetraf. Aber nicht, wenn er sich mit einer äußerst schönen Herzoginwitwe amüsieren wollte.

»Ich sorge mich nicht, mein Schatz«, erwiderte sie, »denn ich habe mich entschlossen, dieses Jahr Ostern hierzubleiben.«

»Hierzubleiben?« fragte Ranald entgeistert. »Das habt Ihr noch nie getan.«

»Wir hatten nie zuvor einen Gast in dieser Jahreszeit.«

»Aber was wird Eure Mutter sagen?« Der arme Kerl sah sich völlig seines Vergnügens beraubt.

»Mama wird sehr ärgerlich sein«, räumte Louise ein. »Aber ich bin überzeugt, Ihr werdet Euch damit abfinden, Monsieur.«

Ich hätte sie küssen können, denn ich hatte wirklich keine Ahnung, wie ich mich Ranalds Annäherungen hätte erwehren können. Daß die Eifersucht seiner Frau, die mich vor ihrem Mann schütze, sie in das schrecklichste Schicksal mitreißen würde, ahnte ich in diesem Augenblick nicht.

Sie ebensowenig.

Die Woche verging sehr angenehm. Ich saß mit Louise zusammen und nähte, während wir klatschten. Ich hatte ihr viel mehr zu erzählen als sie mir, und sie war ganz aus dem Häuschen, als sie erfuhr, daß ich tatsächlich bei Poitiers dabeigewesen und sowohl König Johann als auch König Eduard kennengelernt hatte. Die liebe Frau äußerte kein böses Wort über ihren König, aber aus ihren Worten wurde klar, daß es in Frankreich für jeden eine Last war, das enorme Lösegeld für ihn aufzubringen, und daß er zumindest zum Teil für das Chaos und Leiden des Landes verantwortlich war. Den Rest der Verantwortung konnte man ebenfalls Johann anlasten, weil er sich überhaupt hatte gefangennehmen lassen: der Dauphin war unfähig und sich seiner Machtbefugnisse nicht sicher, und er bemühte sich nicht, die bittere Not der Bauern zu lindern oder die sporadischen Ausbrüche von Gewalt mit Gegengewalt zu stoppen.

Es kam meinen neuen Freunden offenbar nicht in den Sinn, daß sie durch diese Rebellionen in Gefahr waren, die als die *Jacquerie* bekanntgeworden sind, und weil sie nicht beunruhigt waren, fühlte auch ich mich sicher. Am Ostersonntag besuchten wir die Kapelle des Herrenhauses mit allen Familienmitgliedern und vielen Leuten vom Personal. Aber der Gottesdienst war kaum vorüber, als Montfort, Hauptmann der Wache, zu Ranald kam und seine Anwesenheit auf der Mauer erbat.

Der arme Kerl war sichtlich aufgeregt, und so gingen Louise und Ranald mit ihm, um zu sehen, weshalb er so besorgt war. Während des Gottesdienstes hatten wir Lärm mitbekommen, der sich von der Straße ins Dorf näherte. Als wir auf der Mauer eintrafen, wurden wir sogar noch besorgter als der Hauptmann, denn wir sahen eine große Menge, ein paar hundert Leute, Frauen, Kinder und Männer, ganz zu schweigen von Hunden, die sich dem Landsitz näherten.

»Was schreien sie?« fragte Ranald.

»Sie rufen ›Essen. Und Tod dem Herrn von Malplaison‹«, sagte Montfort.

»Mein Gott, was sollen wir tun?« fragte Louise.

»Wir brauchen nichts zu befürchten«, meinte Ranald. »Wenn sie nahe genug sind, Montfort, werdet Ihr sie mit Pfeilen niederschießen. Ich will nicht, daß sie meinen Garten zertrampeln.«

»Jawohl, Monsieur«, sagte der Hauptmann. »Aber mit Verlaub, wie …«

»Ja, Mann, was habt Ihr?«

»Nun, Monsieur, es sieht aus, als wären alle Dorfbewohner dort draußen.«

»Fürchtet Ihr ein paar hundert hungernde Bauern? Habt Ihr nicht fünfzig bewaffnete Männer zur Verfügung?«

»Das habe ich in der Tat, Monsieur. Aber an ihren freien Tagen gehen meine Männer in dieses Dorf … nun, Monsieur, Ihr wißt, wie das ist, es gibt nirgendwo sonst Vergnügen.«

»Ihr meint, ihre Huren sind in dieser Menge?«

»So kann man es sagen, Monsieur.«

»Nun, dann müssen Eure Männer sie einfach erschießen wie alle anderen. Ich bezahle sie, und ich erwarte, daß sie mich verteidigen.«

»Jawohl, Monsieur«, sagte Montfort, aber ich sah ihm an, daß er Zweifel hatte, und ich fand, daß Ranald die Krise auf die leichte Schulter nahm. Leider stellte sich heraus, daß Montfort und ich recht hatten.

Ranald fand es für uns Damen unsicher auf der Mauer, und wir wurden ins Haus gebracht und beauftragt, die Kinder zu unterhalten, bis die Dorfbewohner sich zerstreut hatten. Dann legte Ranald seine Rüstung an, kehrte jedoch nicht zur Mauer zurück; es hatte den Anschein, daß er nur an der Niederschlagung des Aufstands teilnehmen wollte, wenn alle Stricke rissen.

Das traf schneller ein, als wir erwarteten. Draußen herrschte großer Lärm, und wir hörten Schreie, und binnen fünf Minuten tauchte Montfort auf der Türschwelle des Salons auf und wirkte äußerst erschüttert.

»Die Männer wollen nicht gegen ihre Freunde kämpfen!« meldete er.

»Mein Gott, was sollen wir tun?« rief Louise abermals und sammelte ihre Kinder um sich. Ich erinnerte mich an Rom.

»Ich werde … ich werde …« Ranald schaute Monfort an. »Was empfiehlt Ihr, Hauptmann?«

»Daß Ihr Euer letztes Gebet sprecht, Monsieur«, erwiderte der Schurke, zog seinen Dolch und hielt ihn seinem Herrn an die Kehle. »Ihr seid mein Gefangener.«

»Was? Was?« stammelte Ranald.

»Sie sind hinter Euch her«, erklärte Monfort. »Wenn ich Euch ausliefere, werden sie mein Leben verschonen.«

Ranald verschlug es bei diesem Verrat die Sprache, und Louise fiel fast in Ohnmacht, während ihre Kinder schrien. Ich schaute mich nach einer Waffe um, mit der ich meine Gastgeber verteidigen konnte, indem ich sie dem feigen Hauptmann auf den Kopf schlug, aber ich fand keine, und bevor ich mich zu anderem Handeln entschließen konnte, brandete der Pöbel durch die Halle auf uns zu und brüllte zu meinem Erstaunen und meiner Erleichterung: »England und der Schwarze Prinz! England und der Schwarze Prinz!«

»Wir sind gerettet!« rief ich glücklich, weil mir nicht klar war, daß die rebellierenden Bauern nur beide Seiten gegen die Mitte ausspielten; weil dies ein Herrenhaus war, dessen Besitzer ein Anhänger von König Johann und Paris war, taten sie so, als handelten sie für König Eduard und London – wenn der Landsitz einem Unterstützer Englands gehört hätte, hätten sie zweifellos »Frankreich und der Dauphin!« gebrüllt.

Es war ein schrecklich anzusehender Haufen, Männer und Frauen, weitaus heruntergekommener als diejenigen, die mich in Rom mißhandelt hatten. Aber diesmal war ich zuversichtlich, und zwar mit gutem Grund. Als sie wie knurrende Wölfe in unsere Mitte stürmten, trat ich vor und hob eine Hand.

Das stoppte sie, vermutlich weil sie nie zuvor eine solche Schönheit gesehen hatten.

»Ich habe Eure Rufe gehört«, sagte ich, »und ich bin sehr erleichtert. Ich bin die Herzogin von Eberli, und ich bin erst diese Woche vom Hof des Schwarzen Prinzen gekommen« – ich verzichtete darauf, sie mit Einzelheiten zu verwirren – »und auf dem Weg nach Italien.« Wieder wurde mir klar, daß dieser Pöbel sich kaum in Geographie auskannte, und deshalb annahm, daß ich in die falsche Richtung reiste. »Der Herr von Malplaison«, fuhr ich deshalb fort, »ist so freundlich, mein Gastgeber zu sein, bis mein Transport durch Frankreich arrangiert werden kann. Ich wäre sehr dankbar, wenn ihr guten Leute jetzt geht, bevor ihr ein Verbrechen begeht.«

Der Einbruch in ein Herrenhaus war ein Verbrechen an sich, aber ich vertraute darauf, daß dies übersehen wurde, wenn sie sich jetzt benahmen.

Meine Ansprache kühlte sie ab, aber nur kurz. Dann ergriff einer der Rüpel das Wort. »Woher wissen wir, daß Ihr Engländerin seid?« fragte er. »Ich selbst spreche Englisch. Sagt etwas.«

»Nun, mein Freund«, erwiderte ich auf Englisch, »ist das Wetter heute nicht prima? Aber ich befürchte, daß es morgen schlechter sein wird.«

Er nickte und schaute seine Gefährten an. »Sie ist Engländerin«, sagte er.

»Aber dies sind Franzosen«, sagte ein Kerl mit buschigen Augenbrauen und finsterem Blick. »Und dieser Herr von Malplaison lebt auf fruchtbarem Land, während wir verhungern. Was meint ihr, sollen wir ihn heute kochen?«

Sie jubelten Zustimmung, und bevor ich eingreifen konnte, wurde Ranald aus Montforts Armen gerissen und über den Gang gestoßen, wobei er vor Entsetzen schrie.

Ich fürchtete um sein Leben und noch mehr um die Tugend seiner Frau, denn sie wurde ebenfalls gepackt. Ich bemühte mich, zu protestieren, doch man stieß mich zur Seite, während man Louise die Kleidung vom Leib riß, und ich war gezwungen zuzusehen, als ihr das widerfuhr, was mir in Rom widerfahren war. In diesen Fällen ist es natürlich besser, Zuschauerin statt Opfer zu sein – ich hatte das schon vor zwölf Jahren erkannt, als ich Zeugin der Folterung und Hinrichtung der Verschwörer gegen Andreas von Ungarn geworden war –, doch ich hatte großes Mitleid mit der armen Louise, die bei ihren Eltern in Sicherheit hätte sein sollen und statt dessen nackt ausgezogen und von mehreren Männern nacheinander vergewaltigt wurde.

Ich hatte noch mehr Mitleid mit ihren Kindern, als die kleinen Mädchen ebenfalls geschändet wurden.

Überdies war ich besorgt um mein eigenes Schicksal. Man hatte mich zwar als englische Frau akzeptiert, aber jetzt wurde ich von der aufgestachelten Menge umzingelt, gegen eine Wand gestoßen und gekniffen und gedrückt.

Das Grauenvollste des Tages sollte jedoch noch bevorstehen. Leute kamen jetzt über den Gang und forderten uns auf, uns den Spaß anzusehen. Wir eilten hin, ich mitten in der Menge, der ich nicht entkommen konnte. Auch Louise und ihre Töchter wurden mitgeschleift.

An dieser Stelle muß ich sagen, daß ich bis dahin stets den römischen Pöbel als die niedrigste Stufe menschlichen Daseins betrachtet hatte. Jetzt erkannte ich, daß das ein Irrtum gewesen war. Ich gelangte zu der Erkenntnis, daß *jeder* Pöbel die niedrigste Stufe menschlichen Daseins ist, dessen Platz auf dieser entsetzlichen Skala zufällig und ein Ergebnis der Umstände ist.

In Rom war der Mob von den Vorgesetzten angetrieben worden, die nur den lieben Cola di Rienzi loswerden wollten. Alles andere war Zufall. In der Normandie wurde der

Mob vom Hunger und dem tiefsitzenden Gefühl getrieben, daß ihm Unrecht angetan wurde. Herr Malplaison stand für das, was die aufgebrachten Leute nicht haben konnten, er war für sie die Personifizierung der Ungerechtigkeit und des Überflusses, und jetzt war er in ihren Händen und in seinem Haus.

Deshalb wurde der unglückliche Mann Opfer ihres Hungers und ihrer Entbehrungen. Im Kamin loderte ein Feuer. Über dem Feuer hing ein Spieß mit einem Spanferkel, das wir zu unserem Osteressen hatten genießen wollen. Dieses halb geröstete Tier wurde jetzt vom Spieß entfernt und beiseite geworfen, und statt dessen wurde der Herr von Malplaison gegrillt.

Ich habe viel Gräßliches in meinem Leben gesehen, aber nichts im Vergleich zu diesem armen jungen Mann, der nackt wie seine Frau war und auf dem Spieß über dem Feuer hing. Ich habe gehört, daß solche Hinrichtungen in östlichen Ländern durchgeführt wurden – und ich habe erwähnt, daß einer der englischen Könige vor kurzem ein ähnliches Schicksal erlitten hatte –, aber ich hatte nie erwartet, so etwas jemals mit eigenen Augen zu sehen.

Louise war ohnmächtig geworden, und ihre Kinder schrien sich die Lunge aus dem Hals. Mir war ebenfalls danach zumute, doch ich unterließ es, weil ich keine Aufmerksamkeit auf mich lenken wollte und befürchtete, daß ich ein ähnlich grauenvolles Schicksal erleiden mußte. Nennen Sie mich feige, wenn Sie wollen, aber in solchen Fällen zählt nur das Überleben.

Und Louises Martyrium war immer noch nicht zu Ende. Sie wurde aus ihrer Ohnmacht erweckt, indem man einen Eimer Wasser über ihr ausgoß. Dann wurde sie, nackt wie sie war, auf den blutigen Tisch gesetzt und man bot ihr ein Stück Fleisch an – und dieses Fleisch hatte man aus den noch nicht ganz gegrillten Oberschenkeln ihres Mannes geschnitten.

Das war zuviel für mich, und ich fiel ebenfalls in Ohnmacht. Als ich erwachte, war ich an der frischen Luft im Garten. Ich atmete ein paarmal tief durch, schaute zum klaren blauen Himmel und fragte mich, wie die Menschen in einer so schönen Welt so abscheulich sein konnten.

Aber meine Qualen begannen gerade erst. Mein Retter war niemand anders als der üble Monfort, der mich jetzt lüstern angrinste.

»Wir machen uns besser davon«, sagte er. »Dieser Pöbel ist vielleicht für den Moment befriedigt, aber man wird bald genug an Euch denken.«

Ich setzte mich auf und blickte mich um; der Schurke hatte sogar ein Pferd besorgt. »Meine Zofen ...«

»... müssen für sich selbst sorgen. Sie werden nicht ermordet, denn sie sind keine Französinnen. Und was macht eine kleine Vergewaltigung schon einer kräftigen, jungen Frau aus?«

»Ich lasse meine Zofen nicht im Stich«, sagte ich tapfer. »Oder Madame von Malplaison«, fügte ich hinzu.

»Madame ist zweifellos tot«, sagte er. »Seht nur.«

Ich blickte zum Haus und sah Rauch aus dem Dach steigen, während aus dem Inneren Radau klang.

»Mein Gott«, sagte ich. »Und die Kinder?«

»Ich habe mit eigenen Augen gesehen, wie eines aufgespießt wurde.«

»Können Menschen so etwas tun?«

»Wir sind alle Tiere«, bemerkte er und offenbarte sich als Philosoph. Aber als einer mit primitiven Argumenten. Denn als ich darauf beharrte, meine Zofen zu suchen, argumentierte er mit seiner Faust, die er mir ins Kinn knallte.

Als ich zu mir kam, lag ich bäuchlings auf seinem Pferd, das er führte. Das ist eine äußerst unangenehme Art zu reisen, denn das ganze Gewicht lastet auf dem Bauch, und bei jedem Schritt spürt man seine Knochen. In meinem Fall kam erschwerend hinzu, daß mein Hinterteil einem Dreckskerl wie Monfort ausgeliefert war.

Mein Kopf ruckte zu ihm herum, als ich zu mir kam, und das erfreute ihn anscheinend.

»Wieder da, wie?« Er lachte. »Nun, dann laßt uns weitermachen, wo wir aufgehört haben. Ich nehme an, Ihr habt jetzt ein wenig mehr Verstand, liebe Herzogin. Ich muß gestehen, daß ich vor Verlangen nach Euch glühe.«

Danach saß er ab und schleifte mich vom Pferd wie einen Kohlensack.

Ich hatte schon früher eine starke Abneigung gegen diesen Kerl entwickelt, und meine Gefühle waren nach seinem Verrat an Herrn von Malplaison noch verstärkt worden. Als er mich mißhandelte, brachte er das Faß zum Überlaufen. Ich bemühte mich nicht um Gegenwehr, als er mich auf dem Boden ausstreckte und meine Röcke anhob, sondern schaute mich um. Ich hatte bereits meine Waffe ausgewählt – einen großen Stein –, und Montfort war völlig mit dem beschäftigt, was er enthüllte. Er sah gar nicht, wie ich meine Hand nach dem Stein ausstreckte.

Der geile Schuft trug noch ein Panzerhemd und einen Helm. Ich war deshalb gezwungen, mich zu verstellen. Als er meinen Unterrock und das Kleid bis zu den Hüften hinaufgestreift hatte, begann er mein Mieder aufzuschnüren. Dagegen nahm er gar nicht wahr, was ich mit meinen ausgestreckten Armen tun könnte.

Ich lächelte ihn an. »Ihr wollt dabei den Helm anbehalten, guter Mann?« fragte ich.

Er lachte über meine geistreichen Worte und warf seinen Helm fort. Ich riß meinen rechten Arm hoch und schlug ihm so fest ich konnte den Stein gegen die Schläfe. Er brach lautlos zusammen und streckte sich im Gras aus; Blut lief über seine Wange hinab. Ich setzte mich auf und ordnete meine Kleidung.

Ich bin eine Frau, die Gewalt in jeder Form verabscheut, aber es gibt Grenzen.

Montfort war offenbar nicht tot, und ich wollte keinen Mord auf dem Gewissen haben. Deshalb nahm ich ihm sein Schwert und seinen Dolch ab und schob die Waffen hinter meinen Gürtel, stieg auf das Pferd, ritt davon und ließ ihn dort liegen.

Ich erleichterte ihn ebenfalls um einen Beutel mit Münzen, denn meine Reisespesen waren natürlich auf dem brennenden Landsitz verloren. Ich spielte sogar mit dem Gedanken, dorthin zurückzukehren, so riskant das auch war, und nach meinen Zofen zu suchen. Doch dann sagte ich mir, daß das Risiko zu groß war, daß die Zofen Engländerinnen und keine Neapolitanerinnen waren, und wenn sie bis jetzt überlebt hatten, würde es ihnen vermutlich recht gut gehen. Vielleicht schafften sie es sogar bis nach Le Havre zu dem lieben Christopher.

Bei dem Gedanken an Le Havre und Christopher war ich wiederum versucht, zurückzureiten, doch die Vorstellung, auf eine weitere dieser Mordbanden zu stoßen, war zu erschreckend, und ich entschloß mich, nach Südosten zu reiten, in Richtung Provence und Sicherheit.

Das war natürlich naiv von mir. Ganz Nordfrankreich war in den Händen dieser verdammten *Jacquerie,* und ich wäre höchstwahrscheinlich nicht weit gekommen, wenn ich nicht an diesem Nachmittag eine Glückssträhne gehabt hätte. Nun, es war auch an der Zeit dafür.

Ich ritt einen Feldweg entlang und sah in der Ferne die Spitze eines Kirchtums. Hungrig und durstig fragte ich mich, ob ich es riskieren konnte, ins Dorf zu reiten und mir etwas zu essen und trinken zu kaufen, ohne sofort bestiegen zu werden. In diesem Moment sah ich aus dem Dorf eine Gruppe von Mönchen zu Pferde kommen, die sehr selbstzufrieden wirkten.

Ihre weißen Gewänder verrieten mir, daß es sich um Mitglieder des Franziskanerordens handelte, der vor ungefähr hundert Jahren von Franz von Assisi gegründet worden war. Dieser hatte eine große Erbschaft aufgegeben, um in völliger Armut unter den Vögeln und Bienen zu leben und so der Welt zu lehren, daß das einfachste Leben das beste ist. Wie es bei solchen Exzentrikern der Fall ist, zog er eine große Schar von Anhängern mit ähnlichem Geschmack an, und ich bin überzeugt, sie erreichten umherziehend viel Gutes, obwohl sie offenbar ihre Zeit verschwendeten, wenn sie den Malplaisons dieser Welt oder den Tieren, die ihn grausam getötet hatten, Tugend predigten.

Ich war diesen guten Kerlen jedoch in Avignon und auch in Neapel begegnet – sie hatten dort ebenfalls nicht viel an den Gewohnheiten der Einwohner ändern können –, und obwohl ich mich ihnen mit einiger Angst näherte, weil meine Erfahrungen mich gelehrt hatten, sogar vor Priestern vorsichtig zu sein, war ich hocherfreut, als ich entdeckte, daß der Führer dieser Gruppe kein anderer als Bruder Jules war, ein alter Bekannter von mir.

Jetzt war Jules einer dieser Männer – es gibt ziemlich viele –, die den weiblichen Reizen völlig gleichgültig gegenüberstanden; er fand sein Vergnügen in seinem Orden oder vielleicht bei den jungen Männern, die ihn von Zeit zu Zeit aufsuchten, zweifellos um religiöse Anweisungen zu erhalten. Ich wußte deshalb, daß meine Tugend in seiner Gesellschaft völlig sicher war.

Besser noch, ich wußte auch, daß er zu der sogenannten Gemeinschaft gehörte. Die Franziskaner waren in einem frühen Stadium in zwei Lager geteilt. Eines forderte, daß äußerste Armut beibehalten und aller Besitz abgewiesen werden mußte, wie ihr Gründer es gelehrt hatte; dieses Lager nannte man die Spiritualen. Die andere Gruppe vertrat die Auffassung, daß ein Leben in äußerster Armut an Selbstzerstörung grenze, und suchte einige der angenehmen Dinge des Lebens, solange aller Besitz in der Gemeinschaft blieb.

Jules war ein Mann, der die angenehmen Dinge des Lebens für wichtiger hielt.

Deshalb galoppierte ich zu ihm, erinnerte ihn an unsere letzte Begegnung vor zwei Jahren in Avignon, schlang die Arme um seinen Hals und küßte ihn herzlich.

Seine Gefährten applaudierten; vielleicht dachten sie, er erlebe eine geistige Wiedergeburt oder zumindest eine körperliche. Leider konnte all meine Pracht nichts an Jules' Überzeugungen ändern, doch er blieb der gutherzige, gutmütige, übergewichtige und leicht gefräßige Kerl, an den ich mich erinnerte, und binnen Sekunden nagte ich an einem Hähnchenschenkel und trank französischen Wein aus einer bauchigen Flasche.

Unterdessen erzählte ich den Mönchen von meinen jüngsten Abenteuern. Sie wußten über die *Jacquerie* Bescheid. Der Papst hatte sie nach Norden geschickt, damit sie versuchten, etwas von dem Schrecklichen zu mildern, von dem täglich berichtet wurde. Jetzt hatten sie ihre Mission als unerfüllbar aufgegeben und waren auf dem Rückweg nach Avignon.

Nichts hätte mir besser passen können. Es waren zwanzig Mönche, und obwohl es Geistliche waren, trug jeder unter seinem Gewand eine gute, lange Klinge versteckt. Das und ihre bekannte Entschlossenheit, sich zu verteidigen, zusammen natürlich mit der Tatsache, daß sie Gottesmänner waren, schützte sie und mich selbst vor den Rudeln wilder Tiere, die als Männer und Frauen verkleidet waren und durch das Land streiften. Ich erhielt ebenfalls ein weißes Gewand. Die Kutte verbarg meine weiblichen Reize völlig, und ich ritt den ganzen Weg in völliger Sicherheit. So hätte ich eine Äbtissin werden können, wenn ich getan hätte, was Jules mir nachdrücklich empfahl: wenn ich mein Leben im Dienst der Königin aufgegeben hätte und in ein Kloster eingetreten wäre. Er versicherte mir, daß ich als Nonne eine gute Zeit verbringen würde, ohne mich den Gefahren meines derzeitigen Lebens auszusetzen.

Ich will nicht leugnen, daß ich versucht war. Meine Abenteuer der letzten beiden Jahre hatten mich ziemlich erschöpft, geistig und körperlich. Aber dann dachte ich an meine beiden lieben Kinder und meine geliebte Johanna und sammelte meinen Mut, um mit meinem bisherigen Leben weiterzumachen.

Und so gelangte ich nach über zwei Jahren Abwesenheit endlich wieder ins sonnige Neapel.

Trotz des Scheiterns meiner Mission wurde ich begeistert begrüßt. Johanna schloß mich in ihre Arme und küßte mich immer wieder.

»Ich habe nie erwartet, dich wiederzusehen«, sagte sie. »Jetzt mußt du mir von all deinen Abenteuern erzählen. Ich muß alles hören, was dir widerfahren ist.«

Das dauerte einige Zeit, und ich war begierig darauf, Eberli und meine Kinder wiederzusehen, und Ricardo, um zu erfahren, was während meiner Abwesenheit in meinem Herzogtum geschehen war. Aber Johanna versicherte mir, daß alles bestens sei, und ich mußte über eine Woche in Neapel verweilen, während sie meinen Berichten lauschte, mit großen Augen, mit königlicher Würde und mit Entsetzen, als ich die *Jacquerie* beschrieb.

Ich langweilte sie nicht mit der Erwähnung Christophers von der Bucht.

Ich stellte fest, daß sich sehr wenig verändert hatte, abgesehen davon, daß wir alle zwei Jahre älter geworden waren. Aber selbst das war im Fall der Königin kaum von Bedeutung, denn sie war mit einunddreißig schöner, und ich wage es zu sagen, ausschweifender denn je. Die Schlange der Männer vor ihrem Schlafzimmer war unverändert, ebenso das Alter ihrer Liebhaber, die beliebig ausgetauscht wurden. Wenn die Herrenbesuche bei Ihrer Hoheit im Laufe der Woche nachließen, war ich mit ihr zusammen, einfach weil sie mich mehr liebte als die Männer.

Aus alldem kann man schließen, daß König Ludwig immer noch fort war und in jedem Krieg kämpfte, der augenblicklich stattfand.

Es gab jedoch gewisse Aspekte des Lebens, die sich unwiderruflich verändert hatten. Karl Martell war tot.

Die Königin persönlich erzählte mir die traurige Neuigkeit in äußerst nüchternem Tonfall. Es war im vergangenen Jahr geschehen, und so hatte sie ausreichend Zeit gehabt, um über ihre Trauer hinwegzukommen, aber es blieb die Tatsache, daß sie den Jungen nie so geliebt hatte, wie man es von einer Mutter erwartet. Teils lag es daran, daß Johanna immer in erster Linie Königin und Frau gewesen war und erst dann Mutter. Aber genauso lag es daran, daß Karl Martell, ob sein Vater nun Andreas von Ungarn oder Bertrand von Artois gewesen war – beide Männer hatte sie immer weniger gemocht, nachdem jede Erinnerung an ihre früheren Vorzüge verblaßte –, sie unbewußt an all die Fehler der beiden Männer erinnert hatte.

»Wer ist dann Euer Erbe?« fragte ich bestürzt.

»Nun, meine Schwester«, sagte sie und fügte hinzu: »Bis auf weiteres.«

Dies wies darauf hin, daß sie den gegenwärtigen Zustand ändern wollte, und tatsächlich hatten sich die Schwestern während meiner Abwesenheit noch mehr entfremdet. Johanna konnte nicht vergessen, daß Maria bereitwillig ihre Ehe mit Karl von Durazzo hingenommen hatte. Und Maria gab Johanna mit dem Haß einer Benachteiligten die Schuld an Karls Tod.

Auch die Frage des Protokolls führte zum Bruch. Robert von Baux lebte noch und wurde in einem Verlies des Palazzo Durazzo gefangengehalten. Das war ein sonderbares Steckenpferd der Prinzessin, sich einen Gefangenen zu halten. Aber sie tat es zu ihrem eigenen Vergnügen, denn sie hatte einen weitaus dunkleren Charakter als Johanna. In Neapel kursierten viele Gerüchte über die teuflischen Folterungen, die Maria ihrem armen Mann zufügen ließ, wenn sie in der Stimmung dazu war.

Aber ganz gleich, welches Vergnügen sie dabei hatte – maßgeblicher war, daß sie gesetzlich verheiratet blieb. Das war vielleicht eine List, um zu verhindern, daß jemand um ihre Hand anhielt, und spätere Ereignisse veranlaßt mich, das zu glauben. Sie bestand darauf, sich Herzogin von Durazzo zu nennen, und sie lebte in großem Stil mit ihren Kindern und ihrem Sohn, den sie nach dem Vater Karl genannt hatte, in ihrem Palast. Der Sohn wurde sichtlich angehalten, seine Tante Johanna als Stellvertreterin des Teufels zu betrachten, denn er schaute die Königin stets verächtlich an, wenn sie sich zufällig begegneten.

All diese Differenzen in der Familie ermunterten mich nur, in mein eigenes schönes Schloß zu flüchten, und das gelang mir schließlich. Worte können nicht beschreiben, wie begeistert mich meine liebste Lucia und mein Sohn William begrüßten, die Hunde und meine Pferde und sogar, zu meiner Überraschung, Ricardo, der das Herzogtum und die Bücher gut in Ordnung gehalten hatte und darauf bestand, mir über alle Einnahmen Rechenschaft abzulegen.

Soviel zum Glück.

Es gab natürlich von Zeit zu Zeit Probleme. Johanna dachte sofort über mögliche Ehemänner für mich nach und war erstaunt, als ich ihr sagte, ich würde lieber noch eine Weile Witwe bleiben.

»Eine Frau muß verheiratet sein«, beharrte sie.

»Nun, Eure Hoheit«, erwiderte ich ziemlich kühn, »wenn ich einen Mann finden könnte, der nie in meine Nähe käme, sondern all seine Zeit außer Landes verbrächte …«

Sie seufzte. »Ja. Ich bedaure es bitterlich. Aber es läßt sich nicht ändern. Deshalb muß ich von Zeit zu Zeit einen Mann haben. Und du mußt ebenfalls einen haben.«

»Zweifellos werde ich bald genauso denken, Eure Hoheit«, sagte ich. »Aber in den letzten beiden Jahren hatte ich zu viele Männer, und ich möchte jetzt eine Weile in Frieden leben und mich meiner Kinder erfreuen. Wenn diese Freude nachläßt, werde ich Euch informieren.«

»Du hast recht«, sagte Johanna begeistert. »Denn bald ist es an der Zeit, Lucia zu verheiraten.«

Johanna konnte sich kein größeres Vergnügen im Leben vorstellen als eine Hochzeit und die Freuden, die für das glückliche Paar folgen würden.

»Eure Hoheit«, wandte ich ein, »Lucia ist erst dreizehn.«

»Nun, ich war acht, als ich verheiratet wurde«, sagte Johanna.

»Ja, aber Ihr habt nicht mit Eurem Mann zusammengelebt.«

Johanna zuckte die Achseln. »Ich war erst dreizehn, als ich meine Unschuld an diesen Schuft Roberto verlor.« Sie seufzte, dachte offensichtlich zurück an diese sorglosen und erstaunlich unschuldigen Tage ihrer Jugend. »Genau wie du«, fügte sie hinzu.

»Ich war vierzehn«, korrigierte ich sie kühl.

»Im nächsten Jahr werden wir einen Mann für deine schöne Tochter suchen«, kündigte Johanna an.

Mit der Beschreibung von Lucia hatte die Königin völlig recht. Lucia war mit dreizehn, wenn ich das sagen darf, fast so schön wie ihre Mutter, aber auf andere Art. Sie hatte das dunkle Haar ihres Vaters – aber es war nicht schwarz, sondern durch den Einfluß meines blonden Haars gemildert – und meine blauen Augen, eine Kombination, die jeden faszinierte. Und außerdem war ihre Figur so üppig und sinnlich, wie meine es in diesem Alter gewesen war.

Im Gegensatz zu mir war Lucia in diesem Alter völlig unschuldig.

Ich schaffte es, Johanna zu überreden, ihre Heiratspläne für Lucia ein Jahr aufzuschieben, doch schon im Frühjahr 1360 machte Johanna sich ernsthaft an die Arbeit. Unzählige junge Männer traten vor uns an und präsentierten sich. Johanna begutachtete ihre Hosenbeutel, ihr Äußeres und ihre Manieren ebenso wie die der Eltern. Ich bin überzeugt, daß einige der jungen Männer ihren Weg ins Bett der Königin fanden. Aber keiner fand den Weg in Lucias Bett.

»Du bist bemerkenswert anspruchsvoll«, beschwerte sich Johanna nach einigen Wochen dieses interessanten Zeitvertreibs.

»Sie ist meine einzige Tochter, Eure Hoheit«, sagte ich.

Zu dieser Zeit wurde es nötig, nach Eberli zurückzukehren, damit ich mich um meine Geschäfte kümmern konnte. Die nächste Vorstellung der Heiratskandidaten wurde um einen Monat verschoben, und Johanna blieb eingeschnappt zurück.

Es war eine große Erleichterung für mich, in meinem eigenen Bett zu liegen, hoch im Hauptturm des Schlosses Eberli, über die hügelige Landschaft zu blicken und zu wissen, daß dies alles mir gehörte. Am schönsten war es am frühen Morgen, kurz nach Sonnenaufgang, wenn die Vögel unter meinem Fenster zwitscherten, wenn ich das Leben auf dem Hof erwachen und das Muhen der Kühe hörte, wenn sie gemolken wurden, bevor man sie auf die Weide brachte. Ich hörte das Wiehern der Pferde, die geführt wurden, das Weinen eines der Küchenmädchen, das ausgepeitscht wurde – Ricardo begann den Tag immer damit, eine von ihnen auszupeitschen, ob sie sich schlecht betragen hatten oder nicht –, und das Bellen der Hunde, wenn sie freigelassen wurden.

Lucia gesellte sich dann zu mir, warm und zerzaust aus ihrem eigenen Bett. Es war ein Zeitvertreib, den wir uns gegönnt hatten, seit sie ein Säugling gewesen war. Früher war William bei unserer morgendlichen Schmuserei dabeigewesen, aber seit er in der Pubertät war, hielt ich es für besser, ihm die Gesellschaft zweier nackter Mädchen zu ersparen, damit er nicht frühreif wurde.

Meine Tochter nahm ich jedoch nackt in die Arme.

»Wann werdet Ihr nach Neapel zurückkehren, Mama?« fragte sie.

Ich seufzte. »Ich muß in einem Monat wieder hin. Es ist ermüdend, einen Ehemann zu suchen.«

»Brauche ich einen Ehemann, Mama?«

»Das meint die Königin. Und sie hat recht. Eine Frau sollte verheiratet sein, wenigstens einmal, um die Freuden der Ehe zu kosten und zu gebären, wie es Gottes Wille ist.«

Lucia schwieg ein paar Sekunden, und dann fragte sie: »Muß mein Mann aus Neapel kommen?«

»Nein, das ist unwesentlich. Aber sicherlich bequemer. Ich finde, er muß ein Landsmann von dir sein.«

»Aber ist sein Stand wichtig? Ihr wart einst eine Sklavin und habt einen einfachen Krieger geheiratet, nicht wahr?«

»Nun«, sagte ich und bedauerte etwas die Offenheit, die ich gegenüber meinen Kindern gezeigt hatte, »ich hatte das Glück, in der Gunst der Königin zu stehen, und so konnte ich aufsteigen.«

»Stehe ich in der Gunst der Königin, Mama?«

»Sie liebt dich wie ihr eigenes Kind«, versicherte ich ihr.

»Dann kann ich auch mit einem Aufstieg rechnen«, sagte Lucia. »Ganz gleich, wie niedrig ich beginne.«

»Ja, aber du bist bereits die Tochter einer Herzogin …« Ich verstummte und schaute mit gerunzelter Stirn auf das schöne, unschuldige Gesicht meiner Tochter. Es kam mir in den Sinn, daß mein Liebling mir etwas zu sagen versuchte.

Sie warf die Bettdecke von sich und kniete sich aufs Bett, und ihre glänzende Haarfülle fiel auf ihre Schultern und Brüste.

»Ich liebe ihn«, erklärte sie.

Ich setzte mich ebenfalls auf.

»Wen liebst du?«

»Sein Name ist Pietro, er sieht gut aus, ist ein Schatz und …«

»Wie heißt sein Vater?« fragte ich und bemühte mich um einen ruhigen Tonfall.

»Nun, ich nehme an, ebenfalls Pietro. Pietro der Milchmann.«

»Der *was?*« rief ich. »Du hast dich in den Sohn eines Milchmanns verliebt?«

»Er ist ein entzückender Junge, Mama.«

»Und ich nehme an, du hast ihn an deinen Titten üben lassen«, schrie ich, sprang aus dem Bett und schritt zum Fenster. »Ricardo!« rief ich. »Ricardo! Komm mit deinem Stock her. Ich habe jemand zum Züchtigen für dich.«

»Mama!« protestierte Lucia. »Pietro und ich sind Mann und Frau.«

Langsam wandte ich mich zu ihr um. Ich fühlte mich wie jemand, der irrtümlich einen Giftpilz gegessen hat und nicht glauben kann, daß ihm solch eine Katastrophe widerfahren konnte.

»Er hat dir die Unschuld genommen?«

»Ja, Mama.«

»Der Sohn eines Milchmanns?« Ich sank auf einen Stuhl. »Mein Gott! Ich werde ihn hängen lassen.«

»Das werdet Ihr nicht tun.« Lucia stieg aus dem Bett und baute sich vor mir auf. »Erstens bringe ich mich um, wenn Ihr das tut, und zweitens ist er der Vater Eures Enkelkindes.«

»Der …« Ich starrte ihr offenen Mundes ins Gesicht und dann auf ihren Bauch, der noch flach genug war.

»Meine Tage sind schon zweimal ausgeblieben«, erklärte das elende Mädchen stolz. »Deshalb habe ich es Euch erzählt.«

Jemand hämmerte an die Tür. Zweifellos war das Ricardo mit seinem Stock, und nach dem Lärm zu schließen, wurde er vom halben Personal des Schlosses begleitet.

»Soll ich ihn hereinlassen, Mama?« fragte Lucia.

»Oh … geht, Ricardo!« brüllte ich. »Geht fort!«

Der Lärm verklang langsam.

»Wollt Ihr mir nicht Euren Segen geben, Mama?« fragte Lucia. »Und Pietro?«

Die Tochter einer Herzogin, verheiratet mit dem Sohn eines Milchmanns! Lucia erinnerte mich natürlich daran, daß sie eigentlich die Tochter einer Sklavin war, woraufhin ich fast wieder nach Ricardo gerufen hätte. Aber so war es. Das Kind war verliebt, was mir wichtiger war als die abscheuliche Lage, in die sie sich gebracht hatte. Ich ließ Pietro zu mir bringen und sah mir dann seine Eltern an. Sie erwiesen sich als ehrliche, hart arbeitende Leute, die keine sichtlichen Laster hatten.

Mir war mulmig zumute, als ich es Johanna sagen mußte, aber ich hätte es besser wissen sollen. Denn die Königin war vor allem Romantikerin, ganz gleich, welche Sünden sie nach Ansicht von Moralisten begehen mochte. Sie hatte geliebt und sich verloren, und sie suchte bei all den Männern, die sie in ihr Bett nahm, einen Funken echter Liebe und fand ihn nie.

Jetzt war sie außer sich vor Freude, als sie von Lucias Dilemma erfuhr.

»Wie köstlich«, sagte sie. »Sie müssen es zum ersten Mal unter einem Busch getan haben, und die Kühe haben zugeschaut. Findest du das nicht romantisch, Richilde?«

»Nicht im geringsten, Eure Hoheit«, erwiderte ich. »Es entsprach nie meiner Vorstellung von Vergnügen, sich zwischen Kuhfladen zu wälzen.«

»Du wirst alt.« Johanna lachte. »Du liebst parfümierte Seidenlaken und einen pomadisierten Körper. Du mußt mir diesen jungen Mann vorstellen.«

»Eure Hoheit«, sagte ich scharf, »er wird mein Schwiegersohn!«

»Natürlich«, pflichtete sie mir bei.

Die Königin benahm sich tatsächlich schicklich, obwohl ich ihr anmerkte, daß sie von der Größe von Pietros Hosenbeutel beeindruckt war; ich hatte ihn für den Besuch in Neapel passend gekleidet. Der Junge wuchs mir ebenfalls ans Herz – nicht in sexuellem Sinne, denn seit meinen Erfahrungen in Frankreich hatte ich nicht mehr viel Interesse an fleischlichen Gelüsten –, sondern als Mensch, und ich weinte bei der Hochzeit ein paar heimliche Freudentränen. Selbst Johanna hatte mir beigepflichtet, daß die Zeremonie in der relativen Ruhe von Schloß Eberli stattfinden sollte, anstatt in der Kathedrale von Neapel.

Natürlich konnte Pietro kein Milchmann bleiben. Ich ernannte ihn als Ricardos Stellvertreter zu meinem Verwalter, und er begann lesen und schreiben zu lernen, damit er eines Tages seine Pflichten erfüllen konnte. Ich lehrte ihn auch das Reiten und Fechten und gewann das Gefühl, daß wir sogar einen Gentlemen aus ihm machen konnten, wenn wir ihm genügend Zeit ließen.

So verbrachte ich ein paar sehr glückliche Jahre und freute mich über meine Kinder und bald über meine Enkelin, ein schönes Mädchen, das nach seiner Mutter Lucia genannt wurde. Ich dachte sogar daran, eine Frau für William zu suchen, aber er war noch sehr jung und hatte anscheinend kein großes Interesse am anderen Geschlecht. Weil ich mich sehr genau an die Gefahren der Frühreife aus meiner eigenen Jugend erinnerte, verzichtete ich darauf, die Sache zu forcieren.

Das Leben verlief in den drei Jahren nach meiner Rückkehr von England und Frankreich also sehr ruhig, und ich glaube auch für Johanna, bis wir alle plötzlich von König Ludwigs Tod erfuhren.

9. KAPITEL

Dieses beklagenswerte, aber voraussehbare Ereignis fand am 5. Juni 1362 statt. Was wirklich bemerkenswert war und den großen Krieger sehr geärgert haben mußte, war der Umstand, daß er nicht in einer Schlacht fiel, sondern am Fieber starb.

Sein Leichnam wurde nach Neapel gebracht und in der Kathedrale beigesetzt, und die Königin und der Adel nahmen in schwarzer Kleidung an der Beisetzung teil. Wir trugen Schleier, um unser Gesicht und die Zeichen der Trauer zu verbergen. Oder vielleicht den Mangel daran.

Ich muß gestehen, daß ich sehr weinte, als ich mich an den gutaussehenden jungen Ritter erinnerte, der unser Leben beherrscht hatte, als wir junge Mädchen gewesen waren.

Ludwigs Tod war eine bedeutende Sache. Nicht, daß sie direkt das Königreich betroffen hätte. Johanna war immer die Königin gewesen, und das blieb sie. Aber jetzt war Europas schönste Königin – ein Titel, der Johanna auch mit sechsunddreißig nicht streitig gemacht werden konnte, außer vielleicht von denjenigen, die sie mit der Herzogin von Eberli verglichen, ebenfalls eine reiche und intelligente Frau, wenn auch mit etwas düsterer Vergangenheit –, eine Witwe.

Man kann sich vorstellen, daß jeder junge Galan mit einem Tropfen königlichen Bluts in den Adern jetzt nach Neapel aufbrach. Eine Zeitlang quoll unsere Gesellschaft über mit aktiven jungen Männern – und einigen nicht mehr so jungen –, die alle um die Hand der Königin anhielten.

Aus Frankreich kam Ludwig von Anjou, der junge Bruder des Dauphins. Aus Kastilien kam Enrique von Trastamara, unehelicher Sohn Alfons' XI. Mit neunundzwanzig war er jünger als die Königin, was für Johanna jedoch keinesfalls abschreckend war. Aus Portugal kam Prinz Johann, der uneheliche Sohn Pedros I. und seiner schönen Mätresse Inez de Castro. Aus Österreich kam Leopold von Habsburg, aus Mähren Heinrich von Luxemburg, aus Deutschland Albert von Bayern. Aus Skandinavien kam Heinrich von Mecklenburg, aus Konstantinopel Michael Palaiologos.

Und aus Aragon kam Jaime.

Der Name ist vielleicht nicht bekannt. Doch er war derselbe Prinz, der vor fünfzehn Jahren als siebzehnjähriger so energisch das Schwert gezogen hatte, um Johanna bei dem Prozeß vor dem Papst zu unterstützen. In der Zwischenzeit hatte er durch die Intrigen am Hof von Aragon viele Schicksalsschläge hingenommen und war sogar ein paar Jahre im Gefängnis gewesen. Aus all dem war seine Schönheit unbeschadet hervorgegangen.

Sein Auftauchen stürzte die Damen Neapels in helle Aufregung, besonders im Königshaus. Doch zu Beginn war er nur einer unter vielen, denn Johanna, die es genoß, umworben zu werden, hatte es nicht eilig mit einer Ehe. So überlegte Prinzessin Maria, wie sie von den gegenwärtigen Ereignissen profitieren konnte.

Für Maria gab es natürlich ein Hindernis, wenn es um die Wahl eines neuen Ehemannes ging: sie hatte bereits einen. Aber sie war keine Frau, die sich durch Kleinigkeiten abschrecken ließ, und bald wurde bekannt, daß der unglückliche Robert von Baux in seinem Verlies gestorben war. Wenig später ging das Gerücht um, daß die Prinzessin persönlich, begleitet von ihren Dienern, das Verlies besucht hatte, in dem der unglückliche Junge so lange gefangengehalten worden war, und zugeschaut hatte, wie man ihn enthauptete, wobei sie ihn wüst beschimpfte. Den Kopf und den Körper fand man schließlich schwimmend im Hafen.

Ohne wertvolle Zeit mit Trauer zu vergeuden, warf sich die Prinzessin Prinz Jaime fast buchstäblich in die Arme.

Leider wurde sie abgewiesen. Vielleicht hatte auch er von den Gerüchten gehört und sich gesagt, wenn beide Schwestern Gattenmörder waren, hatte Johanna wenigstens für ihr Verbrechen gebüßt, Maria nicht. Noch wichtiger, er war nach Neapel gekommen, um die Königin zu heiraten, nicht deren mutmaßliche Erbin.

Und am allerwichtigsten – Johanna begann ihn jetzt anzulächeln. Vielleicht betrachtete sie ihre Schwester als Rivalin – sie vertraute sich mir nicht an – und wurde dadurch angespornt. Oder sie erinnerte sich vielleicht daran, daß der Junge sie lange Jahre verehrt hatte, und sagte sich, daß sie keine bessere Wahl treffen konnte. Wie dem auch sei, es wurde verkündet, daß die Königin von Neapel Prinz Jaime von Aragon als ihren dritten Ehemann auserkoren hatte.

Es war in jeder Hinsicht eine Liebesheirat, so leidenschaftlich wie es die ersten Tage zwischen Johanna und Ludwig gewesen waren. Leider war es auch der größte Fehler, den Johanna jemals machen sollte.

Maria war von der Abweisung so schwer getroffen, daß sie den Lebenswillen verlor, und kurze Zeit später erkältete sie sich und starb, das traurige Ende eines Lebens, das so vielversprechend gewesen war.

Gewiß trauerte Johanna um ihre Schwester, aber sie gönnte sich noch lange und leidenschaftliche Flitterwochen mit ihrem spanischen Geliebten, und ich bemerkte, daß ihr wahres Gefühl Erleichterung war. Marias Tod warf jedoch die Frage nach dem Thronerben erneut auf. Im Königreich war Maria als Thronerbin betrachtet worden, Johanna machte sich nicht die Mühe, sofort einen anderen Thronerben zu benennen – sie erwartete zweifellos eine Schwangerschaft –, und so stellten die verschiedenen Adligen königlichen Geblüts eigene Vermutungen an. Sie sagten sich, wenn die Königin kein Kind von Jaime von Aragon gebar, würde die Krone von Neapel an Marias Sohn fallen und im Falle seines Todes ohne direkte Nachkommen an seine Schwester Margarete. Jaime von Aragon erwies sich als unfähig, die Königin zu schwängern, so sehr er sich auch bemühte – vermutlich hatten die Strapazen der Jugend seine Zeugungskraft geschwächt –, und Marias Sohn Karl starb tatsächlich ohne direkte Nachkommen. So blieb Margarete von Durazzo als Thronerbin.

Unglücklicherweise endete die Kette der Ereignisse hier nicht. Man mag sich erinnern, daß Karl von Durazzo, Johannas erbittertster Feind, einen Bruder namens Ludwig gehabt hatte, einen unglücklichen Jungen, den Ludwig von Ungarn in sein Land verschleppt hatte. Dieser Ludwig von Durazzo – in Ungarn aufgewachsen und entsprechend erzogen – war später zurückgekehrt und mit Haß auf unsere Königin erfüllt. Er versuchte sogar eine Rebellion gegen sie, wurde von Ludwig von Tarent persönlich besiegt und in einen Kerker geworfen, wo er starb.

In seiner Jugend hatte er jedoch eine Dame – in Ermangelung eines besseren Ausdrucks – namens Margarete von Corigliano geheiratet und mit ihr einen Sohn namens Karl gezeugt – nach seinem Onkel und Urgroßvater benannt. Dieser Karl war jetzt achtzehn, und anscheinend war nichts passender als eine Heirat mit der verwaisten Prinzessin Margarete.

Johanna war erfreut über diese Heirat zwischen Vetter und Base, und weil sie in ihrer Naivität nichts von den gemeinen Träumen anderer Leute ahnte und ihr klar war, daß sie niemals mehr Mutter werden würde, stimmte sie zu, daß Karl ihr Erbe und Margarete die Königsgemahlin werden sollte.

Das war der Anfang einer blutigen Tragödie, denn die beiden jungen Leute hielten Johanna für schuldig am Tod ihrer Väter. Zu dieser Zeit aber, als die Königin erst siebenunddreißig Jahre und noch in der Blüte ihrer Gesundheit und Schönheit war, schien die Zukunft keine Fallstricke zu enthalten, die nicht im Laufe der Zeit überwunden werden konnten.

Ich spielte keine Rolle bei diesen politischen Schachzügen. Nachdem ich Ehrendame der Königin bei ihrer Hochzeit war, strebte ich danach, Neapel für ein paar Monate ganz zu verlassen. Johanna war völlig beschäftigt mit ihrem gutaussehenden jungen Spanier, und ich konnte deshalb die meiste Zeit in Eberli verbringen und mich über das Herumtollen meiner Enkelkinder freuen.

Ich mußte jedoch noch William unter die Haube bringen, und so übergab ich nach einem idyllischen Jahr auf dem Land Pietro und Lucia die Verantwortung und kehrte mit meinem Sohn nach Neapel zurück, wo ich ein Haus kaufte und üppige

Feste gab, wobei ich jede Eingeladene wissen ließ, daß ich eine Braut für William suchte. Es gab viele Leute des alten Adels in Neapel, die mich immer noch als eine Neureiche und ehemalige Sklavin betrachteten. Aber noch mehr zogen es vor, den Tatschen ins Gesicht und in mir eine der reichsten Frauen von Italien und außerdem die Freundin der Königin zu sehen. Da William mein einziger Sohn war, besuchte diese größere Gruppe meine Feste und staffierte ihre heiratsfähigen Töchter mit all dem Staat aus, den die Väter sich erlauben konnten.

Das war recht lustig, aber leider zeigte William kein Interesse an den Schönheiten, die vor ihm paradierten, und ich begann mich zu fragen, ob er dem Beispiel seiner Schwester gefolgt war und sich vielleicht in irgendein Spülmädchen verknallt hatte. Als ich ihn mit dieser Frage bedrängte, leugnete er jedoch heftig jede solche Beziehung, und mir dämmerte, daß ich vielleicht ein Problem mit ihm hatte – erst recht als mein Sohn ankündigte, daß er Priester werden wolle.

Eine Tochter, die mit dem Sohn eines Milchmanns verheiratet war, ein Sohn, der eine Soutane trug – ich hatte den Eindruck, daß das Herzogtum Eberli von einem Fluch heimgesucht wurde; es war mir geschenkt worden, weil es keine männlichen Erben gegeben hatte, und es würde nach meinem Tod wieder vakant werden, es sei denn, Lucia gebar nicht nur Töchter. Ich riet ihr, so schnell wie möglich einen Sohn zu zeugen, damit sie nicht in Armut enden würde.

Diese Ereignisse beunruhigten mich jedoch weniger, als es sonst der Fall gewesen wäre, weil ich zu dieser Zeit durch einen einzigartigen und glücklichen Umstand abgelenkt wurde.

Ich packte in meinem Haus in Neapel, nachdem William eine Reihe von Heiratskandidatinnen kennengelernt hatte, als Raimondo, mein Kammerdiener, mich mit einer Nachricht aufsuchte.

Er tat das widerstrebend, weil er befürchtete, ich würde in

verschiedene Rechtshändel verwickelt werden. Das wurde auch mir sofort bewußt, als ich die Botschaft las.

›Da wir einst Eure Bekanntschaft machten, Milady‹, stand da auf Englisch, ›riskiere ich Euren Mißmut und bitte Euch um Hilfe. Mein Schiff ist wegen Schmuggel und Piraterie beschlagnahmt worden, und ich sitze im Gefängnis. Man sagte mir, ich werde gerädert, was ich für ein unwürdiges, schmerzliches und demütigendes Schicksal halte. Wenn Ihr Euch also an die Hilfe erinnert, die ich Eurer Hoheit gewähren durfte und mir in irgendeiner Weise helfen könntet, wäre ich Euch ewig dankbar.

Hochachtungsvoll

Christopher von der Bucht.‹

Ich hatte nicht einmal gedacht, daß der liebe Kerl schreiben konnte! Aber Kapitäne zur See können alles!

»Der Schurke versicherte mir, daß Ihr nicht böse sein werdet, Herrin«, sagte Raimondo.

Böse? Ich hätte ihn küssen können. Christopher, hier in Neapel! Und er ruft mich!

In einer Viertelstunde war ich im Gefängnis, und trotz der Einwände der Wärter hatte ich Christopher und seine Leute in weiteren fünfzehn Minuten frei.

Er sah nur ein wenig älter aus, und an seiner Freude, mich wiederzusehen, konnte es keinen Zweifel geben.

»Jetzt werde ich bis an mein Lebensende Euer Diener sein, Milady«, versprach er. »Kommt Jungs, machen wir uns eilig aus dem Staub!«

»Moment mal«, sagte ich. »Warum habt Ihr es so eilig?«

»Nun, Milady, es scheint mir lebenswichtig zu sein, aus Neapel zu verschwinden, bevor es sich diese Kerle anders überlegen und wir wieder eingesperrt werden.«

»Das werden sie nicht tun«, versicherte ich ihm. »Mein Name hat viel Gewicht in diesem Land. Ich kann nicht zulassen, daß Ihr von neuem in mein Leben tretet und dann sofort wieder verschwindet. Ihr werdet nach Eberli hinauskommen, und wir werden einige Zeit miteinander verbringen und uns an unsere Abenteuer erinnern.«

Der gute Kerl hatte anscheinend Zweifel, aber es blieb ihm keine Wahl, denn er und seine Leute waren in meine Obhut übergeben worden. Ich ging mit ihnen zum Schiff, das an der Mole lag, entließ die Wachen, die darauf postiert worden waren, rief mir einen Moment lang meine Abenteuer an Bord in Erinnerung und nahm Christopher dann mit in mein Herzogtum – und in mein Bett.

Christopher war mein letzter Geliebter, und das liegt nun schon über zwei Jahre zurück. Zu dieser Zeit war ich sonst keusch wie eine Nonne, weil ich einfach kein Interesse an einem der Männer hatte, die meinen Weg kreuzten. Aber der Anblick meines alten Freundes und Landsmannes hatte starke Gefühle in mir erweckt.

Die Reise von Neapel nach Eberli, die zwar in aller Eile stattfand, erforderte eine Übernachtung. Ich war tatsächlich versucht, für die erste Nacht mit Christopher in mein Haus in Neapel zurückzukehren, doch ich entschied mich dagegen, damit Johanna nichts davon erfuhr und mich zu sich bestellte – sie war äußerst neugierig bei Dingen, die das Herz oder den Körper anbetrafen. So reisten wir über Land. Es begann zu regnen, und als wir in dem Dorf eintrafen, wo ich für gewöhnlich haltmachte, waren wir bis auf die Haut durchnäßt.

Der Wirt freute sich, mich zu sehen und stellte keine Fragen, als ich eine Kammer für Christopher und mich verlangte. Unsere Sachen, die wir klugerweise ausgezogen hatten, damit wir uns nicht erkälteten, trockneten bald am Feuer. So konnten wir uns nackt betrachten, und ich rief mir in Erinnerung, welch gutes Mannsbild er war, und er erinnerte sich zweifellos an meine damalige Figur. Ich war jetzt neununddreißig, aber meine Eß- und Trinkgewohnheiten waren enthaltsam und ich verbrachte viel Zeit auf dem Pferderücken oder zu Fuß auf meinem Besitz – hauptsächlich, um mich daran zu erinnern, daß all dies mir gehörte –, und so hatte ich kaum zugenommen und wenn, war alles Gewicht in die Brüste und den Hintern gegangen, meine wichtigsten Attribute aus der Sicht des Mannes.

Nachdem wir uns betrachtet hatten, suchten wir die Wonnen jenes Tages in Le Havre, und wir waren nicht enttäuscht. Von allen Männern, mit denen ich geschlafen habe, war Christopher meinem wahren Stand am nächsten, und deshalb ließ ich mich bei ihm mehr gehen als bei jedem anderen. Außerdem war er mein Landsmann. Er war ebenfalls sehr triebhaft, und als er seine anfängliche Hemmung überwunden hatte, eine Herzogin nackt in den Armen zu halten, war er mehr als bereit, alles mit mir zu teilen, was ich wünschte. Er bestieg mich, ich bestieg ihn, wir wälzten uns auf dem Bett von einer Seite zur anderen, gebadet in Schweiß und Sperma, während der Boden knarrte und der Hauswirt gewiß befürchtete, sein Gasthaus würde einstürzen. Ich bezweifle, daß wir mehr Schlaf fanden als ein paar Minuten vor dem Morgengrauen, und als wir erwachten, liebten wir uns von neuem.

Ich war völlig entzückt. Ich hatte den Mann gefunden, mit dem ich aus ganzem Herzen den Rest meiner Tage zu verbringen wünschte, jedenfalls seit dem Tod des armen Alberto, und Christopher und ich hatten unsere Leidenschaft vor diesem traurigen Ereignis etwas gezügelt.

Am nächsten Tag eilten wir weiter nach Eberli, weil die sanitären Einrichtungen des Gasthauses ein wenig primitiv waren, und dort badeten wir gemeinsam in dampfendem Wasser der Badezuber. Lucia war erstaunt, denn ich hatte ihr nicht alle Einzelheiten meines jüngsten Abenteuers erzählt, aber als Christopher angekleidet war – ich fand, daß er fast die Größe meines armen lieben Fernando hatte, und er sah sehr gut in der Kleidung aus – waren sie und ihr Mann Pietro erfreut, seine Bekanntschaft zu machen.

So verbrachten wir eine idyllische Zeit – ähnlich stürmische Flitterwochen wie die Königin mit ihrem Jaime verbracht hatte –, und zwischendurch zeigte ich Christopher mein Herzogtum. Er war sehr beeindruckt, und das ermutigte mich zu einem Vorschlag, der ihm wegen unseres unterschiedlichen Standes bestimmt nie in den Sinn gekommen wäre.

»Lieber Christopher«, sagte ich eines Abends beim Essen, als er ankündigte, daß es an der Zeit für eine Rückkehr zu seinem Schiff und der Mannschaft war. »Wart Ihr hier nicht glücklich?«

»Glücklicher als jemals in meinem Leben, Milady«, sagte er. Er bestand darauf, mich ›Milady‹ zu nennen, sogar im Bett.

»Warum bleibt Ihr dann nicht?« fragte ich.

»Milady?« Er wirkte ehrlich verblüfft.

»Als mein Mann«, erklärte ich ihm, und als ihm dieser Vorschlag die Sprache verschlug, fuhr ich hastig fort: »Wie Ihr wißt, bin ich seit Jahren Witwe und brauche einen Gemahl, einen Mann, dem ich vertrauen kann und der mich lieben wird wie ich ihn. Seid Ihr nicht dieser Mann, Christopher?«

»Nun, Milady ...«

»Und sorgt Euch nicht um Euer Schiff. Ich werde es kaufen und dann der Mannschaft zurückgeben, damit sie nach England segeln kann. Dann seid Ihr allen Ballast los. Nun, klingt das nicht gut?«

»Es klingt wie das Beste, das ich jemals gehört habe, Milady, wenn es möglich wäre.«

»Ich versichere Euch, es gibt nichts, was es verhindern kann«, sagte ich.

»Nur meine Frau und die Kinder, Milady.«

»Ihr habt Frau und Kinder?«

»Leider, Milady, ist das die Wahrheit.«

Ich hätte ihn fast auf der Stelle erstochen. Aber ich bewahrte meine übliche Ruhe.

»Davon habt Ihr mir nichts erzählt.«

»Es war anscheinend zuvor noch keine Gelegenheit dazu, Milady.«

»So? Liebt Ihr Eure Frau?«

»Nun, Milady, wie kann ein Mann seine Frau nicht lieben? Aber wir sind seit zwanzig Jahren verheiratet ...« Ich sah, daß er verlegen war.

»Dann liebt Ihr Eure Kinder?«

»Wie kann ein Mann seine Kinder nicht lieben, Milady, selbst wenn es Halunken sind?«

»Wie ihr Vater«, bemerkte ich.

»Ich weiß, daß ich Schuld auf mich geladen habe«, sagte er. »Aber ich kann nur sagen, daß ich mich in Euch verliebt habe, als ich Euch zum ersten Mal sah.«

»Ist das wahr, Christopher?« rief ich.

»Das ist die völlige Wahrheit. Natürlich war mir klar, daß Ihr so weit über mir steht wie der Mond. Dieser Tag in Le Havre war der glücklichste in meinem Leben. Bis zur vergangenen Woche.«

»Christopher, mein Liebling«, sagte ich, und unsere Unterhaltung verwandelte sich in den nächsten zehn Minuten zu einem Stöhnen, nach dem wir zerzaust, erschöpft und glücklich waren.

Aber nicht zufrieden.

»Was soll ich tun?« fragte der gute Kerl.

Ich war nie eine Frau, die Familien auseinanderbringt. Der Himmel weiß, daß ich das selbst oft genug erlebt habe. »Ihr müßt natürlich zu Eurer Frau zurückkehren«, sagte ich. »Aber, Christopher ...« Ich legte die Hanf auf seinen Arm. »Solltet Ihr jemals wieder in diesen Gewässern sein, bitte ich Euch, in Neapel zu ankern und mich über Eure Anwesenheit zu informieren.«

Er reiste am nächsten Tag nach einer letzten stürmischen Nacht ab, und nicht zum ersten Mal in meinem Leben blieb ich zurück und grübelte darüber nach, was hätte sein können, wenn das Schicksal es anders gewollt hätte.

In dieser Hinsicht ist es ein Trost, daß wir die Zukunft nicht voraussehen können.

Johanna war anscheinend dazu verdammt, unglücklich zu heiraten. Oder vielleicht sind Männer von Natur aus nicht zum Gemahl einer Königin bestimmt, auch nicht zum Königsgemahl der schönsten Frau ihrer Zeit.

Die Königin hatte im Frühjahr 1363 Jaime von Aragon mit

ihrer üblichen sorglosen Begeisterung geheiratet. Sie wußte, daß Jaime ein unglückliches Leben gehabt hatte, aber Johanna hatte weder tief über seine Vorgeschichte noch die seiner Familie noch die der Iberischen Halbinsel nachgeforscht, die seine Heimat war.

Dieses öde Anhängsel Europas, das viele als Ableger von Nordafrika betrachteten, durch das es in der Tat nur durch die schmale Straße von Gibraltar getrennt war, wurde im achten und neunten Jahrhundert unserer christlichen Zeitrechnung von den Sarazenen überrannt – abgesehen von der fernen nordwestlichen Ecke. Von dieser Stelle aus hatten die Nachfahren der römisch-westgotischen Ureinwohner – die vor der Ankunft der Moslems die Bevölkerung der Halbinsel gebildet hatten – den langen Widerstandskampf begonnen, der andauert, während ich das schreibe und der *Reconquista* genannt wird.

Ermuntert von der Heiligen Kirche und geprägt von einem starken Stolz errangen die Spanier eine Reihe von berühmten Siegen über die Muselmanen, und obwohl die Anhänger des Propheten die südliche Hälfte von Spanien halten konnten, war jetzt der ganze nördliche Teil christlich und aufgeteilt in eine Reihe kleiner, aber militärisch aktiver Königreiche, von denen Kastilien und Aragon die stärksten waren.

An Kastilien, das Zentrum des christlichen Spanien, war die Aufgabe gefallen, den Hauptkampf gegen den gemeinsamen Feind zu führen. Aragon, das die nordöstliche Küste der Halbinsel einnahm, hatte weniger Kontakt mit den Moslems und – traditionell auf der Suche nach Expansion – seinen Blick mehr aufs Mittelmeer gerichtet. Ich darf in Erinnerung rufen, daß es das Haus Aragon war, das vom Papsttum aufgefordert wurde, das Haus Anjou aus Sizilien zu vertreiben und das die Insel seither gehalten hatte.

So hatten natürlich die königlichen Familien von Kastilien und Aragon, mit einem gemeinsamen Erbe und zweifellos einer gemeinsamen Zukunft, bei zahlreichen Anlässen untereinander geheiratet, und obwohl Jaimes Eltern – Alfons IV. und Teresa d'Entenza – aus Aragon stammten, bekam er nach dem Tod seiner Mutter eine Stiefmutter aus Kastilien, als Alfons die Prinzessin Leonore heiratete.

Alfons starb 1336, als Jaime erst sieben gewesen war, und der Thron von Aragon fiel an seinen älteren Sohn, Pedro IV. Jaime hatte den Titel und die Apanage des Grafen von Urgel bekommen. Über zehn Jahre später war er zu Ehren der Königin von Neapel in Avignon erschienen. Aber sofort danach hatte er sich dem Adel von Aragon angeschlossen, um gegen den Wunsch seines Bruders, die königliche Macht zu steigern, Widerstand zu leisten. Dieser Widerstand, der dem unseres englischen Adels, die Exzesse von König Johann einzuschränken, sehr ähnelte, war im Gegensatz zu den Ereignissen in England völlig erfolglos; die Kräfte des Adels waren 1348 bei Epila vernichtend geschlagen worden, und das Ergebnis war, daß Jaime für die nächsten zwölf Jahre eingekerkert wurde. Als er schließlich freigelassen wurde, suchte er sein Glück sonstwo, nur nicht in Spanien, aber er blieb mit dem Herzen ein Spanier, tief verwurzelt mit seiner vom Wind gepeitschten Heimat.

Er wäre auch kein Spanier gewesen, wenn er nicht davon geträumt hätte, sich an seinem verhaßten Bruder zu rächen.

Unterdessen wurden Frieden und Wohlstand jenseits der Grenze, in Kastilien, durch Familienstreitigkeiten gestört. Alfons XI. von Kastilien war einer der größten Krieger in der Geschichte Spaniens, und sein Sieg am 30. Oktober 1340 beim Rio Salado über die Sarazenen schob der moslemische Expansion anscheinend für die nächste Generation einen Riegel vor. Doch nach seinem Tod, zehn Jahre später, trat sein Sohn Pedro die Thronfolge an, dem gerade erst der Spitzname ›der Grausame‹ verliehen worden war.

Alfons hatte auch einen unehelichen Sohn namens Enrico von Trastamara, und dieser Junge, geboren 1333 und folglich acht Jahre jünger als ich, war gezwungen gewesen, die Schand- und Freveltaten seines Halbbruders hinzunehmen, bis er 1356 an den französischen Hof flüchtete. Dort fand er bald wohlwollendes Gehör, denn das französische Königshaus – so abgelenkt es auch durch die Katastrophe von Poitiers und die folgende Gefangennahme des guten Königs sein mochte –, war entsetzt über die Nachricht, daß Pedro seine französische Frau, Blanche von Bourbon, schlecht behandelte. So lagen die Dinge, als Enrico 1363 förmlich und mit französischer Unterstützung den kastilischen Thron beanspruchte.

Und dazu, wie wir nun in Neapel erfuhren, mit der Unterstützung Pedros IV. von Aragon, der seinen Cousin und Namensvetter nicht mochte.

Die Situation drohte ganz Spanien in einen Krieg zu stürzen, besonders als bekannt wurde, daß England in der Person von niemand Geringerem als dem Schwarzen Prinzen plante, Pedro von Kastilien zu unterstützen. Angesichts von Pedros Ruf war das anscheinend eine bemerkenswerte Entscheidung Englands, aber zwei von Pedros Töchtern – Konstanze und Isabella – waren verheiratet mit John von Gaunt und Edmund von York, den jüngeren Brüdern des Schwarzen Prinzen, und deshalb war der Thron von Kastilien, wie abscheulich der Inhaber auch sein mochte, sehr eng mit dem von England verbunden.

Folglich waren alle Voraussetzungen für einen gewaltigen Konflikt gegeben, und Jaime von Aragon war entschlossen, seine Rolle darin zu spielen, denn ihm war klar, daß die Krone von Aragon frei sein würde, wenn Enrico von Trastamara und sein Verbündeter aus Aragon besiegt werden würden, was angesichts der Fähigkeiten und des Rufs ihres großen Gegenspielers völlig wahrscheinlich war. Und wer war es mehr wert, sich die Krone aufzusetzen als er selbst?

Erst vor einem oder zwei Jahren war dieser Enrico von Trastamara am Hof von Neapel gewesen und hatte um die Hand der Königin angehalten. Daß er verloren und Jaime gewonnen hatte, mochte Anlaß für den Sieger sein, den Besiegten mit Verachtung zu betrachten. Und außerdem verspürte Jaime starke Abneigung, um nicht zu sagen Haß, gegenüber dem Kastilier, der dem Haß auf seinen eigenen Halbbruder entsprach. Gegen beide zu kämpfen wurde plötzlich das wichtigste in Jaimes Leben.

Johanna war am Boden zerstört. Sie war ihrem jungen

Mann verfallen und fand den Gedanken unerträglich, daß er in den Krieg marschierte, von ihrem Bett getrennt wurde und Spaniens glutäugige Señoritas nur auf seinen Wink und Ruf warteten.

Sie konnte Neapel natürlich nicht verlassen, um an seiner Seite zu sein, und so wählte sie das Nächstbeste.

Und so war auch ich am Boden zerstört.

»Darf ich Eure Hoheit erinnern«, sagte ich, »daß ich vierzig und Großmutter bin und daß meine letzte Mission für Euch eine totale Pleite war?«

»Die Umstände waren gegen dich«, sagte Johanna, »aber du hast den Acker gut besät. Jetzt schicke ich dich zurück zu dem Schwarzen Prinzen – der dir übrigens sehr zugeneigt ist –, und zwar nicht als Kriegsgefangene, sondern als meine Beauftragte. Er wird dich mit offenen Armen willkommen heißen.«

Ich seufzte; was sie prophezeite, war nur zu wahrscheinlich, und ich hatte kein Verlangen, in den offenen Armen von jemand anderem außer Christopher zu liegen. Aber wenn Johanna eine Idee hatte, war es nahezu unmöglich, sie ihr auszureden.

»Und Prinz Jaime?«

Jetzt seufzte Johanna. »Du wirst dich um ihn kümmern wie eine Mutter. Und wie eine Schwester. Und, wenn es sein muß, wie ich mich selbst um ihn kümmern würde.«

»Eure Hoheit, Ihr ladet mir eine große Verantwortung auf.« Und noch viel mehr, dachte ich. »Wir wissen nicht einmal, ob mich der Prinz mag.«

Wir waren kaum in Kontakt gekommen.

»Und ob wir das wissen«, sagte Johanna. »Er hält dich für die zweitschönste Frau, die er je gesehen hat. Er seufzt jedesmal schwer, wenn er dich sieht. Er wird überglücklich sein, dich an seiner Seite zu haben.«

Angenommen, ich blieb dort und landete nicht unter ihm.

»Seid Ihr sicher, was Ihr tut, Eure Hoheit? Ihr befehlt mir, Ehebruch zu begehen, und auch noch mit Eurem Mann.«

Johanna hielt meine Hände. »Ich tue, was ich muß.

Richilde, du bist die einzige Person auf der ganzen Welt, der ich vertrauen kann. Ich liebe Jaime über alles, aber er ist ein junger und vitaler Mann. Wer kann sagen, wie er verführt wird, wenn er meinem Bett fern ist. Aber du, das weiß ich, wirst nur tun, was die Pflicht von dir verlangt, und du wirst mich nie in irgendeiner Weise zu betrügen versuchen. Ich habe keinen sonst, an den ich mich wenden könnte.«

Ich fühlte mich geschmeichelt und war gleichzeitig bekümmert, weil diese Frau so verzweifelt einsam war, daß sie auf den Körper ihrer besten Freundin zurückgriff, um ihren Ehemann zu behalten. Ich erhob keine weiteren Einwände, obwohl mein Herz bei dem Gedanken blutete, daß ich mein Schloß und meine Ländereien, meine Tochter und meine Enkel verlassen mußte, um mich wieder in Abenteuer zu stürzen.

Und so segelten Jaime und ich mit dem entsprechenden Gefolge nach Spanien. Johanna kam zur Mole und verabschiedete uns. Sie gab ihrem Mann einen letzten Kuß und umarmte ihn, und dann tat sie bei mir das gleiche.

»Paß auf ihn auf«, flüsterte sie mir zu.

Als ob mir eine Wahl bliebe.

Der sicherste, wenn auch nicht schnellste Weg nach Toledo war der per Schiff nach Marseille, durch Südfrankreich und Nordspanien. Es war eine Reise von zwei Monaten mit den üblichen Strapazen. Aber ich war eine erfahrene Reisende und ließ mich weder durch Wind noch Regen, weder durch störrische Beamte noch eingestürzte Brücken entmutigen.

Meine Erfahrung reichte auch aus, um den Prinzen zu beruhigen, der bei jeder Verzögerung sehr aufgeregt wurde.

Ach, Erfahrung! Das ist die größte Wohltat der Menschheit, vorausgesetzt, keine Pechsträhne belastet die Seele, so daß man nicht mehr an das Glückliche glauben kann, das kommen könnte. Das passiert viel zu oft, und einige Leute werden völlig entmutigt, während andere nach langer Glückssträhne arrogant werden. Ich habe die Erfahrung gemacht, daß alles im Leben zwei Seiten wie auf einer Münze hat, und wenn man die Münze oft genug dreht, gleicht sich alles am Ende aus.

Dies war eine Lektion, die Prinz Jaime noch nicht gelernt hatte.

Seine Schwierigkeiten begannen an diesem Nachmittag. Als wir aus dem Hafen ausgelaufen waren, legte sich der Wind, und wir kamen nicht mehr voran. Im Mittelmeer gibt es, wie Sie wissen, keine Gezeiten, und die Strömung ist sehr langsam, wenn man erst aus der Straße von Gibraltar heraus ist. Im Tyrrhenischen Meer gibt es praktisch keine Strömung. Deshalb trieben wir vierundzwanzig Stunden in Sichtweite von Neapel und all den Inseln dahin.

Jaime war weniger beunruhigt weil wir unter Johannas Augen waren als durch die Tatsache, daß wir uns nicht mit voller Kraft unserem Ziel näherten. Er wurde zunehmend gereizt, als sich der Nachmittag dahinschleppte, und als unser Kapitän sagte, daß man auf See immer mit Flauten rechnen muß und wenigstens keine Gefahr bestand, daß wir irgendwo auf Felsen aufliefen, wurde Jaime ausfallend, woraufhin der Kapitän auf das Achterdeck flüchtete und die Bediensteten des Prinzen und meine Zofen besorgt Blicke tauschten.

Der Prinz verlangte eine Flasche Wein, und sie wurde ihm prompt gebracht. Weil ich von Natur aus optimistisch bin, nahm ich an, er würde einschlafen, wenn er den Wein getrunken hatte. Das war jedoch ein Irrtum. Als die Flasche leer war, bestellte er eine zweite, und zugleich beäugte er meine Zofen mit Blicken, die ich nur als unternehmungslustig bezeichnen kann.

Ich erkannte, daß eine Krise drohte, viel eher als ich erwartet hatte, besonders als der Prinz den Blick auf ein Mädchen namens Margaretta heftete, die jüngste meiner Zofen – sie war erst sechzehn – und die hübscheste. Sie hatte kastanienbraunes Haar, was bei einer Neapolitanerin selten ist, und Brüste, die einer zehn Jahre älteren Mutter hätten gehören können … oder mir in ihrem Alter. Ich hatte die ungewöhnliche Entwicklung ihrer Brüste immer auf Margarettas Selbstgespräche zurückgeführt, die sie in Ermangelung anderer Gelegenheit führte. Wenn sie ausatmete und seufzte, hätte es keinen anderen Wind mehr bedurft, um die Segel zu blähen und das Schiff voranzutreiben. Trotzdem mochte ich das Mädchen, das schnell, eifrig und gehorsam war, und ich wollte nicht, daß es die Mätresse eines fremdgehenden Prinzen wurde.

Außerdem mußte ich an Johannas Anweisungen denken, und ich befürchtete, er würde das Interesse an seiner Frau verlieren, wenn er erst einmal Margarettas prächtige Hügel liebkost hatte. Johannas wahre Schönheit lag in ihrem Haar, den Augen, den Beinen und ihren Schenkeln und vor allem in ihrer leidenschaftlichen Persönlichkeit – sie war nie, wie ich vielleicht schon erwähnt habe, von der Natur für die Mutterschaft ausgerüstet worden.

Deshalb fühlte ich mich genötigt einzugreifen, welches persönliche Opfer das auch bedeuten würde, als der Prinz seine zweite Flasche Wein schwenkte, dabei Wein von einem Ende der Kabine bis zum anderen verspritzte und den Wunsch ausdrückte, mit Margaretta allein gelassen zu werden. Ich klatschte in die Hände, scheuchte alle meine kichernden Mädchen auf Deck, schloß und verriegelte die Kabinentür und blieb in der Kabine.

Der Prinz hatte währenddessen ordentlich gesoffen, und jetzt ließ er die Flasche sinken, um das Objekt seiner Begierde zu betrachten. Statt Margaretta sah er eine Frau, die … nun, ich war nicht alt genug, um seine Mutter zu sein, aber von seinem Standpunkt aus und in seinem besäuselten Zustand wirkte ich vielleicht so. Andererseits war ich darauf vorbereitet, eine Krise abzuwenden, und – wenn ich so sagen darf – wenn Richilde, Herzogin von Eberli, ihre Reize einsetzt, gibt es keinen Zweifel an dem Resultat.

Jetzt machten wir unterschiedliche Entdeckungen. Der Prinz entdeckte eine Frau, die sogar noch attraktiver als seine Ehefrau war und sogar noch reichlicher von der Natur bedacht war als Margaretta, wie er staunend feststellte. Und ich entdeckte leider einen Mann, der trotz seiner Vitalität wirklich noch ein grüner Junge war. Als Frau, die von vielen verschiedenen Männern beglückt worden war, die äußerst talentiert in der Kunst der Liebe gewesen waren, blutete mein Herz für meine liebste Johanna, wenn dies der höchste Standard war, den sie während ihrer Zeit als Strohwitwe und dann richtiger Witwe in ihrem Bett gehabt hatte. Zu leben und vielleicht zu sterben ohne einen Cola di Rienzi, einen Schwarzen Prinzen, einen König Eduard oder einen Christopher gekannt zu haben, war traurige Vergeudung eines Frauenlebens.

Unnötig zu sagen, daß Prinz Jaime nach diesem Intermezzo so entzückt war, daß er jeden weiteren Tag der Reise nach mir verlangte und sich Hals über Kopf in mich verliebte, bevor wir Toledo erreichten. Aber ich erwiderte seine Liebe nicht im geringsten, sooft ich ihm auch gefällig sein mußte, und ich hatte keine Sorge um den Bestand der Ehe meiner Herrin.

Ich gewährte ihm jedoch weitere Befriedigung, während ich in meinen Mußestunden zugleich mit den Tränen der enttäuschten Margaretta fertig werden mußte. Das alberne Mädchen hatte ihre Jungfernschaft bereits einem Schurken geopfert, der ihr den Himmel auf Erden oder zumindest einen Ehering am Finger versprochen hatte, bevor er mit ihrer älteren Schwester durchgebrannt war. Es war dieses Mißgeschick gewesen, das mich veranlaßt hatte, gutherzig wie ich bin, Margaretta in meine Dienste zu nehmen – nach Zahlung einer angemessenen Summe ihres beunruhigten, aber sehr reichen Vaters, der sie sonst für den Rest ihres Lebens in ein Kloster gesteckt hätte.

In Diensten der Herzogin von Eberli war vielleicht alles möglich, sagte sich der gute Mann.

Leider kann ich keine Wunder bewirken, und während ich fand, daß Margaretta ein nettes Mädchen und eine angenehme Gesellschaft war, sprach sich die Geschichte ihres Mißgeschicks in Neapels Gesellschaft herum, und es war anscheinend kein junger Mann bereit, den Weg zu ihrer offenen Tür zu finden. Den Rest ihrer Tage als alte Jungfer in meinen Diensten zu verbringen war offenbar immer noch eine Verbesserung gegenüber einem Kloster, doch das Mädchen litt sehr unter der Situation, und hier hatte es die Chance gehabt, die Mätresse eines Prinzen zu werden, was in mancherlei Hinsicht befriedigender sein kann als eine Ehe.

Jetzt mußte sie diesen Traum vergessen, und ausgerechnet wegen der Frau, die sie mehr liebte und bewunderte als jede andere. Ich konnte ihr nur die Lage erklären, ihr versichern, daß ich nur meine Pflicht erfüllte und absolut kein Vergnügen dabei hatte, und sie an meinen Busen drücken.

Mein einziges Ziel war, die Aktion so schnell wie möglich zu beenden und den Prinzen zu seiner Frau und mich zu meinem Heim und meiner Familie zu bringen. Das war leider nur eine Hoffnung. Vielleicht hatte ich mich wegen meines früheren Ausflugs in die europäischen Ränke dazu verleiten lassen. 1356 war ich zufällig nach Frankreich gereist, hatte König Johann und seine unfähige Armee kennengelernt, als sie gerade in eine Schlacht zogen. Wäre ich Studentin der Geschichte gewesen, hätte ich gewußt, daß ich großes Glück gehabt hatte.

Tatsache ist, daß England und Frankreich zur Zeit der Schlacht von Poitiers seit nunmehr neunzehn Jahren Krieg führten und in dieser Zeit nur drei offene Schlachten geführt hatten, eine davon auf See. So war es in Spanien. Enrico von Trastamara stellte eine große Armee auf, von Frankreich finanziert und vom Haus Aragon unterstützt … aber es dauerte einige Jahre, bis er mit der geringsten Hoffnung auf Erfolg ins Feld ziehen konnte.

Nicht, daß er jemals Hoffnung gehabt hätte.

Ich muß hier eine Pause einlegen, um meine Leser nicht zu verwirren und um zu erklären, wie Frankreich, das sich abplagte, um das in dieser Chronik erwähnte Lösegeld für den guten König aufzutreiben, jetzt Geld in ein solch unsicheres Projekt wie das des Enrico von Trastamara stecken konnte. Die Antwort ist einfach: der gute König Johann war gestorben.

Er hatte bis zum Ende ein Leben in Ritterlichkeit gelebt. Als Frankreich das Lösegeld für ihn nicht auftreiben konnte, schloß er mit den Engländern einen Handel. Einer seiner Söhne kam nach England und ließ sich an seiner Stelle als Geisel gefangennehmen, während Johann in sein Heimatland zurückkehrte, um sein Volk zur Zahlung des Lösegeldes zu ermuntern. Man kann sich denken, daß er unter den gegebenen Umständen nicht gerade mit offenen Armen willkommen geheißen wurde, während sein Sohn, gesegnet mit anderen moralischen Werten als sein Vater, aus dem Tower von London, über den Kanal und in die Heimat geflüchtet war.

Der gute König Johann war natürlich entrüstet über diesen Bruch seines Ehrenwortes als Ritter und kehrte prompt nach England zurück, um sich gefangennehmen zu lassen. Seien wir ehrlich, sein Volk war überglücklich über sein Verschwinden. Ebenso seine Söhne. So verbrachte er den Rest seines Lebens in ehrenvoller, freundlicher und lasziver Gefangenschaft.

Der ganze Zwischenfall hatte jedoch weiterhin die Beziehung zwischen England und Frankreich getrübt. Die Engländer fanden, daß die Franzosen sich hinterhältig und feige verhalten hatten, und den Franzosen war das gleichgültig, solange sie sich die verhaßten Engländer vom Leib halten konnten. Obwohl die *Jacquerie* immer noch tobte – und nur der Himmel weiß, wie viele glücklose Adlige über ihren eigenen Feuern aufgespießt und ihre schmackhaftesten Teile ihren Frauen und Töchtern angeboten wurden –, gab sich Johanns Sohn, König Karl V., damit zufrieden, etwas von seinen knappen Geldern abzuzweigen, um den Schwarzen Prinzen zu ärgern.

Es war bedauerlich für Frankreich, daß Geld nie ein angemessener Ersatz für militärisches Genie sein konnte, und es verging einige Zeit, bis Enrico und seine Anhänger tatsächlich in die Schlacht ziehen konnten. Während dieser notwendigen

Aufbauphase erreichten Jaime und ich mit unserem Gefolge Toledo ohne Zwischenfall.

Dort wurde ich abermals meinem alten Liebhaber vorgestellt, und das war ein schwerer Schlag.

Ich hatte natürlich gewußt, daß Eduard vor einigen Jahren geheiratet hatte, und zwar eine Dame namens Johanna von Woodstock. Sie war von Adel, jedoch aus keiner königlichen Linie und gegenwärtig Witwe. Ich war ebenfalls Witwe gewesen, als der Prinz und ich uns zum ersten Mal begegnet waren, und wenn ich auch nicht mit einem Adelstitel hatte aufwarten können, war ich wenigstens Herzogin gewesen. Daß er mich weggeschickt hatte, damit ich das Bett seines Vaters zierte, als wäre ich eine Hure, hatte mich damals geärgert, aber ich tröstete mich mit dem Gedanken, daß er offenbar ein Auge auf die eine oder andere Prinzessin geworfen hatte. Als sich herausstellte, daß er die ganze Zeit über nur diese gemeine Witwe im Sinn gehabt hatte – ich habe die Lady nie gesehen, aber ich kann nicht glauben, daß sie oder sonst eine von der Natur so gut bestückt war wie ich –, betrachtete ich die ganze Episode als Beleidigung. Aber zu jener Zeit, 1361, war ich völlig in Eberli engagiert und geneigt, England und sein fieses Herrscherhaus zum Teufel zu wünschen.

Jetzt waren vier Jahre seit der Hochzeit des Prinzen vergangen, und man hatte mich informiert, daß seine Frau während des Feldzugs ihres Mannes in Bordeaux blieb. Deshalb freute ich mich auf eine glückliche Wiedervereinigung zweier alter Freunde, eine Vereinigung, die höchstwahrscheinlich Prinz Jaime während der Dauer unseres Besuchs aus meinem Bett ausschließen würde, obwohl ich meine Verantwortung nicht vergaß und wußte, daß es meine Pflicht gegenüber Johanna war, ein Fremdgehen ihres Mannes zu verhindern.

Meine Pläne wurden jedoch von Prinz Eduard selbst zunichte gemacht.

Erstens entdeckte ich schnell, daß er wahnsinnig in seine Frau verliebt war und kein Interesse hatte, mit einer anderen herumzutändeln, auch nicht mit einer so gutaussehenden und garantiert befriedigenden Gesellschaft wie meiner. Zweitens, und das war vom politischen und militärischen Standpunkt aus betrachtet weit beunruhigender als vom persönlichen, war der Prinz nicht mehr der potente und vitale junge Mann, den ich nach ungefähr acht Jahren in Erinnerung hatte. Er litt an starkem Fieber und lag, durch Schüttelfrost und vom übermäßigen Genuß geistiger Getränke zitternd, oftmals flach. Wenn es ihm gutging und er nüchtern war, dann war er noch der tapfere Ritter, doch wenn er an seiner Krankheit litt und die Symptome mit Wein bekämpfte, war er so bösartig wie jeder andere gemeine Mann. Ich habe keinen Zweifel, daß seine Fieberkrankheit, die ihn vorzeitig ins Grab brachte – ein großes Unglück für England –, verantwortlich für die schreckliche Plünderung von Limoges einige Jahre später war.

Aber ich möchte nicht vorgreifen. Während Prinz Jaime mit offenen Armen von Pedro und Eduard empfangen wurde, betrachtete mich letzterer mit einigen bösen Ahnungen. Es war ihm zweifellos klar, daß unsere Namen vor seiner Ehe miteinander in Zusammenhang gebracht worden waren, und er war besorgt, daß die Kunde meiner Ankunft in Toledo zu seiner Frau nach Bordeaux durchsickern konnte.

Deshalb unternahm der Prinz Schritte, mich Pedro in so gutem Licht wie möglich zu präsentieren. Ich erinnere daran, daß dieser Kerl den Spitznamen ›der Grausame‹ trug. Es war mein Pech, sehr anziehend auf ihn zu wirken, was natürlich durch die vertraulichen Worte des Schwarzen Prinzen unterstützt wurde.

Bevor ich wußte, was geschah, war ich mit dem König von Kastilien eingeschlossen, und das war eine sehr interessante Erfahrung. Wie auch immer man über ein Leben nach dem Tod denken mag, man sollte jede mögliche Erfahrung auf dieser Erde sammeln, nur um sicherzugehen, daß man dem Priester, der einem die letzte Ölung gibt, sagen kann, ich habe gelebt!

Es gibt natürlich Aspekte des Lebens, die man am besten vergißt, und einige meiner Erfahrungen habe ich hier mit einigem Zittern und ohne großes Vergnügen aufgezählt. Sich Pedro ›dem Grausamen‹ zu unterwerfen muß dazu gezählt werden, und als ich erfuhr, daß er mit keiner Frau schlief, ohne ihr zuvor das Gesäß blutig zu schlagen, wäre ich fast aus seiner Kammer gerannt. Ich verstand völlig den Widerwillen seiner Frau, Blanche von Bourbon, mit ihm das Lager zu teilen. Aber ich rannte nicht aus der Kammer, teils weil bewaffnete Wachen vor der Tür standen, die mich zurückgeschleift hätten, teils weil ich mich erinnerte, daß Johanna von mir verlangt hatte, zu jedem nett zu sein, der Jaime von Nutzen sein konnte. Meine geliebte Königin, wie sehr sie auch die Trennung von ihrem Mann bedauerte, war nicht zu erhaben, um in Erwägung zu ziehen, welches Imperium durch eine Vereinigung von Aragon und Neapel geschaffen werden konnte.

So erduldete ich die Widerwärtigkeiten dieses unglücklichen Prinzen, die weitaus perverser und demütigender waren, als ich nach den Gerüchten hätte ahnen können; ich entwickelte rasch Mitleid mit seiner unglücklichen Frau, die sein Bett verlassen hatte.

Ich war nicht in der Position, sein Bett zu verlassen, und so bestürzt ich auch über seine Entschlossenheit war, sein Lager mit mir und Margaretta zu teilen – er hatte lüstern in ihr Mieder gepeilt, als sie sich bei unserer Ankunft in Toledo vor ihm verneigt hatte –, war meine erste Reaktion Erleichterung, denn ein geteilter Mann ist sozusagen nur ein halber Mann, und mein Gewissen bezüglich Margaretta wurde beruhigt, weil sie verzweifelt *irgendeinen* Mann suchte, und hier war nicht nur ein Prinz, sondern ein König!

Wie üblich war ich zu optimistisch. Pedros Vorstellung von Vergnügen im Schlafgemach bestand darin, seinen beiden Gespielinnen bei der Liebe zuzuschauen. Nun ... ich hatte natürlich viele Liebesspiele mit Johanna geteilt, in unserer Mädchenzeit und in späteren Jahren während tiefer Krisen, aber die Einfälle dieses perversen Monsters zu erfüllen, war etwas anderes. Ich will um der Schicklichkeit willen nicht in Einzelheiten gehen, sondern nur berichten, daß wir uns unter anderem bis zu seiner Befriedigung gegenseitig peitschen mußten. Wir hatten auch, oder genauer gesagt, ich hatte auch keine Erleichterung, als er, äußerst erregt durch seine voyeuristischen Vergnügungen, über Margaretta herfiel – zu ihrem Vergnügen, muß ich sagen. Denn als er von dem atemlosen und erschöpften Mädchen abließ, das obendrein blaue Flecken und rote Striemen hatte, war er noch stark genug, um mich zu nehmen.

Mein Aufenthalt in Toledo war alles andere als erholsam, besonders, als ich den König mit einem immer unglücklicheren Jaime teilen mußte, der genau wußte, was los war, aber auf Pedro angewiesen war, damit der ihm nach dem erwarteten Sieg die Krone von Aragon gab. Jaime wußte Bescheid, aber er war zur Untätigkeit verdammt. Doch das Abenteuer, das mir bald widerfahren sollte, ließ diese Episode, die ich als bemerkenswert eingestuft hätte, zu etwas Unbedeutendem verblassen.

Trotz meiner schweren Arbeit und der daraus resultierenden Erschöpfung genoß ich Toledo, eine äußerst schöne Stadt, umschlungen von den Armen des Tajo. Der längste Fluß der Iberischen Halbinsel entspringt im Iberischen Randgebirge und mündet nach 1008 Kilometern bei Lissabon – eine Verfälschung des maurischen Wortes Luzbona (›Gutes Wasser‹) – mit breitem Trichter in den Altantischen Ozean. Der Tajo beschreibt eine Biegung um Toledo und bildet somit fast einen unüberwindbaren Graben im Süden und Osten.

So mußte nur der Norden und Westen durch konventionelle Mauern geschützt werden, und das konnte jeder fähige militärische Kommandeur. Alfons XI. hatte die Stadt jedoch im vergangenen Jahrhundert von den Mauren erobert, und jetzt zeigte sie alle Anzeichen einer christlichen Stadt, was durch die Wiederherstellung der Kathedrale betont wurde, in denen die Gebeine der westgotischen Könige ruhten, die Spanien über achthundert Jahre zuvor beherrscht hatten.

Ich fand Toledo herrlich und hätte mich an der dortigen

Delikatesse, einer Mandelpaste namens Marzipan, gütlich getan, wenn da nicht die Sorge um meine Figur gewesen wäre.

Jaime und ich waren jedoch in Toledo, um eine Schlacht zu schlagen und Enrico von Trastamara zu besiegen, und dieses Ereignis fand schließlich bei Navarete statt oder Najera, wie einige es nennen. Dieser Ort liegt nördlich von Toledo, nur ein paar Kilometer südlich des Ebro.

Die Umstände dieser Schlacht, vermutlich Eduards größter Sieg, müssen erklärt werden.

Die Hauptstreitmacht des Schwarzen Prinzen war natürlich in Bordeaux, und um Pedro zu unterstützen, mußte er seine Leute durch die Pyrenäen bringen. Nach seinem Besuch von Toledo hatte er sich ganz richtig gesagt, daß die Stadt gut zu verteidigen war, und so war er zu seiner Operationsbasis zurückgekehrt, um seine Kräfte zu mobilisieren. So blieb Pedro der Befehlshaber im Süden, und das erwies sich als ernster Fehler. Denn sofort nach der Abreise des Schwarzen Prinzen marschierten Enrico von Trastamara und Pedro von Aragon gegen ihren Feind.

Dies war der Moment, auf den wir gewartet hatten, denn unser Jaime hatte nicht den geringsten Zweifel, daß er und Pedro diese Rebellen – wie er sie bezeichnete – besiegen konnten, sogar ohne die Hilfe des Schwarzen Prinzen. Leider dachte Pedro, der ebenso feige wie grausam war, anders darüber, und bevor sich die beiden Heere zusammenschließen konnten, floh er nach Norden aus der Stadt.

Natürlich mußten wir ihn begleiten, und es war eine wilde Jagd, als Enrico von Trastamara Pedro von Aragon verfolgte, bis wir uns dem Ebro näherten und alle Manöver stoppten, als bekannt wurde, daß der Schwarze Prinz die Pyrenäen überwunden hatte und in das spanische Hochland einfiel.

Dies war nicht leicht gewesen, denn es gab nur wenige Pässe, die durch entschlossene Männer leicht zu blockieren waren, und Enricos Aragonesen waren gegen Pedros Herrschaft nicht nur durch ein großes Kontingent kastilischer Rebellen verstärkt worden, sondern auch durch einen berühmten französischen Krieger namens Bertrand von Guesclin mit einer Einheit Franzosen.

Trotzdem überlistete Eduard die vereinigte Streitmacht, indem er den Feind überzeugte, er werde den Paß von Roncesvalles benutzen – berühmt in der Geschichte und bekannt als die letzte Stellung des Helden Roland gegen die Basken vor über fünfhundert Jahren – und marschierte schnell nach Süden. Bevor sie wußten, was er vorhatte, durchfurtete er den Ebro und schloß seine Engländer mit Pedros Spaniern zusammen.

Dann stellte er sich dem Feind.

Wie üblich waren wir Eduards Schlachtordnung zahlenmäßig überlegen. Enricos Armee bestand aus ungefähr zweitausend Mann französischer schwerer Kavallerie, über fünftausend Mann kastilischer schwerer Kavallerie, viertausend Mann leichte Kavallerie, sechstausend Armbrustschützen und gut zwanzigtausend Infanteristen – insgesamt über siebenunddreißigtausend Mann.

Der Prinz befehligte gerade die Hälfte dieser Zahl, vielleicht zehntausend Kavalleristen, fünftausend Bogenschützen, und der Rest war Infanterie.

Es war einfach eine Wiederholung von Poitiers. Guesclin hatte sich in früheren Jahren einen hervorragenden Ruf erworben als Führer irregulärer Truppen gegen einzelne Städte und Festungen, die von Engländern gehalten wurden. Seine Landsleute betrachteten ihn als Helden. In diesem Stadium seiner Karriere fiel ihm jedoch keine bessere Taktik ein als diejenige, die der gute König Johann elf Jahre zuvor angewandt hatte: er ließ seine Kavallerie absitzen und führte sie gegen die englische Stellung.

Die Franzosen wußten wenigstens, was sie zu erwarten hatten. Sie sagten sich, wenn sie erst die englischen Flanken erreichen konnten, wie sie es vor kurzem bei Poitiers geschafft hatten, dann konnten sie siegen. Äußerst tapfer stießen sie durch den Pfeilhagel vor. Aber es waren einfach zu wenige, und die spanischen Ritter, die mit ihnen marschierten, fühlten sich bald zu sehr dem Pfeilhagel ausgesetzt und ergriffen die Flucht.

Die Infanteristen und Armbrustschützen folgten dem Beispiel, woraufhin die französischen Ritter, jetzt völlig umzingelt und fast aufgerieben, das einzig Vernünftige taten und kapitulierten.

Der Schwarze Prinz hatte wieder einen erstaunlichen Sieg errungen. Seine Verluste betrugen kaum hundert Tote und wenig mehr Verwundete, die Gegenseite hatte siebentausend Mann verloren und fast ebenso viele Verwundete.

Pedro der Grausame hatte gesiegt, wenn auch nur aus zweiter Hand, und schien sicher auf dem Thron von Kastilien. Doch das Schicksal stellt Schurken manchmal ein Bein. Eduard begleitete uns mit großem Pomp feierlich zurück nach Toledo, und eine Weile frönten wir der Völlerei und feierten Orgien. Ein- oder zweimal fand ich mich sogar in den Armen des Prinzen wieder, und das war der Beginn von Pedros Untergang.

Eduard hatte, wie ich berichtet habe, keine wahren amourösen Absichten mehr bei mir. Er dachte an seine Frau und sehnte sich nach ihr. Aber nach alledem, was wir geteilt hatten, empfand er soviel für mich, daß er schockiert über die Entdeckung war, wie schlecht ich von seinem üblen Schwager behandelt worden war. Hinzu kam Eduards eigene Erfahrung, daß Pedro weder als Herrscher noch als Soldat etwas taugte; Eduard vergaß nicht, daß der kastilische König sich nicht an der Schlacht beteiligt hatte, die seine Krone sichern sollte, sondern am Rande des Schlachtfelds gelauert hatte, bis der Sieg sicher gewesen war.

Das Ergebnis all dessen war, daß der Prinz viel kürzer in Toledo blieb, als wir erwartet hatten. Er marschierte bald wieder mit seinen Männern ab nach Bordeaux.

Dies veränderte die Lage natürlich völlig, obwohl mir Pedros Auffassung äußerst naiv vorkam, ein so vielbeschäftigter Mann wie der Schwarze Prinz würde den Rest seiner Tage damit verbringen, die Krone von Kastilien zu stützen. Als Enrico von Trastamara, der erst vor ein paar Monaten so vernichtend geschlagen worden war, von der Abreise des Prinzen erfuhr, zog er wieder in die Schlacht. Er hatte die Unterstützung von Guesclin und seinen Franzosen verloren, die von ihren spanischen Verbündeten so angewidert waren wie Eduard von seinen, aber Pedro von Aragon ritt wieder an seiner Seite, begierig darauf, sich an seinem kastilischen Cousin zu rächen ... und an seinem Bruder.

Nach meiner Ansicht hätten Jaime und ich mit dem Schwarzen Prinzen abreisen und in aller Eile nach Neapel zurückkehren sollen, nachdem wir über zwei Jahre abwesend gewesen waren. Wie sehnte ich mich danach, meinen Liebling Lucia und ihre Kinder wiederzusehen! Aber Jaime sträubte sich; die Flucht seines unverwundeten Bruders vom Schlachtfeld bei Navarete hatte ihn völlig frustriert. Und Pedro war entschlossen, mich nicht gehen zu lassen. Da war ich also, eine Matrone von dreiundvierzig Jahren, wurde gefangengehalten wie ein achtzehnjähriges Mädchen, nur um dem König im Bett zur Verfügung zu stehen, und mußte abermals auf den Ausgang einer Schlacht warten.

Ich war nicht dabei, als die beiden Armeen nach den zwangsläufig langwierigen Manövern schließlich bei Madrid aufeinanderstießen, ungefähr zwei Jahre nach Pedros Triumph bei Navarete. Ich hatte leichtes Fieber und konnte nicht an dem Feldzug teilnehmen. Jaime nahm natürlich teil. Er war überzeugt, daß er sich endlich die Krone Aragons schnappen konnte. So blieb ich mit meiner treuen Margaretta und den anderen Zofen in Toledo und wartete auf Kunde vom Norden. Als sie kam, war sie äußerst beunruhigend. Ein blutbefleckter Adjutant galoppierte in die Stadt und rief, daß alles verloren sei. Auf unsere Fragen erzählte er uns, daß die Armee von Pedro und Jaime völlig vernichtet worden sei, daß Enrico seinem Halbbruder mit dessen eigenem Messer die Kehle durchgeschnitten habe und daß der Graf von Trastamara jetzt in voller Rüstung gegen uns marschiere, sich zum

König von Kastilien erkläre und allen Rache schwor, die Pedro in irgendeiner Weise unterstützt hatten.

Das jagte mir Angst ein, denn es gab keinen in Toledo, der daran zweifeln konnte, daß ich mit dem verstorbenen König das Bett geteilt hatte … und einem Mann, der seinem eigenen Bruder die Kehle durchschnitt, war alles zuzutrauen.

»Welche Nachrichten gibt es vom König von Neapel?« fragte ich.

»Er flüchtete vom Schlachtfeld und zieht sich nach Westen zurück. Er hat mir befohlen, Euch zu bitten, sich mit ihm in Lissabon zu treffen, wo er mit Euch an Bord eines Schiffes nach Italien gehen will.«

Einfach so! Triff mich in Lissabon! Als ob nicht zwischen mir und diesem Ziel die halbe Iberische Halbinsel, gefährliche Berge, eine Armee von Banditen, und – am schlimmsten von allem – ein paar maurische Armeen lägen! Aber die Alternative war anscheinend, mich der Rache Enricos von Trastamara auszuliefern. So rief ich meine Zofen zusammen und kündigte an, daß wir sofort abreisten.

Sie waren mit meiner Entscheidung nicht zufrieden. Sie hielten es für besser, einem Feind entgegenzusehen, den wir kannten, als zu riskieren, den Mauren in die Hände zu fallen. Margaretta war natürlich treu bis zum Ende; wir hatten in den vergangenen beiden Jahren soviel gemeinsam erlebt, daß sie sich ein Leben ohne mich nicht vorstellen konnte. Aber ich konnte nur noch ein anderes Mädchen, Joaquina, und zwei Diener überreden, mich zu begleiten. Dennoch war ich unbeirrt. Ich hatte keine Hoffnung, eine richtige Eskorte zusammenzubekommen, und in diesem Fall war die Chance, einer Gefangennahme zu entgehen, größer, je kleiner der Trupp war. Ich schaffte es, acht Pferde zu beschaffen, und dann ritt ich, ausgerüstet mit einem Beutel voller Goldmünzen, gen Westen.

Das führt mich zu dem Abenteuer, das ich schon erwähnt habe. Natürlich war mein Plan ein verzweifelter. Unser Weg war voller Schwierigkeiten, und ein paar Tage, nachdem wir Toledo verlassen hatten, versuchten wir einer Horde übel aussehender Spanier auszuweichen, die uns anscheinend nach Norden folgte. Dabei wandten wir uns zu weit nach Süden und überquerten unabsichtlich die Grenze ins maurische Spanien. Bevor wir unseren Fehler erkannten oder uns fragen konnten, warum unsere Möchtegern-Räuber ihre Verfolgung plötzlich aufgegeben hatten, waren wir von übel aussehenden Kerlen umzingelt, die zweifellos keine Christen waren.

Ich erinnerte mich sofort an jenen Tag, an dem das Schiff, auf dem ich mit meiner Familie reiste, von ähnlichen Schuften geentert wurde. Diesmal hatte ich keine Chance, jemand bei einer flüchtigen Untersuchung zu überzeugen, daß ich noch jungfräulich war. Ich erinnerte mich an das unglückliche Schicksal, das meine Mutter und Schwester erlitten hatten, und drückte Margaretta an meinen Busen, weil mir klar war, daß wir sozusagen im selben Boot saßen. Da die Moral an den modernen Höfen skandalös war, bestand nur eine geringe Aussicht, daß Joaquina noch jungfräulich war, obwohl sie kaum mehr als ein Drittel so alt war wie ich.

Meine Befürchtungen schienen sich zu bewahrheiten, als wir auseinandergetrieben und uns die Kleidung vom Leib gerissen wurde. Unsere Diener ereilte das gleiche Schicksal, denn die Mauren sind bemerkenswert tolerante Leute, die männliche und weibliche Schönheit gleichermaßen genießen.

Als die vorbereitenden Maßnahmen zur Vergewaltigung jedoch beendet waren, gab es eine Pause. Zum Teil lag das daran, daß die Mauren den Beutel mit Goldmünzen an meinem Hüfthalter entdeckten, was sie davon überzeugte, daß sie es mit einer Dame von vornehmem Stand zu tun hatten – sie waren zu primitiv, um das bereits aus dem Stoff zu schließen, den sie von meinem Körper gezerrt hatten. Aber genauso lag es daran, daß sie nie zuvor solch einen Hautton und eine solche Schönheit gesehen hatten.

Ihr Anführer zählte nun zwei und zwei zusammen. »Du

sein die Frau, die als die Herzogin von Eberli bekannt ist?« fragte er in gebrochenem Spanisch.

»Ich bin als gar nichts bekannt«, erwiderte ich. »Ich bin die Herzogin von Eberli.«

»Du werden Preis für meinen Herrn sein«, sagte er und befahl mir, mich wieder zu bedecken. Ich mußte mich mit einem ihrer bauschigen Umhänge so sorgfältig verhüllen, daß ich fast unsichtbar wurde. Eine weiße Maske wurde über meine Nase und hinter meine Ohren gebunden, so daß meine untere Gesichtshälfte völlig verborgen war.

Ich kann nicht behaupten, daß ich mich wohl fühlte, aber ich war wenigstens am Leben und noch nicht vergewaltigt worden. Dasselbe kann ich von meiner unglücklichen Gesellschaft leider nicht sagen. Alle anderen wurden auf dem Boden ausgestreckt und verschwanden unter einer Horde erregter Mauren. Sonderbar, sie fanden anscheinend mehr Interesse an meinen Dienern als an meinen Zofen, und im Augenblick waren sie so scharf auf die jungen Männer, daß ich mich so sicher fühlte, als wäre ich in der Gesellschaft von Bruder Jules und seinen Freunden.

Aber bald wandten sie ihre Aufmerksamkeit Joaquina und Margaretta zu und untersuchten beide so gründlich, daß sie sie damit gewiß ihrer Hymen beraubt hätten, wenn die Mädchen solche Schätze noch besessen hätten.

Ich versuchte nach besten Kräften, Einhalt zu gebieten und streifte die Maske vom Gesicht, denn ich fand es unmöglich zu sprechen, ohne eine beträchtliche Menge Leinen einzuatmen.

»Sie sind meine Töchter«, erklärte ich. »Und sie müssen mich überallhin begleiten.«

Der Maure, der mich gefangengenommen hatte, spähte in mein Gesicht und dann in die Gesichter der beiden Mädchen.

»Du lügen«, sagte er. »Sie sehen überhaupt nicht ähnlich wie du.«

»Sie kommen auf meinen Mann«, behauptete ich.

Wiederum starrte er mich und die Mädchen mehrmals an. Joaquina und Margaretta hatten sich aufgesetzt, zitterten von

Kopf bis Fuß, was bei ihrer Verfassung verständlich war, hielten sich an den Händen und beteten.

»Du haben geschlafen mit zwei Männern«, sagte der maurische Anführer.

»Na und, tut das nicht jede?« fragte ich. »Ich bin eine Herzogin.«

Das verwirrte den Kerl, und er kapitulierte vor meinen Wünschen. Margaretta und Joaquina wurden eingehüllt wie ich, dann wurden wir in drei große Körbe verfrachtet, die auf Maultiere geschnallt waren – wir mußten wirken wie übergroße preisgekrönte Hennen – und man marschierte mit uns nach Süden.

Aber ich hatte den Mädchen wenigstens fürs erste das Leben gerettet. Leider sah ich keinen meiner armen Diener wieder. Ich befürchte sehr, daß sie verstümmelt und dann ermordet wurden, als man ihrer überdrüssig geworden war, denn dies ist die Art und Weise, wie die Mauren mit Gefangenen umgehen.

Ich hing deshalb einigen sehr melancholischen Gedanken nach, als ich auf dem Rücken dieses Maultiers gerüttelt wurde. Meine Lage war unbequem, um es milde zu sagen, und mein vorläufiges Überleben wies nur darauf hin, daß meine beiden Mädchen und ich für irgendein unglückliches Schicksal bestimmt waren, wenn wir am Ziel eintrafen.

Im besten Fall war ich eine Gefangene, und meine Hoffnung, mich zu Jaime zu gesellen und in die Sicherheit von Neapel und zu meinen Lieben zurückzukehren, konnte ich aufgeben.

Wir reisten zwei Tage lang, und ich habe selten eine unangenehmere Zeit verbracht. Ich durfte zwar zum Schlafen aus meinem Korb steigen, doch dann wurde ich am Boden mit den Füßen an Pflöcken gefesselt. Meine Handgelenke wurden ebenfalls gefesselt, und die Stricke wurden mit den Handgelenken der Bewacher verbunden. Diese verflixten Kerle bestanden sogar darauf, mich zu begleiten, wenn ich meine

Notdurft verrichten mußte. Sie zeigten keinerlei Gewissensbisse, wenn ich gezwungen war, mich zu entblößen – schließlich hatten sie meine Schätze schon gesehen –, aber sie brüllten mich in verschiedenen Sprachen an, wenn ich den Schleier vom Gesicht nahm.

Wirklich ein sonderbares Volk.

Margaretta und Joaquina litten gleichermaßen, aber wir erhielten nicht viel Gelegenheit, um über unsere Lage zu sprechen und unsere Ängste zu teilen. Es war jedoch bemerkenswert, wie unterschiedlich wir über unsere ungewisse Zukunft dachten. Ich wollte nur entkommen und wieder ins sonnige Neapel gelangen, wenn ich auch keine Ahnung hatte, wie ich das bewerkstelligen sollte; Joaquina, die aus Kastilien stammte, machte sich nur Sorgen, weil sie demütigend von Kreaturen entkleidet und mißhandelt worden war, die sie niedriger als Vieh einstufte und die obendrein Ungläubige waren. Sie spielte mit Gedanken an Selbstmord und hatte ebenfalls nicht die geringste Ahnung, wie sie das anstellen sollte; Margaretta, in ihrer ständig sexuell erregten Art, war völlig mit dem Gedanken beschäftigt, daß sie gezwungen werden würde, einem dieser behaarten und ausgesprochen sinnlichen Tiere zu gehören, eine Aussicht, die sie hinreißend fand.

Und sie wußte genau, wie sie das erreichen konnte.

Am dritten Tag unserer Reise trafen wir bei der Hügelfestung Antequera ein, wo der Emir dieser besonderen Gruppe von Mauren seinen Hauptsitz hatte. Über die steil ansteigenden Straßen des Orts gelangten wir zu der Burg. Dort wurden wir, umgeben von Neugierigen, in eine Behausung von einiger Größe und beträchtlichem Luxus gebracht und dem Emir vorgeführt. Er hieß Ali ben-Yusuf ben-Hadad ben-Nasi, um nur seine unmittelbaren Ahnen zu nennen.

Er war ein kleiner, fetter Mann, der kaum bis zu meinen Schultern reichte, aber einen buschigen Schnurrbart hatte, der sich noch mehr zu sträuben schien, als der Anführer der Horde, die uns gefangengenommen hatte, meine Identität verkündete. Er wurde ziemlich aufgeregt, und bevor ich wußte, was geschah, wurden wir alle drei in einen inneren, kleineren Raum gebracht, in dem sich einige sehr merkwürdig aussehende Männer aufhielten, wenn das die richtige Beschreibung ist.

Dies war meine erste Begegnung mit Eunuchen, und meine erste Reaktion war Abscheu. Doch ich muß sagen, daß sie uns viel freundlicher und angemessener behandelten als die Männer, die uns gefangengenommen hatten. Im Nu waren wir nackt und wurden vom Emir inspiziert, der mich untersuchte, als wollte er ein unsichtbares Muttermal entdecken. Ich versuchte ihm zu erklären, daß ich nicht in bester Verfassung war und dringend baden mußte, aber das schreckte ihn nicht ab – vielleicht verstand er nicht, was ich sagte, weil ich kein Maurisch sprach.

Nachdem er seine Untersuchung beendet hatte, wandte er seine Aufmerksamkeit den beiden Mädchen zu, aber das war eine mehr oberflächliche Sache, denn wir wurden alle drei von den Eunuchen schnellstens in einen Raum gebracht, der tatsächlich ein Badezimmer war, aber ein größeres und luxuriöseres, als ich jemals gesehen hatte. Hier wurden wir gebadet, aber erst nachdem wir eine Reihe von Torturen über uns ergehen lassen mußten, die äußerst unchristlich waren – jedenfalls meiner Meinung nach.

Erstens war uns nicht erlaubt, etwas selbst zu tun. Die Eunuchen bestanden darauf, das Vergnügen selbst zu haben … und als eine, die nicht nur die führende Rolle beim Baden der Königin von Neapel gespielt, sondern es auch genossen hat, von den eigenen Zofen gebadet zu werden, kann ich versichern, daß es ein Vergnügen ist. Zweitens, nachdem ich mich mit dem ersten abgefunden hatte, türmten sie mein Haar auf dem Kopf auf und schlangen ein Band darum. Dann strichen sie meinen ganzen Körper mit einer klebrigen Mischung aus Zucker und Limonen und wer weiß was ein, die aufgekocht worden war. Die klebrige Paste war noch heiß, als sie aufgetragen wurde, und ich erlaubte mir einen Aufschrei, weil ich annahm, das sei eine neue Art der Hinrichtung. Ich hatte natürlich gehört, daß Leute in Öl gekocht wurden; in einer

Zuckerlösung gekocht zu werden, war anscheinend nur unwesentlich attraktiver.

Das war jedoch nicht ihre Absicht. Statt dessen mußte ich mich auf einer erhöhte Marmorplatte legen, woraufhin eine seidene Schnur über meine Haut gezogen und die süße Schicht aufgeschnitten wurde, von der ich bedeckt war, bis ich völlig von der Paste gesäubert war. Dann entdeckte ich, daß ich vollständig enthaart worden war; vom Hals hinab war kein einziges Härchen mehr zu sehen. Nirgendwo! Ich will mich nicht über Einzelheiten dieser Operation auslassen, die eine extrem langwierige Sache war. Es genügt, zu sagen, daß gewisse Körperstellen, in die eine Schicht heißer Zuckermasse eindringt, sehr seltsame – aber nicht ganz unangenehme – Gefühle hervorrufen. Wenn dann kundige Finger und gleitende Schnüre in die gleichen Stellen eindringen, fühlt eine Frau sich bereit, ins Bett zu gehen, und nicht allein. Und genau das war zweifellos ihre Absicht.

Während ich diese bemerkenswerten Wellen von Empfindungen erlebte, wurde unsere Intimsphäre von einer Schar Frauen gestört, sowohl blutjunge als auch ziemlich alte. Ich nahm an, daß sie Ali ben-Yusufs Frauen und Konkubinen waren, die sehen wollten, welche neue Schönheit sich ihr Herr zugelegt hatte. Sie waren alle sprachlos, als sie sahen, daß ich offensichtlich keine errötende Jungfrau war, nicht einmal ein Mädchen. Ich nehme an, sie waren verblüfft, weil ich nicht mal eine junge Frau war. Aber sie waren auch sprachlos bei dem prächtigen Anblick, der sich ihnen bot.

Sie blieben bei mir und plapperten aufgeregt, während ich nun in eine Reihe von Wannen getunkt wurde, einige mit heißem und einige mit kaltem Wasser, was zu einer Serie von anderen Empfindungen führte. Mein Haar wurde gesondert und mit großer Sorgfalt vom Chef der Eunuchen gewaschen und dann sorgfältig mit einem Handtuch abgetrocknet.

Nach mir kamen Margaretta und dann Joaquina dran. Jede wurde gezwungen, sich der gleichen Behandlung zu unterziehen, und sie waren danach schockierter und – ich fürchte es zu sagen – erregter als ich, denn es mangelte ihnen an meiner Erfahrung in der Künsten der Erotik.

Meine verschiedenen Bäder waren jetzt beendet, und die Eunuchen ummalten meine Augen mit Kohle, einer weiteren ihrer teuflischen Mixturen, wodurch sehr dunkle Lidschatten entstanden. Dann manikürten sie alle meine zwanzig Nägel mit Henna und rieben meinen Körper stark mit einer süß duftenden Salbe ein. Diese Prozeduren verhinderten, daß ich richtig sehen konnte, was mit den Mädchen geschah. Ich bekenne, daß ich neugierig war. Es ist ein großer Unterschied, ob man die Erfahrung selbst macht oder jemandem bei der gleichen Prozedur zuschaut.

Ich muß zugeben, daß ich in dieser Badekammer mehr über die weibliche Anatomie lernte als während meines ganzen bisherigen Lebens, um so mehr, als die beiden Mädchen, ähnlich zurechtgemacht wie ich, neben mich gesetzt und geschmückt wurden.

Wir wurden nun mit etwas Leckerem gefüttert, dessen Zusammensetzung ich nicht kannte, während wir von diesen eifrigen Mädchen umgeben und betastet wurden. Keine einzige von ihnen war züchtig bekleidet. Sie trugen bauschige Hosen aus reiner Seide und kleine Boleros, die kaum ihre Brustwarzen verhüllten; ihre Füße waren nackt, aber sie trugen eine kleine, juwelenbesetzte Mütze, deren Farbe zu ihrer Kleidung paßte. Die Mädchen waren in jedem Alter, jeder Größe und Statur, wie ich schon angedeutet habe, und ich stellte interessiert fest, daß einige davon Spanierinnen und zweifellos christlichen Erbes waren, obwohl ich bezweifelte, daß sie in dieser Atmosphäre sehr lange christlich bleiben konnten.

Und zu diesen reizvollen Geschöpfen kamen die aufmerksamen Eunuchen, und ihre Behandlung, die ein paar Stunden dauerte, war die lüsternste Erfahrung meines Lebens. Leider hatte ich ein paar erschöpfende Tage hinter mir, und als sie anscheinend mit mir fertig waren, war ich noch bereiter fürs Bett, diesmal um allein zu schlafen.

Doch dieses Glück sollte ich nicht haben. Ich wurde zu der

Kammer ihres Herrn gebracht. Die Mädchen blieben zurück, vermutlich für eine spätere Gelegenheit.

Dies war eine Erleichterung, denn ich war den Gelüsten des Emirs ausgeliefert, wie ich angenommen hatte, und solche Ereignisse sollte man am besten unter vier Augen erleben, obwohl Margaretta und ich gezwungen gewesen waren, sie mit Pedro dem Grausamen zu teilen. Zuerst untersuchte ben-Yusuf eine weitere Minute meine nun entblößten Reize, obwohl er anscheinend weniger an den Stellen meines Körpers interessiert war, die man vielleicht Venus zuschreibt. Sein hauptsächliches Interesse galt meinem Haar und meinem Kopf. Er teilte das Haar Strähne um Strähne und lutschte sogar an einigen, was natürlich die kunstvolle Frisur, die der Eunuch vorbereitet hatte, zunichte machte. Aber während er sich mit meinen Haaren beschäftigte, durfte ich ein wenig ausruhen, und ich döste tatsächlich ein und wurde vielleicht zehn Minuten später durch einen ziemlich starken Klaps auf die Schultern geweckt.

Ich setzte mich ruckartig auf und stellte fest, daß mein neuer Herr sich entkleidet hatte. Er besaß beträchtliche männliche Attribute und war offensichtlich begierig darauf, in mich einzutauchen. Ich tat mein bestes, um ihm gefällig zu sein, denn wenn man in der schwächeren Position ist, gibt man besser nach. Ich nehme an, ich hätte ihn mit bloßen Händen erwürgen können, denn ich war größer und stärker als er, aber ich sagte mir, daß das meine Hinrichtung durch seine Wachen bedeutet hätte, und so unterwarf ich mich und erhielt meine erste Lektion in moslemischer Liebeskunst.

Ich mußte mich auf Händen und Knien auf den Boden hocken. Man mag sich erinnern, daß ich einen solch unchristlichen Angriff schon erlebt hatte, von Karl von Durazzo, als ich an seine berüchtigte Leiter gefesselt gewesen war. Doch da hatte ich das Gefühl gehabt, daß ich ein spontanes Ereignis erlebte. Ben-Yusuf dagegen hatte diese Attacke offenbar schon viele Male durchgeführt, und er war außergewöhnlich, denn er drang tiefer in mich ein als jeder Mann zuvor. Ich muß gestehen, daß meine Entschlossenheit, nicht vor solch einem heidnischen Schurken zu kapitulieren, dahinschmolz und es geschah, ohne daß ich es verhindern konnte. Ich brach unter ihm zusammen, und er war immer noch nicht fertig.

Währenddessen schlief ich wieder ein und wurde abermals geweckt, als der gemeine Kerl auf meine Gesäßbacken schlug. Er hatte nun seinen Höhepunkt gehabt, aber meinen Sie, er erlaubte mir ein wohlverdientes Nickerchen? Kein bißchen. Er war immer noch scharf, und ich mußte ihm eine neue Erektion verschaffen, was nicht sehr lange dauerte. Dann wünschte er, daß ich mich auf seinen Schoß setzte, das Gesicht zu ihm und die Beine um ihn geschlungen. In dieser neuen Stellung, die von der Kirche nicht weniger mißbilligt wurde, fand er es leichter, in mich einzudringen und noch tiefer zu gelangen, denn mein ganzes Gewicht lastete auf ihm. Währenddessen streichelte er meine Brüste, und ich muß bekennen, daß ich mich fragte, wie ich es geschafft hatte, über vierzig Jahre zu leben, ohne diese köstlichen Empfindungen früher zu entdecken.

Am Ende dieser zweiten Runde waren wir beide in jeder Hinsicht verausgabt. Aber als ich neben ihm lag, stemmte sich der Kerl auf den Ellenbogen und sagte auf Spanisch: »Ihr habt Euren Ruf wirklich wohlverdient, meine liebe Herzogin. Ich würde Euch gern für mich hierbehalten. Aber ich fürchte, das würde den Frieden in meinem Harem stören, und außerdem gibt es jemand, der Euch sogar noch mehr schätzen würde. Ihr werdet zu al-Mumin gehen.«

Ich war ausgesprochen ärgerlich, in erster Linie, weil er seine Spanischkenntnisse nicht früher preisgegeben und dadurch verhindert hatte, uns auf vernünftige Weise zu unterhalten; statt dessen war ich wie ein Sack Weizen herumgeworfen worden. Zweitens war ich erbost, weil ich offenbar den Ruf hatte, eine schlüpfrige Frau zu sein, und daß dieser Ruf bis in diesen entlegenen Winkel gedrungen war. Und drittens war ich sauer, weil ich nun weggeworfen wurde wie ein alter Handschuh oder – vielleicht passender – wie ein Teller besonders leckerer Süßigkeiten. »Habt Ihr diesen Eberli-Bonbon probiert? Oh, der ist prima, das versichere ich Euch.«

Ich war jedoch in der unglücklichen Lage, nichts ändern zu können, und so saß ich am nächsten Tag wieder in einem Korb auf einem Maultier und war auf dem Weg über die andalusische Ebene zum Königreich Granada.

10. KAPITEL

Meine Reise war nicht lang, denn Granada liegt nicht viel weiter als hundertfünfzig Kilometer östlich von Antequera. Es war auch keine besonders strapaziöse Reise, denn das Terrain, durch das meine Eskorte und ich zogen, war flach und wegsam. Ich war zwar immer noch eine Gefangene, aber eine wichtige, ein Geschenk für den König. Ich wurde von vier Zofen begleitet und mit großem Respekt behandelt.

Zu meiner großen Erleichterung zählte zu meiner Begleitung ebenfalls Margaretta, denn ben-Yusuf war mit seinen Unterführern einer Meinung, daß das Mädchen nicht meine Tochter war, und er akzeptierte es als meine Hauptzofe.

Die arme Joaquina behielt er jedoch für sich selbst. Das war überraschend, denn sie war am wenigsten schön von uns dreien, doch sie besaß eine starke Anziehungskraft auf den Emir: sie war aus Kastilien, und er genoß es weit mehr, mit einer Frau seiner gehaßten Feinde zu schlafen, als daß er Schönheit oder sexuelles Können suchte. Bei unserer Trennung flossen keine Tränen, aus dem einfachen Grund, weil wir nicht wußten, daß wir getrennt wurden, und ich sah Joaquina nie wieder. Ich hoffe, daß sie Mutter und alt und fett in ben-Yusufs Harem geworden ist, wenn der Emir nicht – was ziemlich regelmäßig in dieser Gesellschaft geschah – bald nach unserer Abreise ermordet und seine Leiche und seine Frauen in einen alten Brunnen versenkt wurden.

So ist das Leben in der moslemischen Welt.

Wir konnten uns deshalb glücklich preisen. Die Ebene, durch die wir zogen, war trocken und staubig, und wir schaukelten in unseren Körben fast wie ein Schiff auf rauher See, doch wir waren ständig in unsere *haiks* oder Umhänge gehüllt und trugen unsere Schleier vor dem Gesicht. Vergebens beteuerte ich, daß wir reiten konnten – notfalls auch im Herrensattel – aber so etwas hielten die Sarazenen offenbar nicht für nur unschicklich, sondern auch völlig unmöglich für eine Frau.

Ich war deshalb froh, als ich die Türme von Granada in der Ferne erblickte.

Ich bin auf die Geschichte Spaniens bereits kurz eingegangen. Seit über einem Jahrhundert und mit zunehmender Geschwindigkeit war die *Reconquista* im Gange, mit dem Ergebnis, daß die Mauren allmählich aus ihren Emiraten vertrieben worden waren, bis das Königreich Granada der letzte lebensfähige sarazenische Staat der Halbinsel war. Alle anderen, wie zum Beispiel der von Antequera, den ich soeben verlassen hatte, waren nur Außenposten des Staates Granada, der mit seinen Seehäfen Malaga und Almeria die südöstliche Ecke Spaniens beherrschte.

Granada liegt in einem Tal an den Ausläufern der Sierra Nevada, und der größte Pluspunkt der Stadt war der ständige Fluß von Süßwasser aus den schneebedeckten Gipfeln des Gebirges. Es heißt, daß die ersten Mauren, die an dieser Stelle eintrafen, von den Wüsten Nordafrikas kamen und von dieser ständigen Versorgung mit so kostbarem Wasser fasziniert waren. Gewiß ist, daß Granada eine Stadt der Flüsse und Kanäle ist.

Die Stadt hat ebenfalls das schönste Gebäude Europas, und ich rede als jemand, der viel gereist ist.

Dieses Meisterwerk der maurischen Kunst ist als die Alhambra bekannt, deren Fertigstellung über vierhundert Jahre gedauert hat. Das Schloß der maurischen Könige war soeben vollendet worden, als ich es zum ersten Mal sah.

Alhambra heißt ›rote Festung‹ oder ›Palast‹. Eigentlich war es beides. Die Festung, welche die Ebene darunter beherrscht, war zuerst erbaut worden, mit erhabenen Türmen und trutzigen Brustwehren mit Zinnen. Im Laufe der Jahrhunderte war der Palast dahinter erbaut worden, und dort hinein wurde ich eskortiert, um dem Emir, Abd al-Mumin präsentiert zu werden.

Ich war sofort fasziniert von der Schönheit dieser Stätte, nicht nur von dem Äußeren aus rotem Stein, sondern auch von den kunstvollen Schnitzereien im Inneren mit Motiven, die Allah priesen.

Diese außen gelegenen Wohnungen verloren jedoch an Bedeutung, als ich in die Innenhöfe gebracht wurde. Ein Innenhof umgab einen Springbrunnen, der von steinernen Löwen gestützt wurde, aus denen ständig Wasser sprudelte. Auf der Galerie oberhalb dieses Hofes waren die Gitterwände des Harems. Die Haremsbewohnerinnen konnten durch die Gitterwände hinabblicken, ohne selbst gesehen zu werden, und hinter einem riesigen gewölbten Torweg lag die Empfangshalle des Emirs.

Dort hielten sich viele Männer auf, alle mit Turban und Bärten, bekleidet mit fließenden Gewändern und bis an die Zähne bewaffnet; ich erkannte, wer mein Herr sein würde, weil al-Mumin der einzige war, der saß.

Er war ein junger Kerl, was mich interessierte, mit einer guten Figur und Vollbart. Al-Mumin war anscheinend eine große Verbesserung gegenüber ben-Yusuf. Er war natürlich an dem Geschenk seines Untertanen interessiert, aber er hatte keine Ahnung, was er bekam, denn ich war völlig verhüllt. Aber bald besserte sich seine Stimmung, als ich in eine Kammer gebracht wurde, die an den Harem grenzte, und seine Eunuchen mich für ihn entkleideten.

Weil ich immer noch kein Arabisch gelernt hatte – nun, woher hätte ich die Zeit nehmen sollen? –, wußte ich nicht, was er sagte, aber am Glanz seiner Augen und an der Art, wie er mein Zubehör vorne und hinten betastete, erkannte ich, daß er sehr erfreut war. So wurde ich wieder in die Badekammer geführt und für ihn vorbereitet.

Es wäre langweilig, wenn ich meine Erfahrungen schildern würde, wie al-Mumin mich mit Händen und Lippen behandelte. Es genügt zu sagen, daß er ein Sarazene war und deshalb sexuelle Dinge anders als gute Christen sah; daß er kaum mehr als halb so alt und praktisch unersättlich war; und daß er mein Herr auf eine Art und Weise war, wie kein Mann je zuvor oder seither.

Zuerst, das muß ich bekennen, genoß ich die Wonnen, die

er mir verschaffte, so sehr, daß ich zu zweifeln begann, ob die Stellung von Mann und Frau beim Geschlechtsverkehr, die von der Heiligen Kirche bestimmt ist, überhaupt die wahre Position ist, die von der Natur diktiert wird. Ein Mann kann soviel mehr auf Händen und Knien tun, vorausgesetzt natürlich, die Frau ist ebenfalls in dieser Haltung. Er kann mit seinem Glied tiefer eindringen und seine Hände mit besserer Wirkung benutzen, und – seien wir ehrlich – der Rücken kann das Gewicht eines zustoßenden Kerls leichter ertragen als der Bauch.

Andere Dinge waren erschöpfend. Ich hatte einige davon mit dem lieben Fernando erlebt und gehofft, daß sich die Erfahrung nicht wiederholen würde. Und jetzt war ich über zehn Jahre älter als zu der Zeit, in der Fernando eine Plage für mich gewesen war.

Aber ich konnte nichts daran ändern, denn al-Mumin war sich seiner Vorrechte sehr bewußt und einer der blutdürstigsten Männer, die ich je kennengelernt hatte. Es bereitete ihm Spaß, Leute mit Bogensehnen eigenhändig zu erdrosseln oder ihre Hände abzuhacken oder – wenn er wirklich erregt war –, eine ziemlich unangenehme Hinrichtung zu genehmigen, die als Pfählen bekannt ist und bei der das Opfer auf dem Boden ausgestreckt ist und ein Holzpflock in seinen Unterleib getrieben wird, bis er durch die Brust herauskommt. Ich habe eine solche Hinrichtung nie selbst erfahren, sonst würde ich diese Geschichte nicht schreiben, aber ich kann ohne Zögern sagen, daß nach den Schreien derjenigen, deren Qual ich von Zeit zu Zeit mitansehen mußte, dieser Tod der peinigendste von allen ist, den Menschen jemals erfunden haben, besonders wenn der Henker sich bei seiner Arbeit Zeit läßt.

Mit einem Mann, der zu solchen Belustigungen neigt, sollte sich eine Frau nicht anlegen, und ich war gezwungen, mich seinen Bedürfnissen zu fügen und auf bessere Zeiten zu warten. Selbst ein al-Mumin konnte nicht jeden Augenblick des Tages huren, und deshalb erhielt ich einige Freizeit. Zu Anfang verbrachte ich viel davon in tiefem Schlaf, erholte mich von den vorherigen Exzessen und hoffte, Kraft für die zukünftigen zu gewinnen. Aber ich war oft genug wach, um über meine Leiden nachzudenken.

Al-Mumin hatte ungefähr fünfzig Konkubinen zusätzlich zu den vier Frauen, die ihm das moslemische Gesetz erlaubte, und wir alle bewohnten den Harem, aus dem wir gerufen wurden, wie es unser Herr befahl. Zwischendurch gab es sehr wenig zu tun, außer durch die Gitterwände auf die Männer im Hof unter uns zu schauen – über ihre sexuellen Fähigkeiten zu spekulieren – und zu tratschen. Dann und wann gab es natürlich auch Interessantes – zum Beispiel eine Pfählung –, bei der uns als Gruppe erlaubt war, entsprechend verschleiert und verhüllt, das Spektakel zu ›genießen‹.

Der Rest unseres Zeitvertreibs bestand hauptsächlich im Baden. Im Innenhof des Palastes war, wiederum bewacht von steinernen Löwen und ebenfalls von einer Schar Eunuchen, ein großes Wasserbecken, in dem wir Frauen uns nach Herzenslust tummeln konnten.

Das war bei weitem die beste Zeit des Tages für mich, denn obwohl ich dieses innere Heiligtum als einen Innenhof des Palastes beschreibe, wäre die Annahme völlig falsch, daß wir von hohen Wänden umgeben waren. Im Süden lag der Hauptteil des Schlosses, und im Westen waren die Wände der Festung, von deren Zinnen wir durch dichte Baumgruppen abgeschirmt waren. Aber die Alhambra ist auf den Hängen eines Hügels erbaut, und im Norden und Osten blockierte nichts die Sicht; die Verteidigungswälle waren ungefähr siebzehn Meter unterhalb unseres Innenhofs.

Nach Norden blickten wir hinab auf die Stadt, eine brodelnde Masse von Leuten, von denen anscheinend nur wenige wußten, daß sie der Anziehungspunkt von fünfzig schönen Augenpaaren waren. Im Osten blickten wir auf einen anderen hohen Hügel, der vielleicht drei Kilometer entfernt war. Hier waren die weiteren Verteidigungsanlagen der Stadt errichtet worden, eine gewaltige Mauer, die ständig bewacht wurde, obwohl die Grenzen des Emirats weit entfernt lagen.

Ich war die einzige Bewohnerin des Harems, die ihre Mußezeit damit verbrachte, zu der fernen Mauer zu schauen. Ich fragte mich, ob ich jemals wieder auf der anderen Seite der Mauer sein würde. Die übrigen, sogar Margaretta, hatten sich mit ihrem Leben abgefunden und verbrachten ihre Zeit mit Spielen und Tratschen.

Man mag sich fragen, wie Margaretta und ich es schafften, an dem Klatsch teilzunehmen, obwohl wir die Sprache nicht beherrschten, aber ein gutes Dutzend von al-Mumins Frauen waren Spanierinnen, in der Schlacht oder bei Überfällen nördlich seiner Grenze gefangengenommen, und mit ihnen konnte ich ganz frei reden und war sogar begehrt, denn ich konnte ihnen über die Ereignisse in den Städten berichten, aus denen sie so grausam entführt worden waren. In einigen Fällen konnte ich sie sogar über die Dinge ihrer Familien auf dem laufenden halten.

Aber ich stellte bald fest, daß sie geistig nicht reger waren als die sarazenischen oder afrikanischen Frauen, die unsere Gefangenschaft teilten.

In diesem Harem gab es insgesamt fünfzig eingesperrte Frauen. Ich war die älteste mit über vierzig Jahren, die jüngste war erst vierzehn. Jetzt muß ich sofort einen falschen Eindruck korrigieren, den viele haben, die meinen, daß ein allmächtiger und sexuell aktiver junger Mann seine Schlafgemächer ganz mit Frauen füllte, die es ihm angetan hatten. Das war nicht der Fall. Al-Mumin, so mächtig er auch war, hielt sich an die Sitten und Gebräuche, und es gibt keine stärkeren Bande.

Seine Frauen waren die Töchter von Emiren oder Adligen, mit denen er ein enges Bündnis erhalten wollte. Dies ist Teil des Geschäfts seines Königtums und richtet sich nicht nach Schönheit oder Erwünschtheit. Die Frauen hatten das Privileg, das Bett ihres Herrn wenigstens einmal pro Monat zu schmücken, denn es war nötig für ihn, nach legitimen Erben zu suchen.

Und was war mit den Konkubinen? Sie waren in den meisten Fällen nicht weniger durch Sitten und Gebräuche bestimmt. Jedes Jahr wurde eine Auswahl der attraktivsten heiratsfähigen Jungfrauen am Hof vorgestellt, damit der Emir neues Blut für sein Bett wählen konnte. Von diesen vorgestellten Frauen wählte er für gewöhnlich vier. Aber auch dabei war die Wahl sehr oft von der Notwendigkeit bestimmt, irgendeinen mächtigen Herrscher als Verbündeten zu behalten. Denn es wäre ein schwerer Fehler, anzunehmen, daß es nachteilig war, in dem Harem aufgenommen zu werden. Ganz im Gegenteil. Das Mädchen hatte zumindest für den Rest des Lebens Kost und Logis auf höchstem Niveau und war sicher vor allen Gefahren der Welt. Ihr einziges Risiko bestand darin, daß sie beim Ehebruch erwischt wurde, woraufhin sie auf die unangenehmste Art hingerichtet wurde, die dem Emir einfiel. Die Schuldige hatte nur den Vorteil, daß sie nicht den Blicken der Öffentlichkeit ausgesetzt war. Als ich in Granada war, wurde eine schuldige Dame mit vier Katzen und vier Ratten in einen Sack gesteckt und an die Zinnen gehängt, bis alle Bewegung in dem Sack aufhörte. Ich muß sagen, daß ein solches Ende sehr unwahrscheinlich war. Während meines Aufenthalts in Granada im Harem des Emirs wurde nur eine seiner Frauen hingerichtet, und keine von uns anderen fand jemals heraus, wie sie Zugang zu einem anderen Mann als unserem Herrn hatte finden können.

So waren wir hier, fünfzig heiße Frauen, die von der Erektionsfähigkeit eines einzigen Mannes abhingen. Ich habe darauf hingewiesen, daß al-Mumin tatsächlich eine außergewöhnliche Potenz hatte. Aber er pflegte sie für ein oder zwei Favoritinnen aufzubrauchen; es war einfach nicht genug für alle da. Die Konkubinen wurden deshalb in drei Klassen aufgeteilt – ich hörte, daß dies in den meisten Harems der Fall ist. Alle, mich inbegriffen, waren bekannt als *guizde,* die Ausgewählten. Das grenzte uns sogar ab, wenn sie – wie es bei einigen der Fall war – jungfräulich blieben und nie ins Bett unseres Herrn gelangten. Die höheren Ränge, diejenigen, die solch eine Ehre hatten, waren bekannt als *iqbals.* Aber als *iqbal* hatten wir nicht zwangsläufig das Recht, zu besitzen, was wir alle begehrten. Höher waren noch die *odaliks*, diejenigen, die mehr als einmal von unserem Herrn gerufen worden waren. Da al-Mumin ein Mann mit eindeutigem Geschmack war, gab es nur vier *odaliks* im Harem. Von diesen war ich die beliebteste bei meinem Herrn.

Deshalb war ich die unbeliebteste Frau bei den anderen Damen. Es ärgerte sie anscheinend besonders, daß ich alt genug war, um die Mutter der meisten von ihnen sein zu können. Daß ich soviel von meiner Schönheit bewahrt hatte und offenbar so begehrenswert war, roch ihnen nach Hexerei.

Es wurde jedoch offenkundig, daß ich der unschuldige Teil war und al-Mumin mich nach seiner Lust rief und nicht nach meiner, und meine bekümmerten Gefährtinnen akzeptierten mich allmählich und hießen mich an ihrem Busen willkommen.

Leider ist das keine Redewendung. Fünfzig Frauen, jedem Aspekt der Erotik ausgesetzt und nur mit unzureichenden Möglichkeiten, ihre Wünsche zu erfüllen, müssen sich notwendigerweise in eine von drei Richtungen drehen. Ich habe gehört, daß Männer im Gefängnis das gleiche Problem haben, aber sie haben natürlich nur zwei Ventile, es sei denn, sie sind in Einzelhaft, in der sie noch mehr eingeschränkt sind.

Die Frauen des Harems besaßen jedoch drei Ventile wegen der ständigen Anwesenheit der vielen Eunuchen, die allesamt in den Bedürfnissen des weiblichen Geschlechts geübt sind. Jetzt ist eine Frage berechtigt: wenn einsame Frauen, die Eunuchen besitzen, drei Möglichkeiten haben, und unglückliche Männer, die keine Eunuchen besitzen oder selbst mit ihnen nur zwei Möglichkeiten haben – was besitzen Eunuchen, denen es an allem mangelt? Hier muß ich wieder einen weitverbreiteten Irrtum korrigieren … den Irrtum, daß diese unglücklichen Geschöpfe nichts empfinden. Ich kann Ihnen versichern, daß dies nicht der Fall ist. Diese Sache der Kastration erfordert Nachforschungen. Ich hätte mir nie träumen lassen, das jemals unter normalen Umständen zu erforschen – aber die Umstände waren alles andere als normal.

Kastration kann nach meiner Erfahrung auf zwei verschiedene Arten vorgenommen werden. Die erste und üblichere Form ist die, wo der Zweig mit der Wurzel entfernt wird. Aber es gibt eine zweite Form, bei der nur die Hoden entfernt werden, das Glied intakt bleibt und erregt werden kann wie das eines ganzen Mannes. Noch wichtiger: weil diese Art Eunuch nicht ejakulieren oder einen Orgasmus haben kann, bleibt er praktisch unbegrenzt steif, solange sein Herz gesund ist. Zu meiner Bestürzung entdeckte ich, daß drei junge Kerle dieser Art dem Harem zugeteilt waren – aber später wurde mir klar, daß ein Herr grausam ist, der seinen Frauen leibliche Genüsse völlig entzieht.

Man kann sich vorstellen, daß diese impotenten Hengste sehr begehrt waren, und ich habe gesehen, wie sie bis zum letzten Stadium der Erschöpfung geritten wurden. Aber es waren nur drei. Die übrigen Damen mußten notwendigerweise mit Fingern und Lippen auskommen, entweder mit ihren eigenen, denen ihrer Gefährtinnen oder denen der restlichen Eunuchen.

Man stelle sich das vor! Ich kann nicht behaupten, ein keusches Leben geführt zu haben, und von Zeit zu Zeit habe ich auf diesen Seiten die Zügellosigkeit meiner eigenen lieben Königin kritisiert, aber nie in all meinen Tagen habe ich solch eine zügellose Sexualität erlebt wie Tag und Nacht im Harem von al- Mumin. Während der spärlichen Momente der Muße, in denen ich nicht verführerisch liebkost wurde, betrachteten mich die Eunuchen nachdenklich oder boten mir Dildos von der anregendsten Größe und Form an, meistens die des Gliedes irgendeines heidnischen Gottes.

Natürlich widerstand ich meistens diesen Verlockungen; mir mangelte es einfach an Energie oder dem Wunsch, es mit al-Mumin und danach mit einem weniger attraktiven Gastgeber zu treiben, aber es war eine traurige Lage für eine von Neapels ersten Herzoginnen, und ich war entschlossen, sie so schnell wie möglich zu beenden.

Leider gab sich Margaretta, die weniger Gelegenheiten hatte, das Bett ihres Herrn zu besuchen, ganz diesem bedauernswerten Zeitvertreib hin, und ich brachte es nicht übers Herz, ihr Vorhaltungen zu machen.

So entschlossen ich auch war, diesem Leben der demütigenden Sklaverei zu entkommen, das zudem ausgesprochen langweilig war, es blieb die Frage, wie ich das erreichen konnte. Es gab keinen Zweifel daran, daß al-Mumin bei einem gescheiterten Versuch ein Schicksal für mich befehlen würde, das viel schlimmer sein würde als das Schicksal ›Schlimmer-als-der-Tod‹, das mir bereits ein paarmal widerfahren war. Und jeder Versuch war mit der Gefahr der Entdeckung behaftet, denn ich konnte nie wissen, ob ein Mädchen oder ein Eunuch, von mir ins Vertrauen gezogen, mich nicht an seinen Herrn verriet. Ich mußte beobachten und warten und durfte keinen einweihen. Ich war fast verzweifelt, als sich nach über einem Jahr meiner Gefangenschaft die Lage plötzlich dramatisch änderte. Kurz gesagt, es gab eine Palastrevolution in Granada.

Ich habe gehört, daß diese Ereignisse in moslemischen Ländern etwas Alltägliches sind, wo die Furcht vor Gottes Zorn, indem man einen von seinen Gesalbten ermordet, nicht so groß ist wie im Christentum.

Es war mein Pech – aber es stellte sich als mein Glück heraus – , daß ich mitten in der Nacht mit al-Mumin das Bett teilte, als die Verschwörer hereinstürmten. Ich lag zufällig mit dem Gesicht zur Tür und war wach, als sie aufgerissen wurde, und ich hatte jetzt genug vom Leben gesehen, um zu wissen, was ein Mann vorhat, der das Schlafgemach seines Herrn unangemeldet und unerwartet mit dem Schwert in der Hand betritt. Das traf besonders auf mehrere Männer zu. Deshalb löste ich mich sofort aus der Umarmung des schlafenden al-Mumin, warf mich über die Bettkante auf den Boden und lauschte mit heftig klopfendem Herzen dem Ächzen und Kampfgeschrei über mir.

Die Sache war binnen Sekunden erledigt, und dann erinnerten sich die Meuchelmörder an mich. Sie zerrten mich auf die Füße, und ich sah al-Mumins Kopf über den Boden rollen.

»Schneide ihr die Kehle durch«, sagte einer der Verschwörer. »Jede Kreatur von al-Mumin muß sterben.«

»Einverstanden«, sagte ein anderer und leckte sich lüstern über die Lippen. »Aber vorher werden wir ein bißchen mit ihr spielen. Ich habe viel über diese goldhaarige Frau gehört.«

»Spiel mit ihr, wenn du willst, Akbar«, sagte ein dritter Mann. »Wir müssen den Rest des Harems töten. Aber vergiß nicht, uns ihren Kopf zu bringen.«

Daraufhin eilten sie davon, nahmen al-Mumins Kopf am Haar mit und überließen mich der Gnade dieses Akbar. Oder ihn meiner Gnade? Die Mörder hatten Arabisch gesprochen, und ich hatte während meines Jahres im Harem genügend von der Sprache aufgeschnappt, um jedes Wort zu verstehen.

Gewarnt sein heißt gewappnet sein, sagt man, und ich hatte nicht vor, mir die Kehle durchschneiden zu lassen. Meine Erfahrungen mit dem feigen Montfort, Hauptmann der Wache des Herrn von Malplaison, hatten mir gezeigt, daß ein Mann am verwundbarsten ist, wenn er mitten in leidenschaftlicher Erregung ist. Akbar war ein Mann. Deshalb erlaubte ich ihm, sich auszuziehen, während ich perfekt eine Jungfrau imitierte, die beim Anblick ihres ersten nackten Mannes vor Angst zittert. Ich half ihm sogar, die kopflose Leiche des armen al-Mumin vom Bett zu ziehen und auf den Boden fallen zu lassen. Dann legte ich mich auf die blutbefleckten Laken, spreizte einladend die Beine, und als er meine Gesäßbacken packte, um mich umzudrehen, sagte ich so verführerisch wie ich konnte: »Aber, Herr, wenn Ihr soviel über mich gehört habt, wollt Ihr nicht kosten, was ich zu bieten habe?«

Das brachte ihn ins Grübeln, denn ich hatte Arabisch gesprochen und es war offenkundig, daß ich gar nicht so ängstlich vor ihm war, wie ich zuvor gewirkt hatte. Einen Moment befürchtete ich, daß ich mich verraten hatte. Aber die Gier ist immer größer als die Vorsicht, und er warf sich auf mich. Daraufhin umschlag ich ihn mit Armen und Beinen und begann zu rollen. Wir waren fast gleich groß, aber ich war stärker – er war ein schmächtiger Kerl –, und im Nu fielen wir vom Bett und schlugen schwer auf den Boden, und einen Augenblick lang war er benommen. Ich setzte mich auf seine Brust, packte sein Haar mit einer Hand und seinen Bart mit der anderen und schlug seinen Kopf immer wieder so heftig auf den Boden, wie ich nur konnte.

So behandelt, verlor er alles Interesse an dem Geschehen. Aber ich sah, daß dies nur ein vorübergehender Zustand war, und ich war deshalb gezwungen, eine bedauernswerte Entscheidung zu treffen. So sonderbar es angesichts der Umstände wirken mag, in denen ich mich so oft befunden habe, wird der Leser dieser Seiten wissen, daß ich bis zu diesem Moment nie ein menschliches Leben ausgelöscht habe – wenigstens nicht wissentlich; was aus Hauptmann Monfort geworden war, nachdem ich ihn niedergeschlagen hatte, wußte nur sein Gott, wenn er einen hatte, was ich bezweifle. Aber jetzt sah ich keine andere Wahl, um mit dem Leben davonzukommen. Deshalb schnappte ich mir den Krummsäbel des armen Kerls und enthauptete ihn mit einem einzigen Schlag.

Es überraschte mich und verschlug mir für einen Moment den Atem, weil es so leicht gewesen war. Vielleicht vergoß ich sogar eine Träne für den armen Kerl. Aber jetzt war kein Augenblick für weibliche Schwäche. Deshalb zog ich seine Sachen an, dankbar dafür, daß sie meine Größe hatten, und daß die Sarazenen weite Gewänder trugen, die den Körper völlig verhüllten. Ich band mein Haar fest im Nacken zusammen, und als ich den *haik* über meine Stirn hinabzog, war keine Spur von goldfarbenem Haar zu sehen.

Mein Gesicht blieb jedoch ein Problem, denn ich konnte es nicht verhüllen, und so schritt ich mit dem blutigen Säbel und mit dem Beutel Gold, den al-Mumin in seinem Schlafgemach aufbewahrte und aus dem er diejenigen Bettgenossinnen belohnt hatte, die ihn besonders erfreut hatten, aus der Kammer wie ein moslemischer Krieger.

Es lief alles zu meinen Gunsten. Die Alhambra war ein Tollhaus von schreienden Männern, kreischenden Frauen und klagenden Eunuchen. Tod und Zerstörung auf allen Seiten. Abgesehen von den Stellen, an denen Fackeln brannten oder kostbare Vorhänge Feuer gefangen hatten, war es finster. Keiner versuchte mich aufzuhalten, als ich zum Harem zurückkehrte, weil ich hoffte, Margaretta zu finden. Das war jedoch keine einfache Aufgabe, denn der Harem selbst war von den Verschwörern gestürmt worden, und die Frauen, abgesehen von denjenigen, die geschnappt und vergewaltigt wurden, nutzten die Gelegenheit, um auszubrechen. Ich bezweifle, daß viele von ihnen an Flucht dachten, denn der Harem war ihre ganze Welt, die sie kannten, und das Überleben draußen war unmöglich für sie. Ich gab mich, als wäre ich ein Mann, und tatsächlich machten mir mehrere Angebote, denn ich stellte das Bild eines großen, jungen und starken Kerls dar, genau das, was eine verlassene *guizde* für ein Geschenk der Götter betrachten mochte. Aber ich kannte diese Frauen, und sie kannten mich, und deshalb wagte ich nicht, mit ihnen zu sprechen, sondern ich stieß sie grob zur Seite, während ich meine Suche fortsetzte.

Schließlich fand ich Margaretta. Sie war noch im Harem und lag unter einem Kerl, der seine Umgebung erst wahrnahm, als ich ihm mit dem Krummsäbel auf die Schulter klopfte. Dann hob er sowohl den Kopf als auch den Körper, was es mir erleichterte, ihn zu töten, ohne zu riskieren, Margaretta zu verletzen.

Margaretta starrte ihn bestürzt an, dann mich. Sie sagte sich anscheinend, daß in solchen Zeiten ein schneller Szenenwechsel hingenommen werden mußte. Das dumme Ding schrie erst, als ich meinen *haik* anhob, um mein Gesicht zu enthüllen.

»Mein Gott; Eure Hoheit!« kreischte sie. »Was habt Ihr getan?«

»Dir vermutlich das Leben gerettet«, erwiderte ich. »Jetzt Beeilung. Wir verschwinden von hier.«

Sie setzte sich jetzt auf. Dann reagierte sie auf meine Worte und zupfte die Fetzen ihrer Kleidung zurecht. »Wir verschwinden? Wohin?«

»Das werde ich entscheiden, wenn wir in Sicherheit sind«, sagte ich.

»Es ist am sichersten, hierzubleiben«, meinte Margaretta.

»Um das Spielzeug der Sieger zu werden? Bist du ein Mensch oder eine Maus?«

»Ich bin eine Frau«, erwiderte sie, wahr genug.

Ich war versucht, sie niederzuschlagen und mitzunehmen, aber ich bezweifelte, daß ich genug Kraft hatte, um ein Mädchen wie Margaretta weit zu tragen – sie hatte während unseres Aufenthaltes im Harem ziemlich zugenommen. Und wenn sie bleiben wollte, würde sie mir nur hinderlich sein. Aber ich konnte ihr nicht einfach den Rücken zuwenden, denn sie hätte vielleicht geschrien, wenn ich sie verlassen hätte, und meine Identität preisgegeben.

Die Umstände zwingen uns oft, gegen die Norm zu handeln. Wie bei Montfort erkannte ich jetzt, daß meine Aktionen gewaltsam und schnell sein mußten, damit ich überleben konnte. Mit dem Griff meines Krummsäbels schlug ich der armen Margaretta auf den Kopf. Sie sank bewußtlos auf den Boden, und ich eilte davon.

Ein paar Minuten später war ich im Hof, stieg auf das nächstbeste Pferd und ritt davon.

Ich war natürlich noch nicht in Sicherheit. Man stelle sich vor, eine einsame Frau reitet durch ein moslemisches Land und ist bekleidet wie ein Mann. Das wird von den meisten Leuten mit Mißfallen betrachtet. In unseren christlichen Ländern werden Frauen, die sich zu verkleiden versuchen, für gewöhnlich als Hexen verbrannt. Ich hatte keine Ahnung, wie die Moslems in solch einer Situation handelten, aber ich konnte nicht damit rechnen, daß es weniger schmerzvoll sein würde.

Andererseits war ich nicht mittellos. Wenn sich herumsprach, was in Granada passiert war, versank das ganze Land im Chaos, und ich besaß den Beutel Gold, den ich aus al-Mumins Schlafgemach mitgenommen hatte, und meine Größe und der blutige Krummsäbel überzeugten die meisten Leute, wenigstens von weitem, daß man sich besser nicht mit mir anlegte. Ich achtete sorgfältig darauf, keinen sehr nahe an mich herankommen zu lassen, wodurch er mein Geschlecht hätte erkennen können, es sei denn, ich war gezwungen, etwas zu essen zu kaufen. Aber bei diesen Gelegenheiten war der Verkäufer für gewöhnlich mehr an meinen Goldmünzen interessiert als an meiner Person.

Die restliche Zeit schlief ich unter den Sternen und dankte ihnen, daß Spanien ein so warmes Land ist, jedenfalls im Sommer. Ich ritt landauf und landab stetig nach Osten.

Mein Ritt dauerte einige Zeit, denn es sind fast fünfhundert Kilometer von Granada zur Küste im Osten; sie war näher im Süden, aber ich hatte während meines Aufenthaltes in der Stadt erfahren, daß der Süden am dichtesten bevölkert war, und ich sagte mir, daß es ein Fehler sein würde, dorthin zu reiten. So war ich die meiste Zeit allein, und ich fand es äußerst angenehm; es war eigentlich die erste Zeit in meinem Leben, in der ich ganz allein war.

Mein Tagesablauf war fast immer der gleiche. Ich stand früh auf, badete, wenn ein Fluß oder Bach in der Nähe war – und für gewöhnlich suchte ich einen, bevor ich für die Nacht hielt –, kleidete mich an und begann meinen Tagesmarsch, indem ich mein treues Pferd am Zügel führte. Ich ritt selten auf dem Tier, denn es sollte stets weniger erschöpft sein als ich, für den Fall, daß wir schnell entkommen mußten … was des öfteren geschah.

So kam ich etappenweise voran, schaute mir meine Umgebung genau an und stieß für gewöhnlich im Laufe des Tages auf irgendein Dörfchen. Dann hielt ich meinen *haik* vors Gesicht, klopfte auf den Krummsäbel an meiner Hüfte und kaufte Nahrung. Da ich hauptsächlich von Obst und Gemüse lebte – ich hatte keine Möglichkeit, Fleisch zu kochen oder zu braten –, konnte ich manchmal ein paar Tagesvorräte bei einem Halt kaufen und so das Risiko verringern, als Frau erkannt zu werden. Gegen Mittag fand ich einen einsamen Platz und hielt Siesta wie die Eingeborenen, bevor ich meinen Weg bis zum frühen Abend fortsetzte und hielt, wenn die Dunkelheit hereinbrach.

Natürlich war es überhaupt nicht so einfach, wie es hier klingt. Abgesehen von den Räuberbanden im Hügelland, gab es mehr als eine gefährliche Situation in den Dörfern, und ich mußte in den Sattel springen und fliehen. Aber weil ich immer fluchtbereit war, konnte ich stets entkommen, und bevor ich das Meer sah, war ich ziemlich geschickt mit dem Krummsäbel geworden.

Natürlich mangelte es mir an vielem. Zum Beispiel an Kleidung zum Wechseln. Meine Nahrung war einfach, und ich badete in kaltem Wasser und trank nichts anderes. Dennoch war ich glücklich, abgesehen von einer bemerkenswerten Entwicklung: während der sechs Wochen meiner Reise hatte ich keine Menstruation. War ich vielleicht wieder schwanger nach all diesen Jahren? Dann hatte al-Mumin wirklich eine potente Lanze besessen, der arme Kerl. Aber der Gedanke, ein Jahr zu verlieren, um ein Kind zur Welt zu bringen und den Säugling zu stillen, war äußerst beunruhigend, besonders in einem Moment meines Lebens, in dem ich all meine Kraft und Energie brauchte.

Wie sich herausstellte und irgendwie zu erwarten war, war ich nicht schwanger, sondern hatte das Alter erreicht, in dem eine Schwangerschaft praktisch nicht mehr möglich ist. Andere Frauen hatten mir erzählt, daß die Wechseljahre oftmals von Melancholie begleitet werden und sich ernsthaft auf die Gewohnheiten, Fähigkeiten, Wünsche und Freuden einer Frau auswirken.

Nun, das mag auf einige und sogar viele zutreffen. Auf mich jedoch nie. Vielleicht war ich zu der Zeit einfach zu beschäftigt, um etwas anderes als Erleichterung zu empfinden. Und als die Zeit verging, wurde mir nur bewußt, daß eine große Bürde von meinen Schultern geladen war. Oder vielleicht tiefer unten von meinem Körper.

Ich wollte so schnell wie möglich nach Neapel zurück gelangen. Und das erwies sich als leicht. Ich ritt in den Seehafen Alicante, in dem anscheinend mit allen Anwohnern des Mittelmeeres Handel getrieben wurde, mit Moslems oder Christen. Dort entdeckte ich bald ein Schiff, das unter neapolitanischer Flagge segelte. Ich ging an Bord, bat um ein Privatgespräch mit dem Kapitän und gab mich zu erkennen. Er war zuvor ziemlich hochnäsig gewesen, doch als er der Herzogin von Eberli von Angesicht zu Angesicht gegenüberstand, war er regelrecht platt. Er sagte mir, man wähne mich seit einem Jahr tot und die Königin habe drei Monate lang um mich getrauert. »Dann wird sie sich freuen, mich wiederzusehen«, sagte ich. »Beeilen wir uns, Signore, beeilen wir uns.«

Und so gelangte ich nach Hause. Johanna schloß mich in die Arme, und ich mußte immer wieder von meinen Abenteuern erzählen. Ich konnte ihr ansehen, daß sie sich in ihrer Phantasie vorstellte, wie sie an meiner Stelle im Harem war und all das Erstaunliche erlebte, was mir widerfahren war.

Natürlich fragte sie auch nach ihrem Mann. Aber so sehr sie auch ihren Prinzen aus Aragon geliebt hatte, seine lange Abwesenheit hatte ihre Gefühle für ihn abgekühlt. Denn der alberne Kerl war überhaupt nicht zu seiner schönen Frau zurückgekehrt, sondern hatte sich von den Portugiesen überreden lassen, den Kampf fortzusetzen. Er kehrte tatsächlich nie nach Neapel zurück; vier Jahre später fiel er in einer Schlacht gegen Enrico von Trastamara und dessen Halbbruder.

Aber ich eile voraus. Schon bei meiner Rückkehr, im Herbst 1371, hatte Johanna jede Hoffnung aufgegeben, daß ihr Ehemann zu ihr ins Bett zurückkehrte, und sie erfüllte sich ihre unverminderten Wünsche mit einer Reihe von Liebhabern. Eine Zeitlang nach meiner Rückkehr teilte sie ihr Bett mit mir, und ich mußte immer wieder meine Abenteuer erzählen. Da lagen wir, zwei Frauen über Vierzig, und wir liebten uns so leidenschaftlich wie junge Mädchen, trotz des Stroms von Blut, der während der fünfunddreißig Jahre unserer Bekanntschaft zwischen und unter uns geflossen war.

Aber so sehr ich meine Königin auch liebte, mein Herz war natürlich mehr bei meinem Schloß und Land, meinen Kindern und Enkeln. Ich fand bald eine Gelegenheit, das Mönchskloster zu besuchen, in das sich William zurückgezogen hatte, und traf ihn wohlauf und gedeihend, der Liebling des Priors und zugleich ganz Mönch, der darauf bestand, daß ich mich neben ihn kniete und um Erlösung von den katastrophalen geistigen Auswirkungen meines Aufenthalts in einem Harem betete – was nach seiner Meinung zwangsläufig der Fall sein mußte.

Ich ließ dem Jungen seinen Willen, aber ich hatte eine viel interessantere Sitzung mit dem Prior, der sich ebenso wie Johanna für die häuslichen Gepflogenheiten der Sarazenen interessierte und schwer seufzte, als ich sie beschrieb, besonders wenn es um junge Knaben und teilweise noch ausgerüstete Eunuchen ging. Dieses Interesse ließ mich nachdenklich werden, und ich fragte mich, was die Zukunft für William auf Lager hatte – oder ihm vielleicht schon gebracht hatte. Aber schließlich sagte ich mir, daß die Menschen verschieden sind, und daß mein Sohn seinen Beruf selbst gewählt hatte.

Befriedigender waren meine Rückkehr nach Eberli und die Begrüßung von meiner lieben Lucia und ihrem Mann und der wachsenden Familie, denn sie hatte jetzt drei Kinder, und der jüngste war ein Junge namens Ludwig, in dem ich die Hoffnung meines Hauses sah.

Es ist ein großer Segen, daß wir die Zukunft nicht voraussehen können.

Mein Leben verlief wieder in gleichmäßigen Bahnen, und so wäre es auch geblieben, wenn Johanna nicht entschlossen gewesen wäre, mich wieder zu verheiraten.

Das widerstrebte mir völlig. Ich näherte mich den Fünfzig,

und ich bezweifelte, daß ich jemals wieder Abenteuern oder Gefahren im Leben ausgesetzt sein würde. Deshalb sah ich keinen Grund, mein Leben durch irgendeinen überängstlichen Mann stören zu lassen. Wenn ich überhaupt an Männer dachte – rein theoretisch –, dann an Christopher von der Bucht, aber ich hatte seit Jahren nichts von ihm gehört und nahm an, daß er tot oder vergeßlich war. Wenn ich in konkretem Sinne an Männer dachte, dann an Guido, Ricardos Sohn, der zwanzig, sehr männlich und gutaussehend und mein williger Sklave war. Aber weil ich von Natur aus nicht zu wahllosem Sex neige – jedenfalls nicht in dem Sinne, daß ich wie Johanna ständig gefühlsmäßig erregt war –, waren seine Besuche in meinem Bett unregelmäßig, und es gab beträchtliche Pausen, denn die Verwaltung meines Besitzes, der Lebensrhythmus meiner Tiere und meine Ernten machten mir mehr Freude als jeder Mann.

Aber Johanna war unnachgiebig, und sie war meine Königin. Genauer gesagt, sie hatte bereits den Mann für mich gefunden.

Sein Name war Danilo Focchi, ein Mann, den ich vielleicht für mich selbst ausgewählt hätte, wenn ich in der Stimmung gewesen wäre. Er war groß, breitschultrig, ohne dick zu sein, von athletischer Gestalt. Danilo war jünger als ich, aber nicht beunruhigend jünger wie der arme liebe Fernando; Danilo war sechsundvierzig. Er hatte hervorragende Manieren, kleidete sich vornehm und war ein vortrefflicher Reiter.

Leider hatte er jedoch überhaupt kein Glück. Es war eine traurige Geschichte. Der beträchtliche Besitz seines Vaters war während des Kriegs in den späten Vierzigern von den Ungarn überrannt und völlig vernichtet worden. Danilo, der damals gerade zum Mann heranwuchs, wurde Waise und war völlig mittellos. Für einen jungen Mann mit Verstand gab es nur eine Möglichkeit, seine finanzielle Lage zu verbessern, und so wählte er das Waffenhandwerk und diente als Knappe unserem inzwischen verstorbenen großen König Ludwig von

Tarent. Ich erinnerte mich an Danilo aus jener Zeit, obwohl ich ihn selten gesehen und mich nicht für seine Angelegenheiten interessiert hatte, weil ich mit meinen eigenen Problemen beschäftigt gewesen war.

Als König Ludwigs treuer Anhänger hatte Danilo in verschiedenen Teilen Europas gekämpft und sich einen beträchtlichen Ruf als Krieger erworben. Erst nach dem Tod seines Herrn dachte er daran, Reichtum für sich zu verdienen.

Das erreichte er bemerkenswert schnell, indem er sein Schwert und seinen Verstand an verschiedene kriegführende Prinzen verkaufte, hauptsächlich in Norditalien, und daraus als berühmter und wohlhabender Condottiere hervorging. Dann, mit fünfundvierzig, entschloß er sich, den Kampf mit dem Schwert hinter sich zu lassen, und setzte sich in seiner Heimatstadt zur Ruhe, um dort den Rest seines Lebens in Frieden und Wohlstand zu verbringen.

Aber wir wissen alle, daß der Mensch denkt und Gott lenkt, besonders wenn der Mensch sorglos oder in Danilos Fall übervorsichtig gewesen ist. Es war ihm klar, daß er sich eine Menge Feinde bei denjenigen gemacht hatte, die er bekämpft und besiegt hatte, und daß diese Leute nur darauf warteten, sich zu rächen, wenn er seine Gefolgsleute los war. Deshalb meinte er, der sicherste Weg nach Neapel sei der übers Meer. Doch sein Schiff geriet in einen Sturm und versank mit all seinen angehäuften Schätzen an Bord. Danilo gelangte völlig mittellos an Land.

In diesem bedauernswerten Zustand traf er schließlich in Neapel ein und erhielt eine Audienz bei der Königin, die ihn als treuen Gefolgsmann ihres verstorbenen Gatten erkannte. Zweifellos erinnerte sich sich auch noch in anderer Hinsicht an ihn, denn Danilo war ein gutaussehender Bursche gewesen. Jetzt war er jedoch über vierzig, und Johanna hatte eine Vorliebe für wesentlich jüngere Männer. Deshalb sagte sie sich, daß sein langer und mühsamer Dienst belohnt werden sollte, indem sie ihm eine reiche Frau gab.

Ihr kam gar nicht in den Sinn, daß sie mir große Unannehmlichkeiten bereiten würde. Ganz im Gegenteil. Sie war der Ansicht, daß die einzige Unannehmlichkeit für eine Frau darin bestand, nicht stets einen Mann zur Verfügung zu haben. Sie wußte nichts von meiner Beziehung mit Guido, denn ich hatte sie nicht eingeweiht, weil ich befürchtet hatte, den Jungen an sie zu verlieren.

Ich wußte natürlich, daß ich an Johannas Entscheidung nichts ändern konnte, aber in unserer Hochzeitsnacht, nachdem die Trauung vollzogen war und die Gäste sich verzogen hatten, entschloß ich mich, die Lage zu stabilisieren.

»Das war ein äußerst köstlicher Stoß, mein Liebling«, sagte ich.

»Auch für mich. Ihr seid die schönste Fünfzigjährige, die ich jemals kennengelernt habe, meine liebste Herzogin.«

Mir kam in den Sinn, daß er das Kompliment anders hätte formulieren sollen, aber ich wollte in meiner Hochzeitsnacht nicht mit ihm streiten.

»Ihr sagt die süßesten Dinge, mein Liebling«, erwiderte ich. »Doch Ihr habt den Finger auf den springenden Punkt gelegt … nun, das habt Ihr bereits getan, aber ich spreche jetzt bildlich. Und dennoch realistisch. Ich *bin* fünfzig Jahre alt, wie Ihr mich soeben erinnert habt …«

»Und Ihr habt die Figur und die Vitalität einer Zwanzigjährigen«, unterbrach er mich und bewies damit, daß er intelligent genug war, um zu lernen.

»Was die Vitalität angeht, so ist sie begrenzt«, zeigte ich auf. »Und schnell erschöpft. Ich muß deshalb leider Eure Zustimmung zu gewissen Regeln und Beschränkungen haben.«

»Ja?« fragte er und sah auf einmal ein bißchen besorgt aus.

»Es liegt einfach daran, daß ich im Laufe der vielen Jahre auf der Erde ziemlich feste Gewohnheiten angenommen habe«, erklärte ich. »Ich befürchte, ich muß von Euch verlangen, Euch danach zu richten. Deshalb halte ich es für das beste, wenn wir in Eberli getrennte Zimmer haben. Wenn ich Eure Anwesenheit wünsche, und es sollte mindestens zweimal pro Woche sein, das versichere ich Euch« – ich hielt es für nötig, letzteres einzuwerfen, damit er nicht zu entmutigt wurde –, »werde ich Euch rufen, aber sonst gehen wir unsere eigenen Wege. Ich werde weiterhin meinen Besitz verwalten und beaufsichtigen, und Ihr werdet … nun, ich weiß nicht, was Ihr in Eurer Freizeit tun wollt, Monsignore. Aber ich versichere Euch, daß ich Euch dazu ermuntern werde.«

Ich rechnete mit einer Krise und wappnete mich, aber zu meiner Überraschung stimmte er halbherzig zu, für Leute unseres Alters – ich hätte gewünscht, er würde nicht auf diesem beklagenswerten Aspekt herumreiten – sei solch eine Abmachung nicht nur wünschenswert, sondern auch nötig, und er wolle nicht meine Privilegien als Herrin von Eberli stören.

Ich war sehr erleichtert über sein Verständnis und sehr erpicht darauf, ihm klarzumachen, daß ich alles über männliche Schwächen wußte – die man in der Jugend als Stärken und sogar Tugenden betrachtet. Deshalb sagte ich: »Und natürlich habe ich Verständnis, wenn Eure Energie so groß ist, daß Euch zweimal pro Woche nicht genügt. Ihr werdet meine Erlaubnis haben, Eure Not woanders zu lindern.« Ich wußte, daß die Männer dies ohnehin tun und es ein nützlicher Pluspunkt bei Ehestreitigkeiten ist, wenn man diese Frage im voraus geklärt hat.

Abermals wirkte er sehr dankbar.

»Doch ich wünsche nicht, daß Ihr das Bett mit jemand außer mir teilt«, fügte ich hinzu. »Ich sage das klar und deutlich, Monsignore. Sollte mir jemals Ehebruch bekannt werden, wird die Frau sofort mit Schimpf und Schande aus Eberli entfernt werden.«

»Ich versichere Euch, daß dieser Fall nie eintreten wird«, versprach er.

Und so nahm ich die Last meiner dritten Ehe mit jedem Versprechen auf häuslichen Segen hin. Natürlich liebte ich Danilo ebensowenig wie er mich. Es war eine Vernunftehe zu unserer gegenseitigen Bequemlichkeit; mein Geld für seinen Schutz. Ich glaubte nicht, daß ich seinen Schutz brauchte, aber er brauchte zweifellos mein Geld. Ich fühlte mich natürlich als der ranghöhere Partner, ganz abgesehen von dem Alter, und in dieser Hinsicht nahm ich mir vor, mich zu amüsieren.

Denn ich betrachtete meine Großzügigkeit hinsichtlich seiner privaten Affären auch für mich gültig und unterhielt von Zeit zu Zeit Guido in meinem Boudoir, während wir Dinge von gegenseitigem Interesse diskutierten.

Was Danilo anbetraf, so nahm ich an, daß er sich ähnlich beschäftigte, wenn ich nicht nach ihm verlangte. Das Leben nahm einen sehr gesitteten Verlauf. Zweimal pro Woche ließ ich ihn wissen, daß ich auf seine Umarmung begierig war; vier Nächte genoß ich einen ungestörten Schlummer und in der siebenten hielt mich Guido in den unteren Regionen auf Trab.

Das heißt nicht, daß mein Mann nicht viel Zeit in meiner Gesellschaft verbrachte. Er war sehr an der Verwaltung meines Herzogtums interessiert und begleitete mich auf den meisten meiner Inspektionsreisen. Von Zeit zu Zeit deutete er an, daß er sich gerne um die Kontrolle meiner ganzen Besitzungen kümmern würde, wenn ich Ricardo zu entlassen wünschte. Das lehnte ich jedoch ab; ich vertraute Ricardo weit mehr als Danilo, meinem Gemahl.

Zweifellos war Danilo das bewußt, aber er blieb stets der Inbegriff des Charmes, machte mir Komplimente und tat alles, um mir zu gefallen. An den Abenden zupfte er seine Laute und sang mit tiefer, klarer Stimme, oder wir spielten Schach, worin er ein Meister war.

Oftmals unterhielten wir Lucia und ihren Pietro, und zu meiner Freude war Danilo so höflich zu ihnen wie zu mir und mochte nichts mehr, als sich mit seinen Stiefenkeln zu balgen.

Als William Urlaub von seinem Kloster erhielt, um seine Mutter zu besuchen, strengte sich Danilo besonders an, um dem Jungen zu gefallen. Mehr noch, er wirkte entschlossen, die Vaterrolle zu spielen, ein Wunsch, den er bei Lucia nie gezeigt hatte. Es tat meinem Herzen gut, William und Danilo zusammen zu sehen, und sie verbrachten viel Zeit miteinander, ritten zur Jagd oder diskutierten dies und das. Danilo lud

William sogar ein, ihn in seinen Privaträumen zu besuchen, ein Privileg, das er nicht einmal mir gewährt hatte!

Aber ich war froh, meinen Sohn glücklich zu sehen, und als er abreisen mußte, weinten wir alle.

Zweifellos hätte ich die Sache auf sich beruhen lassen sollen, aber ich bin schließlich eine Frau, und Neugier ist eines meiner Gewohnheitslaster. Als die Zeit verstrich, wurde ich zunehmend neugierig, weil ich keinen Beweis entdecken konnte, daß Danilo Nutzen aus meiner Blankovollmacht zog, die ich ihm für die Zeit gegeben hatte, in der er nicht bei mir war. Ich hatte erwartet, daß mir einige meiner weiblichen Bediensteten verstohlene Blicke zuwarfen oder sogar hinter meinem Rücken tuschelten und kicherten, was ich sofort streng durch Ricardo mit seiner Peitsche unterbinden wollte.

Aber ich konnte keine Spur von Ehebruch entdecken, nur in meinem eigenen Bett, und das belastete mein Gewissen. Ich konnte in der Sache natürlich nicht offen ermitteln, und deshalb ruhte sie eine Weile, während meine Besorgnis sogar noch wuchs, bis William wieder zu Besuch kam. Natürlich begrüßte ich ihn mit offenen Armen, und ich war stolz über seine Entwicklung, denn obwohl er ein Priester war, war er groß und kräftig gebaut, hatte eine offene Art und großes Selbstvertrauen in seinem Auftreten. Kurz gesagt, er war ein Mann, auf den jede Mutter stolz sein konnte.

Zu meiner Betroffenheit war er jedoch weniger begierig darauf, mich, sein Fleisch und Blut, zu begrüßen als Danilo, der nur sein Stiefvater war. Minuten nach ihrer ersten Umarmung waren die beiden Männer in Danilos Zimmern eingesperrt.

Niemand sollte annehmen, daß ich ein Dummkopf bin, und ich hoffe, ich habe genug auf diesen Seiten enthüllt, um solch ein Mißverständnis auszuräumen. Mein Hauptfehler, wie ich ihn sehe, ist eine übermäßige Bereitschaft, Gutes in allen außer mir zu sehen, oftmals zu meinem eigenen Nachteil.

Ich glaube ebenso, daß ich eine äußerst tolerante Frau bin. Nun, die Umstände haben mich dazu gezwungen.

Aber die Gefühle einer Mutter für ihren Sohn sind etwas sehr Besonderes. Vielleicht sogar noch spezieller als die zwischen Mutter und Tochter. Möglicherweise suchen wir Frauen in dem männlichen Sproß all die Tugenden, an denen es dem Vater des Jungen mangelte, besonders wenn der Vater schon lange in seinem Grab liegt. Vielleicht befürchten wir auch, die Schwächen zu entdecken, an die wir uns so gut erinnern und die vielleicht auf den Sohn übergegangen sind.

Aber die Tatsache war, daß ich mich an keine Schwächen von meinem lieben Alberto erinnern konnte, abgesehen von einer leichten Neigung zu Pessimismus, und die wurde keineswegs in Williams sonnigem Wesen widergespiegelt. Andererseits war mein verstorbener Mann ein äußerst triebhafter Kerl gewesen, nun, erinnern wir uns nur an die Freiheiten, die er sich bei der Zofe einer Königin herausnahm, Freiheiten, die zwar zu vielen glücklichen Stunden, aber auch zu seinem tragischen Ende führten. Ich war nie eine Kritikerin von sexueller Freizügigkeit gewesen, selbst wenn sie zu Extremen führte, und man erinnert sich vielleicht an mein Bedauern, als ich erfuhr, daß William sich für das Priestertum entschieden hatte und diesen Momenten des höchsten Segens entsagen mußte. Jetzt war ich gezwungen, zu akzeptieren, daß er solchen Momenten keineswegs entsagte, sondern sie nur unter etwas anderen Umständen erlebte, als ich persönlich empfohlen hätte.

Nun kann es sein, daß eine Frau, welche die meiste Zeit ihres Lebens als *intime* Vertraute der Königin von Neapel verbracht hatte – ganz zu schweigen von dem Jahr im Harem von al-Mumin –, ihre Position im Licht der biblischen Ermahnung hätte betrachten sollen: wer ohne Sünde ist, werfe den ersten Stein. Empörte Mütter halten sich nicht daran.

Deshalb ging ich zu Danilos Gemächern, ohne zu wissen, wie ich mit der Situation fertig werden würde, und ich hatte auch noch die schwache Hoffnung, daß es vielleicht gar keine Situation gab, mit der ich fertig werden mußte.

Diese Hoffnung war leider zu optimistisch. Ich verzichtete darauf, anzuklopfen, riß die Tür auf, starrte den Diener an – der zweifellos Anweisung hatte, keine Besucher hereinzulassen –, und gelangte so zum Schlafgemach, wo ich zwei nackte Männer auf dem Bett sah, die sich auf höchst unanständige Art und Weise miteinander vergnügten.

Sekundenlang herrschte Totenstille, als wir einander betrachteten. Doch als sich meine Befürchtungen bewahrheitet hatten, war es schwierig für mich, das notwendige Maß an Empörung und Zorn aufrechtzuerhalten. Womit ich nicht sagen will, daß ich nicht tief verärgert, ja sogar beleidigt blieb oder daß mich das Unglück meines Sohnes kaltgelassen hätte.

»Nun, Monsignore«, sagte ich.

Danilo kniete auf dem Bett, ein lächerlicher Anblick. »Ihr habt mir meine eigenen Vergnügungen erlaubt, Madame«, protestierte er.

»Aber nicht mit meinem Sohn«, erwiderte ich kalt.

»Ich versichere Euch, Mama, daß nichts Schlimmes passiert ist«, sagte William.

»Mit dir spreche ich später«, sagte ich. »Zieh dich an und geh in meine Gemächer.«

William schaute Danilo an, fast als wollte er aufbegehren, doch Danilo nickte schnell. Der Junge stieg aus dem Bett, sammelte seine Kleidung auf und eilte aus dem Schlafzimmer.

»Wenn ich diese Sache der Königin melde und sie dem Erzbischof«, sagte ich zu meinem Mann, »dann könnte das Euer Tod auf dem Scheiterhaufen sein.«

»William würde neben mir verbrennen«, entgegnete er. »Würdet Ihr wirklich die Dinge so weit treiben? Wie der Junge schon sagte, es ist nichts Schlimmes passiert.«

Das war anscheinend wahr. Doch meine Empörung kehrte zurück, als ich daran dachte, wie dieser Mann mit mir geschlafen hatte, wobei er offenbar die ganze Zeit über an irgendeinen hübschen Knaben gedacht hatte.

»Es ist trotzdem widernatürlich und wird allgemein verdammt«, beharrte ich.

»Wollt Ihr behaupten, Ihr habt nie ein widernatürliches Verlangen gehabt und es nicht befriedigt?« fragte er.

Nun, das war keine Frage, die ich beantworten mochte; ich erkannte schnell, daß meine Position unhaltbar war.

Nicht, daß ich vorhatte, zu kapitulieren. »Vielleicht bin ich bereit, die Sache auf sich beruhen zu lassen«, sagte ich. »Doch es gibt zwei Regeln, die ich jetzt aufstelle und die von diesem Augenblick an Gültigkeit haben. Erstens werdet Ihr nie wieder meine Gemächer betreten. Zweitens wird William nie wieder Eure Gemächer aufsuchen. Ist das klar?«

»Aber ... wenn ich nicht zu Euch kommen darf, meine liebste Richilde, dann haben wir keine Ehe mehr.«

»Um den Schein zu wahren, dürft Ihr in Eberli bleiben«, sagte ich. »Aber die Regeln gelten. Wenn Ihr es vorzieht, zu gehen und Euer Glück woanders zu suchen, dann ist das Eure Entscheidung.«

»Ich werde mich an Ihre Hoheit die Königin wenden.«

»Ich könnt Euch wenden, an wen Ihr wünscht. Ich versichere Euch, daß Ihre Hoheit weitaus mehr auf mich hören wird als auf Euch.«

Damit verließ ich ihn. Ich hatte keine Angst, daß er irgend etwas versuchen würde. Danilo mochte in der Schlacht ein Löwe gewesen sein, aber es mangelte ihm an moralischem Mut, um eine Stellung zu beziehen und bis zum bitteren Ende zu verteidigen, ungeachtet der Gerüchte und Beleidigungen und dem Risiko des Versagens.

Ich war auch unbesorgt wegen meines Verhältnisses mit Guido. Er war stets ein begeisterterer Liebhaber als Danilo – ich wußte jetzt, warum –, und es paßte mir viel besser, nur einmal die Woche mit einem Mann intim zu sein als dreimal.

Außerdem war Guido, der ihn ersetzte, völlig unterwürfig und fügte sich gehorsam meinen Launen, während Danilo dazu neigte, sich mit dem Gehabe und der vorgetäuschten Macht des Ehemanns zu geben.

Ich zog es vor, nicht daran zu denken, was er in der Intimsphäre seines eigenen Schlafgemachs tat.

Mit William zurechtzukommen war schwieriger, aber ich entschied mich – klugerweise, nehme ich an –, das Thema nicht als Sünde anzusprechen, sondern einfach darauf hinzuweisen, daß es völlig unmöglich war, daß mein Sohn der Geliebte meines Gatten war; das war praktisch Inzest. William begriff diesen Standpunkt und war völlig zerknirscht.

Das Geheimnis blieb folglich zwischen uns dreien und natürlich Danilos Diener, und dort blieb es auch, denn William sah sich wohl genötigt, es seinem Vorgesetzten zu beichten, aber wir alle wissen um das Beichtgeheimnis.

Ich wagte gar nicht daran zu denken, welche anderen Geheimnisse William vielleicht mit dem Prior teilte.

Danilo und ich setzten unsere Farce einige Jahre lang fort. Immer wenn ich eine Veranstaltung in Neapel besuchen mußte, reisten wir als Ehepaar und teilten sogar das Schlafgemach, obwohl ich stets sorgfältig darauf achtete, ein Kissen zwischen unseren nackten Körpern zu arrangieren und nie weich zu werden, wenn er mich anflehte, ihm meine Gunst zu gewähren.

Nachdem ich meine familiären Dinge zur Zufriedenheit geregelt hatte, schienen nicht einmal die romantischen und fleischlichen Gelüste den gleichmäßigen Verlauf des Lebensabends stören zu können. Prinz Jaime starb, wie ich schon berichtet habe, im Jahre 1375. Johanna war neunundvierzig und wie ich längst in den Wechseljahren. Aber wie ich fand sie das Leben so angenehm wie immer, und als die Nachricht von ihrer Witwenschaft bestätigt wurde, machte sie von neuem bekannt, daß sie zu haben war.

Wie zwölf Jahre zuvor strömten Freier scharenweise zu ihrer Tür. Aber diesmal war sie kritischer, und abgesehen von guter Gesundheit, akzeptablem Aussehen und ausgeprägter Sinnlichkeit machte sie für eine Ehe zur Bedingung, daß ihr Mann den Rest seines Lebens in Neapel verbringen mußte.

Das lehnten die meisten Prinzen, die eigene Ambitionen hatten und Pflichten erfüllen mußten, natürlich ab, und schließlich entschied sich Johanna für einen unbedeutenden Grafen, der sich Otto von Braunschweig nannte. Sie können schon am Namen erkennen, daß er Deutscher war. Er war ein Sproß des Hauses Habsburg, das ein Herzogtum in Österreich besaß und im Heiligen Römischen Reich einige Belustigung hervorrief, weil die Habsburger wiederholt vorschlugen, sich selbst um den kaiserlichen Thron zu bewerben. Es war natürlich wohlbekannt, daß das Amt des Kaisers des Heiligen Römischen Reiches, so hoch es auch klingen mag, in Wirklichkeit davon abhing, welcher Kandidat am meisten Geld ausgeben konnte und am wenigsten den souveränen Prinzen mißfiel, über denen er dem Titularrang nach thronte. In dieser Hinsicht waren die Habsburger bewundernswert tauglich, und sie hatten eine Qualifikation hinzugefügt: als Familie waren sie weitverzweigt, und ihr Wahlkampf bestand anscheinend darin, ihre Söhne und Töchter – besonders die Töchter – mit denjenigen zu verheiraten, die schließlich ihre Sache unterstützen würden.

Nun war Neapel natürlich kein Teil des Kaiserreichs; aber ein gedeihendes und ziemlich mächtiges Königreich, und zweifellos sagten sich die Habsburger, daß eine Ehe mit der berühmtesten Frau in Europa nur ihre Chancen steigern konnte. Darin irrten sie sich völlig, weil Johannas Stern zu sinken begann, aber ich glaube, die Ehe wäre so oder so geschlossen worden, denn es war eine echte Liebesheirat. Ich habe das schon früher über Johannas Liebesverhältnisse gesagt: zweifellos waren sie alle zu Beginn aus reiner Liebe entstanden. Otto war zwar einige Jahre jünger als Johanna, aber er bemühte sich, ihr in jeder möglichen Weise zu dienen und an ihrer Seite zu sein, ganz gleich, was die Zukunft bringen mochte. So schlug er einen äußerst schwierigen Kurs ein.

Vorläufig schien jedoch alles gut zu gehn. Johanna wirkte überglücklich mit ihrem vierten Mann, ihr Königreich blühte und gedieh, und gleiches widerfuhr der Herzogin von Eberli, die sich darauf vorbereitete, in Würde zu altern. Nicht, daß ich mich einen Deut älter als an meinem zwanzigsten Geburtstag fühlte, obwohl ich verschiedene Wehwehchen hatte und meine Versuche aufgegeben hatte, Guido die verschiedenen sarazenischen Liebesstellungen zu lehren – einige paßten eher zu einem Schlangenmenschen als zu einem leidenschaftlichen Paar –, sondern deshalb, weil ich nicht mehr biegsam genug war.

Natürlich lag immer dieser Schatten des Todes von Andreas von Ungarn über Johanna und mir – wir waren die einzigen Überlebenden dieses Verbrechens –, aber selbst diese Sache schien für immer begraben zu sein, als Johanna schließlich etwas erreichte, wonach sie sich seit ihrer Thronbesteigung gesehnt hatte: sie ließ einen Neapolitaner zum Papst wählen. Leider erwies sich dieser Schachzug, der vielleicht ihr Königreich für den Rest ihres Lebens gesichert hätte, als die Ursache für ihr Verderben.

Um das zu erklären, muß ich über die jüngste Geschichte des Papsttums berichten. Ich habe bereits erwähnt, daß nach den Umwälzungen zu Beginn des Jahrhunderts nur französische Kandidaten für den Heiligen Stuhl gefunden worden waren, und diese hatten sich entschieden, sich in die Sicherheit von Avignon und den Schutz der französischen Herrschaft zu begeben, anstatt sich den Launen des römischen Pöbels auszusetzen.

Diese begründete Vorsicht wurde natürlich von den Römern selbst und den nichtfranzösischen Kardinälen mißbilligt, die sich zu Recht sagten, daß die römische Kirche jetzt eine französische geworden war. Solange die Männer, die in Avignon an der Macht waren, Verstand und Zielstrebigkeit besaßen, wie mein alter Freund Clemens VI., konnte nicht viel an dieser Situation geändert werden.

Clemens war 1352 gestorben, und sein Nachfolger war ein weiterer Franzose namens Etienne Aubert, der den Namen

Innozenz VI. angenommen hatte. Innozenz erwog zuerst eine Rückkehr des Papsttums nach Rom und schickte den werten Cola di Rienzi auf diese erfolglose und tödliche Mission. Daß der römische Pöbel Cola und Alberto praktisch in Stücke riß, dämpfte Innozenz' Wunsch, dort zu leben, und er ließ das Thema fallen. Er widmete den Rest seines Lebens der Reform des päpstlichen Hofes in Avignon – was dringend nötig war – und versuchte vergebens, die römische und byzantinische Religionsgemeinschaft zu vereinigen.

Innozenz' Nachfolger war seit dem Jahr 1362 ein anderer Franzose, Guillaume von Grimoard, der den Namen Urban V. annahm, die Pläne seiner Vorgänger erfüllte und den päpstlichen Hof am 15. Oktober 1367 nach Rom verlegte, während ich durch Spanien zog. Man hätte erwarten können, daß damit die Sache beendet war wie die Babylonische Gefangenschaft. Doch weit gefehlt. Die Römer erwiesen sich wie immer als unregierbar, und nach drei Jahren packte Urban seine Koffer und kehrte nach Frankreich zurück. Die Römer regten sich darüber auf und baten ihn sogar öffentlich, zu bleiben. Sie sicherten sich die Unterstützung eines berühmten Mystikers, Sankt Bridget von Schweden, um ihn vor einem Unglück zu warnen – leider spezifizierten sie nicht, für wen –, wenn er abermals den Mittelpunkt der Christenheit verlassen würde.

Der Papst ließ sich jedoch durch nichts aufhalten und reiste ab. Was das Unglück anbetraf, es folgte auf dem Fuße: er starb im selben Jahr.

Urbans Nachfolger war niemand anderes als der Neffe Clemens' VI., der ihn mit nur neunzehn Jahren zum Kardinal ernannt und ihn schon damals als zukünftigen Papst aufgebaut hatte. Dieser Junge, der denselben Namen trug wie sein Onkel, Pierre-Roger von Beaufort, war jetzt ein Mann von einundvierzig Jahren und übernahm die Macht als Gregor XI., obwohl er nie zum Priester geweiht worden war. Zu solch traurigen Zuständen waren religiöse Dinge verkommen.

Gregor war so unklug, ebenfalls eine Rückkehr nach Rom zu erwägen. Dieses Verhalten war natürlich nicht ganz ohne Hintergedanken. Es gab viele Gründe, die den Papst in den

Petersdom lockten, nicht zuletzt der ständige Krieg zwischen England und Frankreich, der letzteres Land verwüstete und von Zeit zu Zeit sogar auf die Umgebung von Avignon übergriff. Damit einher ging natürlich die extreme Schwäche der französischen Könige. Die Päpste hatten sich in Frankreich niedergelassen, als sie sich des Schutzes des hervorragenden Philipp des Schönen sicher gewesen waren, vorausgesetzt, sie behielten ihre Abhängigkeit von diesem Monarchen. Jetzt betrachtete man sie immer noch, als wären sie auf Geheiß der Monarchie dort, während diese Monarchie nicht mehr die Kraft hatte, sie zu schützen.

Zusätzlich gab es eine große Gruppe nichtfranzösischer – hauptsächlich italienischer – Kardinäle, deren Stimmen bei jeder Wahl unter großen Kosten gewonnen werden mußten, und die sich danach sehnten, in ihr Heimatland zurückzukehren.

Es mag sogar echtes Gefühl mitgespielt haben, weil Rom die Ewige Stadt war; Avignon hatte keinen Anspruch auf Unsterblichkeit.

Was auch immer der Grund für diesen katastrophalen Schritt war, Gregor XI. kehrte am 11. Januar 1377 nach Rom zurück. Das Ereignis wurde in ganz Italien bejubelt, und wir in Neapel waren nicht zurückhaltend mit unseren Glückwünschen. Nachdem Johanna Avignon verkauft hatte, konnte sie nichts damit gewinnen, wenn der Papst ihr Lehnsmann war, und sie verstand sich bestens mit Gregor, der sich an sie in all ihrer Jugend und Schönheit erinnerte, als sie am Hof seines Onkels vor fast dreißig Jahren angeklagt gewesen war. Einen solchen Bewunderer in der Nähe zu haben, versprach eine Zeit der Ruhe und des Friedens bis an unser Lebensende. Schließlich war Johanna jetzt einundfünfzig und ich zweiundfünfzig … und Gregor war mit achtundvierzig fast noch ein Jüngling.

Doch nach nur einem Jahr in Rom starb Gregor in der Nacht vom 26. auf den 27. März 1378.

Nun, wer bin ich, daß ich den plötzlichen Tod eines jungen, starken, aktiven Mannes in Zweifel ziehe und argwöhne, daß er nicht nur das Ergebnis eines zu üppigen Abendessens war, wie es zu dieser Zeit hieß? Ich kann nur die erwiesene Tatsache anführen, daß Gregor wie Clemens ein Jahr in der Gesellschaft der Römer für ausreichend hielt und seinen Entschluß verkündet hatte, nach Avignon zurückzukehren. Zweifellos wollten ihn die Römer nicht gehen lassen, und wahrscheinlich hatte jemand dem Aphorismus Ausdruck verliehen, ›besser ein toter Papst als ein französischer‹.

Trotzdem war das Ereignis für jeden überraschend. Mit Ausnahme vielleicht derjenigen, die in die Verschwörung eingeweiht waren, und das schloß mit Sicherheit die Mehrheit der italienischen Kardinäle ein, die jetzt entschlossen waren, die Folge der französischen Päpste zu beenden, die den meisten Teil des Jahrhunderts geherrscht hatten. Fast im gleichen Augenblick, in dem uns die Kunde von Gregors traurigem Ende erreichte, erhielten wir Besuch von einer Delegation von Kardinälen, die der Königin vorschlugen, dem Erzbischof von Bari, Bartolomeo Prignano, zu genehmigen, die Nachfolge des Franzosen anzutreten. Ich war zufällig zu Besuch in Neapel, als sich das ereignete, und vor Ort, als Johanna der Vorschlag gemacht wurde.

»Prignano?« fragte sie. »Prignano?« Und dann wandte sie sich an mich. »Prignano!« rief sie. »Könnte es etwas Besseres geben?« Sie lächelte den römischen Gesandten an. »Wir werden den Erzbischof sofort kommen lassen.«

Signor Prignano war 1318 in Neapel geboren worden. Er war also acht Jahre älter als Johanna, was bedeutete, daß er sie, zumindest vom Ruf her, sein ganzes Leben gekannt hatte. Er hatte jedoch – zum Glück, wie wir damals dachten – keine einflußreichen Onkel oder Vettern, und deshalb stieg er nur langsam in den Ämtern der Heiligen Kirche auf. Erst als er in mittleren Jahren war, erreichte er die höheren Ränge der Kirche. Als Johanna gegen Ludwig von Ungarn ums Überleben gekämpft und das Mißfallen der Kirche erregt hatte, war er nur ein Gemeindepriester gewesen, und es war ziemlich unerheblich gewesen, ob er die Mißbilligung geteilt hatte oder nicht. Als er mehr als zehn Jahre später Bischof wurde, war Johanna bereits in ihrer Krone und ihren Vorrechten durch den Papst bestätigt worden – und offiziell in ihrer Unschuld –, und alle Bischöfe mußten das akzeptieren.

Zu dieser Zeit war Prignano zum ersten Mal der Königin begegnet. Ich bezweifle sehr, daß Johanna jemals viel von ihm hielt oder überhaupt an ihn dachte, aber er war Neapolitaner, und es freute sie, daß jemand ihrer eigenen Untertanen so hoch aufstieg. Wie man sich erinnert, war ich in den vorangegangenen zehn Jahren sehr beschäftigt gewesen. Sonst hätte ich vielleicht der Königin die Geschichte von einem unserer englischen Könige erzählt, von Heinrich II., der sehr erfreut über den langsamen, aber stetigen Aufstieg eines Engländers und Erzbischofs namens Becket gewesen war und später feststellen mußte, daß Erzbischöfe äußerst schwierige Menschen sein konnten. Heinrich hielt es für nötig, diesen Becket von einigen treuen Rittern töten zu lassen, eine Vorsichtsmaßnahme, für die Johanna nicht die Weitsicht hatte. Sie blieb überzeugt, daß all unsere Probleme beendet waren und Prignano der loyalste und fügsamste ihrer Untertanen war. Es war schwierig, etwas dagegen einzuwenden, denn ich wußte absolut nichts über den Erzbischof. König Otto wußte natürlich noch weniger, da er erst ein paar Jahre im Königreich Neapel weilte. So versuchte keiner von uns, die Königin von ihrem Kurs abzubringen. Und um ehrlich zu sein, es bestand auch kein Grund zur Besorgnis während der ersten paar Wochen, nach denen Prignano zur Königin gerufen und informiert wurde, welche Ehre ihm zuteil werden würde.

Er war sehr zurückhaltend und bescheiden. »Oh, Eure Hoheit«, wandte er ein. »Ich bin nur ein einfacher Priester, völlig ungeeignet für ein solch hohes Amt.«

»Unsinn«, widersprach Johanna. »Eure Leistung, sowohl in der Verwaltung wie auch in der Andacht, ist tadellos. Und hat nicht Papst Gregor Euch wegen dieser Qualitäten zu einem seiner Kanzler gemacht?«

»Nun, das stimmt natürlich«, bekannte der fiese Kerl. »Dennoch möchte ich die Ehre ablehnen, sein Nachfolger zu werden, Eure Hoheit.«

»Unsinn«, wiederholte Johanna. »Die Christenheit braucht einen italienischen Papst. Mehr noch, sie braucht einen neapolitanischen Papst. Und Ihr seid der richtige Mann dafür, mein lieber Erzbischof.«

So rannten wir blindlings in unser Verderben.

Prignano ließ sich überreden, reiste mit einer Eskorte neapolitanischer Kavallerie nach Rom und wurde dort von der Bevölkerung begeistert begrüßt. Seine Wahl war nur Formsache; weißer Rauch stieg aus dem Kamin des Vatikans, noch bevor das Feuer richtig angezündet war, und sogar die französischen Kardinäle erkannten, wann es an der Zeit war, den Italienern ihren Willen zu lassen. Sie konnten es kaum besser als mit diesem bescheidenen kleinen Mann antreffen, der anscheinend ein Hasenfuß war.

Die Wahl fand am 8. April 1378 statt, und Prignano nahm den Namen Urban VI. an. Wir lehnten uns alle zurück und erwarteten eine friedliche Zeit. Dann erhielten wir den Schock unseres Lebens, als Urban in seiner ersten Predigt als Papst beißende Kritik am Leben der Reichen übte. In diese allgemeine Verdammung schloß er seine Wohltäterin ein und machte sogar einige ordinär-scherzhafte Andeutungen über ihre unglückliche Vergangenheit.

»Der Schuft!« rief Johanna, als ihr eine Abschrift der Predigt gebracht wurde. »Der undankbare Schuft. Was können wir gegen ihn unternehmen, Richilde?«

»Eure Hoheit, ich befürchte, wir können nichts gegen ihn unternehmen, nachdem wir ihn leider zum Papst gewählt haben. Er ist ein alter Mann. Laßt uns geduldig sein.«

Ich war immer eine Optimistin. Nachdem Urban die Königin angegriffen hatte, wetterte er nun gegen die anderen Kardinäle und ihre Korruptheit und kritisierte ihren luxuriösen Lebensstil – Kardinäle legten Lippenbekenntnisse zum Zölibat ab und hielten sich gleichzeitig eine Reihe von Mätressen. Seine Kritik galt besonders der Anhäufung von Wohlstand durch den Ablaßhandel, der garantierte, daß ein geliebter Verstorbener sowenig Zeit wie möglich im Fegefeuer verbringen mußte, bevor er in den Himmel kommen und zur Rechten Gottes sitzen würde.

Leider kam keiner dieser lieben Verstorbenen jemals zurück, um uns zu erzählen, wie schnell seine Himmelfahrt erfolgt war, oder um uns zu sagen, ob er oder sie wirklich in etwas hatten aufsteigen wollen, das ich nur als ein dürftiges, wenn auch ewiges Dasein beschreiben kann.

Die Kardinäle – und besonders die französischen – nahmen diese Angriffe übel. Es widerstrebte ihnen auch, Rom zu besuchen, das sie nicht mochten wegen des heißen und malariaverseuchten Klimas, wegen der Bewohner, die heißblütig und unberechenbar waren, und vor allem wegen des Essens, das nicht heiß und für französische Gaumen ungenießbar war. Deshalb kehrten sie zu ihrem ausschweifenden Leben zurück und organisierten Bordelle in Avignon, und als sie erst einmal dort waren, erkannten sie das Ausmaß des Fehlers, den sie begangen hatten, indem sie den italienischen Forderungen nach einem einheimischen Papst nachgegeben hatten.

Von dieser Erkenntnis war es nur ein kleiner Schritt zu einer weiteren: sie hatten dem italienischen Druck nur aus Furcht vor dem römischen Mob nachgegeben. Dies wiederum deutete darauf hin, daß Urbans Wahl irregulär und deshalb ungültig war.

Die Franzosen waren zu schlau, um ihre Position von Avignon aus zu verteidigen. Sie kehrten nach Italien zurück, aber nicht nach Rom, denn sie erklärten, daß ihr Leben in der Heiligen Stadt in Gefahr sei. Statt dessen ließen sie sich in Fondi nieder und luden alle Kardinäle ein, sich ihnen anzuschließen, um einen neuen und legalen Papst zu wählen. Wie vorherzusehen, blieben die Italiener fern, und die Franzosen wählten deshalb ihren eigenen Kandidaten, Robert von Genf.

Über Robert von Genf wurden viele verleumderische

Dinge geschrieben, und deshalb ist es wert, sich in Erinnerung zu rufen, daß er für das päpstliche Amt qualifizierter war als irgend jemand sonst. Er war Bischof von Therouanne und Cambrai gewesen und von Gregor XI. zum Kardinal ernannt worden. Folglich war er ein erfahrener Kirchenmann. Außerdem hatte er als päpstlicher Legat für Norditalien die päpstliche Armee befehligt und den florentinischen Aufstand beendet, in dessen Verlauf die Stadt Cesena zerstört und viertausend ihrer Bewohner massakriert worden waren.

Deshalb war Robert kein Mann, mit dem man sich anlegte, selbst wenn man bezweifelte, daß aus einem solchen Krieger ein guter Papst werden würde. Am verhängnisvollsten war, daß er der Cousin des französischen Königs war. Dies machte ihn leider zugleich zu einem Cousin der Königin von Neapel.

Fürs erste betrachteten wir in Castel Nuovo oder draußen in Eberli diese Ereignisse mit gemischten Gefühlen, aber nüchtern. Unsere Begeisterung für Prignanos Wahl war natürlich unangebracht gewesen. Wir hielten jedoch die Tatsache, daß es jetzt zwei Päpste gab – Urban war nicht geneigt, zurückzutreten –, für ein religiöses Problem, das sich vielleicht zu unserem Vorteil lösen würde. Gewiß hatten wir keine Absicht, darin verwickelt zu werden.

Als ob eine Verwicklung in die Affären der Kirche jemals vermieden werden kann!

Nach der Wahl nahm Robert den Namen Clemens VII. an. Er war entschlossen, die Frage zu lösen, wer der rechtmäßige Papst war. Dazu wählte er das Mittel, das ihm als Krieger als erstes in den Sinn kam – Waffengewalt. In dieser Hinsicht war er offenbar wohlhabend. Die päpstliche Armee, mit der er Florenz erobert und Cesena zerstört hatte, war noch mobilisiert. Aber weil er wußte, wie schwierig es war, Rom selbst einzunehmen – ein Gedanke, von dem in der Geschichte schon viele Herrscher besessen waren, von Alarich über Hannibal bis zu Feldherren der jüngeren Zeit –, unternahm er einen anscheinend brillanten taktischen Schachzug und ließ eine Kompanie französischer Soldaten unangekündigt in die Stadt marschieren. Sie nahmen die berühmte Burg St. Angelo ein, die vor über tausend Jahren als Mausoleum für Hadrian erbaut worden war, und erklärten Papst Urban für abgesetzt.

Solch eine Erklärung war voreilig. Der Papst war noch auf freiem Fuß, und die Römer hielten ihm die Treue. Clemens, der in der päpstliche Armee seine letzte verzweifelte Hoffnung sah, fand die Tore geschlossen und sah sich dem ganzen Volk gegenüber. Zu diesem kritischen Zeitpunkt kapitulierte die tapfere Garnison von St. Angelo lieber, als das Leben zu riskieren.

Die Truppen durften tatsächlich abziehen und sich Roberts Streitmacht anschließen, aber jetzt wurde offenkundig, daß das ganze Land Urban unterstützte. Es würde schwierig für Robert werden, sich ohne Verbündeten selbst zu behaupten. Aber er wußte, wo er einen solchen Verbündeten finden könnte, und so marschierte er nach Neapel.

Johanna war hier in einer schwierigen Position. Sie hatte Prignanos Wahl unterstützt und wußte jetzt, daß dies ein Fehler gewesen war. Außerdem war sie selbst Französin und hatte alles in allem in gutem Einklang mit den französischen Päpsten gestanden. Von Urban hingegen konnte sie, nach seinen Predigten zu schließen, nichts Gutes erwarten. Und außerdem erbat Robert ihre Unterstützung im Namen seines Cousins.

Deshalb empfing sie Clemens VII. mit offenen Armen und erklärte ihre Entschlossenheit, ihn im Vatikan einzusetzen, notfalls mit Gewalt.

Das Ergebnis war, daß sich die Christenheit sehr schnell in zwei Lager spaltete, weil sie nun zwei Päpste hatte. Frankreich, Schottland, Kastilien, Aragon, Burgund und natürlich Neapel unterstützten Clemens. Norditalien, Portugal, England, die skandinavischen Länder und die östlichen Staaten wie Polen und Ungarn standen zu Urban. Deutschland, das Österreich einschloß, pendelte von einer Seite zur anderen. Es wird sogar dem flüchtigsten Leser nicht entgangen sein, daß diese Teilung der Meinung, obwohl vielleicht aufrichtig, sich durch die ganze Linie der gegenwärtigen politischen Rivalität zog. So war es klar, daß Schottland die jeweils andere Seite wählte, die von England unterstützt wurde. Das gleiche galt für Spanien und Portugal, während Florenz und die Nachbarstädte allen Grund hatten, Clemens wegen der Exzesse bei seiner Invasion zu verabscheuen. Die Deutschen hatten natürlich eine lange Geschichte der Meinungsverschiedenheit mit dem Papsttum und suchten nur einen Papst, der *ihren* Standpunkt vertrat.

All diese Länder konnten jedoch ihren Standpunkt einnehmen und ihre Meinungen nach Belieben vertreten, in dem sicheren Wissen, daß viel Zeit vergehen würde, bevor sie das Schwert ziehen mußten, um ihre Position zu verteidigen. Wir in Neapel waren nicht so glücklich. Als sich Clemens bei uns niedergelassen hatte, verteilte Urban vom Vatikan aus *denunciamentos,* beginnend mit dem Kirchenbann und sich allmählich steigernd bis zur Exkommunizierung des Gegenpapstes und aller, die ihn unterstützten.

Diese päpstlichen Waffen, die schließlich nur Worte sind, waren in Wirklichkeit stärker als die Entschlossenheit des Volkes, das sie hörte. In Frankreich wurde Urbans Donnerhall zweifellos mit Belustigung betrachtet. In Italien war das anders. Ob die Intelligenz die Worte glaubte oder nicht, sie konnten benutzt werden, um bei den ungewaschenen Massen Zweifel zu säen, besonders wenn man es darauf abgesehen hatte.

In Johannas Fall war das leicht, und es gab viele, die Zweifel säten. Ganz oben auf der Liste stand dieser schreckliche Junge – er war jetzt ein erwachsener Mann – namens Karl von Durazzo, der bei Johanna trotz all ihrer Großzügigkeit, ihn zu ihrem Erben zu bestimmen, nur an den Tod seines Onkels und die Gefangennahme seines Vaters denken konnte … und an die Tatsache, daß er der Erbe war und das Königreich ihm gehören würde, wenn die Königin durch päpstlichen Erlaß abgesetzt wurde. Seine Frau war in dem Glauben aufgezogen worden, daß Johanna der Grund für alles Elend war, das ihr Familienzweig jemals erlitten hatte; sie machte die Königin sogar für den Tod ihrer Mutter verantwortlich.

Bevor wir richtig begriffen, was geschah, flüchteten Karl und seine Frau aus Neapel, schlossen sich der päpstlichen Armee an und erklärten Johanna für abgesetzt.

Johanna tat das mit ihrer üblichen Unbekümmertheit als reine Geste ab. »Mein Volk wird mich unterstützen«, erklärte sie. »Es liebt mich.«

Clemens fand jedoch, daß Liebe allein vielleicht unzureichend war, verließ Neapel sofort und nahm ein Schiff nach Avignon, wo er von Freunden umgeben war. Man stelle sich das vor, nach all den Widerwärtigkeiten, die er uns eingebrockt hatte! Gott weiß – ich hoffe es wenigstens und bete darum –, daß ich eine fromme Christin bin, aber ich muß sagen, daß kein einziger der verschiedenen Päpste, denen ich in meinem Leben begegnet bin, mich zu dem Glauben ermuntert hat, daß Gott die Wahl der Kardinäle lenkt oder auch nur gebilligt hätte.

Man könnte annehmen, daß mit dem Verschwinden der Streitsache unsere Beziehung zum Vatikan sofort besser geworden wäre. Leider waren die Dinge zu weit gediehen. Karl von Durazzos Besitz in Neapel war natürlich angesichts seiner Rebellion konfisziert worden, und er konnte keinen Zweifel daran haben, daß es sein Schicksal war, dorthin zurückzukehren und sich zu ergeben. Urban mußte ebenfalls davon ausgehen, daß er sich die ewige Feindschaft der Königin zugezogen hatte, und wenn ich auf diesen Blättern versucht habe, die wahre Seite von Johannas Charakter zu schildern – gewiß, sie war launisch, gewiß, sie war unmoralisch, aber im Grunde freundlich und großzügig –, so konnten sich doch diejenigen, die sich als ihre Feinde betrachteten, nur in Erinnerung rufen, daß die Feinde meiner Herrin in der Vergangenheit für gewöhnlich ermordet worden waren.

Deshalb beeilte sich Urban trotz der Abreise von Clemens, die Königin zu exkommunizieren und zu erklären, daß jeder christliche Ritter die Pflicht gegenüber seiner Religion – und seinem Papst – hatte, diese üble Mörderin, diese Hexe, dieses Kind von Beelzebub, dieses Krebsgeschwür im Körper der Kirche etc., etc. zur Strecke zu bringen. So ermuntert, hatte Karl von Durazzo wenig Schwierigkeiten, eine Armee aufzustellen, und so wurden wir wieder in einen Bürgerkrieg hineingezogen.

Die Schatten von 1346. Das Dumme war, man schrieb jetzt 1381. Dies hatte gewisse Vorteile. Johanna hatte die Furchtlosigkeit der Jugend verloren und war entschlossen, um ihren Thron und ihre Vorrechte zu kämpfen. Sie dachte nicht an Flucht, die durchaus möglich war, denn Cousin Clemens hätte ihr kaum Asyl in Avignon verweigern können. Bei dieser Entscheidung wurde Johanna völlig von ihrer treuesten Dienerin unterstützt. Eigentlich blieb mir keine Wahl. Mein Name war mit dem der Königin in der allgemeinen Verdammung verknüpft. Irgendein idiotischer Kardinal ging sogar so weit, sich zu fragen, ob wir nicht eine Verkörperung des Teufels in weiblicher Form waren, und ich bin überzeugt, daß mich das gleiche Schicksal ereilt hätte wie sie, wenn ich sie verlassen hätte. Als die Rebellenarmee sich auf der Landseite von Neapel ausbreitete, verließ ich Eberli und flüchtete zur Stadt, um der Königin meine Krieger und meinen Reichtum zur Verfügung zu stellen. Lucia, Pietro und ihre Kinder begleiteten mich natürlich ebenso wie Ricardo und Guido.

Das beste von allem war, daß Danilo ebenfalls zum Kampf bereit war, denn er war zweifellos der Mann mit den meisten militärischen Erfahrungen.

Johanna begrüßte uns alle mit offenen Armen. Aber fünfundfünfzig ist ein trauriges Alter, um sein Heim zu verlassen, seine Leidenschaften aufzugeben und um sein Leben zu kämpfen.

Johanna setzte natürlich sehr auf die Unterstützung ihres Volkes und die kriegerischen Fähigkeiten ihres Gemahls. Sie wurde auch nicht enttäuscht. Otto war wie ein Besessener, er patrouillierte auf den Brustwehren, stellte seine Streitkräfte auf und führte sie mit Hilfe meines tapferen Danilo äußerst entschlossen gegen die große Armee, die von Karl befehligt wurde. Aber nun wurden wir wieder vom Alter ruiniert, vom Alter der Stadt und ihrer Einwohner.

Man mag sich in Erinnerung rufen, daß die Neapolitaner immer abgeneigt gewesen waren, für ihre Herrscher aus dem Haus Anjou zu kämpfen. Der Eifer, mit dem sie wiederholt ihre Tore für die Armeen Ludwigs von Ungarn geöffnet hatten, war verachtenswert gewesen. Und zu jener Zeit waren sie ein hartes und kriegerisches Volk gewesen, dessen Hauptbelustigung an einem Samstagnachmittag darin bestanden hatte, ein paar Köpfe einzuschlagen. Jetzt, nach einer Generation von Frieden und Wohlstand – was man allgemein auf die kluge und wohltätige Herrschaft ihrer Königin zurückführte –, war ihr kriegerischer Geist völlig verschwunden, und wir hatten Mühe, ausreichend Männer zu finden, um die Mauern zu bemannen.

Aber wir kämpften mit großer Entschlossenheit und hielten mehrere Monate der Belagerung stand. Es wäre langweilig, über die verschiedenen Angriffe zu berichten, über das Zischen fliegender Steine, die von den Katapulten unserer Feinde abgeschossen wurden, das Schwirren der Pfeile ihrer Bogenschützen, die Rufe der Angreifer und Verteidiger, das Klirren von Stahl auf Stahl, die Schreie der Verwundeten und das Stöhnen der Sterbenden. All dies wurde bald alltäglich.

Unsere sogenannten christlichen Gegner benutzten sogar eine furchterregend aussehende Röhre, die, gefüllt mit einer explosiven Vorrichtung, eine Steinkugel in unsere Richtung schleuderte. Ich sage das mit Bedacht, denn ich bezweifle, daß eine dieser ›Kanonenkugeln‹, wie sie genannt werden, jemals wirklich einen Teil von Neapel traf.

Wir konnten jedoch kaum bezweifeln, daß wir auf der Verliererstraße waren. Obwohl der Hafen offenblieb, war die

Macht des päpstlichen Interdikts so groß, daß die Benutzung von Schiffen sehr begrenzt war, und das beschränkte wiederum die Menge der notwendigen Versorgungsmaterialien, die zu uns gebracht werden konnten. Das Volk begann zu hungern, und fast jede Familie in der Stadt beklagte einen toten oder verkrüppelten Bruder oder Vater oder Sohn. Die beiden Faktoren führten gemeinsam zum Zusammenbruch des Widerstands.

Johanna verweigerte sich natürlich der Erkenntnis, daß der Siegeswille geschwächt sein konnte. Sie war so aktiv wie ihr Mann, pflegte die Verwundeten, betrauerte die Toten, erschien sogar auf den Mauern in voller Sicht des Feindes, als sie ihre Truppen anfeuerte. Dies war vielleicht ihre großartigste Stunde. Leider war sie vergeblich. Ohne unser Wissen arbeiteten gewisse Feiglinge mit dem Feind zusammen, um ihr Land und ihre Titel zu bewahren, sollte die Monarchie in andere Hände fallen, und als dies bestätigt wurde, öffneten sie mitten in der Nacht die Stadttore.

Sogar die Wachtposten von Castel Nuovo waren bestochen worden, und Johanna und ich – wir hielten uns schlafend in den Armen, wie wir es als Mädchen getan hatten – wurden plötzlich geweckt und stellten fest, daß die königlichen Gemächer von feindlichen Soldaten besetzt waren und Karl von Durazzo an unserem Bett stand.

11. KAPITEL

Für Königinnen ist es erschreckender als für normale Leute, aus dem Schlaf gerissen zu werden und festzustellen, daß fremde Männer am Bett stehen. Der erste Impuls, die Wachen zu rufen und die Eindringlinge töten zu lassen, wird schnell durch die Erkenntnis unterdrückt, daß die Wachen selbst bestochen oder getötet worden sein mußten, denn sonst wären die Eindringlinge ja nicht da.

Und wenn einer der Männer der Hauptfeind ist … Johanna zog die Bettdecke an ihre Kehle. »Was hat das zu bedeuten?« fragte sie mit hoher, aber fester Stimme, obwohl sie wissen mußte, daß sie in der größten Notlage ihres Lebens war.

Ich wußte, was es zu bedeuten hatte, und ich verspürte überhaupt keinen Wunsch, mich aufzusetzen. Ich wollte mich nur unter den Laken verstecken und hoffen, daß ich übersehen wurde.

»Das bedeutet, liebe Tante, daß Euer kriminelles Leben zu Ende ist«, sagte Karl. »Eure Stadt ist erobert, und Ihr steht unter Arrest.«

Ich spürte Johanna neben mir erschauern. »Mit wessen Befugnis?« fragte sie.

»Ich habe den päpstlichen Erlaß.«

»Welchen päpstlichen Erlaß? Der von Rom ist wertlos.«

»Ich betrachte ihn als völlig legal«, sagte der Schuft. »Steigt aus dem Bett.«

Johanna packte die Bettdecke fester. »Ihr erwartet, daß ich das Bett vor Euch verlasse? Vor Euren Leuten? Das ist empörend!«

»Meine liebe Tante«, sagte der gemeine Kerl, »es gibt Gerüchte, daß Ihr Euch vor mindestens tausend Männern nackt gezeigt habt. Sollte Euch da ein halbes Dutzend mehr stören?«

Johanna bedachte ihn mit einem vernichtenden Blick, und dann warf sie die Decke von sich und stand auf. Die Königin war jetzt sechsundfünfzig, und doch waren alle von ihrem Anblick fasziniert, sogar ihr Neffe. Aber er erholte sich schnell. »Und diese teuflische Kreatur, die Euer Schatten ist.«

Welch eine Beschreibung, wenn ich daran dachte, was mir der Onkel dieses Flegels angetan hatte. Es blieb mir jedoch nichts anderes übrig, als zu gehorchen und mich neben Johanna zu stellen. Mein Anblick verschlug den Kerlen noch länger den Atem.

Auch Karl war jetzt sprachlos, nur der Priester neben ihm blieb gefaßt: »Diese Kreaturen des Teufels, oh Herr, sind wirklich fähig, einem Mann den Kopf zu verdrehen. Hinfort mit ihnen.«

Ich klammerte mich an Johannas Arm, weil ich annahm, daß unser letztes Stündlein geschlagen hatte, aber es stellte sich heraus, daß man uns nur befahl, uns anzukleiden, und uns dann heimlich aus Neapel fortbrachte, damit die Bevölkerung nicht zu unseren Gunsten aufbegehrte und einen Aufstand wagte. Aber es war genau diese Bevölkerung gewesen, die uns verraten hatte.

Als wir feststellten, daß wir nicht sofort ermordet wurden, begannen wir uns um unsere Lieben zu sorgen.

»Mein Mann?« fragte Johanna.

»Ist mein Gefangener«, sagte Karl.

»Ich wünsche ihn zu sehen.«

»Eure Wünsche interessieren keinen mehr«, sagte er. »Außerdem ist der Kerl verwundet. Kein schöner Anblick.«

»Um so mehr Grund, zu ihm zu gehen«, rief Johanna.

»Ich verbiete es Euch.«

Sie stampfte mit dem Fuß auf, doch das half nichts.

»Darf ich nach *meinem* Mann fragen?« sagte ich.

Diesmal war sein Lächeln wirklich teuflisch. »Der ist ebenfalls mein Gefangener, Herzogin.«

»Was ist mit meiner Tochter? Und mit ihren Kindern?«

»Eure Tochter. Ja, natürlich. Meine Männer ... kümmern sich um sie.«

Ich wollte ihn schlagen, doch ich wurde daran gehindert, und in den nächsten Minuten litt ich ernsthaft, als er den Mitgliedern seiner Eskorte erlaubte, sich auf meine Kosten zu amüsieren.

Ich muß sagen, es war ein erbärmlicher Haufen, der kaum taugte, den Saum einer Frau zu küssen, die das Lager mit al-Mumin geteilt hatte, geschweige denn einer, die in die Hände des römischen Pöbels gefallen war. Daß ich durchgerüttelt wurde und dabei außer Atem geriet, war eigentlich das Schlimmste, das ich wirklich erlitt.

Johanna war natürlich besorgt. »Könnt Ihr ihnen nicht Einhalt gebieten?« fragte sie ihren Neffen.

Er verneigte sich. »Sie werden aufhören, wenn sie sich verausgabt haben. Seid dankbar, daß ich nicht ihr Vergnügen auf Euch ausdehne, liebe Tante.«

Johanna konnte mir deshalb nicht helfen, aber eigentlich war mein Unbehagen nur kurz. Karl war sich darüber im klaren, daß die Königin in Neapel eine große Gruppe von Anhängern hatte, die zwar kapituliert hatten, jedoch eine Gefahr sein konnten, sollte Johanna gerettet werden. Wir wurden deshalb in dieser Nacht aus Castel Nuovo fortgebracht, dick verhüllt und verschleiert, und zum Schloß von Muro gebracht, der alten Feste von Durazzo, die einige Kilometer von der Stadt entfernt war.

Dort wurden wir zusammen eingekerkert. Wir konnten uns aneinanderklammern, über die Zukunft grübeln – die alles andere als rosig aussah – und die Vergangenheit bedauern.

»Hätte ich nur Söhne«, stöhnte Johanna, »die mich unterstützen und rächen würden.«

Mir kam in den Sinn, daß ich einen Sohn hatte, der bewiesen hatte, wie wenig er *mich* unterstützte. Mit dieser Verdammung war ich, wie sich herausstellen sollte, voreilig, aber ich fühlte mich in diesem Augenblick aller Hoffnungen beraubt.

Ich hatte nicht nur einen Sohn, sondern auch eine Tochter, und die war gezwungen worden, das Los jeder besiegten Frau zu erleiden. Nun, ich hatte dieses Schicksal mehrmals erlitten, und ich konnte nur hoffen, daß Lucia meinen Überlebenswillen hatte.

Johanna kam schnell über den Schreck hinweg und war überzeugt, daß ihr Otto den Männern, die ihn gefangengenommen hatten, entkommen und eine Armee führen würde, um sie zu retten und zu rächen. Ich fand, daß dies eine sehr vage Möglichkeit war, und ich war geneigter, ihre zweite Überzeugung zu teilen, daß Clemens' Anhänger Urban besiegten und unsere Rehabilitation folgen würde. Das war natürlich ebenfalls Wunschdenken. Die italienischen Kardinäle hatten jetzt wieder einen Papst aus ihren Reihen in Rom, und es war zu bezweifeln, daß sie ihre Privilegien aufgaben.

Wie sich später herausstellte, war Johanna jedoch so etwas wie ein heißes Eisen geworden. Karl war von Papst Urban zum König von Neapel erklärt worden, als die Königin mit dem Interdikt belegt worden war. Aber Urban war ein schlichtes Gemüt und konnte ein Problem nicht bis zum bitteren Ende durchdenken. Er hatte nicht weiter vorausgesehen als bis zum militärischen Sieg über Johanna und ihre Ablösung durch einen Monarchen, der sein päpstliches Amt unterstützte. Er wußte nicht, was man mit einer entthronten Monarchin anfangen sollte, besonders nicht mit einer, die immer noch beträchtliche Unterstützung in ihrem Land hatte. Auch wußte er nicht, wie man einen König segnete und krönte, wenn es eine lebende Königin gab, die bereits gesegnet und gekrönt war. Diese Probleme stellten sich dem glücklosen Papst erst nach Karls Sieg.

Urbans Hauptstreben war, in jeder Hinsicht sein Amt zu legitimieren. Deshalb wagte er nicht, alle vorherigen Päpste von Avignon öffentlich als Thronräuber anzuprangern, da ihre Wahl und Herrschaft von der ganzen Christenheit akzeptiert worden waren. Vom Standpunkt des Papstes war sein Feind Clemens, und nicht einer seiner Vorgänger. Folglich blieb alles, was ein früherer Papst in seiner Eigenschaft als Stellvertreter und Sprachrohr Gottes erlassen und verkündet hatte, zwangsläufig gültig. Und ein früherer Papst hatte Johanna von allen Verbrechen freigesprochen. Ebensowenig konnte bestritten werden, daß die Königin sich nach ihrer Rückkehr nach Neapel im Jahre 1352 als die vielleicht fähigste Monarchin der Christenheit erwiesen hatte. Daß sie Clemens unterstützt hatte, war gewiß ein Makel, aber die Königin brauchte sich davon nur zu distanzieren, es als Fehler zu erklären und anzubieten, sich vor dem Papst in Rom hinzuknien und ihn zu bitten, all ihre Privilegien wiederherzustellen.

Karl von Durazzo befürchtete, daß selbst Urban auf diese Möglichkeit kommen könnte, um seine Probleme loszuwerden und im Gegenzug von Johanna ein Versprechen zu bekommen, sein päpstliches Amt zu unterstützen. Und er befürchtete, daß Johanna zustimmte. Dann wäre Karl am Ende eines sehr langen Astes, der bereits halb durchgesägt war.

Deshalb war es für ihn wichtig, daß die Sache so schnell wie möglich erledigt wurde. Zweifellos appellierte er an Rom um eine Entscheidung und wurde aufs Warten verwiesen – wir hatten selbst erfahren, wie lange eine päpstliche Entscheidung dauern konnte.

Als der Papst Karl schließlich einen Rat erteilte, erfuhren wir sofort davon. Man teilte uns mit, daß Seine Hoheit der König von Neapel – »Welche Unverschämtheit!« rief Johanna – uns wegen einer Sache von großer Wichtigkeit zu sich rufen würde und daß wir unseren besten Staat tragen sollten.

Eine Auswahl unserer Kleidung war uns inzwischen gebracht worden – bis jetzt waren wir in unserer Gefangenschaft gut und mit größtem Respekt behandelt worden –, und wir erfüllten gern Karls Wünsche. Johanna hatte selten majestätischer ausgesehen.

Das war auch gut angesichts Karls Vorschlag, das Patt zu beenden. Er traf in Begleitung einiger der höchsten Adligen des Staates ein, einschließlich des päpstlichen Legaten und einer Gruppe von Priestern. Aber er wurde auch von einigen Schreibern begleitet, und von einem nahm er ein sehr offiziell aussehendes Dokument entgegen.

»Nachdem die Adligen von Neapel über die Lage Eurer Hoheit und Eure kriminellen Aktivitäten nachgedacht haben«, sagte Karl, »sind sie zu einer Entscheidung für Eure Zukunft gelangt.«

Johanna schnaubte nur.

»Es ist entschieden worden, daß Ihr dieses Dokument der Abdankung unterzeichnet«, fuhr Karl fort. »Damit verzichtet Ihr auf Euren Anspruch auf den Thron von Neapel, auf alle Privilegien, die Ihr einst genossen habt, und auf allen Reichtum, den ihr angehäuft habt. Als Gegenleistung wird Euch erlaubt, dieses Land zu verlassen und zu leben, wo Ihr wollt. Ihr dürft die Gefährten mitnehmen, die Ihr wünscht ...« Er ließ seinen Blick über mich schweifen » ... und sogar Euer Mann kann sich zu Euch gesellen. Um Eure Hoheit zu ernähren, wird ein Einkommen – entsprechend Eurem Stande – jedes Jahr von der Regierung von Neapel gezahlt werden, unter der Bedingung, daß Ihr und keiner von Eurem Gefolge jemals wieder den Fuß auf das Gebiet des Königreichs setzt. Das wird mit dem sofortigen Tod bestraft werden, und alle Zahlungen der Regierung von Neapel an Euch werden mit sofortiger Wirkung eingestellt werden.«

Er legte eine Pause ein und starrte seine Tante an, die zurückstarrte. Etwas von der Arroganz des Emporkömmlings verschwand, was nicht gekünstelt war.

»Es ist ein faires Angebot, Tante Johanna«, sagte er. »Fairer als einige meiner Anhänger für richtig halten.«

Ich muß bekennen, daß ich das Angebot – fair oder nicht – ohne Zögern angenommen hätte. Wenn wir erst frei und außerhalb von Neapel wären, könnten wir unsere Position immer noch überdenken. Aber ich bin weder eine Königin noch der Sprößling eines Königs.

»Fair?« fragte Johanna. »Wie kann etwas fair sein, das einer Königin ihr Geburtsrecht und ihren Thron raubt? Aber selbst wenn es fair wäre, dann ist es ganz unannehmbar vor den Menschen und vor Gott. Ich bin zur Königin des Landes gesalbt. Nur Gott kann mir meine Rechte als Königin wegnehmen.«

Karl leckte sich etwas besorgt über die Lippen. »Was meint Ihr, Eure Hoheit?«

»Daß Ihr mir mitsamt diesem Dokument aus den Augen geht!«

»Ihr meint, Ihr weigert Euch, es zu unterzeichnen?«

»Genau.«

»Ihr könnt Euch nicht weigern«, sagte er verzweifelt. »Es ist der Wille des Volkes von Neapel.«

»Ich werde dem Willen Gottes gehorchen und das Erbe meiner Vorfahren bewahren.«

Karl öffnete den Mund und schloß ihn wieder, blickte hilfesuchend zu seinen Adjutanten, fand jedoch keine Hilfe, und zeigte sich wieder als Mann von Prinzipien.

»Ihr werdet in mir einen unerbittlichen Feind haben, Tante Johanna«, erklärte er.

Johanna schnaubte von neuem.

Ich befürchtete jetzt, daß Karl auf die Methoden seines Onkels zurückgreifen und Beweise für Johannas Schuld suchen würde, indem er das Geständnis einer Komplizin durch Folter erpreßte, das sogar vor einem Gericht Gültigkeit haben würde. Und es war natürlich nur noch eine Komplizin aus diesen fernen Tagen übrig.

Während er das Pro und Kontra meiner Mißhandlung abwog, entdeckte er jedoch, daß er ein Mittel hatte, durch das er vielleicht meine Entschlossenheit, nie meine Herrin zu verraten, ins Wanken bringen konnte – die Folter meines Mannes.

Ich muß gestehen, daß ich erleichtert war, als ich Danilo in dem fauligen Verlies sah, und nicht meine liebe Lucia. Ich hatte seit Neapels Fall nichts mehr von ihr gehört und mußte annehmen, daß sie entweder tot oder entkommen war, und jetzt befürchtete ich, daß sie Karl in die Hände gefallen sein konnte. Doch es war Danilo, den man mir zeigte. Es war ein peinigender Anblick. Man hatte Danilo entkleidet und ihm sichtlich viele Demütigungen zugefügt. Einige davon mochte er genossen haben, doch er sah jammervoll aus, als ich ihn erblickte.

Karl nahm an, daß ich unter dem Anblick meines geliebten Gemahles, der nackt und gefoltert war, völlig zusammenbrechen würde: der Idiot wußte nichts von der merkwürdigen Beziehung, in der Danilo und ich seit Jahren lebten.

Trotzdem begrüßte ich ihn mit offenen Armen und drückte ihn zu seiner sichtlichen Freude mehrmals an den Busen.

»Genug«, sagte Karl, nachdem wir ein paar Minuten lang miteinander geturtelt hatten. »Wenn Ihr die Gesellschaft Eures Mannes länger genießen wollt, müßt Ihr jetzt und hier Eure Komplizenschaft mit der ehemaligen Königin bei der Ermordung ihres ersten Mannes, Andreas von Ungarn, gestehen.«

»Ich versichere Euch, daß ich nichts davon weiß, Monsignore«, protestierte ich.

»Und ich versichere Euch das Gegenteil«, entgegnete der Schuft. »Und wenn Ihr Euer Verbrechen und das der ehemaligen Königin nicht sofort gesteht, werdet Ihr zuschauen müssen, wie Euer Mann äußerst schrecklich leiden wird.«

Ich weigerte mich, das Entsetzen zuzugeben, das an die Tore meines Gewissens hämmerte. »Monsignore«, sagte ich. »Was würde Euch ein Geständnis meinerseits nützen? Ihre Hoheit ist von Seiner Heiligkeit persönlich freigesprochen worden.«

»Aus Mangel an Beweisen«, sagte Karl. »Aber Ihr, Richilde, werdet nicht stumm leiden wie damals die anderen Verschwörer, sondern frei sprechen können. Ich lade Euch nur ein, mit mir jetzt zusammenzuarbeiten, mir zu versichern, daß Eure Antworten die Königin belasten werden, die zweifellos schuldig ist, und ich garantiere Euch, daß Euch das Gericht die Fragen so stellt, daß Ihr nur vorübergehend Schmerzen haben werdet – vorausgesetzt, Ihr ändert Eure Aussagen nicht – und daß Eure Hinrichtung die schnellste und gnädigste sein wird, die ich Euch gewähren kann: die Garotte. Ich versichere Euch, daß es nur eine Sekunde dauert, bis Ihr tot seid.«

»Euer Angebot ist äußerst großzügig, Monsignore«, sagte ich. »Aber ich wiederhole, ich weiß von nichts.«

»Nun denn, Madame. Ihr habt Eure Wahl getroffen.«

Danilo war unglücklich. »Ihr könnt mich nicht verlassen, mein Liebling«, wandte er ein.

Ich umarmte ihn noch einmal. »Ihr müßt Mut haben, mein Liebster«, sagte ich. »Fürchtet Euch nicht vor diesen Rüpeln.«

Er wirkte nicht beruhigt, und mit gutem Grund. Ich wurde nun zu einem Stuhl geführt und mußte mich hinsetzen und zuschauen, wie mein Mann gefoltert wurde. Danilo wurde an Händen und Füßen gefesselt, jeweils mit einem separaten Strick, und in dieser entwürdigenden Haltung von einem beweglichen dicken Balken vom Boden gehievt. Seine Stricke hingen von vier ebenfalls beweglichen Armen des Balkens herab.

Dieser Balken konnte über jedes Objekt im Raum plaziert werden, und für Danilo wurde als Objekt eine hölzerne Pyramide gewählt, die in der Mitte des Raums stand. Diese Pyramide verjüngte sich zu einer scharfen, dreieckigen Spitze, und Danilo wurde mehrmals darauf herabgesenkt. Diese Teufel konnten – wie Puppenspieler – seine Haltung kontrollieren, indem sie die verschiedenen Arme bewegten, an denen die Stricke befestigt waren. Sie begannen, indem sie seinen Körper parallel und mit dem Gesicht nach oben zum Boden hielten und ihn so senkten, daß die Spitze der Pyramide in sein Kreuz drang. Nach den Schreien und dem verzweifelten Aufbäumen zu schließen, war es äußerst schmerzhaft für ihn. Zum Glück wurden sie das bald leid und drehten ihn um, damit sie die Spitze in seinen Bauch stoßen konnten.

Es war schrecklich, all dies zu sehen und die Schreie meines armen lieben Mannes zu hören, wenn ich sie hören konnte, denn die meiste Zeit schrie ich noch lauter als er – ich hatte schließlich mehr Übung –, und ich versuchte immer wieder, von meinem Stuhl aufzuspringen, doch stets hielten mich meine Bewacher zurück. Aber mit meiner Beobachtungsgabe und Logik, die ich selbst in einer unglücklichen

Situation behielt, erkannte ich bald, daß Karl offenbar nicht plante, meinen Mann töten zu lassen. Die kleinste Unachtsamkeit, als er mit dem Rücken auf die Pyramide gelassen wurde, hätte ihm zum Beispiel das Rückgrat brechen können, und eine kleine Fehlberechnung bei seinen Genitalien hätte ihn zu einem blutigen und geschlechtslosen Wrack machen können. Doch nichts dergleichen geschah, und während ich beobachtete, dämmerte mir, daß Karl die gleichen Gefühle empfand, die sein Onkel sechsunddreißig Jahre zuvor bei mir gehabt hatte, wenn auch natürlich in etwas anderer Art.

Das wurde bald bestätigt, als Karl das makabre Spiel und das Verhör plötzlich leid wurde und all seine Leute, auch die Priester und Schreiber, mit einem herrischen Wink wegschickte und befahl, mich mitzunehmen.

So war ich gezwungen, meinen Mann wieder zu verlassen – der Himmel wußte, welches Schicksal ihm drohte, aber ich hatte so eine Ahnung –, und wurde zur Kammer der Königin geführt, wo Johanna alles von mir hören wollte, was geschehen war.

»Keine Sorge, meine liebe Richilde«, sagte sie, als ich erzählt hatte. »Wir werden gerächt werden.«

Ach, ihre Zuversicht! Meine geliebte Königin und lebenslange Freundin ging auf das Ende ihrer Tage zu und wußte nicht, welches Damoklesschwert über ihr hing. Denn Karl hatte, um die nötigen Beweise zu bekommen, zu den einfachsten Lösungen seines Problems gegriffen. Er war überzeugt, daß Urban so verzweifelt die neapolitanische Unterstützung bei seinem Kampf gegen Clemens brauchte, daß er für jedes Verbrechen Absolution erteilen würde.

So wurden wir in dieser Nacht wieder grob geweckt – ich war gerade mit der Sorge um Danilo eingeschlafen –, und waren plötzlich von Männern umringt, die mit ihren schwarzen Umhängen und Kapuzen äußerst finster wirkten.

Johanna reagierte so gebieterisch wie immer. »Was hat

diese Störung zu bedeuten?« fragte sie. »Warum gönnt man uns keine Nachtruhe?«

»Entfernt die Kreatur«, sagte einer der Männer.

Bevor ich mich verteidigen konnte, zerrte man mich aus dem Bett.

»Oh, Richilde!« rief Johanna. »Wie mein Herz um dich blutet.«

Mein armer Liebling nahm an, daß ich wieder verhört werden würde. Jetzt war sie überrascht, als sie selbst aus dem Bett gezerrt und zu Boden geworfen wurde. Bevor sie wußte, wie ihr geschah, oder ich das Schreckliche begriff, das sich vor meinen Augen abspielte, wurde die Matratze, auf der wir gelegen hatten, ebenfalls vom Bett gezogen und auf die Königin geworfen, so daß sie völlig ihren nackten Körper verdeckte. Vier der schwarzgekleideten Männer warfen sich auf die Matratze und nagelten sie, mit Johanna darunter, auf den Boden.

Der schlanke Körper der Königin war unter der Matratze kaum als Wölbung zu erkennen. Sekundenlang bewegte er sich, doch dann ließen die Bewegungen nach, als die Mörder ihren Druck noch verstärkten. Ich wollte schreien, doch eine behandschuhte Hand legte sich über meine Lippen, und eine andere packte mich an der Hüfte und hielt mich still. Schließlich konnte ich in den Handschuh beißen, aber ich war nicht in der Lage, das Leder ganz zu durchdringen – obwohl ich ausgezeichnete Zähne habe und der Kerl aufstöhnte. Ich stampfte mit den Füßen, doch damit erreichte ich nichts, und die ganze schaurige Tragödie war binnen Minuten vorüber.

Der Anführer der Mörderbande gab einen Wink, und die Männer erhoben sich von der Matratze. Noch ein Wink, und die Matratze wurde angehoben. Da lag Johanna von Neapel, ein regloses Bündel.

Der Anführer kniete sich neben sie, nahm ein Messer von seinem Gürtel und schnitt in Johannas Handgelenk. Es kam kein Blut heraus.

»Es ist vollbracht«, sagte er zufrieden.

»Was machen wir mit der?« fragte der Mann, der mich

festhielt und versuchte, seine Hand von meinen Zähnen zu lösen.

»Bringt sie vor den Rat«, befahl der Anführer. »Hören wir, was sie uns zu sagen hat.«

So starb in einem dunklen Schlafgemach, nackt und hilflos, die außergewöhnlichste Frau ihres Zeitalters. Vielleicht sogar die außergewöhnlichste Frau aller Zeiten.

Nach ihrer Ermordung war ich allein und bin es seither immer gewesen. Doch ich habe stets einen Selbsterhaltungstrieb gehabt. Als ich vor das Tribunal geschleppt wurde, wie ich zu Beginn dieses Buchs geschildert habe, war ich sicher, daß ich der Königin nun nicht mehr schaden konnte, die bereits vor ihrem Richter stand, und deshalb war es an der Zeit, an mich selbst zu denken. Und ich hoffte, mein Kind und meine Enkel wiederzubekommen.

So erzählte ich die Geschichte vom Leben der Königin und zwangsläufig auch meine eigene Geschichte mit äußerster Genauigkeit. Es dauerte einige Zeit, und ich war danach erschöpft und überzeugt, daß ich meine Zeit verschwendet hatte. Es war kein Funken Bedauern oder Verständnis oder Mitleid in den Gesichtern der Männer.

»Du hast dich mit deinen eigenen Worten verdammt«, sagte der Wortführer. »Du magst weiterhin behaupten, nichts von der Verschwörung zur Ermordung des Prinzen Andreas gewußt zu haben, doch du bist eine Komplizin, die der Königin bei all ihren ruchlosen Machenschaften geholfen hat bis zum Tage ihres Todes. Du bist in jeder Weise schuldig wie sie. Schlimmer noch. Dein Geständnis läßt keine Zweifel daran, daß du eine Hexe bist. Wirst du jetzt zugeben, daß all deine Taten und die der Königin von deinen üblen Herrn befohlen wurden, von denen Beelzebub der größte ist? Antworte!«

Ich verstand sofort, worauf sie hinauswollten. Eine gesalbte Königin zu ermorden ist das abscheulichste Verbrechen, wie Karl nur zu klar war; Johannas Verbrechen, die Ermordung eines ungesalbten Prinzen, der zugleich ein ungewünschter Gatte war, hatte sie ihr Leben lang verfolgt. Eine lebende Königin kann nur durch päpstliches Gesetz als Hexe verdammt werden, und jeder wußte, daß Johanna vor vielen Jahren vom Papst freigesprochen worden war.

Aber jetzt war die Königin tot, und wenn man ihre engste Vertraute und Busenfreundin als Hexe darstellte, meinte die Welt vielleicht, daß die Königin selbst vom Teufel besessen gewesen war und deshalb ihr Tod ein gerechter und für sie selbst gnädiger Akt gewesen war.

Diese Entschlossenheit seitens Karl und seiner Speichellecker brachte mich in eine äußerst mißliche Lage. Otto und Lucia waren verschwunden, Danilo war ein Gefangener, William befand sich in einem Kloster, Ricardo und Guido waren geflüchtet, und ich hatte keinen einzigen Freund auf der Welt. Ich hatte eigentlich nur Feinde, wenn man bedachte, wie viele Leute mich als ausländischen Emporkömmling mit schlechtem Einfluß auf die Königin betrachteten. Mir war ebenfalls klar, daß ich einen schmerzvollen Tod erleiden würde. Ich mochte noch schön sein, aber ich war beträchtlich älter als Karl und seine Günstlinge, und wenn ich als Hexe zum Tode verdammt und auf dem Scheiterhaufen verbrannt wurde, würde es vor den Augen des Gesetzes wenig ausmachen, wenn vorher noch einige Knochen gebrochen worden waren und einige Stücke Fleisch fehlten.

Ich war jedoch entschlossen, bis zum letzten Atemzug Widerstand zu leisten. Ich war immer eine Kämpferin gewesen.

Ich darf in Erinnerung rufen, daß ich bisher nicht das Unglück der Verschwörer bei der Ermordung Andreas' von Ungarn geteilt und eine Folterkammer nur als Zuschauerin betreteten hatte.

Jetzt mußte ich mich selbst darauf gefaßt machen, zum ersten und hoffentlich letzten Mal in meinem Leben. Diese Schicksalsschläge sind normalerweise die letzten im Leben, und deshalb sollte man tiefer darüber nachdenken.

Meine Inquisitoren waren eine Schar junger Priester, die ihre Aufgabe mit großer Begeisterung erfüllten und zwangsläufig all die Regeln ihres scheußlichen Gewerbes einhielten – ich spreche von ihnen natürlich als Inquisitoren, nicht als Männer Gottes, obwohl es in meiner Lage schwierig war, einen Unterschied zu erkennen.

Diese jungen Männer, die durch ihre Berufung gezwungen waren, ein völlig unnatürliches Leben zu führen, zumindest in sexuellen Dingen, waren wie Kinder, die ein Geschenkpaket auswickelten. So entkleideten sie mich und sperrten mich in ihren gefürchteten Kerker.

Nun, ich hatte nichts anderes erwartet, und so brauchen Sie nicht anzunehmen, daß ich errötete. Aber was folgte, war äußerst unangenehm, denn jetzt mußten sie beweisen, daß ich in der Tat Kontakt mit dem Teufel gehabt hatte. Wenn ihnen das nicht gelang, konnte ich kaum als Hexe betrachtet werden. Diese Beziehung mit dem Teufel wird stets als eine liebevolle betrachtet, bei deren Verlauf natürlich Beelzebub oder welcher besondere Dämon es zufällig sein mag, wenigstens einen Kuß auf den Körper seiner Geliebten drückt. Dieser Kuß hat angeblich die Kraft, den Kontaktpunkt zu betäuben; deshalb war jede unempfindliche Stelle des menschlichen Körpers offenbar in Kontakt mit den Lippen des Satans gewesen.

Eine solche Annahme ist natürlich absurd, aber die Doktoren der Inquisition waren anderer Meinung. Selbst wenn es im Gegensatz zu allen Gesetzen der Medizin steht, genügt es, jemand kurzerhand als Hexe zu verdammen. Das Ergebnis war, daß mein erstes Martyrium darin bestand, daß die Priester nach dem Zeichen des Teufels suchten.

Dies wird normalerweise bewerkstelligt, indem sie in jeden Teil des Körpers, der vermutlich befallen ist, mit einer Nadel stechen, oder – was häufiger vorkommt – in die Stellen, die zufällig das Interesse des Inquisitors hervorrufen. Im Fall einer unglücklichen Frau, die sich einige Schönheit bewahrt hat, überläßt man die Prozedur besser der Phantasie. Es genügt zu sagen, daß das Stechen in meine Brüste, in

Nase und Ohren und zwischen meine Beine, Schreie hervorrief, die laut genug waren, um Beelzebub zu wecken, wenn er geneigt war, mich zu retten, und gewiß laut genug, um die Schufte, die mich festhielten und sich amüsierten, davon zu überzeugen, daß kein Teufel vor ihnen an mir dran gewesen war.

Leider hatten die Härten meines Lebens, die Zeit mit den Flagellanten oder wenn ich meinen Körper den Elementen ausgesetzt und in frischer Luft mit den *guizdes* im Harem von al- Mumin gebadet hatte, dazu geführt, daß meine Haut sommersprossig war, und auch an Stellen, die sonst gut von meiner Kleidung verdeckt war, gab es ein paar Male.

Ich hatte solchen kleinen Schönheitsfehlern nie viel Beachtung geschenkt. Jetzt stellte ich zu meiner Bestürzung fest, daß sie tatsächlich gefühllos waren, besonders wenn die zustechende Nadel in so erfahrenen Händen war. Ein Stich in mein Fleisch führte zu einem Schrei und natürlich einem scharfen Einatmen, aber wenn sofort ein zweiter Stich in eine weniger empfindliche Stelle gemacht wurde, reagierte ich kaum darauf.

Das gefiel ihnen außerordentlich. Sie klatschten in die Hände, riefen, daß sie die Stelle gefunden hatten, an der mich der Teufel geküßt hatte, und führten mich zum Verhör.

Nun, ich hatte mehr als eine Mißhandlung gesehen und befürchtete das Schlimmste, denn ich dachte an den heißen Eisenstuhl des Bertrand von Baux oder die Leiter Karls von Durazzo. Zu meiner Überraschung mußte ich mich jedoch auf eine Holzstange setzen, die Beine an jeder Seite baumeln lassen, wobei ich alles mögliche befürchtete, und man machte es mir anscheinend nur so bequem wie möglich. Obwohl meine Knöchel ziemlich fest an Ringe im Boden gefesselt waren, so daß mein Gesäß auf das Holz gepreßt wurde, und meine Arme hinter mir an Ringe in dem Holz selbst gefesselt wurden, verhinderte eine hölzerne Rückenlehne, daß ich nach hinten fiel und mir den Kopf aufschlug. So war ich absolut bewegungsunfähig, außer mit meinem Kopf, während mein Rumpf in einer etwas unschicklichen Art vorwärtsgeschoben wurde.

Ich hielt das natürlich für eine Vorbereitung zu einer weiteren Mißhandlung, aber von neuem wurden meine Befürchtungen zerstreut, als einer der Inquisitoren mich äußerst freundlich anlächelte und mir einen Becher Wasser an die Lippen hielt. Nichts war willkommener, und ich lächelte ihn ebenfalls an.

Unterdessen setzten sich seine Komplizen rings um mich hin, Schreibblöcke und Stifte in der Hand, und der erste begann mit den Fragen, die, wie jeder weiß, nach einem festen Schema ablaufen.

»Wie lange bist du eine Hexe?« fragte der erste Mann.

»Ich bin nie eine Hexe gewesen«, antwortete ich.

Das amüsierte sie, und mein Freund bot mir noch einen Schluck Wasser aus dem Becher an, den er inzwischen wieder gefüllt hatte. Nun, ich hatte keinen Durst mehr, aber ich wollte ihn nicht kränken, und so trank ich noch einen herzhaften Schluck.

»Warum bist du eine Hexe geworden?« fragte der zweite Inquisitor.

»Ich habe nie einen Grund gehabt, eine Hexe zu werden«, antwortete ich.

Weiteres Lächeln, weiteres Wasser.

»Ich versichere Euch, mein Herr, daß ich nicht mehr durstig bin«, erklärte ich meinem Freund.

»Aber Ihr müßt trinken, Eure Hoheit«, beharrte er und flößte mir noch mehr Wasser ein.

Ich fühlte mich allmählich ziemlich aufgebläht.

»Wie bist du eine Hexe geworden, und was geschah dabei?« fragte der dritte Inquisitor.

Ich wurde etwas gereizt. »Ich bin nie eine Hexe geworden«, rief ich. »Also ist nichts geschehen.«

Sofort war mein lächelnder Freund mit einem neuen Becher Wasser an meiner Seite. Ich schüttelte den Kopf. »Ich hatte genug.«

»Man kann nie genug Wasser haben«, sagte der gemeine Kerl.

»Ich wünsche jetzt keines mehr«, sagte ich.

»Aber du mußt trinken«, erwiderte er und gab seinen Komplizen einen Wink. Sie legten ihre Stifte und Schreibblöcke hin, hielten meinen Kopf fest und zwangen meinen Mund auf, und gossen mir einen Schwall Wasser hinein, dem der vierte Inquisitor noch eine Zugabe von der gleichen Menge hinzufügte.

Jetzt fühlte ich mich ausgesprochen unbehaglich.

Unterdessen hatten die Inquisitoren wieder ihre Plätze eingenommen, und die vierte Frage wurde gestellt. »Von wem bist du besessen? Wie heißt er?«

»Ich kann nicht denken«, protestierte ich. »Gute Leute, laßt mich aufs Klo.«

»Uns ist dein leibliches Wohl gleichgültig, Frau«, sagte der Schuft. »Gebt ihr etwas mehr Wasser.«

»Aber ich kann kein Wasser mehr vertragen!« rief ich.

Das war vergebliche Mühe. Weiteres Wasser wurde mir eingeflößt. Natürlich versuchte ich mich wenigstens ein bißchen zu rächen, indem ich hier und jetzt meine Blase erleichterte, aber das Pech war, daß es noch nicht soweit war und ich nur das Gefühl hatte, zu platzen; meine Blase schien sich zur doppelten Größe ausgedehnt zu haben.

Es gab für mich nur eine Möglichkeit, diese zunehmende Qual zu stoppen, obwohl ich mir darüber im klaren war, daß ich noch mehr mißhandelt werden würde, wenn ich mich selbst belastete und mich weigerte, die Königin zu belasten. Aber wenn ich gezwungen wurde, noch mehr Wasser zu trinken, würde ich den Verstand verlieren und sie vielleicht ohnehin belasten.

»Wartet!« rief ich. »Ich werde eure Fragen beantworten. Aber erlaubt mir, die Toilette aufzusuchen.«

»Das ist sehr vernünftig von dir«, sagte der oberste Inquisitor. »Dann fangen wir von neuem an. Du wirst die Toilette aufsuchen können, wenn du zu unserer Zufriedenheit geantwortet hast. Wie lange bis du eine Hexe?«

Nachdem ich mich entschieden hatte, bei dieser Farce mitzuspielen, und weil ich es eilig hatte, die Sache hinter mich zu bringen und mich zu erleichtern, war ich entschlossen, sie mit einem Geständnis zu verblüffen. Ich rief mir schnell alles in Erinnerung, was ich über Hexerei gehört oder gelesen hatte. »Solange ich mich erinnere. Ich wurde eine Hexe auf den Knien meiner Mutter.« Nun, der armen Frau machte das nichts mehr aus, dessen war ich sicher.

Das war eine Sensation für sie. Sie schrieben eifrig. Und sie flößten mir kein Wasser mehr ein.

»Warum bist du eine Hexe geworden?«

»Weil meine Mutter es wünschte.«

»Wie bist du eine Hexe geworden, und was geschah beim ersten Mal?«

»Meine Mutter rieb eine gewisse Salbe zwischen meine Beine und gab mir einen Besenstiel. Ich schwang mich auf diesen Besenstiel und flog dorthin, wo der Teufel auf mich wartete.«

Sie waren weiterhin baff und flüsterten aufgeregt miteinander. Solch ein Geständnis hatten sie noch nie bekommen.

»Vom wem bist du besessen? Wie heißt er?«

»Ich habe keinen bestimmten ausgewählt. Meine Mutter hat sie mir vorgestellt.«

»Sie?«

»Es waren mehrere.«

»Ihre Namen, Frau, ihre Namen!«

»Nun, einer hieß Beelzebub, wie ich mich erinnere. Dann war da ein Typ namens Asmodeus. Und einer, der sich Apollyon nannte. Und dann waren da Behemoth und Leviathan. Oh, ich habe den armen kleinen Luzifer vergessen. Luzifer mochte ich am meisten.«

Sie waren jetzt außer sich vor Begeisterung; sie waren nie einer Frau begegnet, die behauptet hatte, von allen Teufeln der Hölle verführt worden zu sein.

»Welcher der Teufel war dein Herr?«

»Nun«, sagte ich, »das war wohl Asmodeus. Er war der größte in jeder Hinsicht.«

»Welchen Eid mußtest du ihm leisten?«

Johanna und ich hatten oftmals über Hexerei gesprochen, und ich konnte mich an vieles erinnern, aber hauptsächlich ließ ich meiner Phantasie freien Lauf.

»Nun«, sagte ich, »immer zu tun, was er will. Die Kirche und alle ihre Werke zu verabscheuen. Bei jeder Gelegenheit Kinder zu ermorden und Nadeln in gute Frauen zu stechen. Solche Dinge.«

»Wie hast du diesen Eid geleistet, und was waren die Bedingungen?«

»Ich habe ihm den Hintern geküßt und dann sein Glied, und er hat mir angedroht, daß ich für alle Ewigkeiten in den Himmel kommen würde, wenn ich meinen Eid breche.«

Sie bekreuzigten sich bei solcher Blasphemie. Aber sie wollten noch Einzelheiten wissen.

»Welchen Finger mußtest du heben, um den Eid zu leisten?«

»Den Mittelfinger meiner rechten Hand«, versicherte ich ihnen.

»Wo hast du die Vereinigung mit deinem Teufel vollzogen?«

»Bei einem Hexensabbat«, erwiderte ich ohne Zögern.

»Welche Dämonen und welche anderen menschlichen Wesen nahmen an dem Hexensabbat teil?«

»Ich habe euch von den Dämonen erzählt.«

»Erzähl uns von den menschlichen Wesen.«

»Nun, da waren Kerle wie Bertrand von Baux ... und sein Bruder ... und Karl von Durazzo ... und Ludwig von Ungarn ... oh, ich hätte es fast vergessen, und Papst Clemens VI.«

»Eure Hoheit, das ist Gotteslästerung«, riefen sie wie aus einem Munde.

»Ihr stellt mir Fragen, und ich antworte«, argumentierte ich.

»Dann sag uns, war die verstorbene Königin anwesend?«

»Nie.«

Sie murmelten miteinander und setzten dann die Fragerei fort.

»Was wurde bei dem Hexensabbat gegessen?«

»Fledermauskot und weiße Rüben, ungeborene Kinder und neue Kartoffeln. Leicht gebraten.«

»Wie fand das Essen beim Hexensabbat statt, wie war der Ablauf?«

»Wir saßen alle auf den Knien des Teufels und mampften.«

Erstaunlicherweise schrieben sie all diesen Blödsinn mit großer Konzentration auf; sie hatten nicht mal innegehalten, um zu fragen, wie ich es geschafft hatte, ein ungeborenes Kind zu essen, ohne zuerst die Mutter zu verschlingen.

Und sie fuhren immer noch hartnäckig fort.

»Welche Musik wurde gespielt, welche Tänze wurden getanzt?«

»Pan musizierte mit seinen Flöten, und wir alle tanzten Rücken an Rücken und rieben unsere Ärsche gegeneinander.«

Wie eifrig sie schrieben!

»Welches Mal hinterließ der Teufel auf deinem Körper?«

»Diejenigen, die ihr gefunden habt. Die Stellen, an denen er mich geküßt hat.«

»Welche Schandtaten hast du im Namen des Teufels getan?«

»Es würde zu lange dauern, sie alle aufzuzählen.«

»Tu es.«

»Nun, da war die Frau Boccadio, die ich zu einer Fehlgeburt verdammte, weil sie mir auf der Straße in den Weg trat. Und der Junge Gilberto, dessen Schwanz ich verknotet habe, weil er mich nicht anlügen wollte. Und …«

Ich rasselte ungefähr zwanzig weitere eingebildete Fälle herunter, die alle niedergeschrieben wurden, aber mit wachsender Ungeduld, weil ich ihnen nicht gesagt hatte, was sie wirklich wissen wollten.

»Du mußt von deiner Rolle beim Tod des Prinzen Andreas von Ungarn sprechen«, sagte schließlich einer von ihnen.

»Davon weiß ich nichts.«

»Aber du warst die Dienerin der Königin, und du warst anwesend.«

»Davon weiß ich nichts«, wiederholte ich.

Sie seufzten und setzten das Verhör fort.

»Die Schandtaten, von denen du gesprochen hast, kannst du die rückgängig machen?«

»Natürlich, wenn ich will. Schließlich bin ich eine Hexe, oder?«

»Welche Kräuter oder welche anderen Methoden kannst du benutzen, um diese Schandtaten rückgängig zu machen?«

»Ich reibe zwei Stöcke aneinander und spreche das Zauberwort Abakadabra.«

»Hast du auch Tiere verhext?«

»Na klar. Wißt ihr nicht, daß die Kühe vom Bauer Gregorio keine Milch mehr geben?«

»Warum hast du sie verhext?«

»Er erlaubte ihnen, auf meinen Weiden in Eberli zu grasen.«

»Wer sind deine menschlichen Komplizen mit dem Teufel?«

»Meine Schwester Constanz, meine Brüder Henry und Richard.«

»Und die verstorbene Königin?«

»Niemals die verstorbene Königin. Ihre Hoheit verabscheute Hexerei in allen Formen.«

Wieder murmelten sie enttäuscht miteinander, bevor sie weitermachten.

»Weshalb läßt der Teufel dich des Nachts hexen?«

»Ich nehme an, das freut ihn.«

»Woraus besteht die Salbe, mit der du deinen Besenstiel einreibst?««

»Hauptsächlich aus Sperma.«

»Wie kannst du durch die Luft fliegen? Welche Zauberworte benutzt du?«

»Ich benutze Abakadabra. Dieses Wort befreit mich von meiner irdischen Gestalt. Wißt ihr nicht, daß ich mich von den

Fesseln befreien und einfach verschwinden könnte, wenn ich das wollte?«

Oh, wäre das nur möglich gewesen! Dennoch waren sie ängstlich und tuschelten und drängten sich aneinander, bevor sie die nächste Frage stellten.

»Welche Stürme hast du verursacht, und wer half dir dabei?«

»Mein größter Erfolg war der schwere Sturm von 1365«, sagte ich. »Asmodeus war mein Helfer. Erinnert ihr euch nicht, daß der Glockenturm der Kathedrale einstürzte?«

Ich war natürlich 1365 in Spanien gewesen, aber sie waren zu aufgeregt, um sich daran zu erinnern.

»Welche Seuchen durch Ungeziefer und Raupen hast du bewirkt?«

»Alles was in diesem Moment über eure Körper kriecht, habe ich dort hingezaubert«, versicherte ich ihnen.

Weitere Aufregung. Einige kratzten sich verstohlen.

»Woraus machst du diese bösartigen Kreaturen, und wie erschaffst du sie?«

»Ich schneide männlichen Neugeborenen die Schwänze ab und kitzele sie, bis sie wieder zum Leben erwachen.«

Ihre Hände zitterten, als sie das alles aufschrieben. Aber wir hatten das Ende des Verhörs erreicht; es blieb nur noch eine Frage.

»Hat der Teufel eine Grenze für die Dauer deiner Schandtaten gesetzt?«

»Tausend Jahre«, erklärte ich.

Sie schrien auf und flüchteten aus dem Raum.

Gefangenenwärter kamen, befreiten mich und erlaubten mir, meine Blase zu erleichtern. Dann zog man mir wieder mein Büßerhemd über, und ich wurde zum Großinquisitor gebracht, zu dem sich mehrere Standespersonen gesellt hatten, unter denen ich Karl von Durazzo sah.

Der Großinquisitor hatte Zeit gehabt, um meine Antworten

zu lesen. Er war aus härterem Holz als seine Erfüllungsgehilfen geschnitzt.

»Du hast dich als Hexe bekannt«, sagte er.

»Das stimmt, Monsignore.«

»Hast du noch etwas zu sagen, bevor dieses Tribunal über dich richtet?«

»Ich fordere das Recht, in der Öffentlichkeit gehört zu werden«, sagte ich.

»Diese Bitte ist abgelehnt. Du bist zum Tode verurteilt. Doch ich bin geneigt, gnädig zu sein, und ich verspreche, daß dein Tod schnell und schmerzlos sein wird, wenn du dein Geständnis vervollständigst.«

Ich wußte, was er meinte, aber ich zog es vor, verwirrt zu tun. »Was kann ich noch mehr sagen, Monsignore?«

»Du kannst das bestätigen, was wir alle wissen, nämlich daß die verstorbene Königin deine Komplizin bei all diesen schändlichen Taten war.«

»Das wäre gelogen, Monsignore. Ihre Hoheit wußte nichts von meinen mitternächtlichen Ausflügen, und sie hätte sie niemals gebilligt, wenn sie davon gewußt hätte.«

»Frau, mach keine Ausflüchte. Deine unsterbliche Seele ist in Gefahr.«

Nun, was das betraf, wenn ich je geglaubt hätte, daß Gott die Grausamkeit derjenigen, die seinen Namen auf Erden mißbrauchen, duldete oder gar billigte, dann wäre ich in der Tat eine Verehrerin des Teufels gewesen, der wenigstens eine amüsante Zeit versprach.

»Meine Seele gehört mir, Monsignore«, erwiderte ich.

»Du wirst schnell das Gegenteil herausfinden, wenn du diesem Gericht trotzt«, schnarrte er.

»Ich kann die Königin nicht beschuldigen«, beharrte ich. »Denn sie ist unschuldig.«

Er wandte den Kopf und blickte zu Karl; der neue König von Neapel zuckte ärgerlich und – wie ich fand – verzweifelt mit den Schultern.

»Nun denn, Frau. Richilde Benoit, einst Herzogin von Eberli, da du dich entschlossen hast, dein Leben im Schatten der Königin als ihr Werkzeug zu leben, sind wir zu der Entscheidung gelangt, daß du in ihrem Schatten, als ihr Werkzeug sterben wirst. Du wirst heute nacht allein in Stille verbringen und morgen bei Tagesanbruch zum Hinrichtungsplatz gebracht werden. Rotglühende Zangen sollen dein Fleisch zerfetzen, Peitschen mit eisernen Spitzen werden dich züchtigen. Dann wirst du lebendigen Leibes verbrannt und in den Flammen gelassen werden, bis keine Spur von dir übrigbleibt. Schafft sie fort.«

Meine Knie wurden weich, und die Inquisatoren schleppten mich in ein Verließ. Natürlich wurde mir die Notwendigkeit meines Todes klar, weil ich die einzige Zeugin bei Johannas Ermordung gewesen war, abgesehen von den Mördern selbst.

Trotzdem war es schrecklich, an die Vollstreckung des Urteils zu denken, und ich hatte viel Zeit dazu, denn es war erst vier Uhr nachmittags, als ich verurteilt wurde, und deshalb würde ich erst in über zwölf Stunden hingerichtet werden.

Ich ging auf und ab, bis zur Erschöpfung, und dann warf ich mich auf den Haufen Stroh, der offenbar als Bett gedacht war. Aber ich konnte nicht schlafen, als ich mein ereignisreiches Leben Revue passieren ließ, mich um meine Kinder sorgte, bereits die glühenden Zangen in meinem Fleisch zu spüren glaubte und mir diese entsetzlichen Szenen aus meiner Jugend in Erinnerung rief. Schließlich schlief ich dennoch ein, und ich fuhr erschrocken hoch, als meine Zellentür geöffnet wurde.

Ich setzte mich auf und erblickte eine große und offenbar männliche Gestalt, die eine Kerze trug und wie die Inquisitoren mit einem schwarzen Umhang und mit Kapuze verhüllt war. Hinter der Gestalt stand ein Priester, der etwas kleiner, aber ähnlich gekleidet war.

»Ist es bereits soweit?« wisperte ich.

»Ja, es ist Zeit«, sagte er und schloß die Tür hinter sich.

Mir stockte der Atem.

»William?« flüsterte ich. »Mein Gott, William!«

Er hielt den Finger auf die Lippen, trat näher und kniete sich neben mich. Ich umarmte ihn und drückte ihn fest an mich.

»Oh, mein liebster Junge«, wisperte ich. »Aber wie kommst du her?«

»Ich bin hier, um Euch die Beichte abzunehmen«, sagte er.

»Wir sollten uns beeilen«, sagte sein Gefährte. »Es ist eine traurige Sache, eine verurteilte Verbrecherin als Mutter zu haben.«

»Da habt ihr völlig recht, Tomaso«, pflichtete William ihm bei und stand auf. Bevor ich oder der unglückliche Tomaso begriffen, was geschah, hatte mein Sohn die Kerze auf den Boden gestellt, sein Gewand angehoben, einen dicken Knüppel darunter hervorgezogen und seinen Gefährten niedergeschlagen; Tomaso brach ohne einen Laut zusammen.

Ich starrte William bestürzt an, und er lächelte.

»In der Tat, wir sollten uns beeilen.« Er kniete sich neben den bewußtlosen Priester und wälzte ihn hin und her, während er ihm das Gewand auszog. »Zieht Euch um, liebste Mama. Ich bedauere, Euch darum bitten zu müssen, aber es ist nötig.«

»Oh, William«, sagte ich und zog mein Büßerhemd aus. »Aber wenn du mir hilfst, zu entkommen, wirst du so verdammt sein wie ich.«

»Ich bin bereits schuldig, Mama. Und ist es nicht ehrenhaft für einen Sohn, mit seiner Mutter verdammt zu sein?«

»Aber … wohin können wir fliehen?«

»Das ist arrangiert«, versprach er.

»Und Lucia?«

»Das ist ebenfalls arrangiert.« Geschickt riß er mein Hemd in Streifen, fesselte damit Tomaso an Händen und Füßen und knebelte ihn.

Ich zögerte nicht länger und zog das Gewand des bewußtlosen Priesters an. Nur die Furcht, daß meine Kinder in meine Katastrophe verwickelt werden konnten, hielt mich noch zurück. Ich wäre lieber bei einem Fluchtversuch gestorben, bis zum letzten Atemzug kämpfend, als zu Tode gequält zu werden. Obwohl ich nicht verstand, wie William dieses Wunder bewirken wollte, befolgte ich bereitwillig seine Anweisungen, zog das schwarze Gewand an, streifte die Kapuze über meinen Kopf und folgte ihm aus der Zelle.

Am Ende des Gangs waren mehrere Wachleute versammelt und tranken Wein. William segnete sie, und wir schritten an ihnen vorbei.

Zwei Pferde warteten außerhalb des Palastes, und in ein paar Minuten waren wir auf der Straße nach Neapel. Es hatte den Anschein, daß William seine Pläne lange vorbereitet hatte, sie jedoch erst nach meiner Verurteilung zum Tode ausführen konnte, weil er nur Zugang zu mir bekommen konnte, indem er mir angeblich die Beichte abnahm.

Es war äußerst befriedigend, zu wissen, daß mein Sohn – ich gestehe, daß ich ihn ziemlich abgeschrieben hatte – sich so tapfer verhielt, aber mir war immer noch rätselhaft, was wir gewonnen hatten, außer mein Leben ein paar Stunden oder vielleicht Tage zu verlängern. Man würde Bruder Tomaso sicherlich bald entdecken und Alarm schlagen. William wollte mich anscheinend nach Neapel zurückbringen, und ich befürchtete, daß eher Stunden als Tage vergehen würden, bevor man mich wieder gefangennehmen würde.

Ich unterwarf mich jedoch seinem Willen, weil er völlig selbstsicher und zuversichtlich wirkte. Mit Grund. Zwei Priestern erlaubte man den Zutritt zur Stadt, ohne Fragen zu stellen, und wir ritten geradenwegs zur Mole, und dort, zwischen den Schiffen und bereit, in See zu stechen, fanden wir kein anderes Schiff als das meines alten Freundes Christopher von der Bucht.

Ich konnte das Schiff nur verblüfft anstarren, und ich war noch überraschter, als ich Christopher an Deck sah. Es war ein älterer Christopher, als ich in Erinnerung hatte, aber der gleiche furchtlose und treue Mann, der mir soviel Freuden bereitet hatte.

Es war keine Zeit für mehr als eine hastige Umarmung, bevor ich eilig in die Kabine gebracht wurde, wo Lucia und ihre Kinder auf mich warteten. Es stellte sich heraus, daß das vernünftige Mädchen mit ihren Kindern in Williams Kloster geflohen war, um den päpstlichen Truppen zu entkommen. Von Pietro gab es leider keine guten Nachrichten; er war im Kampf gefallen. Aber wenigstens Lucia und ich waren zusammen, mit William, und binnen Minuten waren die Segel gesetzt.

»Ich wünsche, ich könnte alles verstehen«, bekannte ich Christopher, als wir an Deck standen, er den Arm um meine Hüften legte und ich den Kopf an seine Schulter schmiegte. »Eure Frau …«

»Ist gestorben«, sagte er. »Und deshalb kam ich nach Neapel und suchte die Anstellung, die Ihr mir so großzügig angeboten habt, Milady. Und ich fand die Stadt in Aufruhr und Euch als zum Tode verurteilte Gefangene. Zum Glück sah Euer Sohn mein Schiff und erkannte sofort, daß er Euer Leben retten konnte. Zu meinem großen Vergnügen. Es stimmt also, daß alles auf dieser Welt sich zum Besten wendet, nicht wahr, Milady?«

Der arme Kerl hatte natürlich Johanna nie gesehen, geschweige denn kennengelernt, und deshalb hatte er keine Ahnung, welch großen Verlust die Menschheit und die Frauenwelt soeben erlitten hatte. Meine Lage verstand er anscheinend ebenfalls nicht.

»Nicht mehr Milady«, sagte ich. »Ich bin eine Ausgestoßene und ein Flüchtling ohne einen Penny. Ich befürchte, ich habe nicht einmal die Mittel, um diese Passage zu bezahlen.« Ich entschied mich dagegen, ihm zu sagen, daß ich keine Ahnung hatte, ob ich noch einen Mann besaß oder nicht; es war durchaus möglich, daß Danilo tot war oder anderswo mehr Interesse gefunden hatte als jemals in meinem Bett.

Er drückte mich fester an sich. »Das ist eine prima Neuigkeit.«

»Prima?«

»Nun, Milady, wie könnte ich sonst, ein armer Kapitän zur See, solch eine Lady wie Euch bitten, mit mir Tisch und Bett zu teilen? Aber wenn Eure Verhältnisse nun anders liegen, könnten wir uns nicht darauf freuen, zusammen unseren Lebensabend zu genießen? Ich versichere Euch, daß es viel gibt, auf das wir uns freuen können. Es gibt Klöster genug für William, um ein Heim zu finden, und es gibt genügend gutaussehende Männer, um Eure schöne verwitwete Tochter zu verheiraten. Und England ist ein grünes und angenehmes Land.«

»Aber Christopher«, sagte ich, »was verlangst du von mir?«

»Werde meine Frau«, erwiderte er.

Obwohl ich bereits verheiratet war, soweit ich wußte? Aber ich war nie eine Frau gewesen, die sich um Kleinigkeiten geschert hatte.

EPILOG

Ich war nicht in der Position, um ein Angebot wie das von Christopher abzuschlagen, selbst wenn ich das gewünscht hätte. Außerdem besaß er die Gabe der Weissagung hinsichtlich meiner Kinder und mir. So kann ich jetzt, während ich diese letzten Worte im Sommer 1392 schreibe, auf zehn äußerst glückliche Jahre zurückblicken, während ich mich damit abfinden muß, daß ich mich mit siebenundsiebzig dem letzten Teil meines Lebens nähere. Hatte ich nicht ein ungewöhnliches Leben; ein Leben, wie es nur wenigen Frauen vergönnt ist? Und wo sind diejenigen, die mich so achtlos niedergetrampelt hatten?

Roberto di Cabane und seine schreckliche Mutter – lange verbrannt.

Karl von Durazzo – nackt und erdrosselt unter dem Balkon des Klosters von Aversa.

Papst Clemens VI. – längst vor seinem Herrn.

Pedro der Grausame – erstochen von seinem eigenen Halbbruder.

Eduard der Schwarze Prinz – draufgegangen durch seine eigenen Exzesse, was auch auf seinen Vater zutrifft.

Al-Mumin – kopflos in einer Blutlache.

Urban VI. – tot seit drei Jahren. Bemerkenswert, daß sein Erzfeind, Clemens VII., der meine Herrin so gemein im Stich ließ, noch lebt und sich als Papst bezeichnet, obwohl die Italiener ihn nicht haben wollen und einen eigenen Papst, einen gewissen Tomacelli, als Urbans Nachfolger gewählt haben.

Und was ist aus Karl III. geworden, wie sich der Mörder nannte? Dies ist das interessanteste Beispiel für die Launen des Schicksals, das mir jemals vorgekommen ist. Nach Johannas Tod erklärte er sich zum König von Neapel. Aber drei Jahre später gewann der übertriebene Ehrgeiz – der Fluch seiner Familie – die Oberhand, und als Ludwig von Ungarn starb – jener Ludwig, der uns in früheren Jahren das Leben schwergemacht hatte und sich später der Große nannte –, entschied er sich, in die Angelegenheiten des großen Königreiches einzugreifen.

Die Launen des Schicksals führten dazu, daß Ludwigs Kinder – wie die Roberts von Neapel – alle vor ihm verstorben waren, abgesehen von der Tochter aus seiner letzten Ehe. Dieses Mädchen, Maria, war sogar noch jünger als Johanna, als sie die Thronfolge übernommen hatte. Dies löste große Bestürzung in Buda aus, als das große Reich, das von Ludwig erobert worden war, regiert werden mußte, und man hielt es für unwahrscheinlich, daß ein zehnjähriges Mädchen oder überhaupt eine Regentin mit der Lage fertig werden konnte. Aber es gab niemand sonst von königlichem Geblüt, der mit dem ungarischen Haus verbunden war ... außer Karl von Neapel, der ein Vetter der neuen Königin war. Karl erklärte sich deshalb sofort bereit, das Königreich zu übernehmen, bis Maria alt genug sein würde.

Es mochte ein paar Leute geben, die dumm genug waren und annahmen, daß die junge Königin unter diesen Umständen älter werden würde. Aber es gab einen großen Teil des ungarischen Adels, der das Arrangement gut fand, was durch die Bestechungsgelder, die Karl zahlte, und ihre Antipathie für die Königinmutter, die Königinwitwe Elisabeth, unterstützt wurde. Diese Dame sah das Unheil voraus und zog sich zurück, und Karl ging nach Buda und übernahm die Regierung.

Aber Elisabeth hatte nur den rechten Augenblick abgewartet. Sie bestach ihrerseits die Adligen für ihre Sache, und Karl wurde nach einer Herrschaft von nur einem Jahr von Meuchelmördern umgebracht. So verschwand ein wahrer Sproß des Hauses Durazzo auf eine Weise, die seinem Namen und Erbe entsprach.

Karls Sohn Ladislaus regiert jetzt in Neapel. Was sein Schicksal sein wird, kann niemand sagen, aber er ist weit entfernt von dem Blut, das die Erinnerung an die ganze Familie Anjou befleckt. Von all denen, die bei diesen schrecklichen Taten vom Anfang bis zum Ende eine Rolle spielten, bin ich jetzt die einzige Überlebende.

Wie sehr ich wünsche, daß Johanna lebte und wir gemeinsam alt würden! Aber sie gekannt und ihr Leben geteilt zu haben ist die größte Belohnung, die ich mir denken kann.

ENDE

1. Könige von Neapel und Sizilien aus dem Hause Anjou

Karl I. (1268–1285)
Karl II. (1288–1309)
Robert der Weise (1309–1343)
Johanna I. (1342–1382)
Karl III. (von Durazzo) (1382–1386)

2. Könige von Ungarn aus dem Hause Anjou

Karl I. (Karl Robert, Carobert) (1308–1342)
Ludwig I. (der Große) (1342–1382)

3. Könige von Frankreich

Ludwig VII. (1223–1226)
Ludwig IX. (der Heilige) (1226–1270)
Philipp III. (1270–1285)
Philipp IV. (der Schöne) (1285–1314)
(Johann I. 15.11–19.11.1316)
Philipp V. (1316/17?–1322)
Karl IV. (1322–1328)
Philipp VI. (Valois) (1328–1350)
Johann II. (1350–1364)
Karl V. (1364–1380)

4. Könige von England

Eduard I. (1272–1307)
Eduard II. (1307–1327)
Eduard III. (1327–1377)
Richard II. (1377–1399)

5. Könige des Deutschen Reiches

Friedrich II. (1212–1250)
Konrad (1250–1254)
(zum Teil nebeneinander regierend, nicht von allen anerkannt)
Wilhelm von Holland (1248–56)
Richard von Cornwall (1257–72)
Alfons von Kastilien (1257–84)
Konradin (Sohn Konrads IV.), 1268 hingerichtet
Rudolf von Habsburg (1273–1291)
Adolf von Nassau (1292–1298)
Albrecht I. (1298–1308)
Heinrich VII. (1308–1313)
Ludwig der Baier (1314–1347)
Karl IV. (1347–78)

6. Könige der spanischen Teilreiche

a. Kastilien

Alfons X. (1252–1284)
Sancho IV. (1284–1295)
Ferdinand IV. (1295–1312)
Alfons XI. (1312–1350)
Pedro I. (der Grausame) (1350–1369)
Enrico II. (von Trastamara) (1369–1379)
Johann I. (1379–1390)

b. Aragon

Alfons III. (1285–1291)
Jaime II. (1291–1327)
Alfons IV. (1327–1336)
Pedro IV. (1336–1387)

c. Navarra

Von 1235 bis 1328 unter französischer Herrschaft
Philipp von Evreux (1328–1350)
Karl II. (der Böse) (1350–1387)

7. Päpste

Clemens VI. (1343–1352)
Innozenz VI. (1352–1362)
Urban V. (1362–1370)
Gregor XI. (1370–1378)
Urban VI. (1378–1389) (Rom)
Clemens VII. (1378–1394) (Avignon)